テキストブック
現代財政学

植田和弘・諸富 徹 編

有斐閣ブックス

■ は し が き ■

　本書は，財政とはいったい何かを，経済社会の変化とかかわらせながら読者のみなさんにわかりやすく解説することを目的としている。この教科書では財政活動を，国家の資金のやり取りに限定して孤立的に取り上げることはせず，経済のグローバル化，産業の構造変化，経済成長と景気循環など，経済が変化していくなかで財政現象をダイナミックにとらえることをめざす。

　社会との関係でも同様である。少子高齢化，格差拡大，政治行政改革といった社会の変化との関係のなかで財政をとらえることで，財政が果たすべき役割を，社会との相互作用のなかで考えていくことが重要である。

　財政活動は，私たちの生活に深くかかわっている点で，決定的に重要である。買い物をする際には消費税を支払うし，会社で所得を稼ぐと，所得税が源泉徴収される。また，土地や住宅などを保有すると，固定資産税がかかってくる。こうして人生・生活のあらゆる側面で，税金がかかわっている。他方，道路，上下水道，警察や消防，これらの公共施設・公共サービスのお世話になることなしに，私たちは一日たりとも生活することはできない。これらを整備するのは国家の役割であり，その財源は，私たちの負担する税金にほかならない。

　では，税金は本当に，私たちの人生を豊かにしてくれるのだろうか。それをチェックするのが議会の役割であり，具体的には予算と決算の役割になる。私たちには主権者として国家に対し，私たちが期待する役割と仕事をしっかりと果たすよう求め，それが実現していない場合は，その是正を求める権利と責任がある。

　以上の考えに基づいて，筆者らは，日本財政を取り巻く客観的な条件や長期趨勢を念頭に置きながら執筆を進めた。その第1は，日本経済の成長率の低下である。これにともなって，もはや大きな税収増は見込めなくなった。第2は，本格的な人口減少時代の到来である。これによって，社会保障費が膨張する一方，それを支える租税収入の担い手が減少しつつある。第3は，経済のグロー

バル化である。企業は今や国境を越えて最適な立地拠点を決定するため，巨大市場に近く，人件費の低い国に，生産拠点を日本からどんどん移している。結果として，日本の雇用，所得だけでなく法人税収が失われている。他方，国境を越える経済活動の増大で税制も影響を受け，国際的に移動性の低い消費や労働（つまり，消費税，社会保険料など）に対する税負担が相対的に重くなり，移動性の高い金融所得などは相対的に軽課される傾向がはっきりと表れている。

　私たちは，こうした構造的な変化を理解したうえで，どのように財政を運営すべきかを考え，決定していく必要がある。私たちが財政学を学ぶ意義は，一国では動かしがたい制約条件と，自分たちの意思によって動かすことのできる問題領域を区別したうえで，後者の領域で財政活動を展開し，より豊かな社会を築くことである。

　しかし，最終的にどのような財政システムを選ぶかは，私たち自身の選択の問題でもある。財政を通じた国家の経済活動を民主的コントロールに成功しうるか否かは，私たちがその財政システムの中身を理解し，妥当性を判断したうえで，それを，よりよい政府の選出に向けた投票行動へとつなげられるかどうかにかかっている。そのための判断力を養う学問として，財政学を大いに活用していただきたいと願っている。

　さて，本書は全部で3部構成となっている。第Ⅰ部は経費論，第Ⅱ部は租税論，そして第Ⅲ部は公債論，地方財政，および財政思想を取り扱う。この教科書は財政学を，単に経済学の一応用分野ではないと考えている。財政現象を理解するには，経済学（市場分析）だけでなく，制度にかんする深い理解，歴史研究から得られる教訓，そして，国家と市場に関するさまざまな経済思想や財政思想を探求する必要がある。逆にいえば，そうして初めて，財政とは何かがわかってくるともいえる。本書はその意味で，社会科学と人文科学の相互協力を謳い，狭い意味の経済分析にとらわれない，より幅広い範囲を視野と長期展望をともなった財政学の発展のために書かれたといってよい。

　本書は，重森暁・鶴田廣巳・植田和弘編『Basic 現代財政学』（有斐閣）を引き継ぐ書物である。『Basic 現代財政学』はこれまで，大変好評のうちに何度も増刷を重ねてきたが，同様に本書も，より多くの読者に受け入れてもらうことができれば，望外の喜びである。本書をこうした形で世に送り出すことがで

きるのも，有斐閣書籍編集第 2 部の長谷川絵里さん・柴田守さんによる尽力のたまものである。この場をお借りして感謝の念を表したい。

2016 年 4 月 19 日

編　者

●ウェブサポートについて●

本書のウェブサポートページを有斐閣書籍編集第 2 部ブログ内に開設しています。紙幅の都合で本に掲載できなかった図表などをみることができます。ご利用ください。

http://yuhikaku-nibu.txt-nifty.com/blog/2016/04/post-5e47.html

■ 執筆者紹介 （執筆順）

植田　和弘（京都大学名誉教授）　　　　　　　　　　　　　　　［編者］
重森　曉（大阪経済大学名誉教授）　　　　　　　　　　　　　　［第1章］
河音　琢郎（立命館大学経済学部教授）　　　　　　　　　　　　［第2章］
森　裕之（立命館大学政策科学部教授）　　　　　　　　　　　　［第3章］
八木　信一（九州大学大学院経済学研究院教授）　　　　　　　　［第4章］
宮本　章史（北海学園大学経済学部准教授）　　　　　　　　　　［第5章］
長谷川　千春（立命館大学産業社会学部教授）　　　　　　　　　［第6章］
藤田　香（近畿大学総合社会学部教授）　　　　　　　　　　　　［第7章］
阪本　崇（京都橘大学経済学部教授）　　　　　　　　　　　　　［第8章］
杉浦　勉（関西大学政策創造学部准教授）　　　　　　　　　　　［第9章］
諸富　徹（京都大学大学院経済学研究科教授）　　　　［編者，第10章］
川勝　健志（京都府立大学公共政策学部教授）　　　　　　　　　［第11章］
野口　剛（北海学園大学経済学部教授）　　　　　　　　　　　　［第12章］
篠田　剛（立命館大学経済学部准教授）　　　　　　　　　　［第13，14章］
松田　有加（滋賀大学経済学部教授）　　　　　　　　　　　　　［第15章］
関野　満夫（中央大学経済学部教授）　　　　　　　　　　　　　［第16章］
三宅　裕樹（京都府立大学公共政策学部准教授）　　　　　　　　［第17章］
武田　公子（金沢大学人間社会研究域経済学経営学系教授）　　　［第18章］
片山　和希（宮崎大学地域資源創成学部准教授）　　　　　　　　［第19章］
菊地　裕幸（愛知大学地域政策学部教授）　　　　　　　　　　　［第20章］

■目　次■

はしがき　i

執筆者紹介　iv

第Ⅰ部　予算と経費を学ぶ

第1章　現代財政の特質と財政民主主義 ―――3
――財政とは何か

1　財政とは何か …………………………………………………3
2　現代財政の役割 ………………………………………………5
3　現代財政の特質 ………………………………………………7
　3.1　「大きな政府」から「小さな政府」へ　7
　3.2　財政赤字の拡大と政府長期債務の累積　8
　3.3　財政と金融の一体化から分離へ　9
　3.4　財政の国際化と財政自主権　11
　3.5　集権型福祉国家から分権型福祉社会へ　12
4　民主主義と財政 ………………………………………………13
　4.1　ファイナンスの起源　13
　4.2　パブリック・ファイナンスの成立と財政民主主義　14
　4.3　福祉国家と財政民主主義　16
5　日本における財政民主主義の展望 …………………………17

第2章　財政民主主義と予算制度 ―――21
――予算の仕組み

1　財政民主主義の体現としての予算制度 ……………………21
2　予　算　原　則 ………………………………………………22
　2.1　近代予算原則　22
　2.2　現代的予算原則　24

3　予算制度の構造——予算の形式と内容 …………………………26
　　3.1　現代日本の予算の姿　26
　　3.2　特別会計と複数予算　27
　　3.3　予算の内容と分類　29
　　3.4　暫定予算と補正予算　30
　4　予　算　過　程 ……………………………………………………30
　　4.1　日本の予算編成過程　30
　　4.2　ミクロ予算編成と予算配分の硬直化　32
　　4.3　マクロ予算編成と財政規律　33
　　4.4　決算と会計検査　33
　5　予算制度改革と今日の予算制度の課題 …………………………34

第3章　公共部門の役割 ―――――――――――――――――38
――経費論でとらえる

　はじめに――経費と公共部門の役割　38
　1　公共部門の役割と経費 ……………………………………………38
　　1.1　経費の定義と機能　38
　　1.2　公共財の理論　41
　2　経費の分類 …………………………………………………………46
　　2.1　制度的分類　46
　　2.2　性質的分類　49
　3　経費膨張と「小さな政府」 ………………………………………50
　　3.1　経費支出の長期的趨勢　50
　　3.2　「小さな政府」　53
　4　財政民主主義と経費の課題 ………………………………………54

第4章　公共投資と財政 ―――――――――――――――――56
――公共投資・公共事業を支える制度とその転換

　1　公共投資のとらえ方 ………………………………………………56
　　1.1　公共投資の理論と動向　56
　　1.2　日本の公共投資をめぐる諸特徴――統計データによる把握　59

2　公共投資を支えてきた制度の特徴 …………………………………61
　　　2.1　制度の特徴としての計画とシステム　61
　　　2.2　道路整備事業の事例　63
　　3　これからの公共投資を考える ………………………………………67
　　　3.1　持続可能な発展へ向けた公共投資の転換　67
　　　3.2　コンパクトシティにおける公共投資の転換　68
　　　3.3　再生可能エネルギーの普及における公共投資の転換　70

第5章　社会保障と財政 ―――73
――国民生活を支える仕組み

　　1　社会保障の概念と仕組み ……………………………………………73
　　　1.1　社会保障の概念と範囲　73
　　　1.2　社会保障の仕組み――社会保険方式と税方式　74
　　2　日本における社会保障財政の特徴 …………………………………76
　　　2.1　日本の社会保障の財政関係　76
　　　2.2　生活保護制度と地方財政　78
　　　2.3　児童手当・児童扶養手当と財政　80
　　　2.4　社会保障の規模　82
　　　2.5　社会保障の国際比較　84

第6章　年金・医療・介護・福祉と財政 ―――89
――制度の仕組みと課題

　　1　年金と財政 ……………………………………………………………89
　　　1.1　公的年金の形成と展開　89
　　　1.2　公的年金制度の現在　90
　　　1.3　年金財政の仕組みと特徴　92
　　　1.4　年金財政方式と新たな年金財政調整　93
　　　1.5　年金改革と年金財政の課題　95
　　2　医療保険と財政 ………………………………………………………96
　　　2.1　国民皆保険体制の確立　96
　　　2.2　公的医療保険制度の現在　97
　　　2.3　医療保険財政の仕組みと特徴　98

  2.4 医療保険財政の現状 102
  2.5 医療制度改革と医療保険財政の課題 103

 3 介護保険と財政 ·· 104

  3.1 介護保険制度の設立とその背景 104
  3.2 介護保険制度の現在 105
  3.3 介護保険財政の仕組みと現状 106
  3.4 介護保険制度と介護保険財政の課題 108

 4 社会福祉と財政 ·· 109

  4.1 社会福祉制度の形成と展開 109
  4.2 子育て支援施策（保育施策）と財政 111
  4.3 障害者福祉施策と財政 112
  4.4 社会福祉制度と社会福祉財政の課題 113

第7章 環境と財政ー116
——環境保全を実現する税制度・公共政策

 1 環境問題と公共政策 ··· 116

  1.1 環境政策の目的と手段 117
  1.2 環境政策の費用負担 117
  1.3 環境政策と政府の失敗 118

 2 環境保全と財政システム ····································· 119

  2.1 ピグー税とボーモル＝オーツ税 119
  2.2 環境税と「二重の配当」論 120

 3 地球環境問題と税制 ··· 121

  3.1 地球環境問題と国際的な取組み 121
  3.2 経済的手法の積極的な活用 122
  3.3 税制のグリーン化 122

 4 日本における環境と財政 ····································· 123

  4.1 日本における環境関連予算 123
  4.2 環境関連の国際協力にかかわる支出 125
  4.3 日本における環境関連税制 125
  4.4 地球温暖化対策のための税 126

    5 環境政策と地方自治体 ……………………………………… 127
        5.1 地方分権一括法と地方独自課税への模索　127
        5.2 森林環境税の取組み　128
        5.3 税による費用負担と参加　131
    6 環境保全を実現する税制度・公共政策に向けて ……………… 132

第8章　芸術・文化と財政 ―――――――――――――――― 135
――根拠・評価・主体

    1 日本の芸術・文化予算 …………………………………… 135
        1.1 芸術・文化予算の意義　135
        1.2 国の芸術・文化予算　136
        1.3 芸術・文化に対するその他の支援　137
    2 芸術・文化支援の根拠 …………………………………… 138
        2.1 芸術・文化と「コスト病」　138
        2.2 芸術・文化にかかわる市場の失敗　139
        2.3 「支援」から「投資」へ　141
    3 行財政改革と芸術・文化財政 …………………………… 143
        3.1 地方の文化予算　143
        3.2 行財政改革と芸術・文化支援　144
        3.3 芸術・文化と行政改革　146
    4 芸術・文化支援の主体 …………………………………… 147
        4.1 アームズ・レングスの原則　147
        4.2 間接的支援と寄付税制　148
    5 まとめ …………………………………………………… 149

第9章　行財政改革 ―――――――――――――――――― 151
――ムダの解消と「未来への投資」

    1 行財政改革とムダの解消 ………………………………… 151
        1.1 行財政改革の始まり　151
        1.2 大きな政府と政府の失敗　152
    2 小さな政府と政府機能論 ………………………………… 155

  2.1　小さな政府志向の登場　155
  2.2　小さな政府志向への批判　156
  2.3　政府機能論　157
 3　行財政改革の手法 ……………………………………………160
  3.1　グレーゾーンの拡大　160
  3.2　特殊法人，第三セクター　161
  3.3　審議会，業界団体　162
  3.4　市場化テスト，指定管理者制度，エージェンシー化　163
  3.5　PFI　165
 4　NPMと「未来への投資」 ……………………………………166

第Ⅱ部　税制と税制改革を学ぶ

第10章　租税の基礎理論 ──────────────── 171
  ──租税とは何か

  はじめに　171
 1　私たちはなぜ租税を納めるのか ………………………………171
  1.1　近代国家における自主的納税倫理の成立　171
  1.2　租税の配分原理──応益原則と応能原則　172
 2　租税構造の歴史的変動 …………………………………………173
 3　租税体系の理論──包括的所得税の理論 ……………………175
  3.1　包括的所得税とは何か　175
  3.2　包括的所得税を中心とする租税体系　176
  3.3　包括的所得税における理論と実際の乖離　177
 4　包括的所得税に対抗する租税体系論──支出税構想 ………177
  4.1　支出税の構想　177
  4.2　支出税の問題点　178
 5　最適課税論 ………………………………………………………180
  5.1　所得税が労働供給に与える影響　180
  5.2　最適消費課税論　182
 6　効率性と公平性 …………………………………………………183

  6.1 税制による所得再分配と累進課税 183
  6.2 効率性と公平性——まとめ 185

第11章　所得税 ——————————————————— 187
——「最良の税」の役割

1　所得税とは何か …………………………………………… 187
  1.1 所得税の意義と動揺 187
  1.2 所得概念と所得税の理念型 188

2　日本における所得税制の成り立ち ………………………… 189
  2.1 現代所得税制の前史 189
  2.2 シャウプ税制 189
  2.3 シャウプ税制の修正と抜本的税制改革 190
  2.4 証券優遇税制 191

3　所得税の仕組み …………………………………………… 191
  3.1 総合課税——課税計算の基本構造 191
  3.2 課税単位 197
  3.3 分離課税 199

4　所得税の負担構造と所得税改革 ………………………… 201
  4.1 課税ベースの侵食 201
  4.2 所得税改革の課題 201

第12章　法人税 ——————————————————— 207
——仕組みと新動向

1　法人税とその課税根拠 …………………………………… 207
  1.1 法人とは何か 207
  1.2 法人所得への課税根拠 207

2　日本の法人税の沿革 ……………………………………… 208
  2.1 シャウプ勧告以前の法人税 208
  2.2 シャウプ勧告に基づく法人税 209
  2.3 シャウプ税制の解体過程 209
  2.4 日本の法人税がもつ諸特徴 210

3　日本の法人税の仕組み ･････････････････････････････････ 211
　　　　3.1　企業会計と税務会計　211
　　　　3.2　減価償却制度　213
　　　　3.3　繰越欠損金　214
　　　　3.4　交 際 費　214
　　　　3.5　法定税率・平均実効税率・限界実効税率　215
　　　　3.6　税 額 控 除　216
　　　　3.7　法人税と所得税の統合──統合型法人税における2類型　216
　　4　法人税の転嫁と帰着 ･･････････････････････････････････ 218
　　5　資金調達方法と法人税 ････････････････････････････････ 219
　　6　グローバル化と法人税 ････････････････････････････････ 220
　　　　6.1　国際課税原則　220
　　　　6.2　国際課税における重要な基準　222
　　　　6.3　国際課税の課題の解決に向けて　222

第13章　消 費 税 ―――――――――――――――――――― 225
───消費課税の体系と付加価値税

　　1　消費課税の体系と付加価値税の仕組み ･･････････････････ 225
　　　　1.1　消費課税の種類と体系　225
　　　　1.2　付加価値税の仕組み　226
　　2　付加価値税の普及と日本の消費税の特徴 ････････････････ 228
　　　　2.1　付加価値税をめぐる世界の潮流　228
　　　　2.2　日本の消費税の特徴と問題点　231
　　3　付加価値税の逆進性とその緩和策 ･･････････････････････ 233

第14章　資 産 課 税 ―――――――――――――――――――― 236
───その意義の再考

　　1　資産課税の種類と体系 ････････････････････････････････ 236
　　　　1.1　資産課税の課税根拠と種類　236
　　　　1.2　租税体系における資産課税の意義　237
　　2　日本における資産課税 ････････････････････････････････ 238

    2.1 資産保有税（資産課徴・純資産税）　238
    2.2 資産移転税（相続税・贈与税）　239
    2.3 政策課税としての資産課税——日本における地価税の評価　241

第15章　税制改革 ———————————————————— 243
——国際的な動向と今後の課題

　はじめに　243

1　日本の租税システムの現状 ……………………………………… 243
2　税制改革の実際とその評価 ……………………………………… 244
    2.1 アメリカ　245
    2.2 スウェーデン　249
    2.3 日　本　252
3　税制改革の課題 …………………………………………………… 258

第Ⅲ部　財政と金融，地方財政，思想を学ぶ

第16章　公債と財政政策 ———————————————————— 263
——借り手としての国家

1　公債とは何か ……………………………………………………… 263
    1.1 近代財政と公債　263
    1.2 公債と租税収入　264
    1.3 公債の種類　265
    1.4 公債の発行，償還，借換　266
    1.5 公債管理政策　267
2　公債発行・財政赤字の経済学 …………………………………… 267
    2.1 均衡財政主義からフィスカル・ポリシーへ　267
    2.2 公債発行と財政政策（フィスカル・ポリシー）　268
    2.3 IS-LM分析と財政・金融政策　270
    2.4 財政赤字とフィスカル・ポリシー批判　271
    2.5 財政赤字の問題点　272
3　日本財政と国債 …………………………………………………… 273

    3.1 戦後の国債制度　273
    3.2 国債発行の推移　274
    3.3 国債の償還，借換，利払い　275
    3.4 国債の発行，消化，保有　276
    3.5 国債の金利負担と財政の持続可能性　277

第17章　財政投融資の役割　279
——公的金融改革がめざす道

1 金融仲介機関としての政府　279
2 20世紀における財政投融資制度の大きな役割　280
    2.1 中核的な資金源であった資金運用部資金　280
    2.2 経済成長の下支えから生活分野の支援へ　282
    2.3 財政投融資計画と計画外での国債引受け　284
3 2000年代の改革による位置づけの低下　285
    3.1 金融自由化と公的金融に対する批判の高まり　285
    3.2 2001年度の財政投融資制度改革　286
    3.3 財投機関債を通じた「市場による規律」の限界　288
    3.4 特殊法人改革・政策金融機関改革　289
4 公的金融に対する新たな期待　291
    4.1 金融危機下におけるセーフティネットとしての役割　291
    4.2 成長戦略への活用　292
5 公的金融と財政民主主義　293

第18章　国と地方の財政関係　295
——地方財政の仕組みと課題

1 政府間財政関係と分権化の潮流　295
    1.1 政府間財政関係の理念　295
    1.2 2000年代以降の政府間行財政関係　296
    1.3 国—地方関係の長期推移　298
2 地方政府の歳出構造と分権化における地方政府の役割　299
    2.1 地方歳出の全体像　299

    2.2　社会保障分野における政府間財政関係　301
    2.3　公共事業の経費動向　302
  3　歳入面における国・地方関係 ……………………………………304
    3.1　歳入にみる国・地方関係の全体像　304
    3.2　国と地方の税源配分　305
    3.3　地方交付税の役割と機能　307
    3.4　国庫支出金とその包括化　308
  4　財政の健全化をめぐる政府間財政関係 ………………………309
    4.1　地方財政の地方債依存構造　309
    4.2　財政健全化法がもたらしたもの　310

第19章　都市財政 ——313
——都市化，都市問題と行財政の自治

  はじめに　313
  1　都市と都市問題 ……………………………………………………314
    1.1　都市と自治体　314
    1.2　都市問題　315
  2　都市化と財政現象 …………………………………………………316
    2.1　都市自治体と大都市圏　316
    2.2　都市財政問題　317
  3　日本の都市財政 ……………………………………………………318
    3.1　戦後日本の都市財政の推移　318
    3.2　日本の都市の問題状況——平成の市町村合併と都市圏　322
  4　都市財源 ……………………………………………………………323
  5　都市財政の可能性と課題 …………………………………………325
  おわりに　327

第20章　財政思想 ——330
——財政学の歩み

  1　スミスと古典的財政原則 …………………………………………330
    1.1　道徳哲学者としてのスミス　330

目次　xv

1.2 スミス経済学の目的と「安価な政府」論　331
  1.3 スミスの財政原則論　333
 2　ドイツにおける財政学の展開 ……………………………………335
  2.1 官房学　335
  2.2 ワグナーの財政学　336
  2.3 財政社会学とシュンペーター『租税国家の危機』　338
 3　ケインズ革命と財政原則の転換 …………………………………340
  3.1 ケインズ革命　340
  3.2 現代的な財政原則の展開　343
 4　ケインズ批判と現代財政の課題 …………………………………344
  4.1 ケインズ批判の諸潮流　344
  4.2 現代財政の課題と展望　346

索　引 ──────────────────────────349

本書のコピー，スキャン，デジタル化等の無断複製は著作権法上での例外を除き禁じられています。本書を代行業者等の第三者に依頼してスキャンやデジタル化することは，たとえ個人や家庭内での利用でも著作権法違反です。

第Ⅰ部

予算と経費を学ぶ

第 1 章　現代財政の特質と財政民主主義
　　　　　財政とは何か

KEYWORDS

「大きな政府」　「小さな政府」　財政赤字　財政民主主義　財政の国際化
分権型福祉社会

1　財政とは何か

　財政（Public Finance）とは，国や地方自治体など公権力（公的な権限）をもつ組織の経済活動のことである。民間の企業や家計と同様にこれらの公的組織も，財源を調達し，それを消費し，投資や融資を行い，財産を所有し管理するといった経済的活動を営んでいる。こうした公的組織の経済的行為の総体をわれわれは財政と呼んでいる。企業や家計によって構成される民間部門に対して，国や地方自治体などの公共部門の経済活動が財政であるといってもよい。

　ところで，公共部門と一口にいっても，どこまでがその範囲かは必ずしも明確ではない。そこで，日本では，公的部門の範囲を特定するために，1978年以来，国際連合の提示した新 SNA（System of National Accounts）を採用している。それによると，国民経済における経済主体としては，①法人企業，②金融機関，③一般政府，④民間非営利団体，⑤家計（個人企業を含む）があるが，このうち，③の一般政府に，公的企業および公的金融機関を加えたものを公共部門としている。

　このうち，中央政府，地方政府，社会保障基金の3つからなる「一般政府」が公共部門の中核であり，通常，国民経済に占める財政の比重がどれくらいかを国際的に比較する場合には，狭義の「一般政府」がその範囲として用いられる。一般政府の総支出には，政府最終消費支出（公務員の人件費など。軍事費もここに含まれる），一般政府総固定資本形成（公共事業等への投資），社会保障移転（年金，失業保険等への支出），その他（利払費，補助金など）が含まれる。ちなみに，2010年度

表1-1 GDPに占める一般政府総支出の割合

(単位：%)

	年度	政府最終消費支出	一般政府総固定資本形成	社会保障移転	その他	合計(一般政府総支出)
日本	1975	10.0	5.3	7.8	3.6	26.7
	1990	13.3	4.8	7.0	5.0	30.0
	2000	16.9	5.0	9.9	4.4	36.2
	2010	19.6	3.2	14.0	4.1	40.9
アメリカ	1975	18.6	2.1	11.1	1.3	33.1
	1990	16.6	3.7	10.0	3.3	33.7
	2000	14.6	3.3	10.7	1.7	30.3
	2010	17.5	2.5	15.6	6.9	42.5
イギリス	1975	22.0	4.7	9.9	8.6	45.3
	1990	19.8	2.6	12.0	6.1	40.5
	2000	18.8	1.1	13.4	4.9	38.2
	2010	22.8	2.5	15.1	9.8	50.2
ドイツ	1975	20.5	3.6	17.6	6.6	48.3
	1991	19.2	2.7	15.7	6.6	44.2
	2000	19.0	1.9	18.8	3.6	43.3
	2010	19.7	1.6	17.3	9.2	47.9
フランス	1975	16.6	3.7	17.4	5.7	43.4
	1990	22.3	3.5	16.9	5.0	47.5
	2000	23.3	3.2	17.8	4.5	48.8
	2010	24.8	3.1	19.6	9.2	56.6
スウェーデン	1975	23.8	4.3	14.2	5.5	47.8
	1993	28.4	3.3	23.3	12.5	67.5
	2000	26.2	2.5	18.3	5.4	52.3
	2010	26.9	3.5	15.3	7.0	52.8

(注) 日本は年度。諸外国は暦年ベース。
(出所)『図説 日本の財政』各年版より作成。日本は内閣府『国民経済計算年報』，諸外国はOECD／National Accounts.

における一般政府総支出の対GDP（国内総生産）比は，日本が40.9％，アメリカが42.5％，イギリスが50.2％，ドイツが47.9％，フランスが56.6％，スウェーデンが52.8％となっている（表1-1）。

また，歳入面からみると，公共部門の収入の中心は所得税・法人税・消費税などの租税であるが，そのほかに国民年金や厚生年金などの社会保障負担（保険料），さまざまな公共料金や手数料・負担金などもその一部となっている。それだけでなく，日本ではとくにその比重が高いが，国民の零細な郵便貯金などが旧大蔵省資金運用部に集められ，財政投融資の原資として運用されてきた。さらに最近では，国や地方自治体の発行する公債（証券形態による民間からの借金）も重要な位

置を占めている。

　このように，財政における財源の範囲は複雑かつ多様であるが，通常，国民所得に対する租税負担比率と社会保障負担比率を合計したものが国際比較の指標とされ，日本ではそれは「国民負担率」と呼ばれている。最近（日本：2015年度，その他：12年度）の国民負担率は，日本が43.4％，アメリカが31.1％，イギリスが46.7％，ドイツが52.2％，フランスが65.7％，スウェーデンが56.1％となっている。ただし，この国民負担率には，財政赤字の部分，すなわち将来の国民負担は入っていない。そこで将来の国民負担を含めた「潜在国民負担率」をみると，日本は50.8％，アメリカは40.2％，イギリスは57.8％，ドイツは52.2％，フランスは72.6％，スウェーデンは57.5％となる（『図説　日本の財政・平成27年度版』）。

　一般政府総支出の対GDP比，および国民負担率の水準を比較すると，スウェーデンをはじめとするヨーロッパ諸国は高福祉・高負担型の福祉国家，それに対してアメリカは市場原理を重視した低福祉・低負担型となっている。日本は，その中間型といってよいが，近年，アメリカ型の低福祉・低負担型に近づきつつあり，そのなかで，社会保障負担が増大しつつあるのが特徴である。

2　現代財政の役割

　では，現代財政は国民経済のなかでいかなる役割を果たしているのだろうか。アメリカの財政学者R. A. マスグレイブによると，現代財政は，①資源の最適配分，②所得の再分配，③経済の安定成長という3つの機能をもっている。

　ここで，資源の最適配分とは，市場システムでは適切に供給することができない公的な財・サービスに向けて資源を配分することであり，所得の再分配とは，累進所得課税や社会保障移転などの財政的手段によって，所得格差を是正し，社会的公平を実現しようとすることである。経済の安定成長とは，景気後退期の財政支出拡大や減税，インフレ時の緊縮財政といった財政政策（フィスカル・ポリシー）によって，経済の安定的成長と完全雇用を図ろうというものである。

　このようなマスグレイブの三機能説は，現代福祉国家の果たすべき役割にかんする説明として有効であり，説得力をもっている。ただし，政治と経済の接点に位置し，政治と経済の矛盾のなかで動いている財政の問題を，経済の論理だけで説明しようとする点で限界があることも否定できない。たとえば，国防や警察などの役割を，非競合性や非排除性をもった公共財の最適配分の問題としてとらえ

るだけでよいだろうかといった批判がある。

　また，地球温暖化問題にみられるように，地球環境を保全し，人間と自然の物質代謝過程を調整するという重要な課題をどう位置づけるかといった問題もある。

　さらに，マスグレイブの三機能説では，財政の規範と現実との関係が必ずしも明確ではない。現代福祉国家における財政の理想的な姿として3つの役割が示されるが，現実の財政がそのような役割を果たしているかどうかはまた別の問題である。

　マスグレイブ説の批判的検討をふまえて，あらためて整理すると，現代財政は，次のような4つの機能を果たしている。

① 生活保障機能（生存権・発達権を保障するための共同的諸条件を整備し，格差是正と社会的公正を実現する機能）
② 資本蓄積機能（生産の一般的条件を整え，資本蓄積を促進する機能）
③ 環境維持機能（人間と自然の物質代謝を制御し，地球環境の持続可能性を確保する機能）
④ 体制維持機能（社会の諸階級・諸階層の利害対立を調整し，社会統合を図り，権力と体制を維持する機能）

現代財政は，これらの機能を果たすことによって，あらゆる社会が持続するために必要とされる社会的共同業務を担うことになる。しかし，現実の財政がこれらの諸機能をバランスよく果たしているかどうかは別である。これら四機能のうちどれが優先されるかによって，現実の財政の姿は変わってくる。また，現実の財政は，一面でこのような社会的共同業務の現代的再生を担うという性格をもつとともに，他面で，一部の階級・階層の特権や利益を維持するための官僚的・営利的権力業務を担うという側面ももつからである。

　財政はまた，それぞれの国における政治構造，経済構造，社会構造，地域構造のあり方に大きな影響を与え，また，逆に，政治・経済・社会・地域構造の変化に対応した再編を迫られる。とりわけ，1980年代後半からの構造変化，すなわち，経済のグローバル化，経済の成熟化による資金過剰化と投機経済化，情報化（知識社会化），少子高齢化，地球環境の危機といった構造的変化は，各国における財政のあり方にこれまでにない対応を迫っている。

3　現代財政の特質

　現代財政はどのような特徴をもっているのであろうか。1980年代の後半以降の政治・経済・社会・地域の構造的変化に注目しながら，その基本的特質と課題についてみることにしよう。

3.1　「大きな政府」から「小さな政府」へ
　現代財政の第1の特徴は，公共部門の拡大と**「大きな政府」**という枠組みのなかで，政府経費の削減と**「小さな政府」**への努力が進められているということである。

　18世紀末のA. スミスの古典的主張にみられるように，財政のあり方として支持されてきたのは，経費を必要最小限におさえ，収支を均衡させ，公債依存を避け，自由市場経済にできるだけ任せるという考え方であった。

　ところが，19世紀末，ドイツの財政学者A. ワグナーは，経済の発展とともに財政ないし公共経済の比重は次第に高まるであろうと予測し，いわゆる「経費膨張の法則」を主張した。その主張のとおり，1920年代以前には先進各国の公共支出の対GNP比は20%以下であったが，第一次世界大戦後急速に増大し，イギリス，ドイツ，アメリカなどでは60年には30%前後に，70年にはイギリス，ドイツでは40%前後に達した。

　また，1940年頃，イギリスの経済学者J. M. ケインズは，財政の均衡よりも国民経済の均衡を優先させ，不況と失業の時期には，財政の均衡を犠牲にしてでも財政支出による有効需要の拡大によって景気の回復をはかり，失業を克服すべきであると主張した。こうしたケインズ理論をアメリカ社会に応用した財政学者A. ハンセンは，現代の経済は公私混在の二重経済であると指摘したが，「混合経済」「二重経済」と呼びうるような構造は，第二次世界大戦後においてもなお発展しつづけた。

　しかし，1970年代の2度にわたる石油危機を経て，経済成長の停滞が始まると，一方的な財政の膨張に対する危惧や批判が高まり，各国とも経費の抑制や削減に向けての努力を開始した。80年代に入ると，アメリカにおけるレーガノミクス，イギリスにおけるサッチャーリズムに代表されるように「小さな政府」と自由市場の復権を求める政策が主流となってきた。80年代には一般政府支出の

対 GDP 比は，どの国においても抑制ないし低下し，このような傾向は 90 年代にも引き継がれてきた。

　日本の場合，第二次世界大戦後，財政の膨張がなかったわけではないが，それよりも経済成長のスピードが勝っていたこと，日米安保体制のもとで防衛費の負担が相対的に小さかったこと，社会保障制度の整備が立ち遅れたことなどから，1970 年代の初頭においてもなお一般政府支出の対 GDP 比は 20% にとどまっていた。むしろその後，景気対策のための公共投資や防衛費の拡大，社会保障制度の整備が進められるなかで 1980 年には 33.6% に達し，80 年代の臨調行革路線によって経費抑制が行われたものの，バブル経済とその崩壊，それに対する経済対策の実施によって 2000 年度には 36.2% にまで上昇した。そこで，2001 年に登場した小泉内閣は，財政による景気対策より財政再建を重視し，公債発行の抑制，公共投資の削減，三位一体改革による地方財政の抑制などに取り組んだ。しかし，2010 年度の一般政府支出の対 GDP 比率は，さらに 40.9% にまで上昇している。

3.2　財政赤字の拡大と政府長期債務の累積

　第 2 の特徴は，これまでの経費膨張の結果，いずれの国の財政も巨額の**財政赤字**と借金返済のための公債費負担を抱えているということである。

　1980 年代の後半以降，先進各国において公債依存度（一般会計歳出に占める公債の割合）が高まり，その後，政府長期債務残高の対 GDP 比，歳出に占める利払費の割合などが，急激に高まった（表 1-2）。

　1990 年代から 2000 年代にかけて，こうした財政事情の悪化は日本において最も顕著にみられるようになってきた。公債依存度，政府長期債務残高の対 GDP 比などの指標は，日本が最も悪い数値となっている。2015 年度における日本の公債依存度は 38.8%，国と地方をあわせた政府長期債務残高は 1000 兆円を超え，対 GDP 比 200% に達している。

　1930 年代以降，ケインズのいわゆるフィスカル・ポリシーの影響もあって，公債（国や地方自治体の借金）は，どちらかといえば否定的なものではなくむしろ積極的に活用すべきものと考えられてきた。公債は，民間市場における過剰資本を吸収し，公共投資などに向けられることによって有効需要を生み出す手段であり，また，その利益が後年度に発生する公共事業等の費用負担を世代間で公平化するための方法であるとされてきた。

　しかし，このように財政赤字が拡大し，政府債務が累積し，その返済のための

表1-2 先進各国の財政状況

(単位：％)

	年　度	公債依存度	政府長期債務残高／GDP	利払費／歳出規模
日　本	1975	25.3	12.3	18.3
	1990	10.6	45.6	15.5
	2000	36.9	95.2	11.2
	2005	36.6	117.3	8.2
	2010	44.4	145.1	8.3
アメリカ	1975	16.0	26.0	9.5
	1990	17.1	48.3	14.7
	2000	－	51.9	12.5
	2005	12.9	57.3	7.4
	2010	37.4	71.2	5.7
イギリス	1975	18.4	41.0	2.7
	1990	1.0	30.2	6.4
	2000	－	38.7	6.2
	2010	21.3	71.3	6.6
ドイツ	1975	21.1	9.4	3.3
	1990	12.6	21.3	9.0
	2000	9.8	34.7	16.0
	2010	14.6	40.0	10.9
フランス	1975	12.2	3.7	4.3
	1990	7.5	13.5	8.8
	2000	11.2	30.8	15.0
	2010	47.2	40.0	10.9

(注) 公債依存度は,（歳入－歳出）＝収支尻／歳出で算出。2000年度のアメリカとイギリスは収支尻がプラス。
(出所) 大蔵省『財政統計』および『図説 日本の財政』各年版より作成。

負担が大きくなると，公債は，民間の投資活動を圧迫し，財政の硬直化を招き，将来の国民の租税負担を増大させ，世代間の不公平を生み出すものであるという見方が強くなってきた。財政赤字の縮小と公債負担の削減は，現代財政における各国共通の重要な課題となりつつある。その課題に取り組むにあたって，現世代の受益と負担の均衡をはかるという観点から，プライマリー・バランス（基礎的財政収支；「借金を除く税収等の歳入」－「過去の借金への元利払いを除いた歳出」）を均衡させることが，財政健全化に向けての当面の目標として重視されるようになっている。

3.3　財政と金融の一体化から分離へ

第3の特徴は，これまで一体的に運用されてきた財政と金融を分離し，公的金

融部門を縮小し，市場原理に委ねようとする改革が進められてきたことである。

現代財政の特質の1つは，一般会計だけでなく，特別会計や政府系金融機関等を通じた財政資金の運用，財政投融資の積極的活用，公的資金と民間資金の融合，公債の大量発行による膨大な公社債市場の形成など，財政と金融の一体化が進められてきたことにある。日本の財政投融資計画は，その規模と仕組みにおいて，そうした財政と金融の一体的運用の典型とされてきた。

財政投融資制度は，旧大蔵省資金運用部に預託された郵便貯金や厚生年金・国民年金の掛け金などの資金にその他の資金をまじえてそれを原資とし，財政投融資計画に基づいて，政府系の公的金融機関や特殊法人等を通じて道路・住宅の整備や地方自治体・企業等に向けて投資・融資を行うものであった。この財政投融資制度は，高度経済成長期を通じて国の一般会計予算の2分の1から3分の2の規模に達し，「第2の予算」と呼ばれた。それは，一般会計の歳出を補完して社会資本整備を行い，不足がちであった民間金融を量的に補完し，また，国の公債を引き受けて政府内金融を補完するなどの役割を果たしてきた。

しかし，財政投融資には，一般会計に比べて国会審議の対象とならない部分が多くあり，**財政民主主義**の観点から問題があると指摘されてきた。また，1955年には20だった財政投融資対象機関が，90年度には66にまで肥大化し，制度も複雑になるとともに，その運用においてムダや非効率が目立つようになり，さらに，民間資本が成熟し，過剰資金が形成されるとともに，逆に民間金融を圧迫する存在とみなされるようになってきた。

こうして，財政投融資計画の改革が課題となり，2001年度に，財政と金融を分離し，財政投融資をできるだけ市場原理に委ねようとする改革が行われた。その主な内容は，①郵便貯金や年金資金の資金運用部への全額預託制度を廃止し，自主運用を行う，②財投対象機関は財投機関債を発行し，金融市場で独自に資金を調達することとし，不足する部分を国が財投債を発行してこれを補うというものである。

この改革を受けて，さらに，小泉内閣は郵便貯金を含む郵政三事業の民営化に取り組み，2005年の10月に法案が成立，07年10月に郵政三事業の民営化が実施された。

また，近年の一連の改革によって，財務行政と金融行政の分離が進んだ。1997年に行われた日本銀行法の改正によって，大蔵大臣の権限であった日本銀行に対する監督権等が取り除かれ，日本銀行は大蔵省から独立し，通貨政策を含む金融

政策にかんする最終的な決定権をもつことになった。さらに，2001年の中央省庁改革により，大蔵省は財務省に改められ，明治以来大蔵省が担ってきた金融行政にかんする事務が新たに設置された金融庁に移管された。

グローバリゼーションのもとで財政危機が進行し，民間過剰資金の形成と資本の投機的動きが強まるなかで，財政と金融を分離し，公的金融部門を縮小し，資金の流れを市場原理に委ねようとする動きが強まっている。

3.4 財政の国際化と財政自主権

第4の特徴は，**財政の国際化**が進み，財政民主主義の前提となる各国の財政自主権が制約を受けるとともに，国際的な財政協調の課題が浮かび上がってきていることである。

もともと，関税による国民経済の保護，戦争や対外侵略のための軍事費などにみられるように，財政は国際的競争手段としての意味をもっていた。第一次世界大戦後，連合国によるドイツ賠償問題，国際連盟の成立，軍縮交渉などに示されるように，各国財政の国際的管理の側面があらわれはじめる。しかし，財政の国際化が決定的となるのは，第二次世界大戦後，IMF（国際通貨基金），IBRD（国際復興開発銀行＝世界銀行）などの国際機関ができて以降のことである。

アメリカの主導によるIMF体制のもとで，各国は，1オンス＝35ドルを前提とした固定為替レートの維持を義務づけられ，それによって各国の貿易・金融・所得・財政政策は制約を受けることになった。国際通貨体制維持のために，各国の財政自主権が侵害されるという新たな事態が生じたのである。また，戦後の復興やその後の経済成長過程で，アメリカによる軍事援助や経済援助が大きな役割を果たしたが，その一方でこのようなアメリカによる財政支出の国際的展開が各国の財政運営を強く制約することにもなった。さらに，各国の経済成長がある程度進んでくると，今度は先進各国に対して，国際的秩序を維持するための軍事費や対外援助費などの財政負担（バードン・シェアリング）が求められ，これらの財政支出はいわゆる「国際公共財」と位置づけられるようになる。このように，第二次世界大戦後，いわゆるパックス・アメリカーナのもとで，財政の国際的管理，財政自主権の制約，財政の国際的分担などを内容とする財政の国際化が進められてきた。

ところが，1970年代に入って，このパックス・アメリカーナ体制も大きく揺らぐことになる。71年の金＝ドル交換停止，73年の固定為替相場制から変動為

替相場制への移行によって，アメリカとドルの威信は低下した。しかし，その後もアメリカは，国際収支の赤字，国家財政の赤字という「双子の赤字」をつくりだしながら，先進諸国による「政策協調」に支えられて，基本的にはパックス・アメリカーナ体制を維持しつづけている。

また，ヒト・モノ・カネの国際的交流と経済のグローバル化にともなって，国際二重課税を調整し，税制における国際的な「公平と中立」を達成するために，租税条約の締結，外国税額控除制度，国際移転価格税制の整備など，税制の国際化も進められてきた。さらに，多国籍企業と国際的金融資本のグローバルな展開のなかで，法人税をはじめとする租税切下げ競争が繰り広げられ，とくにヨーロッパ諸国ではそれは「有害な租税競争」として認識されはじめている。このように税制も，一国内部の事情だけではなく，国際的な競争と協調のなかで決定される時代となりつつある。

3.5　集権型福祉国家から分権型福祉社会へ

第5の特徴は，中央集権的福祉国家の限界と危機が認識されるようになり，地方**分権型福祉社会**への改革が模索されているということである。

イギリスを典型とする福祉国家は，1920年代に形成されはじめた。それは，ロシアにおける社会主義革命の衝撃を契機とし，それへの対抗という側面をもつものでもあった。さらに，福祉国家への動きを決定的としたのは1940年代のことである。これには，財政政策による経済の安定的成長と完全雇用，税制や公債の活用による所得再配分などを主張したケインズの理論（1936年），国の社会保障制度によってすべての国民の生存権を保障することをうたった「ベヴァリッジ報告」（1942年）が大きく影響している。その意味で，現代の福祉国家はケインズ＝ベヴァリッジ型福祉国家であるといわれることがある。

ところで，このケインズ＝ベヴァリッジ型福祉国家は，国家による国民の生存権保障や財政を通じた所得格差の是正を進めるという点では優れていたが，次のような矛盾を抱えていた。つまり，歳入の中央集権化と歳出の地方分散化である。福祉国家を賄う所得税・法人税・付加価値税などの税の徴収や公債の発行は中央政府によって担われ，福祉・保健・医療・教育などの公共サービスや公共投資の実行は住民に身近な地方政府（自治体）によって担われることが多かったからである。ここから，中央政府が政策を決定し地方政府がそれを実行するという，意志決定と実行主体との乖離が生じ，財政責任がどこにあるのかが不明確となって

いった。その結果，福祉国家をめざす多くの国において，ムダな経費の膨張，財政支出の非効率，官僚制による地方行政の統制，行政への市民参加の形骸化といった問題が発生した。

このような中央集権的福祉国家の矛盾や限界は，1970年代以降より深刻に感じられるようになった。その矛盾や限界を克服するために，70年代から80年代にかけて，それぞれの国によって多少のニュアンスの違いはあるが，2つの次元での分権化，すなわち，中央政府から地方政府への権限および財源の委譲と，公共部門から民間部門（市場部門および民間非営利部門）への重点移動が共通して進められた。すなわち，福祉国家からポスト福祉国家への移行が模索されはじめたのである。現代財政の特徴は，このように，中央集権的福祉国家の限界を克服するために，地方分権型のポスト福祉国家構築への模索が始まったことにある。

4　民主主義と財政

最初に述べたように，財政（パブリック・ファイナンス）とは国や地方自治体など公権力をもつ組織の経済活動のことである。その意味では，財政は国家の歴史とともに古い。だが，いまわれわれが問題にしているのは，エジプトや中国の古代国家，中世ヨーロッパの封建国家，近世の絶対王政国家などとは異なる，市民革命を経た近代国家における財政である。これまで，現代財政の特徴を概観してきたが，その前提になっているのは，現代財政は古代国家や封建国家・絶対王政国家などと異なる近代市民国家の枠組みのなかで動いているということであり，この点は，とくに財政民主主義とその発展を考えるうえで重要なことである。以下，近代市民国家における財政の形成とその特徴について概観することにしよう。

4.1　ファイナンスの起源

パブリック・ファイナンスのファイナンス（Finance：英仏，Finanz：独，Finanza：伊）という言葉は，通常「財務」「財政」「金融」などと訳される。その語源となったfine（fin）は，罰金・科料などを含む広義の「金銭的債務の期限」の意味をもっている。ラテン語のfinisに由来するイタリア語のfine，フランス語のfinは「終わり」「結果」などのことであるから，そこから来たものと考えられる。fine（fin）は，民間の債権債務関係だけでなく，支配者に対する貢納をも意味した。

実際，近代市民国家が形成される以前の，領主や国王の支配する社会では，公的な財政と私的な民間金融とは一体のものであった。領主や国王は公債を発行して高利貸資本家と呼ばれる民間金融業者から借金をし，政治的支配のための資金を調達するが，その元利償還をするために高利貸資本家たちに徴税請負人の資格を与えた。徴税請負人となった高利貸資本家たちは，農民や手工業者から過酷な税金の取り立てを行った。

　また，領主や国王は借金の返済のためにいくらでも通貨（紙幣）を発行することができた。その結果，通貨価値の下落と物価上昇，すなわちインフレーションが起きる。こうして，領主や国王，とくに絶対的な権力をもつ国王の時代においては，ファイナンス（金融）とパブリック・ファイナンス（財政）は渾然一体の関係にあり，国王や特権的商人たちが巨大な富を蓄積する一方で，民衆は重税と高物価に悩まされ，財産を失って他人に雇われる賃金労働者への道を歩んだ。

4.2　パブリック・ファイナンスの成立と財政民主主義

　イギリスの名誉革命やフランス革命などに代表される17〜18世紀の市民革命は，このような国王と特権的商人たちによる富の蓄積と苛斂誅求に対する市民たちの抵抗のあらわれであった。

　市民革命の第1の目標は，国王や政府が国民（ないしその代表者たる議会）の同意なくして，勝手に国民に税金を課すことができないようにするということであった。いわゆる租税協賛権（租税民主主義）の確立である。

　また，予算制度・決算制度をつくり，軍事費やその他の民生費を国民（議会）の承認なしに勝手に支出することができないようにすることであった。こうした近代的予算・決算制度が最も早く，典型的な形で形成されるのはイギリスにおいてであるが，その形成過程はきわめて長く，1689年のいわゆる「シビル・リスト」の設定から数えても，1861年の決算委員会（下院），1866年の「国庫および会計検査院法」の成立に至るまで，実に2世紀近くを要している。

　さらに，公債の恣意的な発行と増税および紙幣増発が連動することのないよう，国の公債基金制度に制限が加えられ，やがて金本位制を基礎として，中央銀行を頂点とする近代的な金融システムと証券市場が形成されていった。

　このようにして，近代的租税制度に基礎をおく公的財政（パブリック・ファイナンス）が成立し，財政と金融の相対的分離が生じるとともに，財政民主主義の枠組みがつくられた。それは，何よりも市民の財産権（所有権）に基礎をおく民主

主義であったといえる。

　領主や国王の支配する国家を「家産国家」と呼ぶことがある。この家産国家においては、財産権と課税権は一体のものであった。領主や国王は巨大な土地や財産の所有者であると同時に、政治的・軍事的支配者であった。国民の納める税金は、政治的支配者に対する貢納であると同時に、土地を借りて農耕や手工業を営んでいることに対して支払われる地代としての性格をもあわせもっていた。公債発行権と課税権・通貨発行権は高利貸資本などを媒介役として直接結びついており、領主や国王の私的家計と領邦や国の公的家計とは区別がなく、一体のものであった。

　ところが、近代市民国家においては、財産所有と政治支配とは切り離される。勤労する市民に私有財産権が与えられ、政府はその市民の生命や財産の安全を守るために活動するというのが建前となる。近代国家は財産をもたない「無産国家」であり、したがって、その活動を維持するために必要な資金調達を租税に求める以外に手段をもたない「租税国家」となった。ここでは、租税は領主や国王への地代（私的債務）の性格を失い、また、政治的支配者への貢納という性格から脱却することになる。近代的租税は、市民政府という公的な機関を維持するために、市民がその私有財産の一部を割いて支払うところの公的負担であり、市民は、政府（お上）に税金を納める被支配者ではなく、自らの政府の費用を負担するタックス・ペイヤー（tax payer）である。つまり、A. スミスがいうように、タックス・ペイヤーであることは、隷属の印ではなく、自由の象徴となる。そして、公債の発行は、課税権や通貨発行権とは相対的に分離され、通貨発行権は金本位制（後には管理通貨制）の定められた論理に従って行使されるようになる。

　このようにして、近代的市民国家において、民間の私的債権債務関係（ファイナンス）とは区別された財政（パブリック・ファイナンス）が成立し、市民の財産権を基礎とした財政民主主義の枠組みがつくられた。

　近代財政民主主義の原則＝立憲的財政制度の原理は、通常次の4つに集約される。

　① 国民の租税負担は議会が法律を通して確定する（租税法律主義）
　② 議会が歳入・歳出予算を審議し承認する（予算制度）
　③ 議会が決算を審議し、政府の予算執行を監督する（決算制度）
　④ 議会が2院からなるときは、下院が優先権をもつ（下院優先）

4.3　福祉国家と財政民主主義

　しかし，このような財政民主主義の枠組みはともかく，国民の意思に基づく財政のコントロールという実質的内容が，ただちに実現されたわけではない。なぜなら，国民の間には財産をもつ者とそうでない者との分裂と対立があり，財政は，少数の大財産所有者たちの支配のもとにおかれる場合が多かったからである。国民の間の公平な租税負担よりも，税制における資本蓄積優先の原則が先行し，多額納税者の実質的租税回避と大衆への負担転嫁がなされることもしばしばであった。財政支出においては，国民生活の擁護や貧しい人々の救済よりも，領土の対外的拡張や経済成長のための支出が優先された。そのようななかで，しだいに財政の議会によるコントロールは空洞化し，一部の政治家と官僚による運営が支配的となった。

　とくに，日本のように近代市民革命が不徹底に終わった国では，戦前の「大日本帝国憲法」下の実態にみられるように，議会による予算の審議や監督はほとんど形式だけで，天皇の大権を背景にした一部の政治家，官僚，軍部，財界によって，財政運営は実質的に独占されていた。

　このような状況のもとで，ロシアにおける社会主義革命の衝撃と，国民によるさまざまな社会的運動を背景に，1920年代に形成されはじめた福祉国家は，近代財政民主主義に新しい枠組みをもたらすものとなった。ドイツのワイマール共和国憲法に生存権の規定が盛り込まれたことに象徴されるように，福祉国家の理念は，すべての国民が最低限の人間的生活を国によって保障されるべきであるという，生存権に基礎をおく財政民主主義を実現することにおかれた。これは，市民の財産権に基礎をおく近代財政民主主義とは異なり，その枠組みを基本的には残しながらも，民主主義の内容を飛躍的に発展させるものであったといえる。財政民主主義の基礎は，財産をもち税金を支払う人々の納税者主権から，財産をもたない人々も含むすべての国民の生存権におかれることになった。

　しかし，この福祉国家型財政民主主義も，先にふれたように，1940年代以降，ケインズ＝ベヴァリッジ型の本格的発展をとげるなかで，新たな限界と危機に陥ることになる。福祉国家型の財政運営は，それをめざした各国で，経費の急激な膨張，財政システムの複雑化と議会によるコントロールの空洞化，国民負担の増大，財政赤字の拡大と公債利払費負担の増大，歳入の集権化と歳出の分散化による中央集権的・官僚的統制などの弊害をもたらした。

　このような弊害がもたらされた原因は，福祉国家の理念そのもののなかにあっ

たといえる。福祉国家は国民の生存権を保障することをその目標に掲げたが，国民はあくまで生存権を保障される対象，すなわち，住宅，年金，医療，教育，福祉などの公共サービスを受ける対象でしかなく，自らその能力を発揮して財政運営に参加し，学習しながら自治能力と政策能力を高め，人間的発達をとげていく主体的存在としては位置づけられなかったからである。ケインズに対する批判としてよくいわれる「ハーヴェイ・ロードの前提」，つまり，理論的にすぐれた「賢人」による財政政策の展開という前提は，福祉国家型財政運営の限界をよくあらわしている。

5　日本における財政民主主義の展望

　以上みてきたように，民主主義の視点からみた現代財政の課題は，財産権に基礎をおく近代財政民主主義，生存権に基礎をおく福祉国家型財政民主主義を超えて，財政運営の主体としての国民の自治権と発達権に基礎をおく財政システムをいかに構築するかにある。とくに日本においては，国民の自治権・発達権に基礎をおくポスト福祉国家型財政民主主義の実現をめざすというだけでなく，それと同時に，近代財政民主主義の実質化，福祉国家型財政民主主義の保障といった，他の先進諸国がすでに通過してきた課題も含めて，財政民主主義をめぐる三重の課題をこれから達成していかなければならない。

　財政民主主義の実現に向けて，この三重の課題を達成する方策については，以下の各章で詳細に検討されることになるが，ここでは，ごく基本的な視点だけを述べておくことにしよう。

　まず第1の方策は，予算編成およびその審議における国会の機能と権威を高めることである。よく知られているように，国会の予算委員会は，その時々の政治課題について一般的な論議を行う場となっており，予算にかんする実質的審議はきわめて不十分である。また，予算審議を通じて政府の予算案が修正されるということもほとんどない。国会議員の多くは官僚のつくった資料と作文に基づいて質問し，大臣もまた官僚のつくった資料と作文で答弁をしている。国会に実質的予算審議の姿勢と能力と体制がほとんど欠けているというのが実態である。

　小泉内閣の時代に導入された経済財政諮問会議は，財政運営における官僚主導を改め，政治のリーダーシップをある程度発揮するうえで役割を果たした。しかし，重要なことは，国会における予算審議権・予算修正権の復権をはかることで

あり，そのためには議会の調査権・政策立案能力を高めるための抜本的な改革が必要である。

　第2の方策は，特別会計の削減・縮小，公的金融機関の整理・統合，特殊法人の整理・削減をはかることである。ここまで肥大化・複雑化した財政システムを，国庫統一の原則に基づいてすべて一般会計に再統合することは不可能であるとしても，特別会計，政府関係機関，特殊法人など国会の統制から離れて独立採算的に運営される単位をできるだけ縮小し，簡素化をはかる必要がある。財政投融資計画についても，その運用実態にかんする情報開示を全面的に進め，国会による実質的審議と国民による監督・監視が行われるようにすべきである。

　第3の方策は，年金，医療，教育，保険等のナショナル・ミニマム保障にかかわる国の責任を明確にしつつ，行政権限と財源の地方委譲，すなわち地方分権化を進めることである。

　これまで，日本においては，1999年の「地方分権推進一括法」により，機関委任事務が廃止され，法廷受託事務ないし自治事務への転換が行われた。また，2002～06年度には，いわゆる「三位一体改革」（所得税の一部の地方移譲と，国庫補助負担金の削減および地方交付税の抑制）が行われた。しかし，これらは，いずれも真の地方分権改革とはいいがたい。行政権限の大幅な地方移譲，基幹税の地方移譲（ないしは共有税化），課税権をはじめ地方自治体の財政権限の強化などとともに，地域間格差の是正と地方財源保障のための地方財政調整制度の拡充を組み合わせた，本格的な地方分権改革をおしすすめる必要がある。

　さらに，地方分権とともに，財政運営に対する市民参加を促進する必要がある。「地方自治は民主主義の小学校」といわれるが，地方自治体の財政運営（総合計画策定や年々の予算編成過程）への公聴会その他の手段による市民参加を通して，市民の財政への関心と自治能力を高めることが大切である。これからは，国や地方自治体など公権力をもつ組織だけでなく，民間の非営利団体やボランティア組織が，公共サービスの提供やまちづくりや環境保全といった公的分野の活動において，これまで以上に重要な役割を果たすことになる。行政組織と民間の非営利・ボランティア組織の地域におけるネットワーク形成を通して，国民の自治的財政運営能力を高めていくことによって，人間発達型財政民主主義への展望がしだいにひらけていくことになるであろう。

　第4の方策は，国際的な財政協調のもとでの財政自主権の回復をはかることである。

EU市場統合の条件として，各国の財政赤字をGDPの3％に抑えることが義務づけられるなど，今日のグローバル化した経済社会においては，一定の国際的協調とそのための財政運営上の制約が生じるのは避けられない。しかし，その際重要なことは，そうした財政政策上の選択が，対等平等の関係に基づいて，それぞれの国民の意思に従って行われることである。ところが，日本の場合は，戦後の日米関係に規定されて，きわめて従属的な選択を強いられてきた。対米関係において財政自主権の回復をはかること，それと同時に，対等平等，平和的なアジア太平洋地域における相互交流・協調関係をつくりだすことも，財政民主主義の前提として重要なことである。

　以上のように，現代財政においては，国家（ナショナル）のみならず，一方では地方自治体（ローカル），他方では国際的な諸機関（グローバル）がそれぞれの役割を担っている。また，官（公）と民（私）との単純な二分法ではなく，民間非営利組織などの中間組織（共）が正しく位置づけられ，公・共・民の協働による財政民主主義の実現がめざされなければならない。

■ 討論してみよう
① あなたにとって財政とは何か。最近の自らの経験をふまえて考えてみよう。
② 先進諸国，とりわけ日本における財政赤字はなぜこれほどまでに増えたのだろうか。
③ 国際的財政協調と財政自主権のあり方について討論してみよう。
④ 福祉国家における財政民主主義の現実と，これからの日本の選択について考えてみよう。

■ 参考文献
〈基礎編〉
池上惇［1990］『財政学——現代財政システムの総合的解明』岩波書店
池上惇・重森曉編［1996］『現代の財政』有斐閣
内山昭編著［2006］『現代の財政』税務経理協会
片桐正俊編［2014］『財政学——転換期の日本財政（第3版）』東洋経済新報社
金澤史男編［2005］『財政学』有斐閣
神野直彦［2007］『財政学（改訂版）』有斐閣
廣田司朗・斎藤博・重森曉編［1986］『財政学講義』有斐閣
〈より進んだ学習をするために〉
大内兵衛［1930］『財政学大綱』（『大内兵衛著作集 第1巻』岩波書店，1974年所収）
島恭彦［1963］『財政学概論』岩波書店

林健久［1992］『福祉国家の財政学』有斐閣
林栄夫［1968］『財政論』筑摩書房
マスグレイブ，R. A.（木下和夫監修）［1961～62］『財政理論（全3巻）』有斐閣
宮本憲一［1981］『現代資本主義と国家』岩波書店
森恒夫編［1994］『現代財政学――グローバル化の中の財政』ミネルヴァ書房

第2章 財政民主主義と予算制度
予算の仕組み

KEYWORDS
予算原則　一般会計　特別会計　予算過程　ミクロ予算編成　マクロ予算編成
増分主義

1 財政民主主義の体現としての予算制度

　予算制度は，国家財政の政治的決定とその運用の根幹をなすものであり，財政民主主義の成立とともに確立・発展してきた。財政民主主義とは，主権者である国民が為政者である政府の財政運営をチェックしコントロールするという，近代社会の成立以降，今日に至るまで財政の中軸をなす理念であり原則である。議会制民主主義において，財政民主主義は，国民の代表である議会が政府・行政機関をコントロールするという形をとる。予算制度は，「代表なくして課税なし」という租税協賛権と並んで，財政民主主義を担保する重要な柱の1つである。

　しかしながら，政府財政の果たす役割が大きくかつ多様化している今日にあっては，予算の構造やその政治的意思決定の過程もまた複雑なものとなっており，現実に主権者である国民が予算を理解しそれをコントロールするのは容易ではない。国民本位の予算の実現という財政民主主義の理念とそれが容易には達成できないという現実とのギャップをどのように考えるか。これが今日の予算問題の一大課題である。

　本章では，国民が為政者である政府をコントロールするという財政民主主義の本旨を具体化したものとして，予算原則について論じる。そのうえで，今日の日本の予算制度の具体的な姿について，予算の構造（形式と内容）と，予算が決定され運用されている予算過程とに分けて概観し，予算原則との整合性という観点から現代日本の予算制度の課題について明らかにする。これらを踏まえて，財政

民主主義の実質化という観点から近年の予算制度改革の動向と課題について考えてみたい。

2　予算原則

2.1　近代予算原則

予算原則は，国民が議会を通して財政をコントロールするという財政民主主義に依拠した予算制度を運営するための基準である。予算原則は，予算の構造にかんする原則と，予算の編成から執行に至る予算過程にかんする原則とに大別できる。その全体像をまとめたのが図 2-1 である。以下具体的にみていこう。

予算の構造にかかわる原則には，完全性の原則，統一性の原則，明瞭性の原則がある。

① 完全性の原則

完全性の原則とは，予算の内容にかんして，すべての収入と支出が漏れなく予算に計上されなければならないという原則である。予算が完全性の原則をとるのは，すべての収入と支出が予算に計上されることにより，国民および議会による財政の民主主義的コントロールがはじめて可能となるからである。

この完全性の原則のゆえに，政府予算においては総計主義の原則がとられている。つまり，収入から支出を控除してその相殺差額のみを計上するという，民間の財務会計で採用されている純計主義をとらず，どの収入がどの支出に充てられているのかを明確に示すために，総計主義の原則が採用されている。

② 統一性の原則

統一性の原則とは，予算に対する政府の責任を明確にするために，予算は単一でなければならないとして複数予算を禁じるものである。また，この統一性の原則から，特定の収入を特定の支出に充当することを禁じるという，ノン・アフェクタシオンの原則が導かれる。

後述するように，国家の機能が複雑化し広く社会に及んでいる現代においては，特別会計の存在や公共事業における道路特定財源，公的年金保険料などにみられるように，統一性の原則やノン・アフェクタシオンの原則は侵食されている。しかし，統一性の原則は国家機能の複雑化を理由に否定されるべきものではない。たとえば，アメリカ連邦予算では，信託基金やオフ・バジェットといった日本では特別会計にあたる制度を設けながらも，連邦政府の責任範囲を

図2-1 予算原則の体系

予算の構造（内容・形式）にかんする原則

予算過程にかんする原則

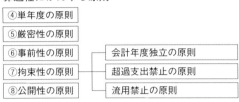

(出所) 筆者作成。

明確にするために，すべての予算を統合予算として包括的に示すことにより，統一性の原則を担保している。

③ 明瞭性の原則

明瞭性の原則とは，予算の内容が国民および議会に対して明瞭に理解される形式でなければならないというものである。日本では，予算執行に責任を負う所管部門を部として明確化したうえで，目的別に「款」「項」「目」の順に予算を分類する機関別予算の形式がとられている。

予算過程にかかわる予算原則には，単年度の原則，厳密性の原則，事前性の原則，拘束性の原則，公開性の原則がある。

④ 単年度の原則

為政者による財政の恣意的濫用を防ぐために，予算は定期的（1会計年度）に編成され，議会の承認を得る必要がある。このように財政民主主義を担保する目的から，予算は単年度を原則として編成・執行される。

今日，予算の単年度原則には，財政の中長期的持続可能性を保証できないなどの批判も多い。これらの課題への対応が必要なことはいうまでもないが，他方で単年度予算の原則が財政民主主義を支える土台となっていることも忘れてはならない。

⑤ 厳密性の原則

厳密性の原則とは，予算を編成するにあたって，予想される収入と支出とを

あらかじめ可能な限り正確に見積もるという原則である。
⑥ 事前性の原則

事前性の原則とは，会計年度がはじまるまでに予算編成がなされ，議会の承認を得なければならないという原則である。つまり，議会の承認を得ない形での予算執行を禁じることで，予算の民主主義的意思決定を担保している。
⑦ 拘束性の原則

以上⑤，⑥は予算編成にかんする原則であるのに対して，予算の執行にかんする原則は，国民および議会が執行主体である行政機関をコントロールするという意味で拘束性の原則と呼ばれる。その具体的な内容は，時間的に予算執行を拘束する会計年度独立の原則，執行の支出額を拘束する超過支出禁止の原則，支出目的を拘束する流用禁止の原則，の3点である。

第1に，会計年度独立の原則が，ある年度に生じた財源不足を次年度の収入で賄う，ないしは逆に当該年度の余剰を次年度に繰り越すといった複数会計年度間での収入と支出の融通を禁止する。会計年度独立の原則に対しては，ムダな予算消化を促すなど予算の効率的運用を阻害するとの批判がなされることが多いが，行政による恣意的な予算執行をコントロールするという観点からこの原則が設けられていることを忘れてはならない。

第2に，超過支出禁止の原則とは，議会が定めた予算計上額を上回って支出することを禁止する原則である。

第3に，流用禁止の原則とは，議会が定めた予算費目を他の費目に移して支出することを禁止する原則である。
⑧ 公開性の原則

公開性の原則とは，予算の編成から執行，決算に至るまでの予算過程全体にかかわる予算情報が国民と議会に対して公開されなければならないという原則である。こうした公開性の原則は，先に記した明瞭性の原則とも相まって，国民が財政に参画するためのアカウンタビリティ（政府による説明責任）を実質化していくうえで重要である。

2.2 現代的予算原則

これまで論じてきた予算原則は，19世紀半ばイギリスにおける財政民主主義の確立とともに定着をみたものであり，その意味で古典的予算原則とも呼ばれる（ここではさしあたり近代予算原則と総称する）。これに対して，20世紀以降，国家財

政は質量ともに大きな変貌を遂げてきた。今日では，こうした変化に対応して，近代予算原則に代替する新たな予算原則が提唱されている。以下ではそのいくつかの潮流についてみよう。

第1の潮流は，第二次世界大戦時にアメリカ連邦政府の予算局長官を務めたH. スミスが唱えた，行政国家化に対応した予算原則である。スミスは，とりわけ1930年代以降の国家財政の役割が拡大している点に着目し，こうしたもとでは議会による予算コントロールは財政運営の非効率を招くとして，行政府へ裁量と権限を付与した形への予算原則の転換を主張した。

第2は，J. M. ブキャナン，R. E. ワグナーらをはじめとした公共選択論の主張である。彼らは，現代国家財政の拡大という現実については，スミスと現状認識を同じくしつつも，国家の肥大化ゆえに議会を含めた政府の既得権益化と，それにともなう財政赤字の恒常化という「政府の失敗」がもたらされていると主張する。それゆえ，肥大化する政府を憲法によって拘束する，均衡予算ルールの立憲化を提起した。

第3の潮流は，ニュー・パブリック・マネジメントの理論などに代表される，民間の経営管理手法の政府予算への導入である。これらの議論は，政府予算の運営が，過去の実績を顧みることがない，いわゆる「やりっ放し行政」となっており，これが政府の非効率を生んでいるとして，民間の財務原則に従った公会計制度やパフォーマンス予算の導入を提起した。

これらの主張はいずれも，巨大化・複雑化している今日の国家財政をコントロールする必要性，多元化する財政ニーズのもとで予算資源の既得権益化と予算配分の硬直性を防止すること，財政赤字・政府債務の恒常化に対応する中長期的視野での財政の持続可能性の担保，といった予算制度の抱える今日的課題を指摘したものである。しかし，近代予算原則は，国民が議会を通じて予算をコントロールするという財政民主主義の本旨を具体化したものであるから，これら諸課題への対応の不備をもって単純に否定されるべきものではない。近代予算原則を土台としつつ，上記のような今日的諸課題にいかに対応していくべきかというアプローチが必要である。それゆえ以下では，今日の日本の予算の構造（形式と内容），予算過程の特徴を概観し，それがこれまで論じてきた近代予算原則とどのように整合し，あるいは齟齬をきたしているのかを検討していきたい。

3 予算制度の構造——予算の形式と内容

3.1 現代日本の予算の姿

現代の日本の予算は幾多の法・制度が複雑に絡みあって構成されている。まずは図2-2をもとにその全体像を概観してみよう。

国会の審議・議決の対象となるという意味での財政法上の予算は，**一般会計**，**特別会計**（14会計），政府関係機関予算（4機関）から構成されている。このうち一般会計とは，政府予算の本丸とも呼べるもので，中央政府の基本的な収入と支出を管理運営する会計である。

これに対して，一般会計とは別の財布として設けられているのが特別会計である。財政法は，特別会計が設置されるのは，「特定の事業を行う場合，特定の資金を保有してその運用を行う場合その他特定の歳入を以て特定の歳出に充て一般の歳入歳出と区分して経理する必要がある場合」（第13条2項）と規定している。たとえば，公的年金における保険料は年金給付を賄うために国民が納付しているのであるから，この保険料収入は年金特別会計において一般会計とは別途に管理運用される。こうした事情はあるものの，特別会計の設置は，前述の予算原則で述べた統一性の原則，ノン・アフェクタシオンの原則に反しており，その設置・運用は慎重になされる必要がある。

政府関係機関予算は，特定の行政機関に属さず政府全額出資により運営される機関を対象としたものである。しかし，1985年に国鉄，専売公社，電電公社の3公社が民営化され，さらには90年代末以降政策金融機関の統廃合と民営化が進められるなか，現在では日本政策金融公庫，国際協力銀行など4つの政策金融機関のみが対象となっている。

以上3つの予算はいずれも国会の審議・議決を必要とするのに対して，政府財政が密接にかかわりながらも国会のコントロールの対象とはならないものに，財政投融資機関や政府出資法人がある。これらの機関に対しては，政府からの貸付や出資，政府保証などの際に国会の制約を受けるとはいえ，個々の機関の予算全体に対しては，その財務諸表が国会において報告されるのみである。

こうした財政投融資機関や政府出資法人の特徴や問題点については，別途の諸章（第9章，第17章）に譲ることとし，以下では，複数予算のもつ問題点について，一般会計と特別会計との関係に焦点を当てて検討していこう。

図2-2　日本の予算の全体像（2015年度）

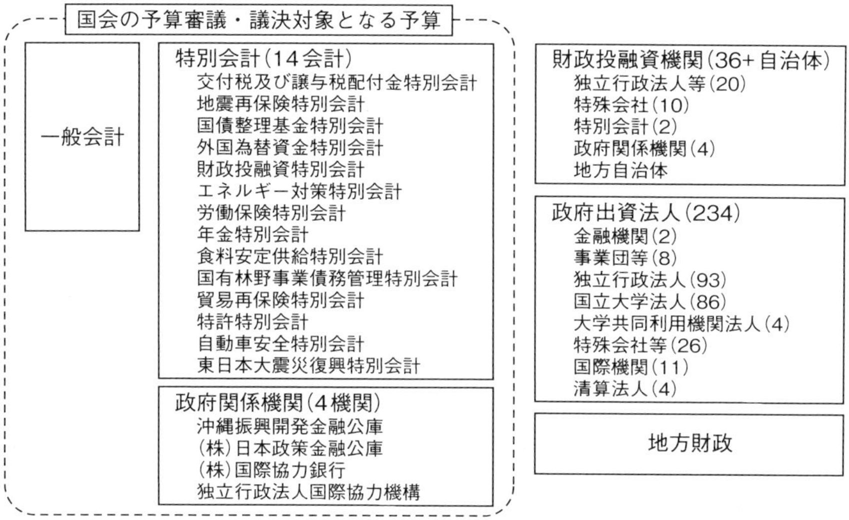

```
┌─────────────────────────────────────┐   ┌─────────────────────────────┐
│  国会の予算審議・議決対象となる予算   │   │ 財政投融資機関（36＋自治体）│
│ ┌──────┐ ┌─────────────────────┐   │   │   独立行政法人等（20）     │
│ │      │ │ 特別会計（14会計）   │   │   │   特殊会社（10）           │
│ │      │ │  交付税及び譲与税配付金特別会計│   │   特別会社（2）            │
│ │      │ │  地震再保険特別会計  │   │   │   政府関係機関（4）        │
│ │一般会計│ │  国債整理基金特別会計│   │   │   地方自治体              │
│ │      │ │  外国為替資金特別会計│   │   └─────────────────────────────┘
│ │      │ │  財政投融資特別会計  │   │   ┌─────────────────────────────┐
│ │      │ │  エネルギー対策特別会計│  │   │ 政府出資法人（234）         │
│ │      │ │  労働保険特別会計    │   │   │   金融機関（2）            │
│ │      │ │  年金特別会計        │   │   │   事業団等（8）            │
│ │      │ │  食料安定供給特別会計│   │   │   独立行政法人（93）       │
│ │      │ │  国有林野事業債務管理特別会計│  │   国立大学法人（86）       │
│ │      │ │  貿易再保険特別会計  │   │   │   大学共同利用機関法人（4）│
│ │      │ │  特許特別会計        │   │   │   特殊会社等（26）         │
│ │      │ │  自動車安全特別会計  │   │   │   国際機関（11）           │
│ │      │ │  東日本大震災復興特別会計│  │   清算法人（4）            │
│ └──────┘ └─────────────────────┘   │   └─────────────────────────────┘
│          ┌─────────────────────┐   │   ┌─────────────────────────────┐
│          │ 政府関係機関（4機関）│   │   │ 地方財政                    │
│          │  沖縄振興開発金融公庫│   │   └─────────────────────────────┘
│          │  （株）日本政策金融公庫│ │
│          │  （株）国際協力銀行  │   │
│          │  独立行政法人国際協力機構│
│          └─────────────────────┘   │
└─────────────────────────────────────┘
```

（注）政府関係機関，財政投融資機関，政府出資法人については，一部重複している機関・法人がある。
（出所）財務省主計局［2015］『平成27年版特別会計ガイドブック』；財務省理財局［2015］『財政投融資レポート2015』；財務総合政策研究所［2016］『財政金融統計月報』第766号，2月，より作成。

3.2　特別会計と複数予算

　一般会計に対して特別会計が設置され，複数の予算になると，それぞれの会計の間で財政の繰入，繰出が行われ，会計間の関係は錯綜し，予算の全体像はわかりにくくなる。図2-3は，現行14ある特別会計の歳出を一括してそれと一般会計歳出との関係を図示したものである（2015年度当初予算ベース）。

　2015年度の歳出総額は，一般会計が96兆円，特別会計が404兆円，総計500兆円である。ただし，このなかには会計間の繰入・繰出による重複分が含まれる。たとえば，一般会計歳出のうち，公的年金給付，地方交付税交付金，国債費などの支出は，それぞれ，年金特別会計，交付税及び譲与税配付金特別会計，国債整理基金特別会計に繰り入れられ，これらの特別会計から，年金給付支出，地方交付税，国債の返済費として支出される。こうした一般会計と特別会計との重複分（53兆円）に加え，各特別会計間や会計内の勘定間での繰入・繰出による重複分（39兆円）を差し引いた純計額が実際の特別会計からの支出額である。さらに，政府の国債発行総額（207兆円）のうち，既発債の償還期限満期にともなう返済分を国債によって賄う借換債（116兆円）については，フロー上は政府と債券保

図 2－3　一般会計と特別会計の関係（2015 年度予算，歳出）

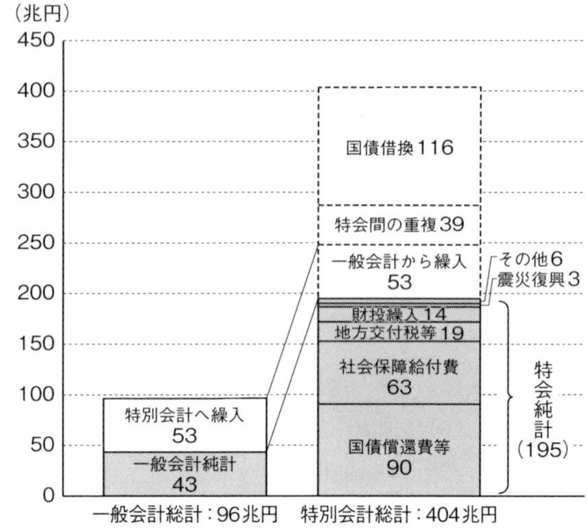

（兆円）
450
400
350
300
250
200
150
100
50
0
国債借換116
特会間の重複39
一般会計から繰入
53
その他6
震災復興3
財投繰入14
地方交付税等19
社会保障給付費
63
国債償還費等
90
特会純計
（195）
特別会計へ繰入
53
一般会計純計
43
一般会計総計：96兆円
特別会計総計：404兆円

（注）特別会計の総計は，端数処理の関係で各項目の合計と一致しない。
（出所）財務省［2015］『平成 27 年度予算政府案』より作成。

有者との間での債権債務関係を変えないことから，実際の財政支出とは区別される。

これら他会計との重複分と借換債分とを除いた 195 兆円が実質的な特別会計の歳出額（純計額）であり，一般会計のうち特別会計を介さず直接支出される 43 兆円とあわせた 238 兆円が，一般会計と特別会計による政府支出額だということになる。このように，統一性の原則に反して複数予算となっていることにより，予算規模の全体像がわかりにくくなっていることが，特別会計制度の第 1 の問題点である。

第 2 に，予算の全体像がわかりにくくなっているだけではない。たとえば，公的年金の給付額は，一般会計からの支出では 11 兆円となっているが，公的年金給付は一般会計からの財源のみでなく，年金特別会計に直接計上される年金保険料等によっても賄われているから，給付額全体をみるには，年金特別会計をみなければならない（2015 年度予算での公的年金給付総額は 47 兆円となる）。このように，政府が各々の歳出費目にどれだけの予算を計上しているのかもわかりにくくなっている（個々の特別会計の姿については，ウェブサポートを参照）。

特別会計制度の第 3 の問題点は，個々の特別会計が公債発行や借入金による資金調達を行うため，政府債務の管理がルーズになりがちで，隠れ借金を生む温床

になっているということである。たとえば，財政投融資特別会計では，財投機関の資金調達を補完するために財投債の発行が認められているし，交付税及び譲与税配付金特別会計では，一般会計からの繰入の不足分に対して借入金による資金調達を実施してきた結果，借入金の累積が常態化している。

第4に，個々の特別会計で認められている特定財源や，特別会計において発生した剰余金を積立金として繰り越すことにより，特別会計は予算資源の既得権益化を招きやすい。

3.3 予算の内容と分類

財政法は予算の内容を，①予算総則，②歳入歳出予算，③継続費，④繰越明許費，⑤国庫債務負担行為，の5つに規定している（第16条）。

このうち，予算総則とは，当該年度の財政運営の基本的事項について記載したもので，公債発行の限度額や予算執行にかかわる諸規則が盛り込まれる。

歳入歳出予算は予算の本体をなす。歳入歳出予算は，その執行責任を明確にする目的から，まずもって収入・支出を管轄する行政機関の部局別に「部」として区分される（機関別予算）。そのうえで，歳入予算にかんしては，租税か公債か，さらにはいかなる租税かといった収入の性質別に，「款」「項」「目」の順に細かく分類される。歳出予算については，それぞれの支出の目的別に，同じく「款」「項」「目」の順でその細目が分類される。これらの分類のうち，国会の議決の対象となるのは「項」までであり，「目」以下の予算細目は行政科目として参照されるにとどまる。

予算の内容のうち残る3項目（継続費，繰越明許費，国庫債務負担行為）はいずれも，単年度の原則に対する例外措置として設けられたものである。継続費は，単年度では終了しない事業を遂行するために，5年を限度に経費の総額と年度ごとの支出額を定めるものである。繰越明許費は，予算の成立後，一定の事情により年度内に支出が完結しない見込みの経費にかんして，国会の議決により当該経費の翌年度への繰越を認める規定である。国庫債務負担行為とは，複数年度にわたる事業に対する予算化という意味で継続費と同様であるが，継続費が「工事，製造その他の事業」に対象が限定されているのに対して，国庫債務負担行為にはそのような経費の性質による制約はない。その代わり，国庫債務負担行為は，継続費とは異なり，将来予算の支出権限は与えられない。すなわち，国庫債務負担行為によって必要となる翌年度以降の支出については，将来年度の予算で支出を計

上し，決定しなければならない。

3.4 暫定予算と補正予算

　前節に述べたように，予算は国会での審議・議決を経てはじめて執行可能となる（事前性の原則）。しかし，会計年度がはじまる4月までに予算が議決されなければ，予算の執行ができず，予算の空白が生じてしまう。こうした事態に対応するために，今日の日本の予算制度では，本予算が成立するまでの期間について，必要不可欠な経費に限って予算計上を行う暫定予算の制度を設けている（当然のことながら，暫定予算にあっても国会の議決が必要となる）。

　これに対して，いったん予算が成立し，執行の段階にあって，追加的に支出が必要となった際に編成されるのが補正予算である。予算に不足が生じた場合には，それに備えて予備費の制度が設けられている。もとより予備費の使用にあたっては国会の承認が必要とされており，その濫用が許されてよいわけではない。予備費をさらに上回る規模で事後的に予算措置が必要となった場合に予算を追加するのが補正予算である。補正予算の策定は，「とくに緊要となった経費」の支出に限られている。補正予算は，災害時の対策などやむをえない場合も含まれるが，現実には景気対策などの目的で策定されることが多い。むろん補正予算もまた国会の議決を必要とするものではあるが，それは当初予算に対する超過支出になるのだから，濫用されるべきものではない。

4　予算過程

　予算は，前年度における予算の編成・議決，当該年度における予算の執行，次年度における執行予算のチェックである決算，という諸局面を経る。この予算の編成，執行，決算のプロセスを総称して**予算過程**と呼び，これらの諸局面が遂行されていくことを予算循環という。本節では，予算循環の諸局面ごとに，日本の予算過程の特徴と課題についてみていこう。

4.1 日本の予算編成過程

　図2-4は，日本の予算編成過程を時系列的に概括したものである。以下同図をもとに日本の定型的な予算編成過程についてトレースしてみよう。

　第1に，新年度の予算編成は，前年7月末に財務省主計局が各省庁に対して提

図2-4 日本の予算編成過程の概要

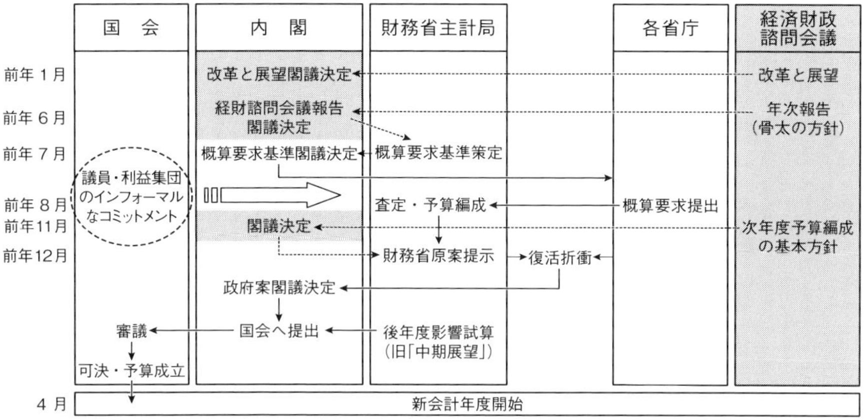

	国会	内閣	財務省主計局	各省庁	経済財政諮問会議
前年1月		改革と展望閣議決定←			←改革と展望
前年6月		経財諮問会議報告 閣議決定			←年次報告（骨太の方針）
前年7月	議員・利益集団のインフォーマルなコミットメント	概算要求基準閣議決定→	概算要求基準策定		
前年8月			査定・予算編成	←概算要求提出	←次年度予算編成の基本方針
前年11月		閣議決定			
前年12月			財務省原案提示→	←復活折衝	
		政府案閣議決定			
	審議←	←国会へ提出←	後年度影響試算（旧「中期展望」）		
	可決・予算成立				
4月	新会計年度開始				

（注）グレー，点線矢印で示した箇所は，2001年の経済財政諮問会議設置以降に加わった過程。
（出所）筆者作成。

示する概算要求基準（シーリング）からはじまる。概算要求基準は，新年度予算の支出規模とととともに，各省庁，部局への予算配分枠を提示したものであり，予算編成の出発点をなす。第2に，概算要求基準を受けて，各省庁は各行政機関内の具体的な予算要求をとりまとめ，8月末を目処に財務省に概算要求として提出する。第3に，9月から12月にかけて，財務省主計局の主計官と各省庁との間で予算査定，折衝作業が行われる。この予算査定・折衝作業が，予算編成の中核となる。これをとりまとめたものが財務省原案として内閣に提示される。財務省原案は，必要に応じて大臣折衝等により微修正がなされたうえで，政府予算案として閣議決定される。最後に，政府予算案が国会に上程され，国会での審議・議決を経て新年度の予算成立となる。

このように財務省主計局と各省庁との調整とその積み上げが，日本の予算編成過程の一大特徴をなす。さらに，こうした官僚機構内での調整に対して，与党自民党議員や彼らをパイプ役とした地方や業界の利益団体が，国会外においてインフォーマルに関与する。各省庁は，自民党の政務調査会各部会やその背後にある関連業界団体と連携して，予算増額を要求する。また，各省庁による概算要求のとりまとめにおいては，与党自民党の政務調査会の各部会においてその内容が報告され，事前に了解を得ることが慣例となっている。さらに，財務省原案策定における折衝や，財務省原案確定後の復活折衝の場において，与党自民党は，予算増額を求める一大プレイヤーとして非定型ではあれ大きな影響力を及ぼす。

このように，官僚機構内部での調整とそれに対する与党自民党や利益集団によるインフォーマルな形でのコミットメントが，予算編成の中軸をなしている。これとは対照的に，政府予算確定後の国会における予算の審議・議決の局面は形骸化が甚だしい。そのことは，1955年の保守合同以来，予算の本体である歳出入予算にかんして，国会の場では一度の修正もなされていないことに顕著にあらわれている。こうしたあり方は，予算の意思決定過程の不透明さ，財政民主主義の形骸化という点で日本の予算編成の最大の問題点となっている。

4.2 ミクロ予算編成と予算配分の硬直化

一般に予算編成は，その政策的課題という見地から，予算資源をどのように配分するかという**ミクロ予算編成**と，予算の歳出入総額や財政収支など財政規律の担保にかかわる**マクロ予算編成**とに区別される。以下では，こうした区別に基づいて現代の予算編成のもつ課題について考えてみよう。

財政資源をいかなる政府機関，プログラムに配分するかというミクロ予算編成の具体的なあり方を理論化したのは，A. ウィルダフスキーが提唱した**増分主義**理論である。多元的な利害が予算資源獲得をめざして錯綜する民主主義政府においては，単年度という限られた期間で予算を政策的プライオリティに基づいて配分することは不可能である。それゆえ，実際の予算編成は，前年度予算をベースとしてそこからの「増分」に焦点を当てた形でしか行われえないし，またそうすることが合理的である。

前年度予算を基準として予算配分を考えるという増分主義理論が提起したミクロ予算編成の論理は，官僚機構による予算資源の既得権益化や与党や利益集団による利益分配型政治とも相まって，日本の予算編成の支配的原理として作用してきた。

しかし，増分主義的予算編成は，既存の予算配分の硬直化を招くという問題点を有している。当然のことながら，経済社会の変化にともない，政府財政の役割や国民が求めるニーズも変化する。しかし，前年度予算の踏襲を基本とし，これに官僚機構や利益集団の既得権益化や利益分配型政治が絡みあった予算配分方式は，社会の財政ニーズへの柔軟な対応を妨げる。それゆえ，増分主義の論理に代わる予算配分のあり方を考えることが，予算編成改革の第1の課題である。

4.3　マクロ予算編成と財政規律

　増分主義的予算編成のいま1つの問題点は，財政資源の制約を想定しておらず，それゆえ財政規律を担保するマクロ予算編成の論理をもちあわせていないということである。

　マクロ予算編成とは，財政支出や税収，財政収支など，予算の総額にかんする意思決定のことを指す。マクロ予算編成は，自然増収が当然視されていた高度成長期においてはほとんど意識されることはなかったが，低成長期に入り財政赤字が恒常化する1970年代中盤以降，中長期的な財政の持続可能性を担保するための独自の政策課題として注目されるようになった。

　日本の予算編成においては，マクロ予算編成の中軸となってきたのは，財務省主計局が予算編成の出発点として定める概算要求基準（シーリング）であった。しかし，シーリングを軸とした日本のマクロ予算編成は，以下のような問題点を有していた。

　第1に，シーリングはあくまでも次年度の予算を対象としたものであり，マクロ予算編成の本来的課題である中長期的な財政の持続可能性を担保するものではない。中長期的な財政試算は，財務省主計局による「財政の中期展望」（1976年〜80年度までは「財政収支試算」）として，さらには経済財政諮問会議が設置された2001年以降は「構造改革と経済財政の中期展望」としてそれぞれ出されているが，いずれも試算の客観性や拘束力を欠いている。

　第2の問題点は，シーリングを設定する主体である財務省主計局が予算配分というミクロ予算編成を担う主体でもあるということである。それゆえ，財務省主計局によるシーリングは，ミクロ予算編成における各省庁や与党自民党による影響のもとで機能してきた。このようにシーリングがミクロ予算編成の増分主義的行動を容認したうえで設定されるため，シーリングは各省庁横並びの一律形式をとることとなった。

　第3の問題点は，シーリングの対象範囲の狭さである。シーリングは当初予算の一般歳出のみを対象としていたため，特別会計，財政投融資，補正予算，さらには税制をも包含することはできなかった。

4.4　決算と会計検査

　予算の執行が終了すると，内閣は予算の執行結果を決算書としてまとめ，国会，政府から独立した機関として設置されている会計検査院による確認検査を受ける。

会計検査院の検査を受けた後，内閣は国会に決算を提出し，国会が決算書を審議，承認することで予算過程は完結することになる。法律上，決算は上記のようなプロセスを経ることとされているものの，日本においては，以下のような理由で，決算の機能が軽視された状況にある。

第1に，会計検査や国会の決算機能に与えられた時間的制約の問題である。予算の執行を終えた後，各省庁は7月末までに財務省に決算報告書を提出する。これに基づいて財務省は決算書を作成し，11月末までにこれを会計検査院に送付する。そこから年度末までに，会計検査院による検査，内閣への報告，国会での審議，承認というプロセスを経ることとなる。こうした時間的制約が，会計検査院の検査機能を制約し，さらには国会における決算審議の形骸化をもたらしている。

第2は，会計検査の内容である。日本の会計検査院には，時間的，人員的制約も相まって，予算の執行が予算書どおりに行われたかどうかをチェックする役割しか与えられていない。これに対して，アメリカにおいては，会計検査には執行された予算に基づいた種々のプログラムが政策的に妥当であったのかどうかをも評価する任務が与えられ，膨大な報告書が将来の予算編成や政策課題への参考として議会および国民に対して提出・公表されている。

5 予算制度改革と今日の予算制度の課題

これまで論じてきた日本の予算の構造と予算過程について，近年の予算制度改革の動向と課題について述べることで本章のまとめとしたい。

第1の課題は，予算の構造にかんする改革である。21世紀に入って以降，特別会計，政府関係機関の整理・統合が進められ，高度成長期最大45あった特別会計は今日（2015年度）で14会計に，政府関係機関は4金融機関にまとめられた。また，1999年の財政投融資改革や独立行政法人改革などにより，財投機関や政府出資法人への独立採算制や民間の財務管理手法の導入が進められてきた。

こうした一連の改革は，もっぱら政府経営の効率化という観点からなされたもので，議会による予算コントロールや政府活動の明瞭性の確保といった，財政民主主義の観点からすれば課題が残る。独法化，民営化により，本来政府がなすべき事業がリストラされたり，政府のコミットメントのあり方が国民に対してよりわかりにくくなったという側面を有している。これらの予算構造の改革は，国民

に対するアカウンタビリティの確保という観点から再検討する必要があろう。

第2の課題は，予算過程にかんする改革である。これはさらに，財政再建と財政の中長期的持続可能性を担保するというマクロ予算編成の改革と，経済社会の変化に対応した柔軟な予算配分の実現というミクロ予算編成の改革とに分かれる。

マクロ予算編成の改革では，小泉政権時における経済財政諮問会議を軸とした官邸主導の予算編成へのコミットメントの試みをあげることができる。すなわち，官邸の意向を反映した財政の中期フレームワークが「構造改革と経済財政の中期展望」（「改革と展望」と略）として年初に示され閣議決定される。次いで新年度予算の概算要求基準策定に先立って，「今後の経済財政運営及び経済社会の構造改革に関する基本方針」（いわゆる「骨太の方針」）が示され，これらが財務省主計局と各省庁，さらには与党自民党のコミットメントを含んだ伝統的な予算編成を拘束するものとして構想された（図2-4を参照）。

しかし，こうした構想は，首相のアジェンダ・セッティングと現行政策で遂行した際の財政見通し（いわゆるベースライン）とを混同している点で問題がある。中長期的な財政の持続可能性は，ベースラインが客観的なものとして示され，それと政府による新規の政策提起の予算動向に与えるインパクトが比較検証されることではじめて意味をもつ。しかし，「改革と展望」は，「骨太の方針」をはじめとした政権のアジェンダを盛り込んだものとなっており，ベースラインを示していない。こうした問題点に加え，経済財政諮問会議と財務省主計局との機能分担が明確化されなかったこともあり，官邸主導の予算編成は，伝統的な予算編成のアクターに屋上屋を重ねる形で首相官邸という新たなアクターが加わる結果となり，さらに錯綜したものとなってしまっている。

ミクロ予算編成の改革では，前年度予算を基準とした増分主義の論理に代替する予算配分の基準として，政策評価の導入が試みられてきた。政策評価は，これまでの政府活動を客観的な成果指標に基づいて評価し，それを将来の予算を含めた行政活動に反映しようというものである。1960年代にアメリカにおいて導入が試みられたPPBS（プランニング・プログラミング・バジェッティング・システム）や大規模事業に対して用いられてきた費用・便益分析の流れを汲んだものである。

しかし，多様な質をもつ政府活動のパフォーマンスを，客観的な成果指標（アウトカム）として数量化することはきわめて困難である。こうした技術的制約の問題もあって，政策評価は，各省庁がそれぞれに行い，それを総務省が掌握するものとされ，予算編成とのリンケージにまでは至っていない。

政策評価の本質は，過去の実績を評価して将来予算にフィードバックするということにあるのだから，予算循環という観点からとらえ直すならば，これまで軽視されてきた決算機能にその役割を求めることこそ常道といえる。そのためには，会計検査の役割を政策実施の評価をも含んだものに拡張するとともに，会計検査院の責任範囲および機能の充実と，国会での決算過程の実質化が不可欠である。

　最後に，財政民主主義の実質化という見地からすれば，官僚機構による調整と与党や利益集団によるインフォーマルな事前のコミットメントを本旨としてきた伝統的予算編成の不透明なあり方が問われなければならない。議会を通じた予算のコントロールという財政民主主義の本旨からすれば，官邸機能の強化以前に，国会の機能強化こそが必要なのではないか。また，国民にとってブラックボックスとなってしまっている現在の予算過程の主軸を，国会を軸とした公の場に移すことは，予算を透明化させ，国民へのアカウンタビリティを確保することによる，国民の予算制度参画に向けた第1歩でもある。

■ 討論してみよう
① 近代予算原則のそれぞれが現代日本の予算制度においてどのように機能しているか，具体的に考えてみよう。
② 特別会計をもつことの合理的意義と問題点を具体的に指摘してみよう。
③ 日本の予算編成の特徴と問題点について，増分主義の原理をもとに考えてみよう。
④ マクロ予算編成，ミクロ予算編成それぞれの視点から，今日の予算制度改革の課題について考えてみよう。

■ 参考文献
〈基礎編〉
河野一之［2001］『新版予算制度（第2版）』学陽書房
小村武［1992］『予算と財政法（改訂版）』新日本法規出版
新藤宗幸［1995］『日本の予算を読む』筑摩書房（ちくま新書）
田中秀明［2013］『日本の財政』中公新書
〈より進んだ学習をするために〉
ウィルダフスキー，A.（小島昭訳）［1972］『予算編成の政治学』勁草書房
河音琢郎［2014］「予算編成過程の変容」諸富徹編『日本財政の現代史Ⅱ』有斐閣
キャンベル，J. C.（小島昭・佐藤和義訳）［1984］『予算ぶんどり――日本型予算政治の研究』サイマル出版会
財務省主計局［2013］『平成25年版特別会計ガイドブック』財務省

田中秀明［2011］『財政規律と予算制度改革——なぜ日本は財政再建に失敗しているか』日本評論社

渡瀬義男［2012］『アメリカの財政民主主義』日本経済評論社

Wright, Maurice [2002] *Japan's Fiscal Crisis: The Ministry of Finance and the Politics of Public Spending, 1975–2000*, Oxford University Press.

第3章 公共部門の役割
経費論でとらえる

KEYWORDS
公共財　価値財　経費の分類　経費膨張　小さな政府

はじめに——経費と公共部門の役割

財政学において用いられる「経費」(public expenditure) とは，政府や自治体などによる公共支出をあらわしている。それは，公共部門が活動を遂行するための貨幣的費用を指している。

財政学のなかで経費論が重要な位置を占めるようになったのは第二次世界大戦後からである。それまでの財政学の中心は戦費や公共事業の財源調達のための租税におかれていた。しかし，国民経済に占める政府活動の規模と範囲の増加によって，公共経費に対する科学的分析が強く求められるようになる。それは，景気の調整弁としての財政政策という視点だけではなく，それぞれの経費が一国の社会経済のあらゆる側面と密接に結びついた状況を反映したものである。

現代資本主義においては，公共部門の活動が量的・質的に増大し，経済と社会への影響が甚大なものになっている。経費支出の変化は，公共部門の財政規模や財政収入などのあらゆる領域を規定するものとなった。これは，経費の内容そのものが公共部門の役割を最も直接的にあらわすことを意味している。

1　公共部門の役割と経費

1.1　経費の定義と機能

（1）経費 (public expenditure)

経費が公共部門による支出であることは明らかであるが，その範囲は必ずしも

明確ではなく，中央政府と地方自治体の一般会計や特別会計の歳出，公的金融を含む財政投融資や社会保険などを含むものである。また経費のなかには，公共部門と民間部門の双方が出資して活動する「第三セクター」（公私混合企業）や，公共部門の補助金等を受けて公共サービスを行っている地域共同体や非営利組織（NPO）などの中間団体があり，広義の経費論においてはそれらの活動領域も考察しなければならない。

また，税制上の控除措置によって税の減免が行われる租税支出（tax expenditure）または「隠れた補助金」（implicit subsidy）は公共部門による補助金として機能するため，これらも広義の経費のなかに含まれなければならない。さらに，公共部門が公的規制を行うことによって企業や家計が経済的負担を強いられる「隠れた租税」（implicit tax）は，公権力が民間部門に政府活動の一部を担わせる行為ととらえることができる。民間部門に対する安全設備の設置義務，市場価格に満たない価格での公的な財・サービスの供給義務，景観保全のための開発規制などはその例であり，これらも実際上は公共部門の経費を通じた活動に準じたものとして理解されなければならない。

このように，経費の範囲をどのようにみるかは必ずしも確定的なものではなく，分析する課題によってとらえ方に違いが生じる。人口減少が進むなかで，公的な活動領域をいかに維持するかを考える場合には，地域共同体やNPOなどの中間団体と財政との関係を検討することが不可欠である。また，「隠れた補助金」のように公的規制を通じた経費に準じた政府活動が，国民生活において通常の公共支出よりも重要な役割を果たすことさえある。

しかし，経費論の中心は中央政府と地方自治体の一般会計および特別会計の歳出であることは，それによってあらわされる公共部門の活動内容と規模からみて妥当なものである。

(2) 経費の機能

公共部門の経費支出は政府・自治体の役割そのものをあらわしている。経費の範囲は時代が進むにつれて量的・質的に変化してきたが，それは公共部門に求められる社会的経済的な機能が増強されてきたことにほかならない。

公共部門の経費支出が果たすべき機能は，次の4つの側面からとらえることができる。

① 資本蓄積機能

　生産の一般的条件を整備し，資本の生産活動を促進する。道路や港湾などの

交通，通信，エネルギー，用地用水など。
② 生活保障機能
　国民や住民の生活を支え，労働力の再生産と質的向上を支える。教育，社会保障，保健衛生などの社会サービスが主なもの。
③ 体制維持機能
　社会の内外の諸階級・諸階層の利害対立を調整して社会統合（社会秩序の保持）を行うことによって，権力と体制を維持する。軍事・警察，司法，一般行政が主なもの。
④ 環境維持機能
　人間活動の増大によって引き起こされる環境や自然資源の破壊を防止する。廃棄物処理や環境再生など。

　ここで示された経費の諸機能は公共部門の役割を整理したものであるが，これらの機能はそれぞれがバラバラに働いているのではない。それらは資本主義経済の発展という同じ源泉から生み出され，相互に影響しあいながら現代社会を支えている。たとえば，生活保障機能は労働力の再生産を通じて資本蓄積機能を支えるとともに，諸階級・諸階層の対立を緩和することで体制維持にも貢献している。

　また，体制維持のための経費の役割を「権力的業務」とし，それ以外の社会経済活動を支える経費の諸機能を「社会的共同業務」とするとらえ方もできる。この見方によれば，政府はさまざまな経費の支出を通じて社会経済全体を支えると同時に，権力性をもって体制維持を行うという二重の役割を見出すことができる。これは「経費の二重性」と呼ばれるものであり，現実の経費がどちらの性格を強く帯びるかは，財政民主主義の発展に規定されることになる。

(3) 公共部門と民間部門の経費分担

　経費の4つの機能は財政に独自のものではない。企業や家計においても，投資や消費といった経済活動を通じてこれらの機能が担われているのは明らかである。そこで問題となるのは，公共部門と民間部門の間でこれらの機能を果たす経済活動がいかに分担されるべきかという点である。この課題に対しては，公共経済学からのアプローチが1つのモデルを示している。それによれば，財政が担うべき領域は資源配分，所得再分配，経済安定化の3つであり，とくに経費支出においては前二者の機能が中心なものとなる。なかでも，資源配分の課題は公共財の理論として経済学の生成期からの発展をみてきたが，それは公共財の供給が政府の本源的な経済機能であることを反映したものである。

1.2　公共財の理論
(1)　公共財の定義

公共財は消費における「非排除性」と「非競合性」という2つの性質をもつ財と定義される。

非排除性とは，特定の人をある財を消費することから排除することができないことを指す。たとえば，国防，外交，環境といったサービスはあらゆる国民が享受する性格をもっており，そのなかの特定の個人をそれらの消費から排除することはできない。かりに，何らかの理由で個人をそこから排除しようとすれば，甚大な費用が必要となるであろう。このように，技術的ないし実践的にみて，個人がその財を消費することを妨げることができない性質が非排除性と呼ばれるものである。

非競合性とは，ある人がある財を消費するとき，その財を同時に消費している他の人の消費を減少させることがないという性質であり，公共財に対する等量消費という性格をあらわしている。ある人が一般の道路を歩いても他の歩行者を妨げることがない状況は，消費における非競合性の一例である。

すなわち，非排除性は個人をその財を享受することから排除できないことであり，非競合性はたとえ個人を消費から排除することができたとしても，社会全体の厚生水準を減少させるという意味で望ましくないことを指している。典型的な民間財の場合には，排除性と競合性が備わっていることによって市場での売買が可能となっており，これら2つの性質が欠如していることは公共財の特徴をよくあらわしている。

このような公共財はそれぞれの便益の及ぶ範囲に対応して，国際公共財，国家公共財，地方公共財，クラブ財などに分類される。それに応じて，国際機関，中央政府，地方自治体などの各レベルの公共部門に対して公共財を供給する役割が求められることになる。

(2)　公共財の最適供給

公共財の供給モデルは，非競合性という性質と結びつけて説明される。これはボーエン・モデルと呼ばれるものであり，民間財との比較によって公共財の最適供給のあり方が明らかにされる。

図3-1の左側は通常の民間財の市場をあらわしている。D_AとD_Bはこの民間財に対する個人Aと個人Bの需要曲線である。この2人からなる社会全体の需要は所与の価格水準における個人Aと個人Bの購入量を足し合わせたものであ

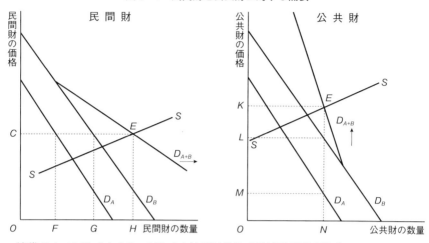

図3-1 民間財と公共財に対する需要

(出所) R. A. マスグレイブ，P. B. マスグレイブ（木下和夫監修・大阪大学財政研究会訳）『マスグレイブ財政学Ⅰ』有斐閣，1983年（原著1980年），67頁，より一部修正。

るから，社会全体の需要曲線は D_{A+B} であらわされる。この社会全体の需要曲線は供給曲線 SS との交点 E で均衡し，価格は OC，生産量は個人Aの需要量 OF と個人Bの需要量 OG の合計 OH となる。

　同図の右側は公共財の供給モデルを示している。同じく D_A と D_B は公共財に対する個人Aと個人Bの需要曲線をあらわしている。2人がこの公共財を等量消費することから，社会全体の需要曲線 D_{A+B} は両者のそれを垂直に加えることによって得られる。公共財の最適数量は社会全体の需要曲線と供給曲線 SS との交点 E に対応する ON となり，これは個人Aと個人Bがともに消費する同一数量を示している。両者が負担する価格の合計は OK であらわされるが，そのうち個人Aと個人Bがそれぞれ負担すべき価格は数量 ON に対する各限界便益をあらわす OM および OL となる。かりに，公共財の供給が ON に満たない場合には，2人の限界便益の和が供給曲線（限界費用）を上回るために，供給量を増やすことによって社会全体の厚生水準を引き上げることができる。

　民間財の市場では，所与の同一価格に対して個人が消費量を決定するという行動をとるのに対して，公共財の市場においては同一の消費量に対して個人がそれぞれの支払価格を決定するという点が異なっている。公共財に対する支払価格は租税を通じて示されることから租税価格（tax price）と呼ばれる。ボーエン・モデルでは，この租税価格は各個人による支払意思であり，それが自発的に表明さ

れることが前提となっている。

租税価格の考え方を用いて，公共財に対する各需要曲線をもった個人同士が異なる負担率のもとでも同じ公共財の消費水準に合意できることを理論的に示そうとしたのがE. R. リンダールである。リンダール・モデルでは，個人Aと個人Bの2人からなる公共財市場における両者の合意プロセスが検討される。個人Aは公共財の総費用の負担率に応じて需要を決定する需要曲線をもち，個人Bは個人Aの負担と総費用の差額の負担率によってこの公共財の需要を決めるというモデルを想定する。これによって，個人Aと個人Bの間で異なる総費用負担率と均一の公共財消費量が確定する状況が生み出される。このようにして得られた合意点はリンダール均衡と呼ばれ，この点において最適な公共財の消費量が決定されることが説明された。

P. A. サミュエルソンはこの公共財の理論をさらに発展させ，公共財と民間財の2つの種類からなる一般均衡市場を想定し，複数の個人がそれぞれの無差別曲線に基づいて最適な公共財の同一消費量と民間財の各消費量が得られることを示した。その理論的特徴は，民間財の需要と同じように，公共財の需要も個人の選好へ完全に分解していることにある。

(3) 公共財理論の意義と課題

公共財の理論は，伝統的財政学にみられるような集合主義的な考え方とは異なっている。それは，原子論的な個人を前提とした消費者主権論に基づくものであり，そこから公共支出の性格とその負担のあり方を分析している。このようなアプローチは財政支出を合理的個人主義に基づく経済理論の研究対象として位置づけた点で重要な貢献を果たした。しかし，こうした分析そのものがいくつかの課題を引き起こすことになった。

第1に，公共財に対する需要が民間財と同じように個人の選好に分解しきれるものなのかどうかという点である。政府や自治体が供給する財のなかには，われわれが個人としてではなく，共同体として需要しているものがある。たとえば義務教育制度は，個々人が選好した結果として成立したものではなく，社会全体としての利益や規範を反映したものとして政府が供給しているものだと考えられる。また，シートベルトや薬物への規制のように，政府が個人的選好に介入して特定の行動を求めることも多い。これらは公共財の理論だけでは現実の公共部門の活動が説明しきれないことをあらわしている。R. A. マスグレイブが公共財の理論を確立するとともに，その経済分析上の欠点を補うものとして**価値財**（merit goods) の概念を提起した理由はこの点にあったといってよい。マスグレイブは価値財を生じさせる要因として，共同体価値（community values），分配上の温情主義（paternalism in distribution），高次の価値（higher values）などをあげているが，これらのことは，公共財のとらえ方において純粋な経済理論を超えた政治経済学的なアプローチが求められることを示唆している。それは，公共財が純粋に非排除性や非競合性という物理的性格に基づくものなのかどうか，それとも何らかの社会的倫理的規範性を帯びたものなのかという根源的な点を提起するものであり，本章の冒頭で示した経費の諸機能とも関連性が見出される。

第2に，公共財のもつ非排除性という性質を考慮した場合，各個人がそれぞれの租税価格を自発的に申し出ることを期待することはできないため，政府によって決定される公共財の供給水準と負担のあり方が最適となる保証が存在しないという点である。消費から排除されることなく公共財を享受できるのであれば，自分以外の者たちが提供する公共財を無償ないし低廉な負担によって便益を得ることが有利となる。これは公共財に特徴的なただ乗り（free rider）と呼ばれる現象であり，そこから公権力による強制的な徴税を通じた公共財の供給が必要であると説明される。しかし，現実の政治的意思決定においては政治家，官僚，圧力団体などがそれぞれの利害に基づいた行動をとるため，政府による公共財の最適供給が実現されるとは限らない。この課題に対して政治を経済学的に分析する公共選択論が発展し，所与の選択対象を多数決ルールによって決定する投票メカニズム（中位投票者モデルなど）が開発されてきたが，その場合でも選択対象そのものがつくりだされる政治的行政的プロセスが看過されるという問題点がある。また，ただ乗り問題に対しては，ゲーム理論に基づく公共財の分析が新しい視角を提起している。それは，多くの人々は単にただ乗りしようとするのではなく，他の者が公共支出の負担をするのであれば自らも積極的に支払いに応じるという互酬性をもっているというものである。このことは，政府や自治体が公共支出のための租税負担を求めるうえで，人々の間の協調性を高めるための公正な政策を実施することが，公共財の最適供給にとって必要であることを示唆する。

第3に，公共財のもつ非競合性という性質は必ずしも各個人が等量消費することを意味するわけではなく，特定の者たちが偏って享受することが多いことである。浜辺や公園などの公共財と思われる空間が，プライベートビーチのような形で私的所有権に基づく特定個人の排他的利用が行われている場合もある。公共財の供給においては，政治的行政的プロセスを通じてもともと不公平な消費のあり

方を前提とした意思決定がなされることがあり，逆に公共財の享受を個人間で不公平にしないためにも政治的な営為が不可欠となる。

第4に，公共財の供給は政府の最も基本的な役割であるにもかかわらず，現実の財政がそのようになっているとはいえないことである。1つには，非排除性と非競合性を兼ね備えた純粋公共財が国防や外交などを除いてほとんど存在しないという点がある。これらのいずれかのみをもつ財は準公共財（準民間財）ないし混合財と呼ばれ，その領域が社会全体において大きくなっている。排除可能であるが非競合性をもつ準公共財には学校や有料道路などがあり，逆に非排除性は認められるが競合性が発生している財には混雑した一般道などがある。もう1つは，経費のなかにおいて社会保障給付のような移転支出（transfers）の占める比重が公共財に比べて大きくなってきたことである。

(4) 費用便益分析

公共財をはじめとした公共支出を行うかどうかにかんしては，市場価格が存在しないために別の判断基準を用いることが必要となる。費用便益分析（cost-benefit analysis）はそのために開発された行政評価の手法の1つである。

費用便益分析では，特定の公共支出によって生み出される将来の便益と費用の流列の合計を比較考量し，その純便益が大きいものや便益・費用比率が高いものを優先して採用する。その際，将来時点で発生する便益と費用については一定の割引率で現在価値に引き直すという操作が行われる。

費用便益分析の考え方は決して複雑なものではないが，現実にはいくつもの困難がつきまとう。とくに公共事業や教育は長期的効果が求められる側面が強く，そのために経費支出の効果予測が難しいといった一般的な課題がある。だがそれ以外にも，費用便益分析には次のような問題点がある。

第1に，公共支出の便益は市場評価に基づくものではなく，さまざまな社会経済的な要素によって成り立つため，便益の範囲と推定に恣意的な判断が入り込まざるをえないことである。また費用についても，大規模な公共事業が引き起こす環境悪化などは軽視されやすい。

第2に，公共財のように共同消費される公共支出の場合には，その便益が具体的にどのような個人に帰属するのかを追究することが困難なことである。つまり，公共支出に求められる公正な分配への配慮がなされにくいという問題がある。理論的には，総便益が総費用を上回るかぎり，それらを潜在的に再分配することによって社会全体の厚生水準を高めることは可能になる。しかし現実には，そのよ

うな再分配政策が行われるという保証は存在しない。

　第3に，費用便益分析は同一ないし同種の公共プロジェクトの選択においては有効であっても，異なる種類のプロジェクト同士の比較には適さないことである。たとえば，橋梁の建設において複数ルートのなかから1つを選択するという場合には，費用便益分析は比較すべき便益と費用が同じであるために有用であろう。しかし，橋梁と文化施設のいずれを優先するべきかという政策課題に対しては，比較すべき要素が異なるために費用便益分析は有効性が大きく減じられてしまう。

　このようにみてくると，費用便益分析をはじめとする行政評価においては，最終的には政治的判断が重大な役割を果たさざるをえないということがわかる。そこでは必然的に財政民主主義のあり方が問われることになる。

2　経費の分類

2.1　制度的分類

　現実の財政において経費がどのような役割を果たしているかをみるためには，それらが種々の目的に応じて適切に分類されていることが不可欠である。それは，国民が予算を通じて財政をコントロールするうえでも必須条件となっている。

　日本の予算において経費は4つの制度的分類が行われている。その内容は表3-1に示されている。以下ではこの表に基づいて，現在の経費支出の状況とその意味について考察していくことにする。

　所管別分類（組織別分類，機関別分類）は，政府の各機関が支出する経費とその責任所在を示したものである。現在では，厚生労働省，財務省，総務省，国土交通省，文部科学省の順で経費支出が大きくなっている。これらの各機関において経費が大きくなっているのは，厚生労働省などの事業省は社会保障関係費などの各行政経費，財務省が国債の償還費，総務省が地方交付税交付金をそれぞれ所管していることが要因である。

　主要経費別分類（機能別分類）は，政府がどの行政分野に重点をおいているのかを示している。これは国会への予算説明で用いられている経費分類であり，国民にとっても最もなじみのある分類方法である。表から主要な分野を確認すれば，社会保障関係費，国債費，地方交付税交付金，公共事業関係費，文教及び科学振興費などが大きくなっており，これらが先ほどみた所管別分類に対応していることは明らかである。また，主要経費別分類の推移をみれば，その時期ごとの政府

表 3-1　一般会計予算の経費別分類（2014年度）

(単位：百万円)

所管別分類 (組織別分類)	金額	主要経費別分類 (機能別分類)	金額
皇室費	6,150	社会保障関係費	30,517,515
国会	137,545	文教及び科学振興費	5,442,127
裁判所	311,058	国債費	23,270,155
会計検査院	17,047	恩給関係費	444,288
内閣	114,151	地方交付税交付金	16,142,433
内閣府	1,042,745	防衛関係費	4,884,794
総務省	16,912,716	公共事業関係費	5,968,495
法務省	729,862	経済協力費	509,780
外務省	666,083	中小企業対策費	185,284
財務省	25,593,395	エネルギー対策費	964,205
文部科学省	5,362,716	食料安定供給関係費	1,050,666
厚生労働省	30,743,027	その他の事項経費	6,152,561
農林水産省	2,155,497	予備費	350,000
経済産業省	980,741		
国土交通省	5,921,506		
環境省	304,304		
防衛省	4,883,759		
合計	95,882,303	合計	95,882,303

目的別分類	金額	使途別分類 (性質別分類)	金額
国家機関費	4,568,635	人件費	4,285,311
地方財政費	16,239,692	旅費	101,013
防衛関係費	4,894,961	物件費	3,113,971
国土保全及び開発費	6,016,951	施設費	3,294,617
産業経済費	2,821,951	補助費・委託費	29,876,493
教育文化費	5,201,108	他会計へ繰入	53,694,523
社会保障関係費	31,041,351	その他	1,516,376
恩給費	443,473		
国債費	23,270,155		
予備費	350,000		
その他	1,034,026		
合計	95,882,303	合計	95,882,303

(出所)　財務省『財政金融統計月報』第744号，2014年4月より作成。

の重点的な施策分野を確認することができる。表3-2は1960年度から2010年度までの半世紀にわたる主要経費別分類の推移をみたものである。このなかの主な事業分野についてみれば，かつては最大規模の歳出項目であった公共事業関係費が大きく減少し，それに対して10％ほどだった社会保障関係費が30％近くにまで増加していることがわかる。また，国債費は社会保障関係費に次ぐ大きさにまでなっているが，このような状況は近年になって起こってきたことがみてとれる。

表 3-2　一般会計歳出

区分	1960年度 予算額	構成比	1970年度 予算額	構成比	1980年度 予算額	構成比
社会保障関係費	192,226	10.9	1,156,702	14.1	8,264,386	18.9
文教及び科学振興費	224,870	12.7	963,791	11.7	4,601,423	10.5
国債費	27,407	1.6	287,482	3.5	5,491,551	12.6
恩給関係費	130,015	7.4	298,500	3.6	1,639,897	3.7
地方財政関係費	331,666	18.8	1,771,557	21.6	7,828,811	17.9
防衛関係費	157,662	8.9	590,377	7.2	2,266,494	5.2
公共事業関係費	306,668	17.4	1,409,881	17.2	6,801,024	15.6
経済協力費	4,531	0.3	92,402	1.1	381,853	0.9
中小企業対策費	2,583	0.1	50,047	0.6	242,681	0.6
エネルギー対策費					424,949	1.0
主要食糧関係費	32,100	1.8	456,353	5.6	955,452	2.2
産業投資特別会計へ繰入	47,000	2.7	93,600	1.1		
改革推進公共事業償還時補助等						
その他	298,435	16.9	942,394	11.5	4,432,846	10.1
予備費	10,000	0.6	100,000	1.2	350,000	0.8
公共事業予備費						
総額	1,765,163	100.0	8,213,085	100.0	43,681,367	100.0

(注) 1 各年とも補正後予算である。
    2 区分：産業投資特別会計へ繰入の1960年度は，産業投資特別会計資金へ繰入を含む。
    3 区分：経済協力費の1970年度以前には，貿易振興費を含む。
    4 区分：主要食糧関係費の1970年度は，食料管理特別会計への繰入を指し，80年度，90年度は
    5 四捨五入の関係で合計数字が一致しないところがある。
(出所) 財務省『財政金融統計月報』各号等より作成。

　表3-1にある目的別分類も機能別分類の1つといえるものである。これは主要経費別分類をさらに政府が果たすべき任務に従って整理したものである。たとえば主要経費別分類における公共事業関係費が目的別分類では国土保全及び開発費に，地方交付税交付金が地方財政費にそれぞれの行政目的に合わせて再整理されている点に，この分類における特徴があらわれている。

　使途別分類は，経費の経済的性質に基づいた分類であり，政府が活動を行うために人件費や施設費をはじめとした人的・物的な資源に対してどれぐらいの財政を支出したのかが示されている。なお，使途別分類で特徴的なのは，他会計への繰入と補助費・委託費が圧倒的な比重を占めていることである。これは，国の一般会計のほとんどがさまざまな特別会計や外郭団体・地方自治体などへの繰入金や補助金等として分配されている状況をあらわしている。これらの財政資金はさらに分配先の各機関等において人件費や物件費などとして再計上され，それらを通じても個別の行政目的が遂行されることになる。そのため，国全体の財政を理解するためには一般会計をみるだけでは不十分であり，研究する対象等に応じて

予算経費別累年比較

(単位：百万円, %)

1990 年度		2000 年度		2010 年度	
予算額	構成比	予算額	構成比	予算額	構成比
11,544,594	16.6	17,761,297	19.8	28,645,201	29.6
5,359,440	7.7	6,819,719	7.6	5,834,319	6.0
14,449,301	20.7	21,446,082	23.9	20,235,956	20.9
1,837,359	2.6	1,425,323	1.6	714,355	0.7
15,930,834	22.9	15,828,909	17.6	18,790,322	19.4
4,254,090	6.1	4,933,732	5.5	4,799,592	5.0
7,013,181	10.1	11,494,626	12.8	6,358,804	6.6
802,045	1.2	994,512	1.1	726,054	0.8
240,889	0.3	935,361	1.0	773,679	0.8
547,099	0.8	646,894	0.7	843,850	0.9
404,601	0.6	782,089	0.9	1,195,270	1.2
1,300,000	1.9	159,533	0.2		
5,642,745	8.1	5,842,150	6.5	7,510,991	7.8
325,000	0.5	200,000	0.2	300,000	0.3
		500,000	0.6		
69,651,178	100.0	89,770,227	100.0	96,728,393	100.0

食糧管理費，2000 年度，10 年度は食糧安定供給関係費を指す。

さらに詳細に分析していくことが必要となる。財政学が個別の分野ごとに研究されるべき理由の1つがここにあらわれている。

2.2 性質的分類

以上のような制度的分類とは別に，経費支出の経済効果をみるための分類として性質別分類が行われてきた。制度的分類のなかでは使途別分類がこれに近いものである。

性質別分類においては，経費は経済的・技術的性質に基づいて，消費的経費，投資的経費，移転的経費の3つに分けてとらえることができる。消費的経費とは，一会計年度内に処理される経費支出であり，人件費や物件費などがこれに該当する。投資的経費は一会計年度を超えて経費支出の効果が継続するものであり，政府による公共事業や施設整備などの固定資本形成が主なものである。移転的経費は消費的経費や投資的経費とは異なり，政府が直接に人的・物的投入を行うのではなく，民間部門に資金を移転するだけの経費支出である。移転的経費には社会保障給付や民間団体への補助金などがあり，これらは所得の再分配という財政の特徴的な支出となっている。国民経済計算では一般政府の機能別支出として，最終消費支出（個別消費支出，集合消費支出），移転支出（補助金，現物社会移転以外の社会給付，その他の経常移転），投資支出（総固定資本形成，資本移転）という分類が行われている。

3　経費膨張と「小さな政府」

3.1　経費支出の長期的趨勢
(1)　経費膨張の法則と転位効果

　財政による経費支出は長期的にはどのように推移するのであろうか。この問いに対して，これまでにいくつかの法則が提起されてきた。その最も有名なものはドイツの財政学者 A. ワグナーが 19 世紀末に提案した「**経費膨張の法則**」(ワグナーの法則) である。ワグナーは経済発展と公共部門の役割の増大との間には密接な関係があり，経済社会の進歩にともなって政府の活動が外延的 (新しい経費)・内包的 (従来の経費) に拡大するとした。それは財政支出の伸びが国民所得の伸びを上回る状況をつくりだし，このことによって国民の社会的経済的需要はよりよく充足されると考えた。これまでの先進各国での実証分析においても，国民所得に占める公共支出の割合が長期的に上昇してきたことが確認されている。

　ワグナーが提起した経費膨張の法則が長期的な経費支出の趨勢を規則的・調和的にとらえていることを批判し，それがいかなる契機によって生み出されるのかを提起したのが A. T. ピーコックと J. ワイズマンである。彼らは 1890 年から 1955 年までのイギリス財政の変化を検証し，経費膨張は規則的・調和的に起こるのではなく，戦時や大不況などの非常事態を契機として生み出される「転位効果」(displacement effect) があるとした。転位効果によってひとたび経費が急増すれば，戦争などの社会的動乱が終わっても元の水準には戻らずに，転位した高水準での経費支出が続く。その理由は，社会的動乱によって新しい公共サービスの必要性が認められることにより，平時には不可能であった政府活動と租税負担の増加が国民に受容されるためであるとする。さらにピーコックとワイズマンは，転位効果にともなって経費支出における中央政府の役割が大きくなるという「集権化」(concentration process) が起こるとした。転位効果については，国民の心理的要因が説明根拠として重視される一方で，政治的・社会的・経済的条件からの説明が不十分であるという批判がなされてきた。集権化についても根拠は必ずしも明確ではなく，日本のように経済危機のもとで分権化が進んだとみられるケースもある。

　現代において経費が膨張した要因を具体的にみれば，それが資本主義経済の発展とそれにともなう社会変化によって引き起こされていることがわかる。つまり，

工業化・都市化によって，経済成長を促進するための産業政策・公共投資が拡大し，地域共同体・家族という相互扶助システムの解体の進行によって社会保障政策の拡充が求められるようになった。さらには，産業界と政治行政が結びついた産官複合体は財政の分配を自らに有利に働かせることで，経費支出を増大させる一因をなした。

(2) 経費支出の規模

これまで経費膨張が多くの国でみられたからといって，それが無制限に続くことはありえないであろう。社会資本や社会保障が十分に供給されていれば，それ以上の財政支出の増加は租税負担や財政赤字の増大に照らして国民に受容されにくくなることから，経費膨張が鈍化していくことは容易に想定される。

表3-3は各国の財政支出が国民経済に占める割合の推移を1970年度から2010年度までの間でみたものである。これをみれば，どの国においても財政の占める比重は増加傾向にあることが確認できる一方で，その趨勢は近年になるほどはっきりとしなくなっていることがわかる。また同時に，1980年代以降の「**小さな政府**」を志向した行財政改革の取組みにもかかわらず，どの国においても国民経済に占める財政の割合が維持されていることも明らかとなっている。このことは，先進国では財政がそれぞれの社会経済構造のなかにおいて不可分かつ不可逆な形で組み込まれていることを示している。

さらにこの表では，社会保障移転が日本をはじめとした多くの国で急速に増大してきたことがあらわれている。最終消費支出のなかにも社会保障関連の対人サービスが含まれていることから，現代財政において社会保障支出の果たす役割が大きくなっていることが確認できる。

しかし，このような経費増大の傾向がみられるからといって，どの水準の経費支出が最適であるかという答えが見出せるわけではない。それぞれの国において，今後さらに「小さな政府」を志向するところもあれば，より大きな福祉社会を求めて「大きな政府」へと舵をきるところも出てくる可能性がある。それらは一国における公共と民間の間の経済資源の配分を選択することであり，それぞれの社会経済状況におかれた国民が最終的にそれらを決定することになる。経費支出の中長期的な傾向は各国の社会経済における公共部門の役割が不可逆的に大きくなってきたことを示しているが，将来の財政支出の方向性は財政民主主義のあり方によって決まることになる。

表 3-3 　国民経済に占める各国の財政割合

日　本　　　　　　　　　　　　　　　　　　　　　　　　　　（単位：％）

年　度	1970	1975	1982	1986	1990	1995	2000	2005	2010
最終消費支出	7.3	10.0	10.1	9.8	9.0	9.8	16.9	18.0	19.6
一般政府総資本形成	4.6	5.3	5.9	4.8	5.0	6.7	5.0	3.6	3.2
社会保障移転	4.7	7.8	11.3	11.6	10.9	13.3	9.9	11.3	14.0
その他	3.5	3.6	7.0	7.7	7.3	6.1	4.4	3.5	4.1
合　計	20.2	26.7	34.2	33.9	32.2	35.9	36.4	36.4	40.9

アメリカ

年　度	1970	1975	1982	1985	1990	1996	2000	2005	2010
最終消費支出	18.7	18.6	18.7	18.1	17.0	15.7	14.6	16.0	17.5
一般政府総資本形成	2.5	2.1	1.6	1.6	2.3	1.7	3.3	2.5	2.5
社会保障移転	7.6	11.1	11.9	10.9	10.0	12.9	10.7	12.0	15.6
その他	3.4	1.3	5.1	5.9	7.3	3.7	1.7	6.3	6.9
合　計	32.2	33.1	37.3	36.6	36.5	34.1	30.3	36.7	42.5

イギリス

年　度	1970	1975	1982	1985	1990	1996	2000	2005	2010
最終消費支出	17.5	22.0	21.9	21.0	20.0	20.9	18.8	22.3	22.8
一般政府総資本形成	4.7	4.7	1.6	2.0	2.3	1.4	1.1	2.1	2.5
社会保障移転	8.7	9.9	13.9	13.7	12.3	14.2	13.4	13.4	15.1
その他	8.6	8.6	10.0	10.9	7.9	4.9	4.9	7.1	9.8
合　計	39.6	45.3	47.4	47.6	42.5	41.5	38.2	44.9	50.2

ドイツ

年　度	1970	1975	1982	1985	1990	1996	2000	2005	2010
最終消費支出	15.8	20.5	20.4	19.8	18.3	19.8	19.0	18.6	19.7
一般政府総資本形成	4.4	3.6	2.9	2.2	2.3	2.2	1.9	1.3	1.6
社会保障移転	12.7	17.6	17.6	16.0	15.2	18.5	18.8	19.2	17.3
その他	6.1	6.6	9.0	9.3	10.2	8.3	3.6	7.8	9.2
合　計	39.0	48.3	49.8	47.3	45.9	48.8	43.3	46.8	47.9

フランス

年　度	1970	1975	1982	1985	1990	1995	2000	2005	2010
最終消費支出	14.7	16.6	16.1	16.4	18.1	19.3	23.3	23.7	24.8
一般政府総資本形成	3.7	3.7	2.9	3.0	3.2	3.1	3.2	3.2	3.1
社会保障移転	14.8	17.4	25.7	26.5	21.5	23.2	17.8	17.9	19.6
その他	6.4	5.7	6.2	7.3	8.4	6.4	4.5	9.0	9.2
合　計	39.6	43.4	50.9	53.2	51.4	52.1	48.8	53.9	56.6

（注） 1 　日本，イギリス，ドイツ，フランスの1982年度，1985（日本は1986）年度，1990年度については対GNP比，それ以外の年度は対GDP比である。アメリカの1982年度，1985年度については対GNP比，それ以外の年度は対GDP比である。
　　 2 　四捨五入の関係で合計数字が一致しないところがある。
（出所）大蔵財務協会『図表解説 21世紀への展望これからの財政と国債発行』，大蔵財務協会『図表解説 財政データブック』，財務省「財政関係基礎データ」各号より作成。

3.2 「小さな政府」

　先進国でみられてきた経費膨張の傾向は，経済が安定成長期に入る1970年代から政治的な批判の対象となっていった。それは，政府の活動領域の拡大によって民間の経済活動が停滞するという福祉国家への批判としてあらわれた。これらの批判は現実にも公共部分を縮小する新自由主義的政策として，アメリカ，イギリス，日本をはじめとした各国で推し進められていった。その背景には，政府による福祉政策は人々の勤労意欲を失わせるという議論や，公共部門は民間部門よりも生産性が劣るために「大きな政府」は経済停滞を引き起こすという見方が存在している。後者の理論は経済学者W. J. ボーモルが提起したことから「ボーモルの病」と呼ばれている。

　「大きな政府」が経済成長の足かせになるという考え方は古くからみられる。経済学の始祖アダム・スミスは公共部門を生産的活動やその成果を費消する「不生産的階級」であるとし，生産的労働者が自由に経済活動を行う市場の発展こそが一国の富を増大させるうえで重要であるとした。そして，政府には資本主義社会を維持するために必要な最小限度の活動（国防，司法，公共事業，元首の威厳維持）のみを求める「安価な政府」を主張した。これは公共部門を社会にとっての必要悪であるとみなす発想である。

　しかし，現実には一国の経済社会における政府の活動領域は大きくなっていく。1930年代に進められたフィスカル・ポリシーは有効需要政策による国民所得の増加をもたらすとされ，公共部門は生産的な経済主体であるという主張がケインズ主義者らによって展開された。そして，第二次世界大戦後に進んだ福祉国家の形成は，現代社会において「大きな政府」が不可欠であることを国民全体のなかへ浸透させることになった。

　1970年代に先進国で広がったスタグフレーションと財政危機は，「大きな政府」を再び「小さな政府」へ向かわせる政策転換の契機となった。それは経済学においてはケインズ政策への批判となってあらわれ，政府に対して財政政策ではなく貨幣供給の管理のみを求めるマネタリズム，需要側ではなく供給側の投資や労働を刺激する減税政策等を主張するサプライサイド経済学，財政支出の膨張と赤字財政を防ぐための立憲的ルールの必要性をとく公共選択学派などがあらわれた。

　しかし，現実には「小さな政府」は実現せず，むしろ，そのための政策が不平等・貧困の拡大，環境破壊，地域の衰退，防災・減災システムの低下，人口減少

などの社会問題を引き起こし，それらに対処するための経費支出の必要を生み出している。このことは，国民の生存権・生活権の発達によって，それらに不可分な財政のあり方が大きく変わることはないことを示唆している。

4　財政民主主義と経費の課題

　現在の先進国に共通する人口減少・高齢社会のもとで，財政の悪化が将来的にも進んでいく可能性は小さくない。そのようななかで，経済社会の発展を担う財政システムをいかに維持していくのかは各国共通の課題となっている。「小さな政府」に基づく不合理な経費支出の削減は国民生活に混乱と悪化をもたらすことになる。このような事態を避けるためには，人々が互酬性に基づいた公平な租税負担を行うことができる政策を進めていかなければならない。そのためには，不公平な税制の改革のみならず，不公正・不必要な経費支出の削減とそのために必要な行政組織全体の再編成，さらには公共サービス供給のための地域共同体・NPOなどの中間団体との分担・協働のあり方を再構築しなければならない。それによって，広く公共的領域を持続させるための「大きな公共」のための経費支出のあり方があらためて問われている。

　このような経費をめぐる改革において，地方分権改革を推し進めることは不可欠である。国と地方の事務配分に基づく経費のあり方は，経費支出の効率性という技術的問題を超えた，経費の性格そのものを規定する本質的な問題である。それは，公共経費のあり方を経済社会の再生と人々の社会的連帯を進めるための鍵として位置づけることにほかならない。公共支出とは人々の社会的共同需要を支える手段であると同時に，将来の経済社会の発展のための礎ともなるものである。国民が財政をコントロールしやすい分権的な財政改革は，財政情報の公開と公務員の専門的力量を高めることにつながる。それは，人々が財政負担に際して最も重視する互酬性を強めることにも関係する。

　国民が主権者として財政を統治するためには，公共部門の活動にかんする学習と経験が欠かせない。国民1人ひとりが財政とのかかわりを意識し，その統治能力を高めるためには，日常の暮らしを通じた取組みが大きな役割を果たす。そのような機会を財政学習へとつなげていくことが，これからの社会のあり方を決める財政民主主義の発展に不可欠であろう。

■ 討論してみよう
① 関心のある経費を取り上げて，その効率性や公平性について検討してみよう。
② 公共財の理論と実際の経費の状況を比べて，その違いがどこから生じているのかを議論してみよう。
③ 国の経費が地方自治体や地域共同体・NPO等とどのように連携しているのかを明らかにしたうえで，そのことの意義について考えてみよう。

■ 参考文献
〈基礎編〉
池上惇［1990］『財政学——現代財政システムの総合的解明』岩波書店
内山昭編［2006］『現代の財政』税務経理協会
神野直彦［2007］『財政学（改訂版）』有斐閣
能勢哲也［1998］『現代財政学（補訂版）』有斐閣
横山彰・堀場勇夫・馬場義久［2009］『現代財政学』有斐閣
〈より進んだ学習をするために〉
島恭彦［1963］『財政学概論』岩波書店
林栄夫［1968］『財政論』筑摩書房
林栄夫ほか編［1972～74］『現代財政学大系』全4巻，有斐閣
ボウルズ，S.（佐藤良一・芳賀健一訳）［2013］『不平等と再分配の新しい経済学』大月書店
マスグレイブ，R. A., P. B. マスグレイブ（木下和夫監修・大阪大学財政研究会訳）［1983～84］『マスグレイブ財政学——理論・制度・政治』全3巻，有斐閣
宮本憲一［1981］『現代資本主義と国家』岩波書店

第4章 公共投資と財政
公共投資・公共事業を支える制度とその転換

KEYWORDS

公共投資　公共事業　社会資本　ハードとソフト　計画とシステム　道路整備事業　持続可能な発展　条件整備　ガバナンス

1 公共投資のとらえ方

1.1 公共投資の理論と動向

公共投資は財政を用いた国家による投資行為であり、それを支出項目として事業化させたものが**公共事業**である。したがって、公共投資や公共事業のありようは主として経費のなかに見出せる。戦後における日本財政の特徴の1つには、国と地方自治体とを問わず、経費に占める公共事業の相対的な大きさがあった。財政危機を受けた2000年代においてその特徴は陰りをみせたが、東日本大震災後の復興や震災対策も兼ねた国土強靱化によって、公共事業は当初予算においては再び増加をみせた。

公共投資と財政との関係は、第1章でも述べた、資源配分機能、所得再分配機能、および経済安定化機能という、いわゆる財政の三機能に求めることができる。経済学の祖とされるA. スミスも国家の役割の1つとして公共事業に言及していたが、資源配分機能の観点から公共投資が求められた背景には、20世紀に入って都市化が進むなかで目立ってきた都市問題への対応として、都市計画の策定とそれらの計画に基づいた都市施設の整備が行われてきたことがあった。また同じく20世紀に入り、大恐慌の勃発や管理通貨制度への移行を経るなかで、J. M. ケインズの有効需要論が失業者の雇用確保とそのためのフィスカル・ポリシーの発動に取り入れられたが、これらは所得再分配機能と経済安定化機能にそれぞれ関係する。さらに、所得再分配機能については個人レベルだけでなく、都市と農村

の地域間格差や特定地域における深刻な失業問題に対して，地域間での公共投資の配分を通して発揮させることも試みられてきた。

このような財政の三機能は市場の失敗に関係しているが，国家論との関係から公共投資を議論するなかで出されたのが**社会資本**である。この概念は，もともとは 1940 年代以降の A. O. ハーシュマンをはじめとした途上国開発論において開発手段として位置づけられ，そこでは経済に対する国家の管理能力を問うていた。これに対して，資本主義と国家との関係から社会資本を論じたのが宮本憲一である。

宮本は資本主義の発展にともなって生産と生活の社会化が起こるが，そのことによって必要になる共同社会的条件として社会資本をとらえる。そして，社会資本を資本蓄積のための生産にかかわる手段（一般生産手段）と，労働力の再生産のための生活にかかわる手段（共同消費手段）に分けた。一般的には前者が産業基盤の社会資本，後者が生活基盤の社会資本にあたる。そして，資本主義の発展のなかでは資本蓄積を促すために国家が産業基盤の社会資本を優先的に整備してきたことを，日本の高度成長期における社会資本充実政策を通して明らかにした。

社会資本では，**ハード**（物質的要素）によって構成された公共施設とそれらの建設や維持管理を内容とした公共事業が主な対象とされていたが，それを拡張させた理論も展開されてきた。池上惇は個人の生活と社会関係を媒介し，コミュニケーションを通じた契約関係によって自己実現の条件を形成するシステムと，システムによって担われた各種の公共施設やそれらの機能を，インフラストラクチャーと呼んでいる。インフラストラクチャーは憲法，情報，貨幣・金融，経済，社会，土地・環境，および文化によって構成されるが，そこでは法，ルール，制度，ネットワークなどの**ソフト**（非物質的要素）が含まれるとともに，インフラストラクチャーの基本的な機能はこれらのソフトが中心を担うとしている。

宇沢弘文の社会的共通資本は，必需財としての性質を帯びていることや市民の基本的権利にもかかわることから，それらの供給を市場に委ねることが困難なものである社会資本，大気，土壌，水といった自然資本，および教育，医療，金融，司法，行政などを対象とする制度資本によって構成されている。さらに，近年多くの研究が出されているものとして社会関係資本（ソーシャル・キャピタル）がある。社会関係資本は人々の間に形づくられる信頼，互酬性，およびネットワークから構成されており，その蓄積によって社会的な効率性を高めることが注目されている。そこでの公共投資の対象は人間そのものとなり，教育，コミュニティ支

援，情報公開などのソフトにかかわる内容がより大きな位置を占めるようになる。

　公共投資では政府の失敗も問われてきた。日本では企業が引き起こした公害や環境破壊だけでなく，公共事業が引き起こした環境破壊も深刻であった。その原因は，公共事業において環境などの社会的価値を反映させた評価制度や，財政民主主義のありようにもかかわる情報公開や住民参加が欠落していたことにある。後にくわしく述べる中央集権的な行財政システムが，そのような欠落を助長してきたことも見逃せない。また，周辺住民の生活環境に大きな影響を及ぼした道路，空港，および新幹線などでは裁判が行われたが，その過程では住民の環境権を脅かす公共事業の公共性が問われた。

　バブル経済の崩壊後において行われた相次ぐ景気対策によって公共事業が増えていくなか，1990年代には産業構造の転換や経済のグローバル化による産業の空洞化が進んだことで公共事業の経済効果が低下してきたことや，それにもかかわらず景気対策としての公共事業の増加を許容し，財政危機を助長してきた行財政システムに対する批判が相次ぎ，公共事業改革が求められた。それを受けて，公共事業の効率化や事業プロセスの透明化を進めるために，入札方式の改革，費用便益分析の適用，および事業評価システムの導入などが行われた。

　プライヴァタイゼーションと地方分権によって，それまで公共投資を支えてきた中央集権的な行財政システムを変えることも模索された。このうちプライヴァタイゼーションは，民営化や規制改革によって民間企業をはじめとした国家以外の新たなアクターに公共投資を担わせるものである。また地方分権は，国から地方自治体へと，公共事業にかかわる権限と財源を移譲することで，住民参加を促しながら地域のニーズを反映させた公共事業を実施しやすくするための条件整備につながるものである。

　最後に，財政の国際化のなかでの公共投資にふれておく。このうち国内的な側面としては，1970年代以降において国際政策協調のために公共事業が増加してきたことが注目される。たとえば，70年代の日独機関車論と80年代の日米構造協議では，アメリカから日本に対して経済成長の維持や対米貿易黒字の是正を目的とした内需拡大が要求されたが，それを受けて日本は公共事業を増加させた。とくに後者では，公共投資基本計画のもとで90年代に公共事業は大幅な増加をみせた。同じ90年代にはガット・ウルグアイ・ラウンドで合意されたコメの輸入自由化への対策として，農業農村分野の公共事業が増加した。

　他方で国外的な側面としては，政府開発援助（ODA）における公共投資が注目

される。そこでの公共投資は，施設整備といったハードだけでなく，計画や人材育成といったソフトを含めて幅広く関係している。加えて，近年では人口減少と財政制約によって国内市場が縮小するなか，これまで地方自治体や民間企業において蓄積されてきた公共投資のノウハウが，発展途上国へのインフラ輸出において活かされている。

1.2　日本の公共投資をめぐる諸特徴――統計データによる把握

　ここでは日本における公共投資の特徴を，統計データによって把握していく。まず，国際比較においてよく言及されるのが公的固定資本形成である。これは，国や地方自治体といった一般政府と公的企業が新規に購入した有形および無形の資産を対象としており，国民経済計算（SNA）の区分に基づいたものである。1970年代以降における国内総生産（GDP）に占める公的固定資本形成の割合をみると，70年代後半から90年代後半にかけては，時期によって多少の上下をともないながらも日本は他国と比べて高い割合を維持してきた。ところが，90年代末以降は小泉内閣や民主党（当時）への政権交代における予算削減を反映して急激に低下し，その特徴が目立たなくなっている（データはウェブサポートを参照のこと）。

　このような傾向は，予算区分に基づいたデータからも把握できる。国の一般会計のなかの公共事業関係費は，現在のところ治山治水対策，道路整備，港湾空港鉄道等整備，住宅都市環境整備，公園水道廃棄物処理等施設整備，農林水産基盤整備，社会資本総合整備，推進費等，および災害復旧等の各事業によって構成されているが，その推移を示した図4－1からも，景気対策のために大規模な補正予算を組んだ1998年度以降においては，総じて減少傾向にあることがみてとれる。また，公共事業関係費については，このように補正予算による上乗せが恒常的に行われていることにも注目したい。なお，東日本大震災の復旧・復興にかかる公共事業関係費は，2012年度からは東日本大震災復興特別会計に計上されているため，一般会計を対象としたこの図には反映されていない。

　次に，公共投資をめぐる政府間関係について把握する。地方自治体における公共投資のデータは，地方財政計画のなかでは投資的経費に区分される。この投資的経費は普通建設事業費，災害復旧事業費，および失業対策事業費から構成されている。先ほどの公共事業関係費とは対象が異なっているところもあり，また一部は重複して計上されているので厳密ではないが，2015年度の当初予算におい

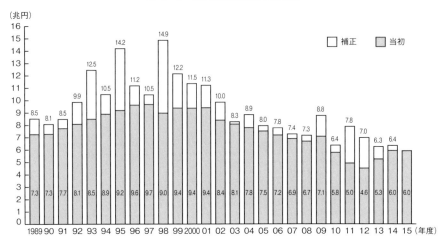

図 4-1 公共事業関係費の推移

(注) NTT無利子融資のうちAタイプ事業を除く。また，2015年度は当初予算のみ計上されている。
(出所) 大矢俊雄編著『図説 日本の財政（平成27年度版）』155頁。

ては公共事業関係費が5兆9711億円であったのに対して，投資的経費は11兆10億円であった。このことは，公共投資の執行において地方自治体が果たしている役割がより大きいことを物語っている。

最後に，公共投資の事業別および地域別の動向を把握する。これについては先ほどの公的固定資本形成をベースとしながらも，特殊法人などの一部の政府関係機関を除いたうえで，用地費，補償費，および維持補修費などを含めたものとして行政投資がある。

表4-1には，事業別の行政投資額の推移を示している。全体的な特徴としては，1960年代は産業基盤の社会資本に偏っていたが，70年代に入ると生活基盤の社会資本の割合が増えていった。より詳細にみていくと，変動を繰り返しながらも道路が一貫して多くの割合を占めていることがわかる。道路以外については産業基盤では農林水産業の割合が低下しながらも依然として一定の割合を占めていること，生活基盤では下水道が増加していること，そして国土保全の割合が一定していることがそれぞれ把握できる。またこれらの特徴のうち，とくに地方圏においては，度重なる過疎対策法に基づいて行われてきた過疎対策事業の内容が反映されているところもある。

今度は地域別の行政投資額の推移をみることにする。行政投資を，東京都などの関東圏，愛知県などの東海圏，および大阪府などの近畿圏から構成される大都

表4-1 事業別行政投資額の推移

(単位:%)

	年度	1960	65	70	75	80	85	90	95	2000	05	10	11	12
産業基盤	道路	19.8	26.3	25.5	17.5	19.5	24.3	26.8	25.2	28.2	27.2	26.1	25.6	24.9
	港湾	4.4	5.9	5	2.6	2.2	2.1	2.1	2.1	2.1	2.1	2.4	1.9	2
	空港	0.2	0.2	0.6	0.4	0.5	0.6	0.9	0.9	0.6	0.7	1.1	0.4	0.4
	農林水産業	10.5	8.7	9.3	8.3	10.3	10.4	9	9.5	9.1	8.4	6.9	6.6	6.6
	工業用水	0.6	1.3	0.7	0.5	0.3	0.3	0.2	0.2	0.2	0.2	0.2	0.2	0.2
生活基盤	住宅	5.7	8.2	10.2	8.4	6.3	5.6	5.7	5.8	4.4	4.1	3.9	3.5	3.7
	都市計画	1.7	2	2.4	2.5	2.7	4	5.2	5.4	5.1	5.5	4.9	4.5	4.5
	環境衛生	0.8	1.6	1.6	2.3	2	2.1	2.1	2.8	3.2	2.9	2.5	2.7	2.6
	厚生福祉	2.2	2.6	3.2	3.1	3.1	3	3.7	4.6	4.6	4.1	5.3	7.6	5.9
	文教施設	10.4	9.2	10.9	9.4	11.4	10	9.1	8	6.9	7.4	10.6	9.3	9.9
	水道	5.2	5.4	4.3	5.1	3.7	4.2	3.7	3.4	3.8	4.7	5.5	5.3	5.5
	下水道	1.4	2.7	3.8	4.9	6.6	7.5	7.8	8.8	9.5	9.4	7.8	7.5	7.4
	国土保全	9.2	8.1	7.2	6.6	8	9.2	8.6	8.7	9.8	9.9	9.3	8.9	8.8
	その他	27.9	17.8	15.5	28.3	23.4	16.8	15.1	14.5	12.6	13.4	13.6	15.9	17.5

(出所)総務省自治行政局地域振興室編『行政投資実績』より作成。

市圏とそれ以外の地方圏とに分けてみてみると，1970年代前半までの高度成長期や東京一極集中が進んだ80年代後半から90年代前半といった好況期には大都市圏への投資が，他方でそれら以外の不況期においては地方圏への投資が，それぞれ増える傾向にある（データはウェブサポートを参照）。このような推移は，前者については経済成長の促進や深刻化した都市問題への対応という観点から公共投資が行われたものとして，後者については地域間格差是正のための再分配政策の一環として公共投資が行われたものとして，それぞれとらえることができる。

2 公共投資を支えてきた制度の特徴

2.1 制度の特徴としての計画とシステム

公共投資と財政とのかかわりには，さまざまな制度の存在がある。そして，そのような制度の特徴は**計画**と**システム**にある。このうち公共投資にかんする計画は，整備される社会資本の物理的な耐用年数や，多額にのぼる投資額を賄うための公債による費用負担が，いずれも単年度予算の枠組みを超えることから求められるものである。日本では，国による経済計画を実現するための物的施設計画（フィジカルプラン）として国土計画が策定されており，それは1962年に閣議決定された全国総合開発計画に端を発する。そのもとで，道路をはじめとした主要な社会資本分野ごとに，おおむね5年を対象期間とした公共事業関係長期計画が策

定されてきた。

　しかし，全国総合開発計画の存在意義や，財政危機を増幅させた公共事業に対する批判を受けて，近年ではこれらの計画の見直しが行われてきた。このうち全国総合開発計画については，2005年に制定された国土形成計画法に基づいた国土形成計画へと改められた。国が主導してきた開発指向型の計画であった全国総合開発計画から転換するために，国土形成計画は人口減少や地方分権が進むなかでの成熟社会型の計画として位置づけられ，長期的な国土づくりの指針としての全国計画と，国の地方行政機関，地方自治体，および計画に密接に関係する経済団体の連携・協力によるビジョンとしての広域地方計画とによる二層の計画体系となっている。

　公共事業関係長期計画は，これに先立つ2003年に改革がなされた。具体的には，国土交通省が所管する道路，港湾，下水道などの既存の9つの計画が社会資本整備重点計画へとまとめられた。この計画では，社会資本整備事業の実施にかんする重点目標を定め，その達成のために計画期間において効果的かつ効率的に実施すべき社会資本整備事業の概要と，実施するための措置などが含まれている。だが，計画に定めている成果目標をどのような事業内容や事業額によって実現するかについては明らかにされておらず，計画をとりまく社会経済環境の変化によってムダな公共事業が助長されることへの懸念を払拭できていない。

　もう1つの特徴であるシステムとは，計画を実現するための財源が相互に補完しあいながら機能してきたことを意味する。とくに，公共事業の増加を促してきた財源のうち，国の財政資金としては建設国債と特定財源がある。このうち建設国債とは，公債不発行主義の例外として財政法第4条に基づいて発行される国債のことであり，社会資本整備事業を対象としている。1966年度から毎年発行されてきており，とくに景気対策と国際政策協調のために公共事業が積極的に行われた90年代には急増した（データはウェブサポートを参照）。他方で特定財源とは，文字どおり使途を社会資本整備事業に特定させた財源であり，公共事業においては道路特定財源の存在が大きかった。これについては後ほど道路整備事業のなかでくわしくふれる。また，これらの財政資金を補完する形で，財政投融資や民間資金が公共投資の増加を支えてきた。このうち財政投融資は，財政危機のなかで縮小へ向けた改革が行われてきた一方で，民間資金を活用した社会資本整備であるPFI（Private Finance Initiative）がとくに地方自治体を中心に進んできた。

　システムとしての特徴は，地方自治体がかかわる公共事業の財源にも反映され

てきた。すでに述べたように，日本においては公共投資の執行は国よりもむしろ地方自治体によって主に担われてきたが，このなかでとくに国庫補助負担金，地方交付税交付金，および地方債が重要な役割を果たしてきた。地方自治体の公共事業では，財源調達の容易さや補助要綱に従うことの簡便さから，国庫補助負担金が措置される補助事業が優先されてきたが，補助事業で措置されない単独事業についても，これらの事業に対して地方自治体が発行する地方債の負担を軽減するために地方交付税交付金が活用されていった。このような交付税の特定財源化は，とくに1990年代における公共投資の増加を支えてきた。

　これらの財源のうち，国庫補助負担金のなかの国庫補助金は国による政策誘導的な性質を備えているが，そのことが地域のニーズに合致していない公共事業を助長しているという批判がなされてきた。とくに野党時代からこのことを問題視してきた民主党は，2009年の政権交代後において既存の国庫補助金を統合再編した一括交付金を新たに設けた。なかでも，公共事業関係予算が大きい国土交通省が所管していた個別の国庫補助金は，10年度に新設された社会資本整備総合交付金へと改革された。さらに，その交付金の一部は民主党が掲げた地域主権を進めるための財源として，11年度に新設された地域自主戦略交付金に移管された。しかし，再び自民党と公明党との連立政権となった後の13年度予算で地域自主戦略交付金が廃止され，従来の社会資本整備総合交付金と新設された防災・安全交付金，および沖縄振興公共投資交付金へと再編されている。

2.2　道路整備事業の事例

　日本の公共投資において道路の占める割合が大きいことを統計データで確認したが，ここでは**道路整備事業**を事例として，公共投資を支えてきた制度の特徴である計画とシステムを具体的に述べていく。

　まず，計画についてである。先ほど述べた社会資本整備重点計画が策定される以前においては，道路整備にかんする公共事業関係長期計画として1954年度から道路整備五箇年計画が策定されてきた。表4-2の左側にはその推移を示しているが，この計画が策定されていた間は右肩上がりで予算総額が増えていき，最後の第12次には78兆円にのぼっていた。そして，2003年度から07年度を対象とした社会資本整備重点計画では地方単独事業を含まない形で38兆円に，さらに08年度から向こう10年間の計画（後に5年間に短縮）を定めた道路の中期計画では59兆円にそれぞれなっており，依然として公共事業のなかで大きな金額を

表 4-2 道路整備五箇年計画と道路特定財源の推移

道路整備五箇年計画等	年度	揮発油税 (国税) (円/㍑)	地方道路税 (全額地方へ譲与) (国税) (円/㍑)	軽油引取税 (地方税) (円/㍑)	石油ガス税 (1/2を地方へ譲与) (国税) (円/kg)	自動車取得税 (地方税) (%)	自動車重量税 (1/3を地方へ譲与) (国税) (円/0.5t 年)
第1次 1954～58年度 2,600億円	1954	(4月)13.0				自動車取得税および自動車重量税の税率は自家用乗用車のもの	
	55	(8月)11.0	(8月)2.0	(6月)6.0			
	56						
第2次 58～62年度 1兆円	57	(4月)14.8	(4月)3.5	(4月)8.0			
	58						
	59	(4月)19.2		(4月)10.4			
	60						
第3次 61～65年度 2兆1,000億円	61	(4月)22.1	(4月)4.0	(4月)12.5			
	62						
	63						
第4次 64～68年度 4兆1,000億円	64	(4月)24.3	(4月)4.4	(4月)15.0			
	65						
	66				(2月)5.0		
第5次 67～71年度 6兆6,000億円	67				(1月)10.0		
	68					(7月)取得価額の3%	
	69						
第6次 70～74年度 10兆3,500億円	70				(1月)17.5		
	71						(12月)2,500
	72						
	73						
第7次 73～77年度 19兆5,000億円	74	(4月)29.2	(4月)5.3			(4月)取得価額の5%	(5月)5,000
	75						
	76	(7月)36.5	(7月)6.6	(4月)19.5			(5月)6,300
	77						
	78	○(4月)	○(4月)	○(4月)		○(4月)	○(5月)
第8次 78～82年度 28兆5,000億円	79	(6月)45.6	(6月)8.2	(6月)24.3		○(4月)	○(5月)
	80						
	81						
	82						
第9次 83～87年度 38兆2,000億円	83	○(4月)	○(4月)	○(4月)		○(4月)	○(5月)
	84						
	85	○(4月)	○(4月)	○(4月)		○(4月)	○(5月)
	86						
	87						
第10次 88～92年度 53兆円	88	○(4月)	○(4月)	○(4月)		○(4月)	○(5月)
	89						
	90						
	91						
	92						
第11次 93～97年度 76兆円	93	○(4月)	○(4月)	○(4月)		○(4月)	○(5月)
	94	(12月)48.6	(12月)5.2	(12月)32.1			
	95						
	96						
	97						
第12次 98～2002年度 78兆円	98	○(4月)	○(4月)	○(4月)		○(4月)	○(5月)
	99						
	2000						
	01						
	02						
03～07年度 38兆円	03	○(4月)	○(4月)	○(4月)		○(4月)	○(5月)
	04						
	05						
	06						
	07						
	08	(4月)24.3 / (5月)48.6	(4月)4.4 / (5月)5.2	(4月)15.0 / (5月)32.1		(4月)取得価額の3% / (5月)取得価額の5%	○(5月)

(注) 1 道路特定財源の箇所のうち □ は暫定税率を,また○は暫定税率の延長が行われた年であることをそれぞれ示す。
 2 自動車重量税の地方への譲与割合は2002年度まで1/4,2003年度以降は1/3。また,地方道路税および地方道路譲与税は,2009年度よりそれぞれ地方揮発油税および地方揮発油譲与税となった。
(出所) 日本道路協会編『道路の長期計画』54頁。

占めている。

　このような巨額の計画を支えてきた財源のうち，道路特有のものが道路特定財源であった。今度は表4－2の右側をみていただきたい。これらは2008年度までの道路特定財源の推移を示したものである。道路特定財源は国税として徴収されるもの，地方税として徴収されるもの，および国税として徴収されるがそのすべて（もしくは一部）を地方自治体に譲与するもの，これら3つに分けられる。このうち，国税として徴収されるものが揮発油税であり，特定財源として最初に設けられた。地方税として徴収されるものが軽油引取税と自動車取得税である。そして国税として徴収し，地方自治体に譲与しているものが地方道路税（現在は地方揮発油税），石油ガス税，および自動車重量税である。このうち地方道路税は全額が地方道路譲与税（現在は地方揮発油譲与税）として，石油ガス税はその2分の1に当たる金額が石油ガス譲与税として，そして自動車重量税はその3分の1に当たる金額が自動車重量譲与税として，それぞれ地方自治体に配分されている。

　道路整備事業を国費と地方費に分けたうえで，それぞれにおける特定財源と一般財源の推移をみると，上記した地方税や地方譲与税が反映される形で，地方費においても特定財源が少なくない割合を占めてきたことがわかる（データはウェブサポートを参照）。また，特定財源からの財源調達をより強化するために，上記した諸税のうち石油ガス税以外については，もともとの税率である本則税率を超えて租税特別措置法または地方税法附則による暫定税率が設けられ，なおかつ，たびたび延長されてきた。しかし，これらの道路特定財源は2003年度から事業額に対する特定財源の余剰分を関連施策に充てるという部分的な改革を実施し，さらに09年度にはすべて一般財源化された。

　道路の建設を促してきた財源はほかにも存在する。表4－3には道路の種類を示しているが，このうち最初に示している高速自動車国道は国土交通大臣が道路管理者であるが，それらの建設や維持管理は日本道路公団が担っていた。そして，日本道路公団による高速自動車国道の建設財源には，財政投融資が積極的に用いられていた。ところが，小泉内閣による首都高速道路公団，阪神高速道路公団，および本州四国連絡橋公団を含めた道路関係四公団の民営化によって，2005年10月からは高速道路施設を保有し，債務返済を担う独立行政法人として日本高速道路保有・債務返済機構が，またこの機構から高速道路を賃借し，その建設や維持管理および料金徴収を担う会社として，日本道路公団を分割民営化した東日本，中日本，および西日本の各高速道路株式会社と，他の公団をそれぞれ民営化

表4-3 道路整備事業における国の負担・補助

道路の種類		道路管理者	費用負担	国の負担・補助の割合	
				新設・改築	維持・修繕
高速自動車国道	有料道路方式	国土交通大臣	高速道路会社	会社の借入金で新設・改築・修繕等を行い，料金収入で上記に係る債務および管理費を賄う。	
	新直轄方式		国 都道府県 （政令市）	3／4負担	10／10負担
一般国道	直轄国道	〈新設又は改築〉 国土交通大臣 〈維持，修繕，その他の管理〉 指定区間： 国土交通大臣 その他： 都府県（政令市）	国 都道府県 （政令市）	2／3負担	10／10負担
	補助国道		国 都府県 （政令市）	1／2負担	維持：－ 修繕：1／2以内補助
都道府県道		都道府県 （政令市）	都道府県 （政令市）	1／2以内補助	維持：－ 修繕：1／2補助
市町村道		市町村	市町村	1／2以内補助	維持：－ 修繕：1／2補助

(出所) 国土交通省「道路の種類」。

した高速道路株式会社の計6つが設立された。

その結果，表4-3に示しているように，高速自動車国道のうち有料道路方式の費用負担はこれらの会社が担っている。他方で，新直轄方式とは有料道路方式で行われている料金徴収による償還が困難な高速自動車国道について，国土交通省道路局の直轄下で国と地方自治体の財政資金によって整備するものである。新直轄方式に対する国の財政支援が他の道路と比べていかに手厚く行われているかを，この表から読みとることができる。

高速自動車国道以外の道路の財源について，国と地方自治体との費用負担に注目しながらみておこう。一般的に国道といわれるものは，費用負担による区分では直轄国道と補助国道に分けられる。国道ではあるが費用負担は都道府県や政令市も行っており，とくに補助国道についてはこれらの地方自治体による負担割合が大きくなる。都道府県道や市町村道に対しては国庫補助負担金が事業内容ごとに細かく決められており，さらに事業によっては北海道，沖縄県，および離島などの特定地域に対して補助負担率が嵩上げされている。そして国庫補助負担金で措置される部分以外は地方自治体による負担となるが，これらに対して地方債の

発行や地方交付税交付金による措置が行われてきた。

最後に，再び表4-3から国道のうち補助国道と，都道府県道，および市町村道における国の費用負担状況をみると，新設または改築や修繕には一定の補助負担が行われている一方で，維持に対しては上記した特定地域のうち一部を除いて行われてこなかったことがわかる。このことは，これまでいかに公共投資による新たな道路整備に，財政支援が偏っていたのかを物語っている。

3 これからの公共投資を考える

3.1 持続可能な発展へ向けた公共投資の転換

東日本大震災後の復興や震災対策も兼ねた国土強靭化によって，公共事業は当初予算においては再び増加をみせてきた。しかし，公共投資をめぐる現状をより俯瞰的にみれば，社会保障関係費が増大する一方で税収が伸び悩んだ結果として生じている厳しい財政状況のなか，従来のハードに偏った公共事業の経済効果が長期的にみて低下していることや，そのような経済効果を求めてきた地方の多くが人口減少を余儀なくされていることから，公共投資の減少を前提としたうえでの事業の選択と集中が求められている。

このような選択と集中が公共事業の効率的な実施につながり，財政の持続可能性を短期的には向上させることになるかもしれない。しかし，そのような効果が中長期的にまで及ぶことは約束してくれない。最も懸念すべきことは，目的を実現するための手段であるはずの財政が，財政健全化という目的そのものになってしまっていることである。財政民主主義のもとでは，そのような財政の自己目的化を避け，これからの社会にとって何が大切なのかという意味での社会的価値が反映されたビジョンと，それを実現するための公共投資の転換のなかで財政の役割を模索しつづけることが求められる。

それでは，これからの公共投資のビジョンを何に求めればよいのであろうか。ここではそれを持続可能な発展に求めたい。**持続可能な発展**とは究極的には人々の福祉（well-being）の向上を目的として，環境，経済，そして社会のそれぞれの持続可能性を両立させる発展のありようのことを意味する。そのような持続可能な発展は経済のグローバル化，都市化の進展や人口減少にともなうコミュニティの衰退，そして地球温暖化をはじめとした環境問題に直面するなかで，公共投資というテーマを超えて望まれているビジョンである。しかし同時に，ハードに偏

ったこれまでの公共投資が本章でこれまで述べたような環境，経済，そして社会のそれぞれの持続可能性を損なってきたことを受けて求められるビジョンでもある。

このような持続可能な発展というビジョンを実現するために，公共投資をどのように転換していけばよいのであろうか。持続可能な発展が福祉の向上を目的としており，なおかつ福祉の構成要素がハードだけでなくソフトも含んでいることから，公共投資もこれまでのハードを重視してきたありようから転換していく可能性がある。以下ではこのことについて，持続可能な発展と密接に関係するコンパクトシティと再生可能エネルギーを事例に取り上げ，公共投資を支えてきた制度の特徴として指摘した，計画とシステムにまつわる変化に注目しながら考えていく。

3.2 コンパクトシティにおける公共投資の転換

すでに述べたように，公共投資が行われるようになった背景の1つには，都市問題への対応としての都市計画の策定と都市施設の整備があった。しかし，日本では都市計画が郊外への無秩序なスプロール開発を防げなかったどころか，道路をはじめとした公共投資がそのような開発を後押ししてきた。そして，開発の過程やその結果において，それまでの地域の経済や社会の姿を大きく変え，数多くの環境破壊も引き起こしてきた。

また，高齢化や人口減少が進むなか，高度成長期に整備された社会資本の維持管理や更新の問題に，国や多くの地方自治体が直面してきている。たとえば国土交通省の推計によると，現在の技術や仕組みを前提とすれば，2013年度に3.6兆円であった維持管理・更新費が10年後には約4.3〜5.1兆円に，さらに20年後には約4.6〜5.5兆円程度になるが（『平成25年度 国土交通白書』），その対策の1つとして注目されているのがコンパクトシティである。先に述べた国土形成計画のうち，2015年8月に変更された全国計画においてもコンパクトシティは積極的に打ち出されている。

コンパクトシティのねらいは，これまでの拡散型の都市構造を集約・ネットワーク型のそれへと転換することにある。その背景には，拡散型の都市構造が抱えてきた低密度の土地利用，地球温暖化やエネルギー価格の高騰に対する脆弱性，および人口減少と高齢化の進展などの問題がある。これらの背景を鑑みると，コンパクトシティの効果は社会資本の維持管理・更新費の削減だけに留まらないこ

とがわかる。二酸化炭素の排出量の削減といった環境面での効果，主要な公共施設や商業施設へのアクセスの改善や外出の促進による健康の増進といった社会面での効果，そして社会資本の維持管理や更新のための財政支出の抑制といった経済面での効果がそれぞれあり，このような多面的な効果の発揮は都市の持続可能な発展に寄与する。

　コンパクトシティが集約・ネットワーク型の都市構造への転換をめざすものであっても，そこでの集約化の程度やネットワークの形態は，もともとの都市構造や都市規模，および都市とその後背地にあたる地域との関係によって多様である。しかし，次の3つはいずれもコンパクトシティの本質にかかわる重要な論点である。第1に，都市機能や住居機能を特定のエリアに集約化させるための都市再開発がある。第2に，都市内や都市とその後背地にあたる地域との間における円滑な移動を確保するための公共交通の整備がある。そして第3に，集約化するエリアとそれ以外とに関係なく，生活に必要なさまざまなサービスの確保とそのための公共施設などの再配置がある。これらのいずれの論点も，公共投資と深く関係していることがわかるであろう。

　このようなコンパクトシティは，公共投資を支えてきた計画にどのような影響を与えるのであろうか。まず計画では，単なる社会資本の維持管理・更新費の削減に留まらない，上記のような多面的な効果を具体化させるためのビジョンの設定が求められる。また，コンパクトシティが都市だけでなくその後背地にあたる地域との関係も視野に含むことから，シティ・リージョン（都市圏）単位での広域計画の位置づけもこれまで以上に重要になってくる。さらに，このようにシティ・リージョンまで視野に含めた計画となるので，国によるトップダウンではなく市町村間の連携に基づいたボトムアップで計画の策定を行うこと，そのうえで市町村では不足している計画の策定に必要な資源やノウハウなどがある場合には，都道府県や国がこれらの不足を補うための**条件整備**を行うことが，それぞれ望まれる。

　次に，計画の内容についてである。コンパクトシティの重要な論点として都市再開発，公共交通，および公共施設が含まれていることから，そこでは土地利用計画と交通計画の連携を基軸とした政策統合を指向することが求められる。公共投資にかんする計画も，政策統合を実現する手段として適切な位置づけが必要である。また，計画の策定やその実施における**ガバナンス**の形成も不可欠になる。たとえば，公共交通や公共施設の運営状況はいずれも住民生活と密接にかかわる

が，とくにコンパクトシティへの移行過程ではこれらの状況変化に付随した問題がより顕在化しやすくなる。このような移行過程にかかる問題を可能な限り回避するためにも，またコンパクトシティの多面的な効果を同時に向上させるためにも，行政と住民やNPOなどの行政以外のアクターとの間で協議や協働に基づいた政策実験を積み重ね，その結果を計画や事業にフィードバックしていくことが重要である。

　以上のように，コンパクトシティへの移行にあたっては公共投資の実施を前提としたハードを重視した計画ではなく，コンパクトシティの多面的な効果を発揮するための具体的なビジョンの設定と，それを地域からのボトムアップで実現するための政策統合やガバナンスを促すソフトを重視した計画が求められる。そして，そのような計画づくりを支える学習やネットワーク，さらにこれらを促す協働の場を創造するための新たな公共投資の出現が期待されるのである。

3.3　再生可能エネルギーの普及における公共投資の転換

　かつて公共投資は財政を用いて行うことが前提とされてきたが，プライヴァタイゼーションによる民間資金の活用はその前提を変えつつある。しかし，そこでのアクターは総じて資金，技術，およびノウハウを相対的に多くもつ大企業が中心である。ところが，これとは異なる動きがあらわれる可能性を再生可能エネルギーの分野で見出すことができる。

　東日本大震災を契機として，再生可能エネルギーの更なる普及が求められている。震災によって多大な被害をもたらした原子力発電をはじめとした，これまでの枯渇性資源を用いたエネルギー供給は，日本では国による中央集権的なエネルギー政策と電力会社による地域独占的なエネルギー事業のもとで行われてきた。ところが，再生可能エネルギーをもたらす資源は一部を除けば多くの地域に分散して存在する。それゆえ，これらの地域資源を用いた再生可能エネルギーでは，地域を構成する住民，地方自治体，企業，およびNPOなどの多様なアクターがガバナンスを形成しながらエネルギー供給を担うことができる機会をもたらす。

　そのような機会は，2012年7月に導入された固定価格買取制度によって広げられた。とくに太陽光発電は，制度の導入当初において買取価格が優遇されたこともあって普及が進んだが，大規模な出力量を有するメガソーラーが急増したために，14年9月に電力会社による送電線の容量不足を理由とした受入保留を招いた。再生可能エネルギーの量的な普及を急ぐことは求められてはいるが，固定

価格買取制度の深化と歩調を合わせる形で，地域主導の再生可能エネルギー事業をどのように進めていくのかがいま問われている。

　地域主導の再生可能エネルギー事業を進めていくためには，地域を構成するアクターが中心となって事業を担っていく必要であるが，そのような主体形成を促すための条件整備のうち，とくに地域資金循環と地域ガバナンスが鍵をにぎる。固定価格買取制度の導入は，再生可能エネルギー事業の将来見通しと採算可能性を向上させ，これらの事業に対する融資や出資の可能性を広げていることから，地域金融機関による融資や市民出資が活発になってきている。再生可能エネルギー事業の財源が，地域を構成するアクターによって拠出されるこれらの資金によって賄われれば，事業によって得られた収益の分配や還元も地域に対して行われるので，再生可能エネルギーの普及は地域資金循環の構築と密接に関係してくる。

　また，再生可能エネルギーの普及はこのような地域資金循環による経済面での効果だけでなく，枯渇性エネルギーの削減や地域資源の持続的な利用による環境面での効果，および再生可能エネルギー事業をコミュニティの再生に結びつけることによる社会面での効果も併せてもたらすことから，持続可能な発展と深く関係している。それゆえ，再生可能エネルギーにまつわるビジョンや利害得失も多様になりやすいが，それらがアクター間で大きく異なる状況のもとでは合意形成は困難であろう。しかし逆にいえば，従来から地域の将来にかんするビジョンを共有し，アクターが協働しながら事業や活動を担っているところ，つまり地域ガバナンスが形成されているところでは，合意形成を促すための経験の蓄積や制度の構築が進んでいることから，持続可能な発展に沿った再生可能エネルギーが取り入れられる可能性が高い。たとえば，長野県の飯田市は太陽光発電をはじめとした再生可能エネルギーに対する意欲的な取組みが注目されているが，その背景には学習に基づいたまちづくりを担ってきた公民館の役割を無視できない。

　以上のように，再生可能エネルギーの普及においては，国と地方自治体との間に形づくられてきたシステムとしての財政が前提にはなっていない。再生可能エネルギーにまつわる社会的価値を実現するための資金が自発的に，なおかつ多様な形で出現するなかで，財政の役割や位置づけが絶えず見直されることになる。そしてそのことは，持続可能な発展に向けた公共投資の転換にあたって，財政民主主義の実態も絶えず問われることを意味するのである。

■ 討論してみよう
① 公共投資におけるハードとソフトの役割や相互の関係について，公共投資の理論やこれまでの動向を踏まえて考えてみよう。
② 道路整備事業以外の公共事業を取り上げて，本文で指摘したような計画とシステムという特徴がどのように見出せるか，また道路整備事業との違いはあるのかについて整理してみよう。
③ 持続可能な発展のために，これから求められる公共投資にはどのようなものがあるか，またそのために国や地方自治体，およびそれらの財政がどのような役割を果たしていくことが求められるのかを考えてみよう。

■ 参考文献
〈基礎編〉
五十嵐敬喜・小川明雄［2008］『道路をどうするか』岩波書店（岩波新書）
井手英策・諸富徹・小西砂千夫企画編集［2014］『日本財政の現代史』全3巻，有斐閣
植田和弘［2013］『緑のエネルギー原論』岩波書店
宇沢弘文［2000］『社会的共通資本』岩波書店（岩波新書）
諸富徹［2010］『地域再生の新戦略』中央公論新社
〈より進んだ学習をするために〉
池上惇［2000］『日本財政論』実教出版
井手英策編［2011］『雇用連帯社会――脱土建国家の公共事業』岩波書店
宇都正哲・植村哲士・北詰恵一・浅見泰司編［2013］『人口減少下のインフラ整備』東京大学出版会
門野圭司［2009］『公共投資改革の研究――プライヴァタイゼーションと公民パートナーシップ』有斐閣
金澤史男［2010］『福祉国家と政府間関係』日本経済評論社
宮本憲一［1976］『社会資本論（改訂版）』有斐閣
諸富徹編著［2015］『再生可能エネルギーと地域再生』日本評論社

第5章 社会保障と財政
国民生活を支える仕組み

KEYWORDS

社会保障関係費　民生費　公費負担　社会保障給付費　社会支出

1 社会保障の概念と仕組み

1.1 社会保障の概念と範囲

「社会保障」という言葉は，英語の social security に対応している。英語の security の語源は，ラテン語の「Se＝without, Cura＝care」とされ，危険がない，あるいは悩みや憂いがない状態を指す。つまり，社会生活に由来して誰にでも起こりうる危険（リスクや社会的事故）に対応し，人々に安全・安心をもたらすものと考えられている。初めて social security という言葉が法律に採用されたのは1935 年のアメリカ社会保障法であるが，日本でこの言葉が用いられるようになったのは第二次世界大戦後である。敗戦により間接的に日本を統治していた連合軍国総司令部（GHQ）が示す憲法の条文のなかに social security という言葉が用いられ，初めは「社会の安寧」ないし「社会的安寧」と訳されていた。これが国会提出時には「生活の保障」という言葉に改められ，最終的には衆議院の修正を経て，1947 年に施行された日本国憲法において「社会保障」と表現されるようになった。

日本における社会保障制度の枠組みは，1949 年に設置された社会保障制度審議会が 50 年に発表した「社会保障制度に関する勧告」で示されたといわれる。とくに「国民には生存権があり，国家には生活保障の義務がある」と明確に述べられている点が重要である。ここで社会保障は，具体的には社会保険，公的扶助，公衆衛生，社会福祉からなるものとされ，後に老人保健（2008 年より高齢者医療制

度) を加えた5つが狭義の社会保障とされた。そして、これに恩給および戦争犠牲者援護を加えたものが広義の社会保障と定義されている。なお、この勧告は、「拠出に基づく給付」という社会保険の原理を尊重し、イギリスで42年に発表されたベヴァリッジ報告の考えに基づくものといえる。ただし、日本で確立された国民皆保険制度の実態をみるとわかるように、社会保障の対象が広がる段階では、保険原理を厳格に守ることは難しく、制度の維持・調整や社会連帯などの観点から公費が投入されることも多い。そのため、同じく42年に「社会保険は保険数理的公平性よりも社会的妥当性を重視するように変化する」と説いた、ILO（国際労働機関）による「社会保障への途」という報告書が強調して取り上げられることもある。

それでは次項で、社会保障の仕組み（社会保険方式と税方式）についてくわしく検討しよう。

1.2　社会保障の仕組み――社会保険方式と税方式

1950年の勧告に基づき、日本の社会保障において中核を占めるのが社会保険（年金保険制度、医療保険制度、介護保険制度、雇用保険制度、労働災害補償保険制度）である。そもそも、保険とはリスク分散をする仕組みとみることができる。たとえばここで医療保険を考えよう。もし加入者数が少ないと、偶然病気にかかる人が多いかもしれない。すると、あらかじめ設定した保険料では財源が不足する可能性がある。しかし母集団が十分に大きい場合、たとえば性別・年齢別に病気になり死亡する確率などはきちんと予測することができる。そのため、加入者の規模が大きくなるほど、病気にかかる確率が一定値に近づくという法則（これを「大数法則」という）が成り立ち、保険給付と保険料収入がバランスしやすくなる。このように支出保険金の総額（保険給付）と収入保険料の総額（保険料収入）が等しくなるように設定されることを「収支相当の原則」と呼び、各人の保険料が、事故に遭ったときなどに受け取ることのできる保険金の数学的期待値に等しく設定されることを「給付・反対給付均等の原則」と呼ぶ。これが一般的な保険の特徴である。

さて、社会保険とは、19世紀後半にドイツのビスマルク政権下で初めて導入された（1883年疾病保険法、1884年災害保険法、1889年老齢・廃疾保険法など）ものである。ここでは、事前に保険料をきちんと拠出していないと給付の対象にはならない。これは排除原理（ないし保険原理）と呼ばれ、この点は私的保険と同じであ

る。

　なお，経済学では情報の非対称性という観点から，社会保険が説明される。医療の場合，もし自分の疾病リスクを本人がよく知っており，保険会社はそれをあまり知らないとすれば，保険会社は加入者全体の平均リスクを加味して保険料を設定することになる。この価格は，高リスクの人にとっては，（情報の非対称性が存在せず）自らのリスクを反映した個別の保険料が設定される場合よりも安い。そのため，そうした人が多く加入すれば，保険給付総額が当初の見積もりよりも高くなり，結果として保険会社は保険料を上げざるをえない。すると，低リスクの人ほど保険から脱退する。こうして収支相当の原則が崩れ，保険は成立しなくなる。これを逆選択と呼び，疾病リスクを社会全体でカバーするためには，すべての人を強制的に加入させる社会保険が効率性の観点から支持される。

　ただし，公平性の観点から社会保険が説明される場合もある。すなわち，自分の責任に帰することのできない理由（低所得で健康をとりまく環境が劣悪など）で疾病リスクが高い者は，民間保険では高い保険料を支払うことを要求されてしまう。そのため，そうした人々を社会で支援するには社会保険が必要だというわけである。

　なお，同じ社会保障の仕組みでも，事前の拠出を求めない公的扶助（日本の場合は生活保護）の場合は給付の際に資力調査（資産および所得の調査）を行わなければならない。一方，社会保険は自分で拠出しているがゆえに，資力調査なく自動的に給付を受けられるため，権利性が高く，この点で優れているとされる。また社会保険料のみで構成される場合，他の財源と競合することによる財政制約を受けることがない。加えて，拠出者と受給者が一致しており，拠出額と給付額のリンクがあるため，拠出の引上げにも政治的合意を得やすい。

　ただし，社会保険の給付水準は必ずしも高いとは限らない。たとえばイギリスのベヴァリッジは自由主義者であったため，社会保障給付は最低限度でよいと考え，定額拠出・定額給付制を提案していた。

　では，日本の場合はどうだろうか。社会保険料はリスクに応じた負担ではなく，基本的には被保険者の応能負担となっている。また被用者保険の場合，原則として事業主と折半する形で負担額が決定され，この被保険者拠出と事業主拠出の合計が社会保険料となる。なお，たとえ赤字企業で法人税を納めない場合でも，事業主は必ず社会保険料を支払わなければならない。一方，国民年金といった主に自営業者のための制度では，被保険者拠出のみが存在し，事業主拠出はない。な

お，事前に拠出すれば給付の対象となるものの，たとえば年金の開始年齢の引上げや年金給付額の切下げなど，本来予定していた給付を期日どおりに満額受け取れるとは限らない（公的年金の詳細については，医療・介護保険とあわせて第6章で論じる）。

さて，社会保険方式と並ぶもう1つの方式が税方式である。先述のとおり，社会保険をはじめとするさまざまな制度に税が投入されているが，日本で全額が税（公費）で賄われるものとして重要なのは公的扶助，すなわち生活保護である。ここでは受給者は事前の拠出が求められないものの，先述のとおり資力調査（ミーンズテストとも呼ばれる）を受けなければならない。これは選別主義とも呼ばれ，受給者に恥辱感をもたらすとされる。歴史的には，イギリスの1601年エリザベス救貧法が公的扶助の原型とされる。これは，16世紀につくられたいくつもの救貧法令を，エリザベスⅠ世統治下に集大成したものであった。そこでは宗教的な単位であった教区が徴収権をもち，教区内の土地・家屋などの占有者に課した救貧税を原資に，労働能力のない者へ給付を行うことが規定されていた。ただし当時の中央政府は補助金も行政監査機能ももっておらず，救貧法は多くの教区で実施されなかったという議論もある。

なお，主たる財源が税であるからといって，必ずしも厳しい選別主義がとられるわけではない。社会福祉（高齢者福祉制度，障害者福祉制度，児童福祉制度，母子・寡婦福祉制度）や社会手当（児童手当，児童扶養手当，特別児童扶養手当など）も主な財源は税だが，これらは，一定の条件を満たせば給付されるものであり，公的扶助のように厳しい資力調査は行われない。また社会保険のように，事前に制度に加入し，拠出していることが要件ともされていない。そのため，社会保障の制度運営上は，社会保険と公的扶助の中間として位置づけられることもある（このうち社会福祉については第6章で詳述する）。

いずれにせよ，社会保険制度の給付水準が低ければ低所得者は生活困窮から抜け出せない。そのため，公費による公的扶助や社会手当が首肯される。

2 日本における社会保障財政の特徴

2.1 日本の社会保障の財政関係

社会保障はさまざまな側面からみることができるが，財源の構成とともに重要なのが政府間関係である。まず冒頭の1950年勧告のところで取り上げた広義の

社会保障をみてみると，社会保険を除く部分はすべて，国の一般会計および地方政府の普通会計で運営・管理されている。

一方，社会保険は社会保険料および公費による財源分をいったんはプールして基金とし，必要に応じてそこから支給するが，その運営管理を担うのが保険者である。政府経理の明確化等を目的に，国・地方とも政府が運用する場合は，一般財政制度から分離された特別会計で実施される。国の特別会計には，年金特別会計および労働保険特別会計があり，地方の特別会計には国民健康保険特別会計や介護保険特別会計などがある。そのほか，政府が直接実施していないものもあり，具体的には，各種共済組合，各種基金，各種組合が保険者を構成している。

第3章でみたとおり，国の一般会計の支出のうち，社会保障のために支出される経費を**社会保障関係費**という。これは国の歳出のなかで最大費目となっており，2014年度一般会計予算では一般会計歳出総額の31.8%を占める30兆5000億円である。国民健康保険を例にあげると，この一般会計から都道府県に，給付費の41%が国庫負担として移転され，それに都道府県は9%の調整交付金を加えて，給付費の50%を市町村に移転する。これが市町村の国民健康保険特別会計に繰り入れられ，保険料，運用収入等とともに各種勘定を構成し，給付に充当される。

さて，社会保険以外の社会保障制度にかんする部分もあわせて検討するため，社会保障関係費（国の一般会計）と**民生費**（地方の普通会計）についてみてみよう。まず国の一般会計である社会保障関係費では，年金医療介護保険給付費（平成21年度までの社会保険費にほぼ相当する）が社会保険制度に対して財政調整的な役割を負って投入される。表5-1のとおり，社会保障関係費の実に73.9%を占めている。残りの部分は，すべて租税資金のみで賄われるものである。まず生活保護費が2兆9222億円（構成比9.6%）である。社会福祉費は4兆4480億円で構成比14.6%となっており，これは主に障害者福祉や児童福祉に充てられる。これに保健衛生対策費（1.3%）と雇用労災対策費（0.6%）を加えたもので社会保障関係費は構成されている。

また表5-1において，地方の普通会計について，民生費を取り上げている。なお，国の社会保障関係費のなかには保健衛生対策費と雇用労災対策費が含まれるが，地方の民生費には衛生費と労働費は含まれていない。1990年以降，日本の租税負担（国税と地方税の合計額の国民所得比）は低下傾向にあるため，ここでは経済活動が拡大していた89年と比較している。これをみると児童手当など児童福祉行政に要する経費を含む児童福祉費が構成比率としては一番高く，また増加

表 5-1 社会保障関係費と民生費

国の社会保障関係費（2014年度当初予算）
(単位：億円，％)

年金医療介護保険給付費	225,557	73.9
生活保護費	29,222	9.6
社会福祉費	44,480	14.6
保健衛生対策費	4,093	1.3
雇用労災対策費	1,824	0.6
合　計	305,175	100.0

(出所) 財政調査会 [2015]。

地方の民生費（目的別）
(単位：億円，％)

区　分	2013年度						1989年度からの増加額
	都道府県		市町村		純計額		
社会福祉費	22,069	29.3	44,514	23.6	56,453	24.1	36,504
老人福祉費	28,872	38.4	34,007	18.1	56,622	24.1	38,251
児童福祉費	13,784	18.3	66,409	35.3	71,835	30.6	48,374
生活保護費	2,712	3.6	37,446	19.9	39,640	16.9	24,316
災害救助費	7,782	10.3	5,898	3.1	10,083	4.3	10,022
合　計	75,218	100.0	188,276	100.0	234,633	100.0	157,467

(出所) 一圓・林 [2014]；総務省 [2015]。

額も4兆8000億円あまりとなっている。そして老人福祉行政に要する経費を含む老人福祉費，および障害者等の福祉対策や他の福祉に分類できない総合的な福祉対策に要する経費である社会福祉費がそれに続く。規模としては生活保護費はこれらよりも小さく，都道府県および市町村の純計額は3兆9640億円だが，増加額は約2兆4300億円あまりと大きな伸びを示している。なお，災害救助費は2011年に発生した東日本大震災の影響により，約1兆円となっている。

2.2 生活保護制度と地方財政

　それでは次に，政府間財政関係を理解するためにも，財源が公費のみで構成される制度として，生活保護制度について検討しよう。生活保護は，生活に困窮する者が自らの資産や能力その他あらゆるものを活用し，民法に定める扶養義務者からの援助も頼み，年金等の制度を利用してもなお最低限度の生活が送れない場合に支給されるものである（これを「保護の捕捉性の原理」という）。このほか，国の責任による最低生活保障であること，健康で文化的な最低生活を保障すること，信条や性別，社会的身分などを理由に拒否してはならないという「保護の無差別

平等」であることが，生活保護の特徴である。

　また，原則として本人が申請する①「申請保護の原則」，あらゆる援助や給付を受けてもなお不足する分を生活保護で給付するという②「基準及び程度の原則」，1人ひとりの年齢，性別，障害や病気の有無などに応ずるという③「必要即応の原則」，そして保護を行うか否か，またどの程度の保護を行うかは世帯を単位として判定するという④「世帯単位の原則」が，この制度の根幹にある。

　生活保護には8つの扶助があり，①生活扶助（飲食物費，光熱費，被服費等），②教育扶助（義務教育にともない必要な学用品等），③住宅扶助（非保護世帯が貸間・借家の場合の家賃等），④医療扶助（国民健康保険と同水準の医療に加えて，入退院・通院の交通費等），⑤介護扶助（居宅介護，施設介護など介護保険と同一の介護サービスの現物給付），⑥出産扶助（分娩費用），⑦生業扶助（生業に必要な技能の習得や就職支度費），⑧葬祭扶助（遺族や扶養義務者が困窮のために葬祭などを行うことができない場合）に分かれている。

　2013年度でみると，内訳は医療扶助（46.9%），生活扶助（34.5%），住宅扶助（15.4%），介護扶助（2.0%），その他の扶助（1.1%）である。割合としては生活扶助よりも医療扶助のほうが大きい点に注意する必要があろう。2012年度の保護人員は213万人（保護率1.67‰）で，1人1ヵ月当たりの平均受給額は医療扶助8.1万円，生活扶助が5.3万円となっている。世帯類型別では，高齢者世帯が43.7%，母子世帯が7.4%，傷病・障害者世帯が30.6%，その他が18.4%である。世帯単位でみた保護率は3.22%であるが，母子世帯の保護率は16.23%と著しく高く，家計基盤の脆弱さが指摘されている。

　さて，生活保護は国が給付の4分の3を負担し，地方が4分の1を負担する。ただし人件費などの業務に要する費用は地方の負担となる。さらに，地方負担分については，保護率の差異なども考慮される形で，標準的な費用が基準財政需要額に算入されており，各実施主体において財政状況に応じ地方交付税措置がなされている。つまり，国は一般会計の社会保障関係費と，地方交付税交付金を通じて必要額を地方に移転している。

　一方，地方自治体レベルでは，ケースワーカーの数は増えているものの，被保護人員の増加率がそれを上回り，扶助費が増大するなかで地方の財政制約が実施運営上の制約につながっていることが指摘されている。また，費用負担については大都市では一貫して一般財源等が基準財政需要額を上回り，財源不足が生じていること，さらには，都市のほぼ半数が財源不足である一方，残り半分は財源余

剰にあることなども指摘されている。ちなみに、日本では生活保護基準が、制度内で救済する人々の基準だけでなく、そのまま国の定める貧困ラインとなっている。

一方、OECDではこれとは別に相対的貧困率という指標を用いている。これは各世帯の可処分所得（収入から直接税および社会保険料の支払いを引き、手当など社会保障給付を足したもの）を世帯人数nの平方根で割り、1人当たりに換算した等価可処分所得をもとに計算される。等価可処分所得を人口の上位から並べ、ちょうど真ん中にあたる人の所得を中央値とし、その値の50%が貧困ラインとなる。そして、総人口に対し、貧困ライン以下で生活する人の割合を示したものが相対的貧困率である。2012年の日本の貧困ラインは122万円であり、相対的貧困率は16.1%である。OECDの経済サーベイでは、日本の生活保護基準（ここでは1級地1という大都市圏の生活扶助に住宅扶助特別基準の上限額を足したものが利用されている）が中央値の50%を超えており、他国と比べてその水準が高いものの、相対的貧困率の値と比べ実際の生活保護の受給率はかなり低いことが指摘されている。これは所得が貧困ライン以下でも資産が一定程度あるため受給できない人や、申請にともなうスティグマ（恥辱感）が存在するゆえに要件を満たしていても実際には申請しない人がいるためである。また、日本には一時的な給付である住宅確保給付金はあるものの、公的扶助を除き一般低所得世帯向け住宅手当がないこと、および雇用が切れた人に対する失業扶助がないことにも注意せねばならない。なお2015年4月より生活困窮者自立支援法が施行され、福祉事務所を設置する自治体は、生活保護に至る前の段階の人々に対して就労支援など自立にかんする総合相談を行うこととなった。しかし生活保護の受給要件を満たしているにもかかわらず未申請の人については、そもそも「生活保護に至る前段階の者（要保護者になるおそれのある者）」という対象から外れる恐れがあることに注意せねばならない。

2.3 児童手当・児童扶養手当と財政

国の社会保障関係費において生活保護費に次ぐ規模であるのが社会福祉費である。2014年度当初予算において、この社会福祉費で最大の費目は「子どものための金銭の給付年金特別会計への繰入」（1兆2396億円）である。ただし、児童手当は全額公費ではなく、被用者の3歳未満の子どもに対する給付に必要な総額の15分の7については、事業主が全体で負担するという特殊な性格がある。その

ため，年金特別会計のなかにある「子どものための金銭の給付」勘定は，この一般会計からの財政資金の繰入と，先ほど述べた事業主からの拠出金2444億円を財源として，児童手当の給付業務を行う地方公共団体（市町村）に「子どものための金銭の給付」交付金が交付される。なお，児童手当（月額）は2012年4月からは3歳未満1万5000円，3歳から小学校終了前の第1子と第2子は1万円，第3子以降は1万5000円，中学生は1万円である。所得制限の対象となり児童手当の支給のない世帯に対しては，当分の間は特例給付として，支給対象の児童1人につき5000円が支給される。負担は3歳以上および特例給付は国が3分の2，都道府県と市町村が各6分の1である。3歳未満は被用者の場合，事業主15分の7，国45分の16，都道府県45分の4，市町村45分の4である。被用者以外は国3分の2，都道府県と市町村が各6分の1である。公務員については，それぞれの所轄官庁が全額負担する。

　また，ひとり親世帯に対しては，児童扶養手当も支給される。これは就労等の収入が130万円未満であれば，月額4万1990円となる。130万円以上365万円未満であれば所得に応じて9910円まで減額されていく。費用は国3分の1，制度の運営管理を行う都道府県または市町村が3分の2を負担する。なお日本の場合，ひとり親の約80％が就労しているが，有業ひとり親世帯に限ってみても相対的貧困率は50％超と非常に高い（OECD諸国の平均は約21％）。つまり，働いていても貧困であることに注意せねばならない。これにかんし，とりわけ就労等による収入が低いひとり親世帯に対しては，児童扶養手当が貧困削減策として効果的であることが指摘されている。以上をふまえれば，児童手当も含め，とくに非正規労働で働く子育て世帯にとって，主に公費を原資とする社会手当は今後も重要な存在である。

　さて，ここまでは公的扶助や社会手当について検討してきた。それでは次に，日本の社会保険について検討しよう。

　詳細は第6章で論じられるが，日本では先に被用者保険（職域保険）が発展し，その後，それを補完する形で皆保険が開始・維持されてきた。なお，一般的な社会保険では所得が不安定だと保険料を払えず，保険が適用されないという事態も生じうるが，日本では支払い能力が低い者に対しては減額・免除を行う仕組みが制度化されている。

　さらに，年金・医療・介護保険のなかには収支相当の原則が成り立ってはいるものの，実際には社会保険料よりも多額の税が投入されている制度もある。この

ように日本の社会保険は，それぞれが分立し，純粋な保険原理に基づいて運営されるというよりも，とくに国の一般会計から投入される租税資金が主体となり，社会保険の財政支援や社会保険制度間の不具合を調整する要素が多く含まれている。とりわけ高齢者や自営業者，農家等，保険料拠出能力の弱い者に対して**公費負担**が大きい仕組みとなっており，所得再分配機能を有している。以上のように，一般的な社会保険方式の抱える問題に対し，主に公平性の観点から保険料の減免や公費投入という形で修正を図っていることは評価できる。

しかし保険財源に税が投入されると，他の（税）財源との競合により財政制約を受ける可能性がある。さらに，日本の社会保障制度では，現役層から高齢層に移転が行われているものの，高齢者間での所得格差の解消にはつながっていないという指摘もある。これらをふまえれば，今後は社会保険への公費投入の伸びが，そのまま（望ましい）再分配機能の強化になるとは安易に考えず，何よりもまず生活保障を実現するための手段としてとらえられるべきである。それとあわせて，個人所得課税や資産課税などを通じた税による再分配機能を強化することが検討される必要がある。

2.4　社会保障の規模

続いて図5−1は，日本の**社会保障給付費**の推移を，保険料・公費負担割合でみたものである。また，2014年度については部門別であらわしている。社会保障給付費とはILO基準に従い，個人にどれほど直接ないし間接に社会保障給付がなされているかを示したものであり，医療保険の一部の患者負担金などは含まれていない。1970年代までは年金よりも医療のほうが規模は大きかったが，80年頃に逆転して以来，年金が医療を大きく上回る状態が続いている。なお，介護・福祉その他には医療扶助を除く生活保護費，介護保険，社会手当，社会福祉，雇用保険給付などが含まれる。介護保険が導入された2000年以降，これらは増加傾向にあるが，規模としてはいまも年金の3分の1強に留まっている。2013年度の社会保障給付費全体は110兆6566億円（1人当たり約87万円）であり，対GDP比22.91％となっている。しかし図にあるとおり，2014年度は予算ベースで約115兆円なのが2025年度には150兆円近くまで増大することが見込まれている。

さて，より詳しい制度別内訳は図5−2で示されている。これをみるとわかるように，日本の社会保障給付費の約半分は年金保険であり，約3割が医療保険

図5-1 社会保障給付費について

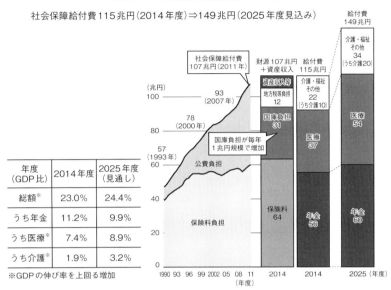

(注) 2011年度までは国立社会保障・人口問題研究所「社会保障費用統計」, 2014年度は厚生労働省, 2025年度は「社会保障に係る費用の将来推計の改定について（平成24年3月，厚生労働省）」による。
(出所) 可部［2014］。

（高齢者医療含む），7.9％が介護保険である。このように，日本の社会保障は社会保険を中心とし，主たる対象者は高齢者である点に特徴がある。社会保障というと生活保護や社会福祉をイメージする人もいるかもしれないが，社会保障給付費ベースでみるとその割合は小さい。これをふまえれば，現状に沿ったものになるよう各社会保障制度を改革・整備することは重要だが，その一方で，各制度の改革によりどれほどの財源が確保できるのか，そしてそれが代償として重すぎる（社会保障本来の役割を失わせることになる）ものではないのか注意しなければならない。

さて，それでは次に社会保障財源について検討しよう。なお，ここではILO基準に基づき，他制度からの移転および他制度への移転は含めていない。

まず社会保障の財源は，先ほどみた社会保険料（被保険者拠出＋事業主拠出）と，公費負担（国庫負担や他の地方公共団体の租税資金），そして資産収入（各社会保障制度内の積立金の運用収入）およびその他に分類される。ただし，公費負担のうち国庫負担を除く地方自治体の負担とは，国の制度に基づいて地方自治体が負担しているものであり，地方自治体が独自に行っている事業に対する負担は（一部を除

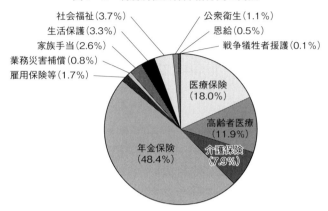

図5-2 制度別社会保障給付費の内訳

(出所) 国立社会保障・人口問題研究所［2015］より筆者作成。

き) 含まれていない。

　2013年度では，約127兆1000億円となる社会保障財源のうち，社会保険49.6％（うち被保険者拠出26.1％，事業主拠出23.5％），公費負担33.9％（うち国庫負担24.0％，他の公費負担9.8％），資産収入12.4％，その他4.1％となっている。なお，社会保障財源全体で社会保障給付費を16兆4000億円ほど上回っているが，この差額は積立金や翌年度繰越金である。

　社会保障財源のうち，とりわけ膨張圧力が大きいのは公費負担である。1980年代後半から増大し，2000年代前半頃は社会保険料の被保険者拠出，事業主拠出と同じ規模であったものの，現在では社会保険料の各拠出分を上回る状態が続いている。公費負担の増大は図5-1でも確認できる。

2.5　社会保障の国際比較

　さて，社会保障給付は税と社会保険料で賄われるわけだが，国際比較をする際，理念的には，大陸型社会保障（社会保険中心）と北欧イギリス型社会保障（税中心）の2つに分類されることが多い。大陸型社会保障とは，労働者のための職域別の社会保険が早い段階から整備され，社会保障の中心となったドイツやフランスなどにみられるタイプで，所得に比例した拠出・社会保険料に比例した給付が原則とされる。一方，主たる財源は税であり，社会保障の中心を公的扶助に据え，社会保険は定額拠出・定額給付を原則とするタイプは北欧イギリス型社会保障と呼ばれる。ただし，公的扶助を中心とするものの，その目的が北欧諸国のように

表 5-2 国民負担率の国際比較（対国民所得比）

	日本	アメリカ	イギリス	ドイツ	フランス	スウェーデン
国民負担率	43.4	31.1	46.7	52.2	65.7	56.1
	(50.8)	(40.2)	(57.8)	(52.2)	(72.6)	(57.5)
社会保障負担	17.8	7.4	10.7	22.1	26.3	7.1
租税負担	25.6	23.7	36.0	30.1	39.4	49.0
財政赤字	7.4	9.1	11.2	0.0	6.9	1.4

(注) 日本は2015年度見通し。他国は2012年実績。（ ）内は潜在的国民負担率を示している。
(出所) 駒村ほか［2015］および財務省［2015］より筆者作成。

国民生活の標準を保障することにある場合と，イギリスのように最低生活の保障が意図される場合とに分かれる。このように公的責任のあり方によっては，社会保障の給付額は低くなりうる。

これらをふまえ，国民負担率という指標を用いて現状を確認しよう。まず国税と地方税の合計の国民所得比が租税負担であり，社会保険料など社会保障負担の国民所得比が社会保障負担である。そして国民負担率とは，この2つを足し合わせたものとなる。表 5-2 では 2012 年（日本は2015年度見通し）のデータが示されている。北欧イギリス型社会保障（税中心）として取り上げたイギリスやスウェーデンは社会保障負担が少ないが，租税負担率は比較的高い値となっている。ただし国民生活の保障を公的扶助の目的とするスウェーデンと，最低生活保障に限定するイギリスとの間に租税負担の差がみてとれる。一方，大陸型社会保障（社会保険中心）に属するドイツやフランスは社会保険料を含めた社会保障負担が高いことが確認できる。

これに対し，日本の社会保障財源は，（社会保険料の要素である）被保険者拠出および事業主拠出に，公費負担を加えた3つがほぼ均一に区分できるとされ，混合型といわれている。ただし先述したとおり，2000年頃から公費負担が社会保険料の各拠出分を上回る状態が続いている。

表では示していないが，日本について1980年と比較すると，（所得比例的に徴収され，上限額が設定された）社会保険料による負担は 8.8% からほぼ倍増している。しかし一方で，80年に21.7%であった租税負担率は，とくに90年の27.7%以降，減少傾向にある。これは消費税の増税を行ったものの，景気後退と減税により，それ以上の所得税および法人税の税収減が生じたためである。結局，90年から2013年にかけて社会保障給付費は対国民所得比で 13.66% から 30.56% まで増大した一方，国民負担率はその間に 2.9% しか増えていない。これは賄い切

表5-3 政策分野別社会支出の国際比較（対GDP比）

	日本	アメリカ	イギリス	ドイツ	フランス	スウェーデン
社会支出	23.63	19.30	22.45	25.89	30.81	26.26
高齢	11.31	6.05	6.41	8.28	12.17	8.95
遺族	1.40	0.71	0.08	1.96	1.77	0.42
障害，業務災害，傷病	1.04	1.57	2.44	3.08	1.82	4.43
保健	7.81	8.14	7.28	7.74	8.36	6.33
家族	1.25	0.72	3.76	2.17	2.85	3.46
積極的労働市場政策	0.16	0.13	0.37	0.77	0.90	1.16
失業	0.25	0.79	0.50	1.13	1.53	0.42
住宅	0.12	0.30	1.44	0.61	0.80	0.43
他の政策分野	0.29	0.90	0.16	0.14	0.62	0.65

(注) 日本は2013年度，他国は2011年度。
(出所) 国立社会保障・人口問題研究所［2015］より筆者作成。

れない負担を，財政赤字として将来の世代に先送りしてきたことを意味する。そのため，租税負担と社会保障負担に財政赤字を加えた潜在的国民負担率が議論されることもある。

　さて，社会保障の負担と給付は表裏一体であるため，ここで支出面についても検討しよう。国際比較では一般的に，ILO基準の社会保障給付費よりも広い概念である，OECD基準の**社会支出**が用いられる。これは9つの政策分野別にみたものであり，施設整備費など直接個人には移転されない費用や，就学前教育費なども含まれている。表5-3では対GDP比で示されているが，社会支出全体でみると，スウェーデンとフランスの値が高い。また，アメリカを除くと日本は障害，業務災害，傷病や家族，積極的労働市場政策といった分野への支出規模が小さい。また，この表では示していないが，構成割合でみると日本は高齢の割合が47.9％と半分近くを占め，他の国々と比べて年金や介護保険給付のウェイトが大きい（なおOECD基準では高齢者向け医療は保健に含まれる）。

　だが雇用だけでなく，日本では家族のあり方も大きく変容しつつある。核家族化が指摘されて久しいが，いまや男女ともに生涯未婚率は上昇する傾向にある。また子育て世帯をみてみると，その約12％は，ひとり親世帯である。こうした状況をふまえれば，高齢期の所得保障や医療保険のみならず，家庭の貧困や不和でつらい思いをする子どもたちや，雇用状況の悪化などの社会的環境に影響を受け，生きづらさを感じる人々に対し，自らの責任とはいえない部分，あるいは市場ではうまく対応できない部分については社会的ないし公的な対応が必要である。このように，現代の社会保障には，より多様なものが求められているといえよう。

■ 討論してみよう
① 現在の社会保障は，生活が困窮している人にどこまで効果的な制度だろうか。
② 日本の社会保障の規模は，国民経済からみて妥当だろうか。
③ 限られた財源のなかで，社会保障は，現役世代や子育て世帯をどこまで支援すべきだろうか。

■ 参考文献
〈基礎編〉
岩田正美［2007］『現代の貧困——ワーキングプア／ホームレス／生活保護』筑摩書房（ちくま新書）
小塩隆士［2014］『持続可能な社会保障へ』NTT出版
厚生労働統計協会編［2014］『国民の福祉と介護の動向 2014/2015』厚生労働統計協会
広井良典［1999］『日本の社会保障』岩波書店（岩波新書）
古橋エツ子編［2014］『新・初めての社会保障論』法律文化社
椋野美智子・田中耕太郎［2015］『はじめての社会保障——福祉を学ぶ人へ（第12版）』有斐閣

〈より進んだ学習をするために〉
一圓光彌編［2013］『社会保障論概説（第3版）』誠信書房
一圓光彌・林宏昭編［2014］『社会保障制度改革を考える——財政および生活保護，医療，介護の観点から』中央経済社
埋橋孝文・大塩まゆみ・居神浩編［2015］『子どもの貧困／不利／困難を考えるⅡ——社会的支援をめぐる政策的アプローチ』ミネルヴァ書房
小塩隆士・田近栄治・府川哲夫［2014］『日本の社会保障政策——課題と改革』東京大学出版会
片桐正俊編［2014］『財政学——転換期の日本財政（第3版）』東洋経済新報社
可部哲生［2014］『図説 日本の財政（平成26年度版）』東洋経済新報社
京極髙宣［2007］『社会保障と日本経済——「社会市場」の理論と実証』慶應義塾大学出版会
国立社会保障・人口問題研究所［2015］『平成25年度 社会保障費用統計』
駒村康平ほか［2015］『社会政策——福祉と労働の経済学』有斐閣
小峯敦編［2011］『経済思想のなかの貧困・福祉——近現代の日英における「経世済民」論』ミネルヴァ書房
財政調査会編［2015］『國の予算 平成26年度』大蔵財務協会
財務省［2015］『国民負担率の国際比較』
　http://www.mof.go.jp/budget/fiscal_condition/basic_data/201502/sy2702p.pdf
重森曉・鶴田廣巳・植田和弘編［2009］『Basic 現代財政学（第3版）』有斐閣
芝田英昭［2006］『新しい社会保障の設計』文理閣
渋谷博史［2014］『21世紀日本の福祉国家財政（第2版）』21世紀の福祉国家と地域 3，

学文社
社会保障研究所編［1972］『ILO・社会保障への途』東京大学出版会
総務省［2015］『地方財政の状況　平成27年3月』
　　http://www.soumu.go.jp/menu_seisaku/hakusho/chihou/pdf/h27.pdf
濱口桂一郎編［2013］『福祉と労働・雇用』ミネルヴァ書房
藤原千沙・湯澤直美・石田浩［2011］「母子世帯の所得分布と児童扶養手当の貧困削減
　　効果——地方自治体の児童扶養手当受給資格者データから」『貧困研究』第6巻
OECD［2015］*OECD Economic Surveys: Japan.*

第6章　年金・医療・介護・福祉と財政
制度の仕組みと課題

KEYWORDS

国民皆年金・皆保険　マクロ経済スライド　職域保険　地域保険　高齢者医療費　介護の社会化　利用者負担

1　年金と財政

1.1　公的年金の形成と展開

年金保険は，老齢，障害または生計維持者の死亡など，長期にわたる所得の喪失・減少に対応し，これを補塡するため，定期的に年金給付を行う社会保険の1つである。日本は，20歳以上60歳未満のすべての国民が公的年金保険に加入する**国民皆年金**体制である。日本において国民皆年金体制が確立したのは，1959年に国民年金制度が始まったことによる。戦前から，被用者年金（船員保険および厚生年金保険）は存在しており，第二次世界大戦後も各種共済が設立されてきたが，対象はいずれも被用者に限定されていた。他方，農業従事者等の自営業者などはそもそも加入できる年金保険制度自体が存在していなかった。また，従業員5人未満の零細企業の被用者も被用者年金の適用外であったために，公的年金保険に加入しているものは少なかった。

国民皆年金に向けた提案を行った社会保障制度審議会の「社会保障制度に関する勧告」（1950年10月16日）に端を発した年金への関心の高まり，そして社会党の躍進に対抗するために社会保障制度の整備・充実に力を入れはじめた自由民主党（55年結成）の動きなどを受けて，59年に国民年金制度が創設された。国民年金制度は，国内に住所をもつ20〜59歳の日本国民のうち，既存の他の公的年金制度に加入していない被用者，自営業者，家族従業員，無業者などを対象とし，拠出制を基本とするものであった[*1]。保険給付の財源には，保険料だけではなく，

国庫負担もあり，保険料の2分の1^{*2}であった。国庫負担が導入されたことは，保険料全額免除あるいは一部免除者に対しても，国庫負担分である保険料の2分の1相当額だけは年金給付が行われるようにするためであった（吉原［2004］）。

その後，核家族化の進展，高齢化の進行を受けて老後の所得保障への関心の高まりもあり，改正ごとに給付水準の引上げが行われた。高度経済成長のもとでの物価上昇などによる年金給付額の実質的な低下が問題視され，1973年には年金額を自動的に改定する仕組みとして，賃金再評価・物価スライド方式が導入された。これにより，厚生年金の給付水準は，現役の厚生年金被保険者の平均賃金の60%程度の水準を目標とする考え方で設定され，その結果，標準的なケースでの年金月額は5万円程度とされた。国民年金においても，標準的な年金月額が夫婦で5万円程度となるような給付水準に改められた。

国民年金制度の開始後も，国民年金，厚生年金，共済年金が分立，独自の運営を行っていたが，1985年改正で，国民年金は1階部分として全国民共通の基礎年金に再編されたことで，現在の年金体系となった（詳細は1.2項）。高齢化の進展にともない受給者数が増大する一方で，産業構造の変化等（農業者の減少や被用者の増加）により被保険者の減少した国民年金制度では財政が不安定となり，制度間の給付水準・負担水準の格差が広がるとの問題が生じていた。産業構造の変化等の影響を受けずに安定的な財政運営ができるようにするため，国民（基礎）年金が導入された。また任意加入であった被用者の被扶養配偶者の年金受給権が確立（第3号被保険者）され強制加入となった。これにより，財政的に不安定な国民（基礎）年金を他の被用者年金が財政的に支える構造が作り出された。国庫負担は基礎年金部分に集中され，その額は各年金制度の基礎年金拠出金の3分の1とされた。

*1 経過措置として無拠出の福祉年金も創設。実際の保険料拠出は1961年4月から開始。
*2 給付費の約3分の1に相当〔田多［2009］152頁〕。福祉年金の財源は全額国庫負担。

1.2　公的年金制度の現在

2014年度現在の年金体系について確認しておく。日本の年金システムは3階建て構造といわれている（図6-1）。1階部分は，国民（基礎）年金である。原則的に20～59歳の全国民が加入する義務がある。2階部分は，上乗せの報酬比例年金部分であり，厚生年金と共済年金がある。厚生年金は民間被用者が対象であり，共済年金は，公務員と私学教職員が対象である。さらに任意の上乗せ年金と

図6−1 年金制度の体系

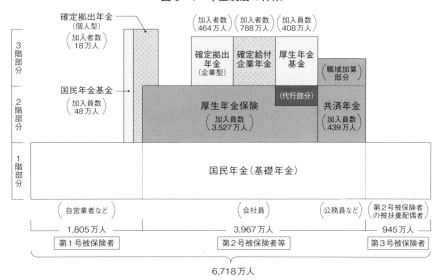

(注) 1 数値は2014年3月末時点のもの。
2 第2号被保険者等とは，被用者年金被保険者のことをいう（第2号被保険者のほか，65歳以上で老齢，または，退職を支給事由とする年金給付の受給権を有する者を含む）。
3 社会保障・税一体改革大綱（2012年2月）により，被用者年金保険である厚生年金保険と共済年金（国家公務員共済，地方公務員共済，私立学校教職員共済）は，15年10月より厚生年金に一元化された。ただし，共済組合と私学事業団は厚生年金事業の事務処理のため活用される。
(出所) 厚生労働省編 [2015]。

して，個人や企業の選択で厚生年金基金，確定拠出年金などがある（3階部分）。被保険者は働き方などによって3種類に分けられる。第1号被保険者は，自営業者，農業者，学生，パートタイム労働者などであり，国民（基礎）年金に加入する。第2号被保険者は，民間被用者，公務員，私立学校教職員であり，国民（基礎）年金に上乗せして，厚生年金保険などに加入する。第3号被保険者は，第2号被保険者の被扶養配偶者であり，国民（基礎）年金に加入する。

給付される年金はその支給開始理由により3種類に分けられる。すなわち，支給開始年齢に達したときに受け取る老齢年金，障害認定基準を満たす場合に受け取る障害年金，生計維持者が死亡したときに受け取る遺族年金，の3種類である。いずれの年金も給付を受けるには支給要件を満たす必要がある（年金受給権の発生要件）。たとえば，老齢基礎年金を受け取るには，保険料納付済期間と保険料免除期間（後述）を合わせて25年以上なければならない。年金支給額は，年金保険料の納付済期間，納付額などを反映して決定される。1994年改革により，年

金受給の開始年齢は，2000年度までは60歳であったが，その後段階的に引き上げられることとなった。男性の老齢基礎年金について3年ごとに1歳ずつ引き上げられて，13年度以降65歳からとなり，さらに00年の改革によって，男性の老齢厚生年金についても3年ごとに1歳ずつ引き上げられ，25年度以降65歳からとなった[*3]。ただし，希望すれば60歳から65歳になるまでの間でも繰上受給ができる。ただし，繰上支給の請求をした時点に応じて年金が減額され，その減額率は一生変わらない。また逆に，65歳で請求せずに66歳以降70歳までの間で申し出たときから老齢年金を繰下請求することもできる。その場合は，繰下請求をした時点に応じて年金額が増額される。

[*3] 女性の場合は，男性より5年遅れで引上げ施行。

1.3 年金財政の仕組みと特徴

公的年金の財源は，保険料と国庫負担（租税），積立金の運用収入である。

まず，保険料であるが，国民年金のみに加入する第1号被保険者は，定額の国民年金保険料を負担する。国民年金保険料は月額1万5590円（2015年度）の定額であるが，05年度以降毎年280円ずつ引き上げられ，17年度に1万6900円に固定されることとなっている。収入の減少や失業などにより保険料納付が困難な場合は，申請・承認により保険料納付が全額免除あるいは一部免除される（全額免除，3/4，2/4，1/4免除の4種類）。学生や低所得の若年者（30歳未満）については，それぞれ保険料納付を猶予する「学生納付特例制度」，「若年者納付猶予制度」がある。ただし，保険料納付免除や納付猶予を受けた期間は，年金の受給資格期間に算入される一方で，年金額の計算の際には保険料を追納しなければ算入されず，減額されることになる（たとえば，保険料全額免除の場合は，国庫負担分として満額の2分の1を受給）。

厚生年金などに加入する第2号被保険者の場合，毎月の給与（標準報酬月額）と賞与（標準賞与額）に共通の保険料率をかけて算出された厚生年金保険料を，被用者本人と雇用主とで半分ずつ負担する。2015年9月分以降の厚生年金の保険料率は17.828％（一般被保険者の場合）であるが，05年度以降毎年0.354％引き上げられ，17年9月分以降18.3％（被用者本人9.15％）に固定されることとなっている。厚生年金には保険料免除などの制度はない。第3号被保険者には保険料の負担がなく，扶養者が含まれる第2号被保険者が均等に負担する（第3号被保険者の基礎年金の財源は厚生年金勘定から繰入）。

国民年金および厚生年金保険料（率）の決め方は，2004年改革によって大きく転換した。04年改革以前では，物価や賃金の上昇に応じ，年金額の改定を行う仕組みである賃金再評価・物価スライド方式を考慮した将来見通しを作成し，必要な年金給付を賄うためにどれだけの負担が必要かを5年ごとに再計算して保険料（率）を設定していた。しかし，05年度以降は，最終的な保険料（率）水準を法律で決定し，段階的に引き上げる「保険料（率）水準固定方式」に転換し，その固定された保険料水準の範囲内で給付を行えるように給付水準を自動的に調整する仕組み「**マクロ経済スライド方式**」（後述）を導入した。また，100年後の積立金が支出の1年分となるよう，積立金を活用するとされた。

　次に，国庫負担であるが，先述のように1985年の基礎年金導入とともに，租税投入は基礎年金部分に集中され，基礎年金給付額の3分の1とされてきた。2004年改革で，長期的な負担と給付の均衡を図り，年金制度を持続可能なものとするため，基礎年金の国庫負担割合を09年度までに2分の1に引き上げることを決定した。14年4月からの消費増税により財源が確保されたことで，国庫負担は「基礎年金給付額の2分の1」に恒久化された。

　年金保険料は，国の年金特別会計において管理される。国民年金保険料は国民年金勘定に，厚生年金保険料は厚生年金勘定に入り，そこから国民全体の基礎年金を管理する基礎年金勘定に基礎年金分の財源が繰り入れられる。第2号被保険者のうち公務員などの共済年金加入者の場合は，各種共済に保険料が納付され，そこから基礎年金分として拠出金が基礎年金勘定に繰り入れられる。給付に当たっては，国民年金勘定から国民年金給付費が，厚生年金勘定から厚生年金給付費が，基礎年金勘定から基礎年金給付費が，そして各種共済から共済年金給付費が支出される。

1.4　年金財政方式と新たな年金財政調整

　年金保険制度は，創設当初は年金受給者が少なく，保険料収入が積立金として確保されていたが，高齢社会の深化と少子化の進行により，年金受給者が増え支出が増加している。その財源をどのように確保し，長期的な見通しを立てたうえでの給付を保障するのか。その方式として，積立方式と賦課方式がある。

　積立方式とは，将来の自らの年金給付に必要な原資をあらかじめ保険料で積み立てていく財政方式である。賦課方式とは，現在の高齢者に対する年金給付に必要な費用を，その都度，被保険者（加入者）からの保険料で賄っていく財政方式

である。積立方式の場合，保険料は基本的に積立金の運用益により決まるため金利変動の影響を受けやすく，また想定以上のインフレや賃金上昇に対しては積立不足により年金の実質的価値の低下リスクがある。他方，賦課方式の場合，保険料は基本的に年金受給者と現役加入者の比率により決まるため，人口構成の変動の影響を受けやすく，制度発足当初は被保険者（加入者）数に対して受給者数の比率が小さいことから低い保険料で済む反面，受給者が増え給付費が増加すれば，保険料（率）もそれに合わせて引上げが必要となる。

日本の年金財政方式は，賦課方式を基本とした財政方式であるといえる。基礎年金給付については，毎年度，各公的年金制度からの拠出金で賦課方式的に賄っている。厚生年金，国民年金（自営業者等の第１号被保険者分）等の各制度は完全な賦課方式ではなく段階保険料方式*4 により，将来の支出に備えて積立金を形成しその費用を準備している。

2004年改革において，国は年金給付と負担の見直しに当たっての基本的な考え方を「社会経済と調和した持続可能な公的年金制度を構築し，公的年金制度に対する信頼を確保すること」とし，保険料水準を固定したうえで，少子化等の社会経済情勢の変動に応じて給付水準を自動的に調整する仕組み「マクロ経済スライド方式」を導入した。年金を初めて受給する際には賃金の伸びで，すでに年金を受給している場合には物価の伸びで，毎年度自動的に年金額を改定するが，マクロ経済スライドを発動すると，賃金あるいは物価の伸び率からスライド調整率*5 を割り引くことで年金改定率を引き下げ，年金額の自動調整を行う。具体的には５年ごとの財政検証の際，おおむね100年間の財政均衡期間の終了時に給付費１年分に相当する積立金を保有することができるように，年金額の伸びの調整を行う期間（調整期間）を設定し，調整期間においては現役人口の減少や平均余命の伸びを年金額に反映させ，賃金や物価による年金額の上昇を抑える。

2014年度の年金財政の現状をみてみると，国民年金の収入（実質）は３兆8411億円（内，保険料収入１兆6255億円，国庫負担１兆9319億円），支出（実質）は３兆7391億円で，収支差引残1020億円であった。厚生年金の収入（実質）は，40兆4902億円（内，保険料収入26兆3196億円，国庫負担８兆7690億円），支出（実質）は38兆7139億円で，収支差引残１兆7763億円であった（厚生労働省「平成26年度厚生年金保険・国民年金事業の概況」）。

*4　保険料水準を将来に向けて段階的に引き上げていくことをあらかじめ想定して将来見通しを作成し，財政運営を行う。

＊5　公的年金全体の被保険者数の減少率と平均余命の伸びを勘案。

1.5　年金改革と年金財政の課題

　年金改革については，2004年改革で年金財政の基本的な方針が示された。社会保障と税の一体改革においては，その方針を支持したうえで，給付と負担の量的調整の問題とともに，労働市場の変化による構造的問題への対応が整理され，一定の法制化もなされた。国には，低下してしまった年金制度運営にかんする国への信頼度を高める努力を続ける一方で，老齢期における所得保障としての年金保険の意味を実質化する責務がある。

　公的年金制度は，高齢化の深化のなかで年金受給者が増加，年金給付総額も膨らむなかで「成熟期」を迎えている。高齢者の収入の7割が年金であり，また高齢者の6割が年金収入だけで生活している（『平成27年版 高齢社会白書』）。核家族化の進展と扶養意識の変化のなかで，公的年金が高齢者の生活保障として機能し，その役割が大きくなっている。だが，2014年度財政検証では，マクロ経済スライドによる年金給付水準の調整（実質的な低下）は長期に及ぶとされており，高齢者の生活保障としての機能を低下させ，年金だけでは生活できない高齢者が増加する危険性がある。12年の65歳以上の生活保護受給者は78万人で，高齢者人口の2.6％，老齢基礎年金のみの受給者の1.9％（全人口に占める生活保護受給割合1.6％）となっている（平成24年度年金制度基礎調査）。社会保障と税の一体改革により，15年10月より基準を下回る低年金高齢者に対して福祉的給付である「年金生活者支援給付金」支給が予定されていたが，消費税率10％への引上げを延期するのにともない，17年4月に先送りされた。高齢期における適切な所得保障の水準を達成できるよう，年金と生活保護以外での福祉的対応との組合せを考えるべきであろう。

　その一方で，少子化の進行により，財政的な支え手となる現役世代が減少しており，さらに国民年金保険料納付率が低くなっている（2011年度は過去最低の58.6％，13年度60.9％）（図6－2）。とくに若年層の納付率が低い（13年度20～24歳56.3％，25～29歳49.9％）。保険料納付率を低下させる背景には，非正規雇用の増加や雇用の不安定化といった就業状況，所得水準の低下，そして年金制度や行政に対する不信感がある。事業主負担のない定額保険料の負担は，国民年金に加入する低賃金・不安定雇用の労働者の保険料負担可能性を低下させている。納付率の低下は年金財源の確保のうえでの懸念である一方で，保険料未納・滞納者を放

図6-2 国民年金保険料の納付率等の推移

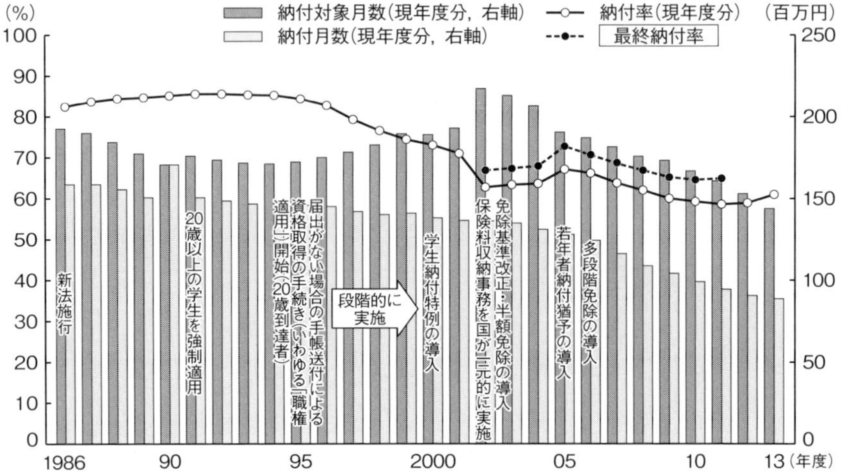

(注) 保険料は過去2年分の納付が可能であり，最終納付率とは，過年度に納付されたものを加えた納付率である。
(出所) 厚生労働省編 [2015]。

置すれば将来の低年金・無年金者となる危険性が高い。12年改革で提示された老齢基礎年金の受給資格期間の短縮（25年→10年），短時間労働者への厚生年金適用拡大は，上記の問題への対応になる一方，低賃金労働者の保険料負担可能性を高める施策も合わせて実施されるべきであろう。

2 医療保険と財政

2.1 国民皆保険体制の確立

医療保険は，万が一の病気やけがの際に必要となる医療にかかる費用の一部または全部を保険給付する社会保険である。日本では，すべての国民がいずれかの公的医療保険に加入する**国民皆保険**体制をとっている。日本において国民皆保険体制が実現したのは1961年である。年金保険と同様，戦前から被用者対象の健康保険は存在した。22年に創設された健康保険制度（事業所単位，27年全面実施）は，工場や鉱業で働く低賃金肉体労働者を対象とするものであった（高給労働者，職員は対象外）。また，38年には国民健康保険法が制定され，市町村単位の国民健康保険（以下，市町村国保）か同一事業の従業員単位による国民健康保険組合の設立が規定されたが，設立することもそれへの加入も任意とされていた。48年

には国民健康保険法が改正され，市町村が国保を設立した場合は住民の加入を義務化した。

しかし，1950年前後でも，いずれの健康保険にも加入していない未適用者が数多く存在していた。国保は加入強制となったが，依然として市町村の設立は任意であったため，未実施市町村が全体の4割存在した。東京や大阪といった大都市で未実施であったからである。また，健康保険制度も5人未満の事業所は任意適用であったため，零細企業の被用者の多くは未加入状態におかれていた。50年代後半でも，国民の3分の1にあたる約3000万人が無保険であった。

この状況に対して，1958年国民健康保険法改正により，61年までに既存の職域保険でカバーされない無職者や自営業者などを，市町村が運営する国民健康保険でカバーすることとされ，すべての住民が何らかの公的医療保険への加入を義務づけられた「国民皆保険」体制が確立した（ただし，生活保護受給者は例外的に健康保険から脱退）。国は，国民健康保険事業が健全に行われるよう，国庫負担，補助を行うこととされた。

2.2　公的医療保険制度の現在

日本の国民皆保険体制の特徴は，**職域保険**と**地域保険**，そして高齢者医療制度に区分され，さらにそのなかで複数の保険者が分立しており，どの保険に加入するかは被保険者の働き方あるいは年齢によって異なるということである。被保険者に扶養されている家族は，被保険者の加入する保険に加入する。

主な職域保険として，健康保険組合，全国健康保険協会，共済組合がある。大企業（被用者数700人以上）に勤めている場合，勤め先が単独であるいは合同で健康保険組合を設立していれば，その健康保険組合が管掌する健康保険（組合管掌健康保険：組合健保）に加入する。健康保険組合の保険者数は1419（2014年3月末，以下同様），加入者数は2927万人である。健康保険組合のない民間企業（主に中小企業）に勤めている場合，全国健康保険協会が管掌する健康保険（全国健康保険協会管掌健康保険：協会けんぽ）に加入する。全国健康保険協会は，都道府県ごとに支部（47支部）があるが保険者としては1つであり，加入者数は3564万人である。08年9月までは，国（旧社会保険庁）が管掌する「政府管掌健康保険」であったが，08年10月以降，公法人である全国健康保険協会に運営を移管した。公務員あるいは私立学校教職員の場合，共済組合に加入する。共済組合の保険者数は85，加入者数は891万人である。

以上の職域保険に加入できない75歳未満の人すべて，具体的には農業，自営業者の人，年金受給者などの無職者，あるいは勤め先に健康保険の適用がない被用者やその家族は，地域保険である市町村が保険者の国民健康保険に加入する。市町村国保は，職域保険と違って個人ごとに加入する。市町村国保の保険者数は1717，加入者数は3397万人である。自営業者のなかには，業種別母体組織（たとえば，医師，薬剤師，土木建築，理容など）によって国民健康保険組合を作り，健康保険事業を管理・運営しているものもある（保険者数164，加入者数295万人）。

　そして，2008年4月以降，75歳以上の後期高齢者を対象とした地域保険である後期高齢者医療制度が設立された。保険者は都道府県ごとに設立された後期高齢者医療広域連合（47）であり，被保険者数は1544万人である。

　分立した医療保険制度であるが，保険給付についてはほぼ共通している。保険給付には，医療機関が医療サービスを直接提供する「医療給付」（現物給付）と保険者が現金を支給する「現金給付」（金銭給付）がある。「医療給付」とは，加入者が保険診療を行う医療機関を受診した場合，加入者には医療サービスが提供され，かかった医療費（公定価格である診療報酬などにより算出）の7割[*6]を保険者が医療機関に支払うというものである。加入者は医療費の残り3割を支払窓口で負担する[*7]。ただし，医療費の自己負担分が一定の水準を超える場合には，高額療養費制度により，年齢・所得別の自己負担限度額の超過分が医療保険から給付される。「現金給付」には，出産育児一時金，埋葬料，傷病手当金，出産手当金がある。ただし，市町村国保では傷病手当金，出産手当金は任意給付であり，実施している市町村はない。

　　[*6] 義務教育就学前は8割，70〜75歳未満は8割，75歳以上は9割。ただし，現役並み所得者は7割。
　　[*7] 入院時にはこれに加えて定額の食事療養費，生活療養費を負担。

2.3　医療保険財政の仕組みと特徴

　医療保険の財政運営は，それぞれの保険者によって独立して行われ，高齢者医療については財政調整が行われている。職域保険のうち，協会けんぽは都道府県支部単位の財政運営を行っている（ただし支部間での財政調整あり）。組合健保は個々の組合で独立した財政運営を行っている。他方，国民健康保険は，保険者である市町村が国民健康保険特別会計で管理している。主な財源は，保険料と公費（国，都道府県，市町村）である。

　保険料は保険者によって異なる。職域保険の保険料は「被保険者の標準報酬月

額及び標準賞与額」に「一般保険料率[*8]」を掛けて算出される。保険料は基本的に労使折半であり，事業主は事業主負担分と被保険者負担分をあわせた保険料を保険者に納付する義務がある。ただし，健康保険組合の場合，規約により事業主の負担割合を増やすことができ，組合ごとに保険料率，労使間の負担割合（多くが使用者側の割合が高め）が異なる（2014年度平均保険料率8.9％）。協会けんぽについては，08年の健康保険法改正により全国一律の一般保険料率（8.2％）から，09年9月までに都道府県ごとに異なる保険料率に移行した[*9]。また，協会けんぽは健保組合と比較して平均所得が低いことから保険料引上げ抑制のため，給付費等の16.4％の国庫補助金がある（10年度から財政支援措置で13.0％から引き上げられている）。

他方，市町村国保の保険料（税）の算定方式や保険料（税）率は，市町村によって異なる（保険料か保険税かは市町村による選択）。保険料（税）の算定方式には3つあり，所得割，資産割[*10]，被保険者均等割，世帯平等割[*11]の4つの賦課方式のうち，2方式（所得割と均等割），3方式（所得割と均等割と平等割），4方式のいずれかの組合せを選択している。低所得者に対しては保険料の軽減制度がある（均等割，平等割のみ2～7割軽減）。

市町村国保については，給付費等の50％を公費（国，都道府県）により賄っている（図6-3）。保険料分で給付費等の50％を賄わねばならないが，市町村間で保険料収入・支出に差があるため，財政安定化，保険料負担の平準化のための各種共同事業（財政基盤強化策）がある。たとえば，高額な医療費の発生による国保財政の急激な影響の緩和を図るために，高額医療費共同事業，保険財政共同安定化事業がある。また，各市町村での保険料収入の減少を緩和するための保険者支援制度および保険料軽減制度がある。それでも赤字になる市町村国保がほとんどであり，市町村の一般会計からの法定外繰入・繰上充用が行われている。

人口の高齢化とそれにともなう医療費の増加は　先進諸国共通の課題であるが，日本においては制度上，現役時代は職域保険に加入していた人の多くが退職とともに地域保険に移動するため，保険制度間での高齢者の加入状況に偏在が生じる。具体的には市町村国保の高齢者比率が高まり，一般に医療の必要性が高い高齢者の医療費負担も，市町村国保が過重に担うようになった。

さらに，受診率の低い高齢者の受診促進のため地方自治体が先行して老人医療費の軽減・無料化を行ったことを受けて，国が1972年に老人福祉法を改正し73年から「老人医療費支給制度」（70歳以上〔寝たきり等の場合65歳以上〕の医療保険

図6-3 国民健康保険財政の構造

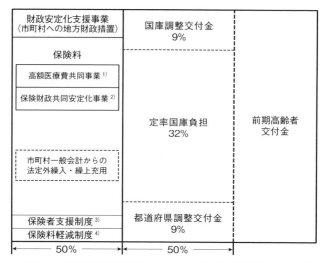

(注) 1 1件80万円超の医療費のレセプト対象。国1/4，都道府県1/4，市町村1/2拠出。
2 1件30万円超の医療費のレセプト対象。都道府県単位。市町村100%拠出。
3 低所得者数に応じて保険料額の一定割合を公費で支援。国1/2，都道府県1/4，市町村1/4拠出。
4 保険料軽減の対象となった被保険者の保険料の軽減相当額を公費で支援。都道府県3/4，市町村1/4拠出。
(出所) 厚生労働省保険局「参考資料」(第5回国民健康保険制度の基盤強化に関する国と地方の協議資料 (2015年2月12日)) を参考に作成。

自己負担分を公費支給) を実施したことで，市町村国保の財政負担はいっそう重くなった。そこで，老人医療費の負担の公平化をめざして，83年から老人保健制度が導入された。この制度では，患者負担が復活し，それを除いた老人医療費の医療給付部分を，公費 (30%：国20%，都道府県5%，市町村5%) と各保険者による拠出金 (70%) で賄う財政調整の仕組みが導入され，具体的には全国平均の高齢者加入率に基づいて算出された拠出金を各医療保険者で等しく負担することとなった (2006年以降は公費と拠出金は50：50)。これにより，高齢者医療に対する都道府県の財政責任，職域保険の負担責任が明確化された。また高齢者患者には自己負担 (入院300円／日，外来400円／月) が求められることとなった[*12]。

そして，2006年改革によって新たな**高齢者医療費**の負担方式が導入された。すなわち，前期高齢者 (65〜74歳) に係る財政調整制度と後期高齢者医療制度の導入であり，保険者間の負担の公平化に加え，高齢者間の保険料負担の公平化，世代間の負担割合の明確化を図ることを意図したものである。まず，前期高齢者に

係る財政調整制度は，保険者間での前期高齢者の偏在による負担の不均衡を調整するため導入された（08年〜）。前期高齢者となっても加入する医療保険は変わらないが，その給付費については，市町村国保，職域保険の各保険者が，その前期高齢者加入率に応じて費用負担を調整する。具体的には，前期高齢者の全国平均加入率（14.34%，14年度予算ベース）を基準に，それより加入率が下回れば社会保険診療報酬支払基金に納付金を拠出，上回れば交付金を受けとる。前期高齢者の加入割合は，市町村国保が37.1%（14年9月末現在）であるのに対し，組合健保2.9%，協会けんぽ6.1%（以上，14年10月1日現在），共済組合1.6%（10年度）にすぎない。ゆえに，職域保険が拠出，市町村国保が交付金を受け取ることになっているが，健保組合・健保連は，納付金の負担が過重であり[*13]，国保への納付金の使われ方が不透明であるとして，前期高齢者医療への公費投入の拡充を求めている。

　75歳以上の後期高齢者については，老人保健制度を廃止し，高齢者の保険料，社会連帯による相互扶助の仕組みとして国保および職域保険からの支援ならびに公費により賄う新たな制度，後期高齢者医療制度が創設された（2008年〜）。後期高齢者医療制度では，後期高齢者が保険料として1割負担し，4割を各保険者が「後期高齢者支援分」として保険料負担するというように高齢世代と現役世代の負担が明確化され，残りの5割は公費負担とされた。そのうえで，高齢者人口が増える一方で現役世代人口は減っていくことを考慮し，「現役世代人口の減少」による現役世代1人当たり支援金増加額について，高齢世代と現役世代で折半，2年ごとに高齢者負担率を現役世代人口減少率の2分の1の割合で引き上げ，これに見合う形で現役世代支援金の割合（約4割）を引き下げていく。

　後期高齢者の保険料は，都道府県単位で均一の保険料率で，応益負担部分である均等割と応能負担部分である所得割で構成される。ただし，低所得者の保険料は均等割のみで，その額も段階的に軽減される。さらに制度創設にともなう負担増を軽減するため，上記の制度上の軽減措置に加えて，特例軽減措置がとられ，2014年度においても継続されている。

　＊8　基本保険料率（保険給付分）と特定保険料率（後期高齢者支援金分）を合わせた保険料率。
　＊9　一般保険料率平均10.0%（2012年3月〜）。ただし，うち特定保険料率は，全国一律の3.67%（16年3月〜）。
　＊10　所得割，資産割は一定の料率（税率）を掛けて算出される応能負担。
　＊11　被保険者均等割，世帯平等割は被保険者1人当たりあるいは1世帯当たり定額の応益負担。
　＊12　1997年には入院1000円／日，外来500円／日〔月4回まで〕＋薬剤一部負担に引上げ。2001年以降は定率1割負担，08年以降70〜74歳の間は2割負担〔14年3月までは1割負担，

残り 1 割は国庫負担〕に据え置き。現役並み所得高齢者は，現在 3 割負担。
* 13 　納付金額は 2.4 兆円〔08 年度〕から 3.0 兆円〔14 年度〕に増加。組合健保 1.2 兆円，協会けんぽ 1.3 兆円など。

2.4　医療保険財政の現状

2013 年度の国民医療費は 40.1 兆円，国内総生産（GDP）比率は 8.3％ となっている。制度区分別でみると，医療保険等給付分が 47.0％，後期高齢者医療給付分 32.7％，患者等負担分が 12.5％ であり，財源別でみると，公費が 38.8％，保険料が 48.7％（事業主 20.3％，被保険者 28.5％），患者負担 11.8％ となっている（「平成 25 年度国民医療費の概況」）。

主な保険財政について，収支状況を概観する。協会けんぽ（2013 年度決算）をみてみると，主な収入は保険料（7.5 兆円，85.8％），国庫補助（1.2 兆円，14.0％）である。主な支出は，医療給付（4.4 兆円，51.6％），高齢者医療への拠出金（介護除く。3.5 兆円，40.8％）となっている。収支約 8.6 兆円のうち，4 割超が高齢者医療への拠出金に充てられており，前年度よりも 2100 億円増加している。2010 年度から財政特例措置により，協会けんぽへの国庫補助が 13.0％ から 16.4％ に引き上げられたことで，07 年から 3 年間連続赤字化した単年度収支も黒字化し，準備金残高は 6921 億円となっている。

健保組合の財政状況（13 年度決算見込）をみてみると，主な収入は保険料（7.2 兆円，98.4％）である。主な支出は，医療給付（3.7 兆円，49.5％），高齢者医療への拠出金（介護除く。3.3 兆円，43.9％）となっている。収支約 7.4 兆円のうち，約 4 割が高齢者医療への拠出金に充てられており，前年度よりも 1400 億円増加している。単年度赤字の健保組合は，全体の 8 割に上っており，全体では約 4573 億円の経常赤字となっている。

市町村国保（2013 年度）の収入は，保険料（税）3.1 兆円（医療給付分 2.8 兆円，介護給付分 0.3 兆円），国庫支出金 3.3 兆円（医療給付分 3.0 兆円，介護給付分 0.3 兆円），療養給付費交付金 0.7 兆円，前期高齢者交付金 3.3 兆円，都道府県支出金 1.1 兆円（医療給付分 1.0 兆円，介護給付分 0.1 兆円）など，支出は，保険給付費 9.3 兆円，後期高齢者支援金 1.8 兆円，前期高齢者納付金 19 億円などとなっている。高齢者医療への拠出が約 1.8 兆円に対し，前期高齢者交付金が 3.3 兆円であり，高齢者医療の財政調整により，市町村国保の財政負担が軽減されている。ただし，市町村国保全体では単年度収支は黒字であるが，半数以上の 905 の市町村が赤字保険者となっている。市町村の一般会計からの繰入・繰上充用による保険料抑制，

赤字回避が行われているが，1人当たり保険料調定額の地域間（同一都道府県内・外）格差は大きくなっている。

2.5 医療制度改革と医療保険財政の課題

医療制度改革については，医療費適正化計画（平均在院日数の短縮，後発医薬品の使用促進，生活習慣病の予防など）を引き続き推進する一方，高齢化のさらなる進展にともなう医療費の増加に対しては，租税投入による国家責任の強化ではなく，受益者負担の増加，そして保険者間での財政調整・財政支援を「社会連帯」の論理で全面に打ち出している。また，医療サービス提供体制にかんしては，団塊の世代が後期高齢者となる2025年を展望して，病床の機能分化・連携，在宅医療・介護の推進，地域包括ケアシステムの構築といった「医療・介護サービスの提供体制の改革」が急務の課題とされている。

医療財政問題の焦点は，高齢者医療費をどう支えるか，そして国保の財政運営である。高齢者医療費の財政負担については，保険者間での財政調整・財政支援，具体的には職域保険から市町村国保および後期高齢者医療制度への拠出に大きく依存するようになっており，保険料の引上げが相次いで行われている。とくに，協会けんぽは中小企業の労働者やその家族が多く加入しており，保険料率の引上げは負担が大きい。他方で，後期高齢者の保険料も少子高齢化の進展とともに引き上げられ，患者窓口負担の引上げも実施されている。高齢者医療費の財政負担については，高齢者への過重な負担と世代間対立を生まないよう，公費の割合を高める必要がある。

市町村国保については，財政基盤強化策を恒久化し，財政運営の都道府県単位化（保険財政安定化事業の全医療費への拡大）を推進しようとしている。これらは，市町村国保の抱える構造的問題（年齢構成の高さ，所得水準の低さ，保険料負担の過重，小規模保険者，市町村間での保険料および財政力格差）に，都道府県単位で対応させるものである。市町村国保においては，保険料収納率が低下し，滞納世帯数が増加している。未納・滞納期間が長期にわたると短期被保険者証への切替えや資格証明書への切替えが行われており，社会保険のなかでのセーフティネットとしての機能が低下しているといえる。国保および後期高齢者医療制度における低所得者の保険料軽減措置の拡充は，保険料負担可能性を高め，未納・滞納問題に一定の効果を与えることが期待される。

3 介護保険と財政

3.1 介護保険制度の設立とその背景

　介護保険は**介護の社会化**をめざして，1997 年に成立した介護保険法に基づき 2000 年 4 月から実施された社会保険である。高齢化の進展にともなう要介護高齢者の増加と介護期間の長期化，そして介護を支えてきた家族の状況の変化（核家族化，高齢者のみ世帯の増加，老老介護）により，従来は家族の問題とみなされてきた介護の問題が社会問題として認識されるようになった。

　従来，介護サービスを含めた老人福祉制度は措置制度で行われてきた。措置制度のもとでは，市町村がサービス内容や事業者を決定し，事業者も市町村の直接経営か委託のみであった。また，サービス利用にあたっては所得調査があり，実質的に低所得者が主な対象とされてきた。費用負担の大部分は公費で，利用者負担は応能負担であったため，介護の必要がある中所得以上の人の場合，利用料負担は最大月 24 万円にも上った。ゆえに，低所得者以外の介護ニーズは費用負担が比較的小さく，スティグマもない，老人保健制度を通じた医療機関（老人保健施設等）への入院にその解決が求められた。ただ，治療を目的とする病院では，スタッフや生活環境面で，介護を要する者が長期に療養する場としての体制が不十分であり，このような長期の高齢者の入院が「社会的入院」として高齢者医療費の急増とも相まって問題視された。

　こうした事情を背景に，国は 1990 年代半ばから検討を始め，国会への法案提出がなされるも廃案が続くなか，ようやく 97 年に介護保険法が成立した。介護保険制度は，介護（支援）等が必要な人の尊厳を保持し，能力に応じ自立した日常生活を営むことができるよう支援することを基本理念として，加齢による病気等で要介護状態となり，入浴，排泄，食事等の介護，機能訓練，看護，療養上の管理等の医療が必要な人に対して福祉サービスと保健医療サービスを提供する制度として創設された。介護に対する新たな社会制度を財政的にどう支えるのかということについて，社会扶助方式か社会保険方式かで議論が活発化したが，結果的に，従来の税財源による老人福祉法・老人保健制度の枠組みから，介護サービス部分を社会保険方式に転換することとなった（ただし，老人福祉法による措置制度も残されており，それは高齢者虐待への対応としての役割が期待される。菊池［2011］）。

　介護保険制度の実施に先立ち，1990 年代から介護サービス基盤の整備が行わ

れてきた。89年に福祉財源に充当すると公約された消費税が導入された後，高齢者保健福祉推進十カ年戦略（ゴールドプラン）が策定され，総事業費6兆円を投じて，数値目標を掲げた在宅福祉，施設対策などが進められた（「寝たきり老人ゼロ作戦」）。94年には基盤整備目標の引上げが必要となり新・高齢者保健福祉推進十カ年戦略（新ゴールドプラン）がまとめられ，5年間に9兆円を超える事業費を投じられた。99年には「ゴールドプラン21」が策定され，さらなる介護サービス基盤の整備などが盛り込まれた（2004年で終了）。

3.2 介護保険制度の現在

介護保険制度は，40歳以上のすべての国民を対象に強制加入とし，保険者は市町村（東京23区の場合は，特別区）の地域保険である。被保険者は，第1号被保険者（65歳以上）と第2号被保険者（40歳から64歳までの医療保険加入者）に区分される。医療保険と異なり，介護サービスを利用するためには，まず市町村に申請を行い，要介護認定を受ける必要がある。要介護認定申請を行い，心身の状況調査（認定調査）および主治医意見書によるコンピュータ判定（一次判定），介護認定審査会による審査（二次判定）を経て，要支援1，2，要介護1～5のいずれかの要介護（要支援）認定を受けると，要介護度ごとに設けられた支給限度額の範囲内でサービス利用に係る保険給付を受けることができる。介護サービスの利用にあたっては，ケアマネジャーなどと相談してサービス内容や利用する事業者などを決めたケアプランを作成し，そのプランに沿って利用することになる。介護サービスは介護度の違いによって利用できる内容が区分されており，要介護1～5の認定者が受けられる「施設サービス」「居宅サービス」「地域密着型サービス」，要支援1，2の認定者が受けられる「介護予防サービス」「地域密着型介護予防サービス」がある。地域密着型は2006年改正で導入されたものであり，高齢者が住み慣れた地域で生活しつづけられるよう，地域の実情に応じた柔軟な体制で介護サービスが提供されるものであり，その地域に居住する人のみに利用を制限している。介護サービス費用は，介護報酬によってサービス単価が決められており，それに1単位＝10円（離島や僻地などの地域加算あり）を乗じて算出される。

利用者の自己負担は原則1割であるが，施設サービスを利用する場合は居住費，食費を別途負担する必要がある（所得区分に応じた負担限度額）。ただし，利用者負担が過重になりすぎないように，高額介護（介護予防）サービス費の支給制度，

高額医療・高額介護合算療養費制度（2008年4月～）がある。支給限度額を超えて利用する場合は，超過分の費用は全額利用者負担となる。実際には，支給限度額の4～6割程度の利用率となっている（「平成26年度介護給付費実態調査の概況」）。

3.3 介護保険財政の仕組みと現状

　介護保険の財政の特徴は，ニーズ主導の制度設計になっていることである。市町村は，3年ごとに介護保険事業計画を策定・改定して，要支援・要介護の将来ニーズに応じたサービス供給量と費用総額を推定し，3年間の収支バランスが維持できるように保険料を設定する。介護保険の財政運営は，市町村の介護保険特別会計（介護保険事業勘定）で行われている。

　介護費用のうち，1割は**利用者負担**であり，残りの9割部分が保険給付される（図6-4）。保険給付費を100とすると，保険料と公費（国，都道府県，市町村）がそれぞれ50ずつ負担する。保険料は，第1号被保険者と第2号被保険者の人口比で比例配分される（2006～08年度は19：31，09～11年度は20：30，12～14年度は21：29，15～17年度は22：28）。公費は，国，都道府県，市町村の間で居宅給付費については25：12.5：12.5，施設等給付費については都道府県の負担分が多く20：17.5：12.5に按分される。国の負担分のうち5％が調整交付金[*14]である。また，市町村に対する財政支援の仕組みとして，都道府県に財政安定化基金を設け，管内の市町村が通常の努力を行ってもなお生じる第1号保険料の未納や介護給付費の見込みを上回る伸びなどにより財源不足が生じた場合に，市町村一般会計からの繰入を回避するため資金の貸付け・交付を行っている。貸付けを受けた場合，次期事業運営期間に第1号保険料を財源として均等に分割償還する必要がある。

　保険料は，第1号被保険者と第2号被保険者で算定方法が異なる。第1号被保険者の場合，各市町村で算出される介護給付見積額（施設が充実した市町村ほど高くなる傾向にある）を当該市町村の第1号被保険者数で除して，1人当たりの費用額（保険料基準額）を算出し，この一定割合を自らの所得に応じて支払う[*15]。低所得者等に配慮し負担能力に応じた負担を求める観点から，市町村民税の課税状況等に応じた所得階級別に保険料率が設定されている[*16]。第2号被保険者の場合，全国ベースで第2号被保険者一人当たりの保険料額を計算し，これを各医療保険者が被保険者数に応じて納付する。介護保険料の算定方法や保険料率は加入する医療保険によって異なり，医療保険料の一部（介護分保険料）として徴収され，各医療保険者が介護納付金として社会保険診療報酬支払基金に一括納入する。

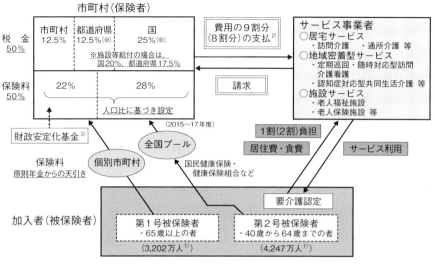

図6-4 介護保険制度の仕組み

(注) 1 第1号被保険者数は,平成25年度末現在。第2号被保険者数は,平成25年度内の月平均値。
2 2016年8月以降,一定以上所得者については費用の2割負担。
3 財政安定化基金の財源は,市町村,都道府県,国が3分の1ずつ負担。
(出所) 厚生労働省老健局総務課 [2015]「公的介護保険制度の現状と今後の役割」。

協会けんぽ被保険者の場合,全国一律の保険料率 (1.58%,2015年4月分〜) を労使で分担,国民健康保険加入者の場合は,算出された保険料分の半分を国庫負担している。

介護保険特別会計からの支出は,大部分が保険給付費である。保険給付費としての支出は法律上「サービス費」つまり現金給付とされているが,実際は介護サービスを提供した指定事業者に対する介護報酬支払い (事業者が介護給付費単位数表に基づき保険者に支払い請求) として,事業者による「代理受領」の方式をとり,実質的には現物給付として提供されている。

介護報酬は,原則3年ごとに見直しされ,最初の2回はマイナス改定 (2003年−2.3%,06年−2.4%),続く2回はプラス改定 (09年＋3.0%,12年＋1.2%) であった。09年度に初めてプラス改定されたのは,介護従事者の処遇改善の確保,物価の下落傾向,介護事業者の経営状況,地域包括ケアの推進などを踏まえてのものである。2015年度は再びマイナス改定 (−2.27%) とされた。

介護保険財政は,高齢化の深化を反映して,要介護認定者数の増加にともないその給付規模が拡大している。要介護認定者数は,制度開始初年度である2000

年度は 256 万人（年度末時点。第 1 号被保険者に占める割合 11.0%）であったが，その後増加しつづけ 13 年度には 584 万人（同 17.8%）になっている。要介護認定者全体ではおよそ 8 割が受給者となっており，年齢が上がるほど受給する割合が高くなっている。13 年度の介護保険からの保険給付（介護給付・予防給付）は 8 兆 164 億円で，高額介護サービス費，高額医療合算介護サービス費，特定入所者介護サービス費を合わせると 8 兆 5121 億円となっている（「平成 25 年度介護保険事業状況報告」）。各サービス別の給付費割合は，全国平均で，居宅サービス 54.1%，地域密着型サービス 10.8%，施設サービス 35.1% となっている。

*14　後期高齢者比重が高い市町村や，所得水準が相対的に低い市町村などに対して手厚く配分。
*15　基本的に年金からの天引き徴収。ただし年金額が年 18 万円未満の場合は個別徴収。
*16　標準は 6 段階であるが，より多段階に保険料率を設定している市町村もある。

3.4　介護保険制度と介護保険財政の課題

　介護保険制度が定着するとともにその課題が明らかとなり，これまでに 6 回の事業計画見直し，保険料および介護報酬改定が行われた。介護ニーズの増加・多様化に対応するための介護サービス内容の見直しとともに，増加する介護給付費に対しては，保険料の引上げ，介護報酬のマイナス改定が行われた。2015 年の介護保険制度改革では，医療保険制度と同様，保険給付対象となる介護サービスの効率化および重点化という，給付抑制と利用者負担の増大の方向を打ち出している。

　これまでの事業見直しにより，第 1 号被保険者の全国平均保険料は 2911 円（第 1 期）から 5514 円（第 6 期）に上昇し，さらに市町村の間で保険料格差が拡大している（第 6 期介護保険料改定では，保険料基準額 2800 円～8686 円）。そして，地域における要介護者の規模，介護システムの整備状況の違いにより，第 1 号被保険者に占める認定者の割合（認定率），給付規模や第 1 号被保険者 1 人当たり給付費にも格差が生じている（都道府県別認定率 13.9%～22.2%，同第 1 号被保険者 1 人当たり給付費 19.4 万円～31.5 万円。以上，「平成 25 年度介護保険事業状況報告」）。今後ますます介護需要が増えることは確実であり，市町村の財政力の格差がサービス格差につながる事態は改善されなければならない。利用者への負担増加（医療介護総合確保推進法〔2014 年成立〕により，年金収入 280 万円以上〔単身〕の自己負担 2 割への引上げ）は必要な介護が過度に抑制される事態を招く危険があり，公費負担引上げを考えるべきである。

　サービスの質の向上も課題であり，介護職員の処遇改善，人材確保は必須であ

る。民間事業者の算入による競争的環境が量と質の充実をもたらすとして規制緩和，市場化への道が開かれたが，量的な充実の反面，質については二の次にされたままである。介護の質の向上は公的責任で行われる必要がある。

また，介護需要と介護保険給付とのミスマッチにも目を向けるべきである。さまざまな介護サービスが創出されているものの，依然として家族介護に大きく依存している。介護を担うことになった人が仕事との両立が困難な状況に陥り，あるいは離職したために生活が困窮する状況に追い込まれている（介護離職問題）。介護の社会化を真に実現するためには，高齢者の自立支援とともに，介護料の現金給付など介護家族支援策を考えるべきであろう。

4　社会福祉と財政

4.1　社会福祉制度の形成と展開

社会福祉制度は対象者ごとに制度が分かれており，児童福祉，障害者福祉（身体・知的・精神），老人福祉，母子および寡婦福祉がある。福祉サービスを公的に給付する仕組みは，歴史的には公的扶助の枠組みから生まれた。貧困者を対象とした公的扶助から，子ども，高齢者，障害者一般に対象を広げる形で，生活保護制度[17]とは別に，児童福祉制度[18]，身体障害者福祉制度[19]ができあがった（以上「福祉三法」といわれた）。さらに60年代になって，精神薄弱者福祉法[20]，老人福祉法[21]，母子福祉法[22]が制定され，「福祉六法」が確立した。51年には社会福祉事業法（現・社会福祉法〔2000年〕）が制定され，社会福祉事業全分野における共通的事項が定められた。

高度経済成長にともない国民生活が豊かになる一方で，高齢化，人口の都市集中，核家族化が進行し，1970年前後から社会福祉施設の整備量の不足が認識されるようになった。70年の中央社会福祉審議会の答申を受け，71年から5年間の緊急整備計画が開始され，73年には「福祉元年」と称されるほどの積極的な予算が組まれた。ただ，同年秋の石油危機によって一転して低成長経済の時代を迎えた一方で，積極的な景気対策とそれまでの社会保障給付水準を引き上げるさまざまな仕組みによる歳出増加により，80年度まで予算全体の30％以上を国債に依存することとなった。80年代に入ると，歳出抑制・削減を主な内容とする第2次臨時行政調査会（臨調）答申が出され，その内容が逐次実行された。社会福祉分野では，生活保護費の国庫負担割合が引き下げられ，社会福祉施設入所措

置などが機関委任事務から団体委任事務に改められ，それにともなって国庫負担率が引き下げられ，地方負担に転嫁された。85年度予算では，福祉補助金の国庫負担率が8割から7割へ，翌年度予算では生活保護以外の分野が一律5割に切り詰められた（89年度以降恒久化）。

1990年代は，福祉行政における地方分権の進展，社会福祉行政の計画化が勧められた。90年に福祉関係八法（老人福祉法，身体障害者福祉法，知的障害者福祉法，児童福祉法，母子及び寡婦福祉法，社会福祉事業法，老人保健法，社会福祉・医療事業団法）の改正が行われ，①在宅福祉サービスを社会福祉事業として位置づけ，②老人福祉・身体障害者福祉での在宅・施設サービスの実施権限を市町村へ集中，③老人保健福祉計画の策定が市町村に義務づけられた。

また，財政赤字を背景に措置制度の見直し議論が始まり（措置制度については，本章第3節参照），契約制度への転換が図られていった。まず保育制度において，1997年に契約的要素を盛り込んだ「保育実施制度」が導入され，「措置」に代わり「保護者からの申込み」という文言が新たに規定され，市町村と利用者の関係は「双務関係に立つ利用契約関係に変更された」[*23]。そして，高齢者福祉分野では，介護保険制度の導入により，措置制度から契約制度への転換が行われた。97年から検討が始まった社会福祉基礎構造改革と身体障害者・知的障害者（児）施策のあり方にかんする関係審議会の提言により，福祉サービスの利用方法を契約による利用制度に転換する方向性（「措置」から「契約」へ）が示され，社会福祉事業法の改正（社会福祉法に改称〔2000年〕）等が行われ，基本的に契約制度を前提とした内容に組み替えられた。障害者福祉分野も03年以降，契約による利用制度に転換した（03年障害者支援費制度，05年障害者自立支援法〔13年障害者総合支援法に改称〕）。

社会福祉の財源は国と地方による公費負担（租税）であるが，利用者負担があるものもある。サービス提供に必要な費用は，国と実施する地方自治体が原則として2分の1ずつ負担することとなっており，法律上，国（国庫支出金）と地方（都道府県あるいは・および市町村）の負担割合が決められている。しかし，2002年に閣議決定された「経済財政運営と構造改革に関する基本方針2002」において，国庫支出金，税源移譲を含む税源配分のあり方，地方交付税を相互に関連づけつつ検討し，これらを一体的に見直す「三位一体改革」が打ち出された。具体的には，国庫支出金の縮減（国庫支出金を廃止し一般財源化），地方交付税交付金の削減という国から地方への財源配分の縮小と，地方への税源移譲（所得税から住民税へ

の税源移譲）とを釣り合わせる，ということであった。これにより，多くの社会福祉関係の国庫支出金が一般財源化された一方で，地方交付税による財源措置がなされたものの全体として地方交付税交付金の削減，税源移譲された額が削減分を下回ることとなった。たとえば，都道府県および市町村が設置する保育所運営費の国庫補助金を廃止，児童扶養手当および児童手当の事務処理費への国の交付金を廃止した。国庫支出金の対象事業を継続する必要がある場合，それに必要な財源は都道府県，市町村の一般財源で賄わねばならず，独自に行っていた補助制度や上乗せ制度等の単独事業の縮小・廃止，福祉施設の統廃合・民間委託・経営移譲，定員削減などの見直しが行われた。

*17　1946年。50年に，憲法25条に規定する理念に基づく制度として全面改定した生活保護法（新）制定。
*18　1947年。要保護児童のみでなく，児童すべての健全育成を目的とした。
*19　1949年。軍事援護を廃止し，生活保護法の救済では満たされない援助を実施。
*20　1960年。現・知的障害者福祉法〔98年〕。児童から成人に至るまで一貫した知的障害にかんする援護事業の整備を図る。
*21　1963年。救貧対策から高齢者対策を独立。
*22　1964年。現・母子及び寡婦福祉法（81年）。死別だけでなく生別の母子世帯，寡婦を対象に含めた総合的な母子福祉対策を実施。
*23　ただ，入所決定や費用徴収については従来どおり，行政が主導的に関与することから，実質的に措置制度のまま（田村［2002］；堀［1997］），あるいは行政処分と契約が結合したもの（原田［2003］）とする解釈がある。

4.2　子育て支援施策（保育施策）と財政

児童福祉分野では，1989年の合計特殊出生率（1.57）が，特殊事情のあった66年（丙午の年）のそれ（1.58）を下回った（いわゆる「1.57ショック」）ことが社会問題化したことを契機として，保育ニーズの増大と多様化を背景に，少子化対策（子育て支援）に着手することとなった。関係4省による「エンゼルプラン」（94年）が策定され，具体的な保育サービスの充実を図るための緊急保育対策等5カ年事業が実施された。99年には関係6省による「新エンゼルプラン」が策定され，保育サービスだけでなく，雇用，母子保健，教育なども含まれた。その後も少子化の流れは止まらず，2003年には「少子化社会対策基本法」が制定され，同法に基づき「少子化社会対策大綱」が閣議決定され，具体的実施計画として「子ども・子育て応援プラン」が策定された。また，同年制定の「次世代育成支援対策推進法」では，国，地方自治体，事業主による行動計画の策定とそれに基づく取組みを求めている。12年には「子ども・子育て支援法」が成立し，児童福祉法や認定こども園法などが改正され，15年度から「子ども・子育て支援新

制度」が開始された。それに先立ち，13年度から「待機児童解消加速化プラン」が策定・実施され，市町村が行う多様な保育事業への支援，保育所等の量拡大と保育士の確保等の事業への国による財政支援を行うとしている（2014年度予算総額6929億円）。

子育て支援施策の1つである保育施策は，経済成長や女性就労の増加を背景に，経済的要件が緩和され，低所得者だけでなく選択的就労に就く保護者の利用が可能となり，現在は保護者の就労と育児の両立支援および乳幼児の健全育成のための事業となっている。1997年に，保護者による市町村への希望保育所の申込みという利用契約制度に変更されたが，行政が「保育に欠ける児童」に対し，保育サービスの提供を独占的，主導的に決定する構造は変わっていない。

保育運営費は厚生労働省の基準に基づき算定され，その総額から保育料による収入を差し引いた金額について，公立保育所（市町村および特別区設置）は全額市町村が負担，児童福祉法に基づく認可を受けた民間保育所は国2分の1，都道府県4分の1，市町村4分の1の割合で負担している（2014年度当初予算〔国〕4581億円）。保育料は応能負担であり，国が基準を定めているが，この基準よりも利用者負担を軽減している市町村が多く，軽減分は一般財源から補塡している。待機児童が多い自治体を中心に，認可外保育所に対して，一定の要件を課して補助金を支給している自治体もある。

4.3　障害者福祉施策と財政

障害福祉領域では，1981年の「国際障害者年」，83年から92年の「国連・障害者の十年」などの国際的な動向のなかで施策が進められてきた。「障害者対策に関する長期計画」（82年），「障害者対策に関する新長期計画」（93年）が策定され，これらの動きを背景として障害者の自立と社会参加のいっそうの促進を図るため，心身障害者対策基本法が「障害者基本法」に全面改正された。障害者が障害をもたない人と同等に生活し，活動する社会をめざすノーマライゼーションの理念が定着し，95年には「障害者プラン」（96～2002年）が策定され，障害者施策の分野で初めて数値による達成目標が掲げられた。その後，2003年度からの10カ年の障害者基本計画が策定され，同時に前後期の重点施策実施5カ年計画が策定された。05年には，市町村および都道府県に障害福祉計画の策定が義務づけられ，サービス提供を計画的に整備する仕組みが導入された。14年には，08年に発効した障害者権利条約（日本の批准は14年1月）の差別の禁止規定を具

体化するものとして，雇用，教育，医療，公共交通など障害者の自立と社会参加にかかわるあらゆる分野を対象にした障害者差別解消法が成立している。

　利用契約制度への転換にともない，利用者負担のあり方も見直しされた。障害福祉サービス（施設サービスおよび在宅サービス）は，障害種別の法体系に基づいて提供されていたが，2003年に措置制度から契約利用制度に転換（支援費制度）し，障害種別間での制度格差や利用急増にともなう財政問題から，05年には新たに障害者自立支援法が制定され，自立支援給付[24]および地域生活支援事業[25]に切り替えられた。自立支援法では3障害施策が一元化され利用者本位にサービス体系を再編，就労支援も抜本的に強化する一方，自立支援給付決定に際しては，市町村のもとに障害程度区分（現・障害支援区分）の審査・判定などを行う審査会が設けられ，その区分，介護者の状況，本人の希望などを勘案して，サービスの種類ごとに支給されるサービス量が決められることとなった。国，地方の財政負担が，自立支援給付については国2分の1，都道府県4分の1，市町村4分の1（自立支援医療については都道府県1/2）と明確化された一方，利用者も応分の費用を負担し皆で支える仕組みにするとの方針から，利用者負担はサービス利用量に応じた負担（定率1割）の応益負担とされた。所得に応じた負担軽減措置がなされていたが，応益負担の導入に批判が相次ぎ，緊急的な負担軽減の実施などを経て，13年度から，住民税非課税世帯は利用負担なし，住民税課税世帯で世帯所得割16万円未満は9300円[26]，それ以外3万7200円の月額負担上限が設定された[27]。

　　　[24]　介護給付，訓練等給付，自立支援医療，補装具など。
　　　[25]　相談支援，移動支援など。
　　　[26]　住民税課税世帯で障害児の場合は，世帯所得割28万円未満で4600円（通所支援，ホームヘルプ利用の場合）。
　　　[27]　所得判断の際の世帯の範囲は18歳以上の利用者については，本人と配偶者のみ，障害児（施設入所する18，19歳含む）の場合は，保護者の属する住民基本台帳での世帯。

4.4　社会福祉制度と社会福祉財政の課題

　福祉ニーズは拡大，多様化する一方で，地方分権化の流れのなかで，実施責任とともに財政責任も市町村に押し付けられている。財政制約のなかで，自治体による創意工夫が求められる一方で，財政力の格差は，福祉提供力の格差にもなっている。全国一律，画一的なサービスでは対応できないからこそ，地方レベルでの創意工夫を可能とする国による財源保障が不可欠である。そのうえで，各福祉分野における課題として以下の点が重要である。

第1に，2015年度から開始された「子ども・子育て支援新制度」は，児童福祉法第24条1項にある保育の市町村実施義務を形骸化させ，子どもが受ける保育に格差をもたらす危険がある。増加する保育ニーズに対して，認可基準（定員，食事提供，保育士配置等）が緩和された幼保連携型認定子ども園，家庭的保育事業等の拡充が進められようとしているが，国および自治体の責任と費用負担が明確な保育所保育（認可保育所）の整備をまずは優先すべきである。

　第2に，扶助原理よりも保険原理に比重がおかれるようになっている社会保険の枠組みでは対応できない生活問題に対応するのが，租税を財源とする社会福祉の責務である。しかし，社会福祉分野においても「受益と負担の均衡」をさせるような改革の方針が打ち出されている。自立支援給付における定率負担の導入はまさにそのあらわれであるが，能力に応じた負担とニーズに応じた給付が制度設計の大前提とされ，かつ国による財政責任が明確にされるべきである。

　第3に，児童虐待の相談対応件数は児童虐待防止法施行後大幅に増加している。児童虐待の増加は児童の健全育成が阻害される状況が増えているということであり，こういった現代的な福祉ニーズへの対応は，組織的権限と柔軟な対応を可能にする体制を確立するとともに，専門的な支援を行う人材の確保と安定的・継続的な対応が不可欠である。また，高齢者に対する虐待も要介護者の尊厳ある暮らしが阻害されているということであり，老人福祉法に基づく行政の適切な対応が必要であり，明確な財源保障を行うべきであろう。

■ 討論してみよう
① 年金制度の財政的な持続可能性を確保するとともに，高齢者に対する所得保障を図るにはどのような財政方式がよいか。
② 社会保険による医療保障制度のもとで，高齢者医療費の負担をどうすべきか。
③ 介護保険料の地域間格差をどのように考えるか。
④ 社会福祉サービスにおける利用者負担をどのように考えるか。

■ 参考文献
〈基礎編〉
池上直己［2014］『医療・介護問題を読み解く』日本経済新聞出版社
桐野高明［2014］『医療の選択』岩波書店（岩波新書）
厚生労働省編［2015］『平成27年版 厚生労働白書』
厚生労働統計協会編［2014］『国民の福祉と介護の動向 2014／2015』

駒村康平［2014］『日本の年金』岩波書店（岩波新書）
内閣府編［2015］『平成27年版 高齢社会白書』
二宮厚美・福祉国家構想研究会［2013］『福祉国家型財政への転換——危機を打開する真の道筋』大月書店
椋野美智子・田中耕太郎［2016］『はじめての社会保障——福祉を学ぶ人へ（第13版）』有斐閣
山本隆ほか編［2010］『よくわかる福祉財政』ミネルヴァ書房
横山壽一編［2013］『皆保険を揺るがす「医療改革」——「自助」論やTPPがもたらすもの』新日本出版社
吉原健二［2004］『わが国の公的年金制度——その生い立ちと歩み』中央法規出版

〈より進んだ学習をするために〉

泉眞樹子［2010］「高齢者医療制度の概要とこれまでの経緯——財政調整を中心に」『レファレンス』第709号
伊藤周平［2014］「安倍政権の社会保障改革と地方自治——医療制度改革，介護保険制度改革と保育制度改革を中心に」『行財政研究』第89号
菊池いずみ［2011］「介護サービス利用制度化における老人福祉法の意義——高齢者虐待への措置を通して」『長岡大学研究論叢』第9号，55〜67頁
倉田賀世［2009］「保育所入所の法的性質をめぐる考察——1997年児童福祉法改正を契機として」『季刊・社会保障研究』第45巻第1号，36〜45頁
田多英範［2009］『日本社会保障制度成立史論』光生館
田村和之［2002］「1997年児童福祉法改正による保育所入所制度改革について」『社会福祉の思想と制度・方法』永田文昌堂
長谷川千春［2016］「日本における医療のセーフティネットは擦り切れているか」松田亮三・鎮目真人編著『社会保障の公私ミックス再論——多様化する私的領域の役割と可能性』ミネルヴァ書房
原田大樹［2003］「福祉契約の行政法学的分析」『法政研究』69（4）
堀勝洋［1997］『現代社会保障・社会福祉の基本問題——21世紀へのパラダイム転換』ミネルヴァ書房

第7章　環境と財政
環境保全を実現する税制度・公共政策

KEYWORDS

外部不経済（負の外部性）　PPP　ピグー税　ボーモル＝オーツ税　環境税
税制のグリーン化　二重の配当　森林環境税　参加型税制　補完性原理

1　環境問題と公共政策

　近年，環境問題の解決に向けて，国の政策や財政の果たす役割は大きくなっている。私たちの生活は，財やサービスの消費によって成り立っているが，このなかには，警察，消防，国防といった公共財のように，市場に任せておいては十分に提供されない財やサービスもある。政府はこのような財やサービスを提供するため租税を活用しており，租税は，国民（市民）の選択した政府の公共サービスの提供に必要な費用をわかちあうものである。このため，環境問題の解決のうえで，政府がどの程度の「環境」を維持するか，そのために財源をどのように調達するかによってその負担は決まる。

　環境を，人をとりまく，また人と相互作用を及ぼしあう自然的環境と考えると，人の活動による環境の変化が人に悪影響を及ぼし，社会問題化したとき，それが環境問題となる。このように考えてみると，環境問題は人類の誕生とともにあるといえる。日本においても，これまでの農村共同体では，治山や治水といった生活にかかわる社会資本が生活環境の維持・改善のための共同事業として行われてきた。ここでは里山といった共有地，コモンズの維持管理システムが形成されており，この時代には，人の活動が人と自然環境との物質代謝の関係を破壊することなく，ある程度安定的に共生関係が維持されていた。ところがその後，社会が工業化，都市化することで，自然破壊，環境汚染，生活環境の悪化やときとして健康被害を多発させることになった。今日の公衆衛生問題を例にすれば，19世

紀半ばのイギリスでは，労働力保全を都市計画と結びつけて公共政策の課題としている。これは環境問題の解決を公共政策の対象とするという近代的な環境政策の起源の1つといえる。20世紀に入り，環境問題があらためて公共政策の対象として明確に位置づけられるようになったのは，第二次世界大戦後の経済成長とその対価として環境破壊が深刻化してからである。

1.1 環境政策の目的と手段

日本では環境法が規定されることにより，公共政策のなかで，環境政策が政府活動の一領域として認められている。環境政策は社会にとって望ましい環境水準をつくりだすための公共政策である。環境政策の目的には，環境汚染の防止，自然の保護やアメニティの保全などがあるが，環境政策の目標設定については，**外部不経済（負の外部性）**の内部化に基づく最適汚染防止水準の達成が必要となる。環境政策の手法には，直接規制的手法，枠組規制的手法，経済的手法，自主的手法などがある。

これまで環境政策は直接規制的手法によって行われてきたが，近年では経済的手法が積極的に活用されている。なかでもその多くは財政活動を通じて行われている。OECDによると経済的手法は，①税・課徴金，②補助金，③排出権取引，④デポジット制に分けられており，さらに租税の活用には，(a)排出税・課徴金，(b)利用者税・課徴金，(c)生産物税・課徴金，(d)税の差別化，(e)税の軽減などがある。

環境政策の転換を社会経済システムの改革としてとらえると，資本形成，産業構造，地域構造，交通体系のあり方から消費生活様式，公共介入，基本的人権のあり方まで社会全体をどのようにして持続可能にしていくかを考えることが大切である。

1.2 環境政策の費用負担

環境政策における責任と負担の基礎となる考え方に「汚染者負担の原則」（以下 **PPP**: Polluter Pays Principle）がある。PPPはOECDによって「環境政策の国際経済面に関する指導原理」（1972年）や「汚染者負担の原則の実施に関する理事会勧告」（74年）において提唱された原則である。当初PPPは，国際貿易において，各国の競争条件を均等化し，公正な自由競争の枠組みを作るための原則であったが，その後，PPPの考え方は環境政策の指導的原則となった。日本では汚

染防止できる汚染発生者は，汚染防止の費用の一部を一時的に負担すべきといったPPP本来の考え方から，汚染者は事前の防止費用だけではなく，事後に汚染により生じた外部費用も支払う責任があるとする日本型PPPとして理解されている。PPPが議論された頃の日本は，公害先進国と呼ばれ，四大公害裁判をはじめ，全国で産業公害が頻発していた。にもかかわらず，公害被害者の救済が立ち遅れていたため，事前の汚染防止費用の負担に加え，事後の汚染環境の修復費用や公害被害者の補償費用についても汚染者負担を基本とした「公害健康被害補償法」（73年）が制定された。PPPの普及は，人々の社会的公正感に合致したことに加え，PPPの適用が資源配分上も効率的であることによる。

これとは別に，これまで国や地方自治体が行ってきた下水道処理やごみ処理などは，共同負担原則に基づき，国民や住民の税金でその費用が賄われている。近年では，ごみの有料化も多くの自治体で実施されている。一方で現在では，リサイクルにかかわる拡大生産者責任（Extended Producer Responsibility: EPR）や予防原則に基づく化学物質排出移動量届出（Pollutant Release and Transfer Register: PRTR）制度など，対象とする環境問題を解決できる社会システムを作るため，幅広い政策の統合が必要とされる。

PPPがこれまで個別の環境政策における費用負担原則であったとすれば，環境政策と経済政策の統合が進み，環境問題が公共政策の1つとなったいま，税制の新たな原則として，応能原則，応益原則に匹敵する公正な課税の原則として税制のなかで位置づけ，公正な費用負担となっているのか，環境保全への動機づけを促す費用負担になっているのか，対象とする環境問題の性質に対応した適切な使い分けが必要となる。

1.3 環境政策と政府の失敗

伝統的な経済学では，環境問題を市場の失敗として扱い，これを是正するために公共介入が正当化され，環境政策を実施することがある。

日本では，戦後，大量生産・大量消費・大量廃棄によるワンウェイ型の社会経済活動が広がるとともに，都市化が進行した。高度経済成長の対価として各地で頻発した産業公害に対して，政府は公害国会（1970年）とこれによる公害関係14法案の成立により，環境政策を前進させた。翌年には環境庁が設立され，その前後には，環境基準の設定をはじめとする直接規制や，環境アセスメントの導入，公害健康被害補償法の制定を行った。しかし，これらの制度も現実の政治プロセ

スのなかで，環境アセスメントが開発の免罪符になったり，環境基準を設けることが汚染のライセンスになったりすることで，環境破壊を容認あるいは正当化する手段に転化することがあった。環境にかかわる法や行政機構の整備と環境関連経費の増加によっても環境保全が進まないといった，環境政策における政府の失敗が生じることになったのである。空港，基地，道路，河口堰，ごみ処理施設など公共事業に代表される開発財政の拡大が環境破壊を促進するといったことを防ぐためには何をすればよいのか。公共事業は国家の公共性によって担保されるが，これが人々の環境権や財産権を尊重しない場合や制限する場合には，環境問題が生じる。また公共事業にともなう環境問題は，開発のための行財政システムが中央集権型行財政制度のもとで補助金交付などとセットで適用される場合には，全国的に画一化された影響が出る可能性がある。こうした側面から，住民自治や地方分権化の進展が望まれることになる。

2　環境保全と財政システム

2.1　ピグー税とボーモル＝オーツ税

　市場の失敗が起こる場合には，どのような解決策があるだろうか。経済学では，生産活動を市場に任せておくと，生産時に環境に負荷をかける財やサービスの費用である外部不経済（負の外部性）の費用を反映した生産量1単位当たりの社会的費用（以下，社会的限界費用）を市場で評価しないため，過剰生産や過剰消費を招く。これを防ぐため，社会的限界費用と私的限界費用との乖離を何らかの公的手段で埋めあわせ，両者を一致させることが必要となる。この公的手段の1つが，生産量1単位当たりの外部不経済の費用を私的限界費用に加えることで社会的限界費用に一致させ，市場価格を引き上げることで，生産量を抑える課税である。この生産物課税は，最初の提唱者の名前 A. C. ピグーから**ピグー税**と呼ばれる。

　しかしピグー税はこれまで一度も実行されたことがない。ピグー税を実行するためには外部不経済の費用，つまり社会的限界損害費用あるいは限界削減費用の数量的把握が必要である。しかしながら，ピグー税による税率設定は，情報の非対称性も含め，実社会において数量化することが困難である。このため，ピグー税の代替手段として考えられたのが，W. J. ボーモルと W. E. オーツによって提案された価格設定と基準化による課税方法である。ボーモルとオーツは，汚染による社会的限界損害費用は合理的に測定できず，外部不経済の費用は，広範囲に

及ぶためこれを特定化することができない，という点から第1に恣意的に受け入れ可能な現実的な環境目標を設定し，基準化することで，この目標を達成するために，汚染物質の排出に対し，ある税率水準での課税を行う。これにより第1の税率設定分の汚染物質排出の外部費用が内部化され，価格上昇を通じて，結果として課税により，その需要を抑制させようとするのである。第1の課税水準が環境目標を達成できない場合，税率は引き上げられ，これは目標が達成されるまで，続けられる。また目標が達成されれば，より厳しい目標を新たに設定し，税率も再調整される。このような試行錯誤的アプローチによる課税は提唱者の名前から**ボーモル＝オーツ税**と呼ばれる。

2.2 環境税と「二重の配当」論

環境税が現実の政策課題となり，導入されはじめたのは比較的最近のことである。環境税が注目されたのは，第1に，環境問題が公共政策の中心的課題の1つとなり，租税体系のなかに環境への配慮が求められるようになったこと，第2に環境政策目標を効率的に達成するための新たな方法として着目されたことにある。

地球温暖化防止のための炭素税は，環境税の典型である。炭素税はすでに，スウェーデン，ノルウェー，デンマーク，フィンランド，オランダ，イギリス，スイスなどで導入されており，炭素税以外の環境関連税も1990年代以降，多くの国で実施されている。しかし税の導入には経済的利害調整のための政治的判断が優先されるため，理論上の環境税と異なる点も多い。また環境税は環境保全のための租税政策手段としての側面と環境対策のための財源調達の目的税という2つの側面をもっている。近年，環境税を導入するために，環境保全の観点から既存の税制を見直し，環境税導入も含め，環境に配慮した税体系へ向けて税制改革を進める動きがある。これは環境税制改革あるいは**税制のグリーン化**と呼ばれ，先進国を中心に実施されている。日本においても既存のエネルギー関連税の改正や温暖化対策税の導入など税制のグリーン化への動きがある。

また環境税導入について，**二重の配当**が議論されることがある。「二重の配当」とは，税収中立的な環境税制改革が2つの利益あるいは配当をもたらすというものである。何を二重とするかの解釈はさまざまであるが，環境税は第1に，環境に負荷をかける行動を抑制するといった効果と，第2に，環境税による税収を，経済に歪みをもたらす他の税の減税に充てることによる副次的効果を得ると期待されている。ヨーロッパ諸国では，環境税導入により環境改善を促し，その税収

を雇用増加のための労働課税減税や雇用者の社会保障負担軽減に向けるなど，環境と雇用といった2つの社会政策目標を達成するための税制改革を進めている。

さらに近年では，地球温暖化対策の有効な手段として，また環境保全と経済発展といった政策目的を同時に達成するための政策手段として，経済的手法と自主的手法，規制的手法など他の政策手法とを組み合わせて実施するポリシー・ミックスの実現が求められている。

3 地球環境問題と税制

3.1 地球環境問題と国際的な取組み

環境問題について初めて国際的に議論されたのは，1972年にスウェーデンのストックホルムで開催された国連人間環境会議である。同会議で「人間環境宣言」が採択され，同年，国連環境計画（UNEP）が国連総会で設立された。これにより環境政策の進展が期待されたが，80年代以降，国際社会，とくに途上国の最大の関心は貧困削減や経済成長であった。「気候変動に関する政府間パネル」（IPCC: Intergovernmental Panel on Climate Change）により地球温暖化が議論されるなか，92年に国連環境開発会議（以下，地球サミット）がブラジルのリオデジャネイロで開催された。同会議では，21世紀に向けて持続可能な開発を実現するための「アジェンダ21」の採択，生物多様性条約，気候変動枠組み条約の締結など，その後の地球環境問題にかかわる重要な取組みについて議論された。地球サミット以降，国際的に合意されてきた「共通だが差異ある責任」をどのように実効性の高い政策につなげていくのか，各国の対応が注目される。地球温暖化については，国連気候変動枠組み条約締約国会議（COP: Conference of the Parties）が95年以降，毎年開催され，97年に京都で開かれたCOP3で先進国の温暖化ガスの削減目標を定めた京都議定書で合意している。「産業革命前からの気温上昇を2度以内に抑える」という国際目標を達成するためには，温暖化ガスの削減で先進国だけに義務を課す枠組みには限界があり，途上国の参加が不可欠である。2015年にパリで開催されたCOP21は2020年以降の温暖化対策を定めた「パリ協定」を採択した。努力目標ではあるが，全員参加の合意ができたことや温暖化ガスの最大排出国である中国，アメリカが議論に加わったことで，今後の展開が期待される。

3.2　経済的手法の積極的な活用

　経済的手法は，市場メカニズムを前提として，税や補助金などによる経済的インセンティブを介して各主体の経済合理的な判断に基づき排出抑制等の行動を誘導するものであり，地球温暖化対策の経済的支援策としてその有効性が期待されている。ヨーロッパ諸国では，ガソリン，石炭，天然ガス等に課税し，その消費にともなう二酸化炭素の排出を抑制すること等を目的とした税が炭素税として導入されており，1990年に世界で初めて導入されたフィンランドの炭素含有量に応じた炭素税や，92年までに他の北欧諸国で導入された炭素税がある。すでに炭素税を実施している国は，課税対象を化石燃料としているため，既存のエネルギー税との調整を行っている。また実施各国の炭素税率には大きな格差があるが，この格差は既存のエネルギー税体系の相違など，それぞれの国の個別事情によるものである。

　地球温暖化対策が世界規模で議論されるとともに，環境関連税の実施は先進国を中心に進展し，これらが環境に与える効果についても検証されている。OECDは環境関連税を，税の名称や課税目的，税収使途のいかん，温室効果ガスの排出削減に係る経済的手法として位置づけられているかを問わず，環境関連物品（ガソリン等のエネルギー物品，自動車等の輸送機器，廃棄物等）に対して課税される政府への強制的，一方的な支払いとして定義している。現在OECD諸国では，環境にかんして約375の環境関連税と250にのぼる手数料，課徴金を実施しており，OECDによる「環境関連税制」統計（2012年）では，日本の環境関連税制の税収はOECD平均と同じGDP比で1.6％となっている。

3.3　税制のグリーン化

　ヨーロッパ諸国を中心として二酸化炭素削減などの環境問題に配慮した税制改革が進められている。これは新税の導入に限らず，環境に配慮した既存の環境関連税の拡大や再編をともなう環境税制改革や税制のグリーン化という形でも取り組まれている。たとえば，スウェーデンでは1991年にエネルギー課税の改変を中心とした環境税制改革を行っている。またイギリスでは，93年から99年までの間および2003年，06年以降ガソリン等を対象とする炭化水素油税の税率が地球温暖化対策等を目的として段階的に引き上げられるとともに，01年には，新たに産業用石炭等を課税対象とする気候変動税を導入している。さらにドイツでは「環境関連税制の開始に関する法律」（1999年）による環境税制改革として，

ガソリン等を対象とする鉱油税の税率が引き上げられるとともに，新たに電気税が導入された。鉱油税はその後，温暖化対策等を目的として段階的に税率が引き上げられ，2006年にはエネルギー税に改組され，新たに石炭も課税対象となった。またフランスでは07年より，代替エネルギーの促進と汚染活動の抑制を目的に，石炭・亜炭の大規模消費者に対して石炭税が課されており，このほか課税の特例措置などの助成措置も実施されている。

4　日本における環境と財政

4.1　日本における環境関連予算

　日本における環境関連予算は環境保全経費としてあらわされる。環境保全経費とは，国による地球環境の保全，公害防止ならびに自然環境の保護および整備にかんする経費を総称するもので，環境省が取りまとめている。2016年度については，環境省は関係府省において取り組まれる環境保全施策が国全体として効率的，効果的に展開されるよう，概算要求に先立ち「平成28年度環境保全経費の見積りの方針の調整の基本方針」（15年8月公表）を関係府省へ示し，調整を行っている。

　2016年度環境保全経費予算の総額は，2兆1337億円（15年度当初予算の総額：1兆8069億円に対して，予算比18.1％増）となっている（表7-1）。次に施策体系別内訳と主な施策についてみると，第1に地球環境の保全は5541億円（前年4456億円）となっており，このなかには森林環境保全整備事業（農林水産省ほか），エネルギー使用合理化等事業者支援補助金（経済産業省）等がある。第2に生物多様性の保全および持続可能な利用は1450億円（前年1431億円）となっており，このなかには水源林造成事業等（農林水産省），自然公園等事業費（環境省）等がある。第3に物質循環の確保と循環型社会の構築は975億円（前年877億円）となっており，このなかには循環型社会形成推進交付金（環境省），大規模災害に備えた廃棄物処理体制検討・拠点整備事業（同省）等がある。第4に水環境，土壌環境，地盤環境の保全は894億円（前年906億円）となっており，農村地域資源維持・継承等対策に必要な経費（農林水産省），総合水系環境整備事業費（国土交通省），海洋保全対策費（環境省）等が含まれる。第5に大気環境の保全は1886億円（前年2198億円）となっており，微小粒子状物質（PM2.5）等総合対策費（環境省）等がある。第6に包括的な化学物質対策の確立と推進については49億円

表7-1 施策体系別環境保全経費構成比

(単位：千円，%)

施策体系別	2016年度予算額	構成比
地球環境の保全	554,144,493	26.0
生物多様性の保全および持続可能な利用	145,030,747	6.8
物質循環の確保と循環型社会の構築	97,472,120	4.6
水環境，土壌環境，地盤環境の保全	89,371,226	4.2
大気環境の保全	188,602,279	8.8
包括的な化学物質対策の確立と推進	4,883,849	0.2
放射性物質による環境汚染の防止	928,574,407	43.5
各種施策の基盤となる施策等	125,575,803	5.9
合　計	2,133,654,924	100.0

(注)「構成比」については，表示桁数未満を四捨五入している。
(出所) 環境省ウェブサイト (https://www.env.go.jp/press/files/jp/29037.pdf)。

表7-2 府省別環境保全経費構成比

(単位：千円，%)

府　省	2016年度予算額	構成比
内閣府	37,446,004	1.8
復興庁	39,304,109	1.8
総務省	550,813	0.0
外務省	4,502,397	0.2
財務省	14,056	0.0
文部科学省	43,969,087	2.1
厚生労働省	1,538,484	0.1
農林水産省	243,084,338	11.4
経済産業省	242,323,236	11.4
国土交通省	197,767,081	9.3
環境省	1,262,561,732	59.1
防衛省	60,593,587	2.8
合　計	2,133,654,924	100.0

(注)「構成比」については，表示桁数未満を四捨五入している。
(出所) 表7-1と同じ。

(前年60億円) となっており，このなかには化学物質規制対策事業（経済産業省），食品安全確保調査・試験事業委託費（農林水産省），化学物質環境実態調査費（環境省）等が含まれる。第7に放射性物質による環境汚染の防止は9286億円（前年6893億円）となっており，このなかには放射性物質により汚染された土壌等の除染（環境省），放射性物質汚染廃棄物処理事業（同省），中間貯蔵施設の整備等（同省）等が含まれる。

さらに，2016年度府省別環境保全経費についてみると，環境省（59.1％，1兆2626億円），農林水産省（11.4％，2431億円），経済産業省（11.4％，2423億円），国土

交通省 (9.3%, 1978億円) と経費構成比は高くなっている (表7-2)。

4.2 環境関連の国際協力にかかわる支出

日本は従来からODAについて環境問題等の地球的規模の問題への取組みを重点課題の1つとして掲げている (2003年改定版「ODA大綱」)。さらに環境問題への取組みにかんする具体的取組みとして, ①地球温暖化対策, ②環境汚染対策, ③自然環境保全の3つを重点分野としている (「政府開発援助に関する中期政策」05年)。外務省によれば, 日本の気候変動関連の途上国支援総額は2013年から15年までの3年間で公的資金約1兆3000億円, 官民合わせて1兆6000億円の実施が予定されている。

また第21回国連気候変動枠組み条約締約国会議 (COP21) において採択されたパリ協定に対する日本の取組みとして,「美しい星への行動2.0」(ACE2.0: Actions for Cool Earth:) では, その経済規模や温室効果ガス排出量からも途上国に対する支援が, 世界の気候変動対策の進展, COP21への貢献であるとしている。そこで日本は, 途上国支援を, 2020年に, 官民合わせて約1兆3000億円, 現在の1.3倍にすることを表明 (1000億ドルコミットに対応) し, また地熱発電, 都市鉄道, 防災インフラ, 水確保など日本の得意分野で貢献することおよびその他, アジア・太平洋島嶼国における早期警戒システム構築や都市間連携・人材育成も推進することを決定した。

4.3 日本における環境関連税制

OECDの分類によれば, 日本の環境関連税はエネルギー課税と車体課税に分けられる。エネルギー課税には揮発油税, 航空機燃料税, 軽油引取税, 石油石炭税などがあり, 車体課税には自動車重量税, 自動車税などが含まれている。日本では環境政策における経済的手法の利用について, 国による地球温暖化対策税 (後述) を含む既存エネルギー税のグリーン化が進む一方で, 地方自治体における産業廃棄物税や森林環境税の導入など地方環境税が先行して導入されている。また環境分野の税制措置についても積極的になされており, これまで省エネ住宅に係る所得税等の特例措置 (2008年), バイオエタノール混合ガソリンに係る揮発油税等の特例 (08年), 自動車重量税, 自動車取得税のグリーン化 (09年), グリーン投資減税創設 (11年), 車体課税の一層のグリーン化 (12年), 汚染廃棄物等に係る処理施設の設置促進のための所得税等の特例措置 (譲渡所得の特別控除,

12 年）などが行われている。

4.4　地球温暖化対策のための税

　日本は地球温暖化への対応として，2050 年までに 80％ の温室効果ガスの排出削減をめざしている。日本では温室効果ガス排出の約 9 割が，エネルギー利用に由来する二酸化炭素（エネルギー起源 CO_2）となっているため，今後温室効果ガスを削減するには，中長期的にエネルギー起源 CO_2 の排出抑制対策の強化が望まれる。また，原子力への依存度低減を図るなかで，省エネルギーの推進，再生可能エネルギーの拡大など，エネルギー起源 CO_2 排出抑制対策の推進は，東日本大震災以前よりもいっそう重要となっている。このため，課税による経済的インセンティブを活用して化石燃料に由来する CO_2 の排出抑制を進め，その税収を活用して再生可能エネルギーや省エネ対策をはじめとするエネルギー起源 CO_2 排出抑制対策を強化することを目的として，12 年度税制改正において「地球温暖化対策のための税」（以下，地球温暖化対策税）が創設された。地球温暖化対策税は，石油・天然ガス・石炭といったすべての化石燃料の利用に対し，環境負荷に応じて広く薄く公平に負担を求めるもので，特定の分野や産業に過重な負担となることを避け，課税の公平性を確保している。具体的には，化石燃料ごとの CO_2 排出原単位を用いて，それぞれの税負担が CO_2 排出量 1t 当たり 289 円になるよう，単位量（kl または t）当たりの税率を設定している。地球温暖化対策税は，全化石燃料を課税ベースとする現行の石油石炭税の徴税を活用し，石油石炭税に上記の税率を上乗せする形で課税される。地球温暖化対策税の税率は 3 段階に分けて引き上げられるため，その税収は，初年度（2012 年度）391 億円，平年度（16 年度以降）2623 億円と見込まれている。この税収を活用して，省エネルギー対策，再生可能エネルギー普及，化石燃料のクリーン化・効率化などのエネルギー起源 CO_2 排出抑制の諸施策を着実に実施していくこととされ，具体的には，リチウムイオン電池などの革新的な低炭素技術集約産業の国内立地の推進，中小企業等による省エネ設備導入の推進，グリーンニューディール基金等を活用した地方の特性に合わせた再生可能エネルギー導入の推進等の諸施策が行われている。

　地球温暖化対策税による CO_2 削減効果としては，「価格効果」（課税を通じた CO_2 の排出抑制効果）と「財源効果」（税収をエネルギー起源 CO_2 排出抑制のための諸施策に活用することによる CO_2 削減効果）の 2 つが見込まれるほか，税施行前の排出抑制効果（事前アナウンスメント効果）や，税導入により国民各層に普及がなさ

れることにより地球温暖化対策への意識や行動変革を促す（シグナリング効果）といった「アナウンスメント効果」などが予測されている。

5 環境政策と地方自治体

5.1 地方分権一括法と地方独自課税への模索

日本では「地方分権の推進を図るための関係法律の整備等に関する法律」（2000年，以下，地方分権一括法）により，国と地方自治体の関係が垂直的な上下主従関係から水平的な対等協力関係へと改められた。これにより，国から地方自治体へ，都道府県から市町村へと事務機能と権限の委譲が進められるなど，分権改革が進められている。環境の領域にかんしても，地方自治体に対して，住民から地域のニーズを考慮した環境政策への要請が強まっている。税制の分野においても，地方分権一括法施行による地方税法の改正により，独自課税制度の要件が緩和され，地方自治体の課税自主権が拡大した。法律の定めのない地方税を条例によって設ける法定外税については，地方分権一括法以前から認められていた法定外普通税に加えて，事前協議制による法定外目的税が創設された。法定外普通税は従来の国の「許可制」から同意を必要とする「事前協議制」に改められ，協議の際の要件も縮小されたのである。許可制のもとで存在した「税源の所在及び財政需要の有無」が協議事項から除外されたことにより，税収確保を第一義的な目的としない政策税制の創設が認められ，法定外税は，地方自治体にとって課税の選択の幅を広げるものとなり，制度改正を受けて，多くの地方自治体が，積極的に環境にかんする地方独自課税の検討を開始した。産業廃棄物税や**森林環境税**の実施は全国規模で拡大傾向にあり，地方環境税は地方における新税として定着しはじめたといえる。

法定外普通税は，都道府県では石油価格調整税（沖縄），核燃料税（福井，愛媛，佐賀，島根，静岡，鹿児島，宮城，新潟，北海道，石川），核燃料等取扱税（茨城），核燃料物質等取扱税（青森）の計13件，242億円となっている（2013年度決算額［15年4月1日現在］）。また市町村では，別荘等所有税（静岡県熱海市），砂利採取税（神奈川県山北町），歴史と文化の環境税（福岡県太宰府市），使用済核燃料税（鹿児島県薩摩川内市），狭小住戸集合住宅税（東京都豊島区），空港連絡橋利用税（大阪府泉佐野市）の計6件，19億円となっている（同）。

法定外目的税は，都道府県では産業廃棄物税が，三重，鳥取，岡山，広島，青

森，岩手，秋田，滋賀，奈良，新潟，山口，宮城，京都，島根，福岡，佐賀，長崎，大分，鹿児島，宮崎，熊本，福島，愛知，沖縄，北海道，山形，愛媛の計27道府県で実施されている。そのほかにも宿泊税（東京），乗鞍環境保全税（岐阜）が実施されており，計29件，81億円となっている（2013年度決算額［15年4月1日現在］）。また市町村では，山砂利採取税（京都府城陽市），遊漁税（山梨県富士河口湖町），環境未来税（福岡県北九州市），使用済核燃料税（新潟県柏崎市），環境協力税（伊是名村，伊平屋村，渡嘉敷村［以上，沖縄県］）の計7件，13億円となっている（同）。

　近年，地方財政危機はいっそう深刻化しており，日本の「地方環境税」構想の背景には，一方で深刻化，多様化する環境問題が，他方で地方財政の悪化と地方分権の進展のあるなかで，いかに住民が参加，自律し，地域の経済社会を活性化し，地域再生と環境再生へ取り組むかに対する地方自治体の模索がある。地方分権の議論が進むなかで，それぞれの地域に応じた地域社会を構築するためには，行財政分野についても，地方自治体が十分な事務権限と自主財源のもとに地域住民の選択と負担，参加とともに地方自治を進めていく，といった地方分権の要請がこれまで以上に強まっている。

5.2　森林環境税の取組み

　現在，地方自治体の多くが，政策実現手段や財政危機の対応として，さまざまな法定外税の創設を政策実験として行っている。とくに産業廃棄物税や森林環境税といった地方環境税の導入は拡大している。地方自治体は，地方環境税を素材とした新しい公共政策あるいは政策形成のための政策実験を始めたといえる。

　森林環境税は，2003年4月に高知県で初めて導入された。その後，岡山（04年），鳥取・鹿児島・島根・愛媛・山口・熊本（05年），福島・兵庫・奈良・大分・滋賀・岩手・静岡・宮崎（06年），神奈川・和歌山・富山・山形・石川・広島・長崎（07年），福岡・栃木・秋田・茨城・長野・佐賀（08年），愛知（09年），宮城（11年），山梨・岐阜（12年），群馬・三重（14年），大阪・京都（16年）の計37の府県で実施されている（表7-3）。

　森林環境税の実施状況についてみると，ほとんどの府県で森林のもつ公益的機能を府民・県民が享受していることを示したうえで，広く府民・県民に課税することを定めている。また税の使途については，「森林環境の保全」のほかに，「森林を県民で守り育てる意識の醸成」をあげる府県も多く，このほか兵庫県の「県

表7-3 森林環境税の実施状況

府県名	税の名称（通称）	導入年	超過課税の状況 税目	超過課税の状況 個人	超過課税の状況 法人	税収額（億円）	収入の管理
高知県	森林環境税	2003	県民税（個人：均等割）（法人：均等割）		500円	1.7	
岡山県	おかやま森づくり県民税	2004	県民税（個人：均等割）（法人：均等割）	500円	5％増	5.6	基金
鳥取県	森林環境保全税	2005	県民税（個人：均等割）（法人：均等割）	500円	5％増	1.7	
鹿児島県	森林環境税	2005	県民税（個人：均等割）（法人：均等割）	500円	5％増	4.3	―
島根県	島根県森と緑の森づくり税	2005	県民税（個人：均等割）（法人：均等割）	500円	5％増	2.0	基金
愛媛県	森林環境税	2005	県民税（個人：均等割）（法人：均等割）	700円	7％増	5.3	
山口県	やまぐち森林づくり県民税	2005	県民税（個人：均等割）（法人：均等割）	500円	5％増	4.0	―
熊本県	水とみどりの森づくり税	2005	県民税（個人：均等割）（法人：均等割）	500円	5％増	4.8	
福島県	森林環境税	2006	県民税（個人：均等割）（法人：均等割）	1000円	10％増	10.7	
兵庫県	県民緑税	2006	県民税（個人：均等割）（法人：均等割）	800円	10％増	24.0	
奈良県	森林環境税	2006	県民税（個人：均等割）（法人：均等割）	500円	5％増	3.5	
大分県	森林環境税	2006	県民税（個人：均等割）（法人：均等割）	500円	5％増	3.2	
滋賀県	琵琶湖森林づくり県民税	2006	県民税（個人：均等割）（法人：均等割）	800円	11％増	6.4	
岩手県	いわての森林づくり県民税	2006	県民税（個人：均等割）（法人：均等割）	1000円	10％増	7.1	
静岡県	森林（もり）づくり県民税	2006	県民税（個人：均等割）（法人：均等割）	400円	5％増	9.7	
宮崎県	森林環境税	2006	県民税（個人：均等割）（法人：均等割）	500円	5％増	2.9	
神奈川県	水源環境保全税（水源環境保全・再生のための個人県民税の超過課税措置）	2007	県民税（個人：均等割・所得割）	均等割：300円所得割：0.025％増	なし	39.0	
和歌山県	紀の国森づくり税	2007	県民税（個人：均等割）（法人：均等割）	500円	5％増	2.7	基金
富山県	水と緑の森づくり税	2007	県民税（個人：均等割）（法人：均等割）	500円	5〜10％増	3.7	
山形県	やまがた緑環境税	2007	県民税（個人：均等割）（法人：均等割）	1000円	10％増	6.5	
石川県	いしかわ森林環境税	2007	県民税（個人：均等割）（法人：均等割）	500円	5％増	3.7	
広島県	ひろしまの森づくり県民税	2007	県民税（個人：均等割）（法人：均等割）	500円	5％増	8.3	
長崎県	ながさき森林環境税	2007	県民税（個人：均等割）（法人：均等割）	500円	5％増	3.7	
福岡県	森林環境税	2008	県民税（個人：均等割）（法人：均等割）	500円	5％増	13.5	
栃木県	とちぎの元気な森づくり県民税	2008	県民税（個人：均等割）（法人：均等割）	700円	7％増	8.3	
秋田県	秋田県水と緑の森づくり税	2008	県民税（個人：均等割）（法人：均等割）	800円	8％増	4.5	
茨城県	森林湖沼環境税	2008	県民税（個人：均等割）（法人：均等割）	1000円	10％増	16.0	
長野県	長野県森林づくり県民税	2008	県民税（個人：均等割）（法人：均等割）	500円	5％増	6.5	
佐賀県	佐賀県森林環境税	2008	県民税（個人：均等割）（法人：均等割）	500円	5％増	2.4	
愛知県	あいち森と緑づくり税	2009	県民税（個人：均等割）（法人：均等割）	500円	5％増	22.0	
宮城県	みやぎ環境税	2011	県民税（個人：均等割）（法人：均等割）	1200円	10％増	16.0	
山梨県	森林及び環境保全に係る県民税	2012	県民税（個人：均等割）（法人：均等割）	500円	5％増	2.7	
岐阜県	清流の国ぎふ森林・環境税	2012	県民税（個人：均等割）（法人：均等割）	1000円	10％増	12.0	
群馬県	ぐんま緑の県民税	2014	県民税（個人：均等割）（法人：均等割）	700円	7％増	6.2	
三重県	みえ森と緑の県民税	2014	県民税（個人：均等割）（法人：均等割）	1000円	10％増	8.0	
大阪府	森林環境税	2016	府民税（個人：均等割）	300円	なし	11.3	―
京都府	豊かな森を育てる府民税	2016	府民税（個人：均等割）	600円	なし	6.8	基金

（注）税収額は，2014年度見込み額。ただし大阪府と京都府については，平年度税収見込み額を示す。
（出所）各府県ウェブサイト等により作成。

民緑税」では，幅広く緑の保全および再生の重要性を述べたうえで，その税収を他の財源と区別して「県民緑基金」として管理し，その使途を「災害に強い森づくり」や「防災・環境改善のための都市の緑化」の推進に役立つ事業にまで広げている。また岡山県の「おかやま森づくり県民税」では台風による風倒木被害に対する復旧事業に税収の一部を充てている。森林環境税と総称されるこれらの取組みもその内容については，実施府県ごとに多種多様であることがわかる。

　課税の仕組みについては，実施府県のすべてが県民税超過課税方式を取り入れている。高知県による，個人県民税と法人県民税の均等割額にそれぞれ年額500円を上乗せする方式と，神奈川県による，個人に対して1年当たり個人住民税均等割額300円に加えて，所得の0.025％を所得割額として超過課税を行う方式，大阪府と京都府による，個人住民税均等割額（1年当たりそれぞれ300円，600円）のみを実施し，法人に対して負担のない制度を除いては，年額で個人に対しては個人住民税の均等割額に一定額の超過課税を行う一方で，法人に対しては，均等割額に標準税額の一定率を超過課税する方式で実施されている。個人の均等割額の超過分は，大阪の300円から宮城の1200円までの範囲で実施されており，法人については，岡山をはじめとする標準税額5％から滋賀の11％までの範囲で実施されている。このなかには，低所得者や高齢者などへの減免措置を定めている府県もある。また税収を積み立て，管理するための基金を条例で定めて設置する府県が多く，たとえば高知県では税収を森林環境保全基金として積み立てている。これは県民税超過課税方式による森林環境税が普通税であるため，府県に森林環境保全基金を設置し，均等割超過課税の税収相当額はすべて基金に積み立てたうえで，新たに実施する森林環境保全事業に充当し，支出にかんしても，既存の事業と明確に区分するために新たな予算科目を設けることで，税の透明性を高める効果がある。高知県では，県民の積極的な事業参画を促進する必要性から，基金運営委員会を設置し，同制度が県民の考え方を反映する役割を果たしている。一方，神奈川県の水源環境税への取組みは，応益的共同負担原則に基づき，地方自治体が主体性をもって政策提言を行い，各ステークホルダーに対する情報提供と対話を通じて，**参加型税制**による新たな参加の仕組みについて新税制を通じて検討している点が独創的である。

　森林環境税は，産業廃棄物税とともに，地方新税の1つとして定着しており，地方自治体間の相互学習による政策の波及効果が進んでいることがうかがえる。森林環境税は，府民税・県民税の超過課税方式で実施されているという共通点が

あるものの，その内容については，名称，目的，導入に至る経緯，制度設計，課税対象と負担のあり方など，実施府県によって相違があり，使途についても間伐を推進する事業をはじめ，針広混交林等への誘導を図る事業，府民・県民参加の森林づくり活動を支援する事業など，各地域の必要性と問題意識を反映した多様な事業を展開している。森林環境税は，荒廃森林の現状と森林のもつ公益的機能をいかに維持・管理するかといった費用負担と参加のあり方からその必要性が説かれることが少なくない。森林のもつ多面的機能をいかに位置づけるかにより，森林保全の社会的な環境コストの負担のあり方といかなる手段が望ましいのか，いかなる主体がそれに取り組むかが明確になる。森林を公共財として位置づけ，広範に及ぶ公益的機能を重視し，国全体の問題として議論するのであれば，一般財源による対応や国レベルでの森林環境税・課徴金も1つの方法である。また地域的な公共財への対応と位置づけると，地方環境税・課徴金等の活用も可能となる。さらにこれが府域・県域を超えた流域の問題と仮定すると，広域自治体連携による地域環境税や上下流間の協力による基金の創設，分収林契約，森林の空間利用等における料金の徴収などさまざまな可能性が存在する。

5.3 税による費用負担と参加

森林環境税は森林保全費用の負担の一部を地域住民に求める新たな税源措置であり，全国に広がっている。第1の理由は，森林の荒廃状況とそれを保全する必要性が，広く住民のレベルで共通の認識となってきたことである。また税を創り上げる過程での住民の税に対する認識の深まりが，「参加型税制」の定式化に大きな役割を果たしている。第2の理由は，地方分権一括法の施行以来，地方新税の典型として，森林環境税や産業廃棄物税等がそれぞれ普及してきたことである。最初に導入された高知県森林環境税は，森林の公益的機能を含めた環境問題への関心と地方分権の推進を背景に，第1に「県民参加による森林保全」の意識を高めることと，森林の公益的機能を保全することを，第2に「税収と支出が誰の目にもみえる形で結びつき，地域の実情に即した政策の実現を目指すこと」を，第3に将来世代にこの取組みを伝えるとともに，高知県から環境にやさしい森林のあり方を全国に発信することを目的として導入されたものであった。その特徴の1つは，根拠が環境税導入の有力な根拠の1つである原因者負担（あるいは狭義の受益者負担）ではなく，所得の多寡にかかわらず，等しい負担によって森林環境の保全に税制を通じて参加する「参加型税制」によって導入された点にある。

日本では地方分権一括法が原動力となり，全国的に独自の地方税創設の動きが活発になっている。森林環境税は，地域固有性をふまえた環境保全や環境管理に活用するための経済的な制度設計の1つであり，従来の規制型環境政策の限界を超えるものといえる。高知県が「県民参加型の税制」として，神奈川県が「生活環境税制」として，森林環境税について議論し，その政策形成過程を公開し，県民に意見を求めたように，地方環境税を導入している地方自治体の取組みは，地域が「参加」に根ざした真の行財政改革を志向しているあらわれの1つであろう。とくに神奈川県では，めざすべき社会とその実現に向けて，タウンミーティングを中心にステークホルダー間で話しあい，全体の枠組みのなかで公平な費用負担と責任をともなう参加について，「選択と負担」の関係から議論している。特定の政策形成過程に住民が参加することは，地方分権改革が進展し，ますます地方の自立，自主的運営に関心が高まるなかで地方自治の新たな転換点としてとらえることができる。

6　環境保全を実現する税制度・公共政策に向けて

　地域における持続可能な社会の構築にとって重要なことは，地域再生と環境再生に根ざした費用負担と参加のルールを明確にすることである。日本の地方環境税の議論は，行政が中心となり，いかに住民が費用負担の仕組みにかかわるかについて，新しい地方自治のあり方を提案している。

　地域や国境を超え，地球規模にまで広がる環境問題もその原因をたどれば，いずれも地域における人の社会経済活動に還元される。今後の環境保全政策は，地域レベルから国際レベルまであらゆる段階を視野に入れ，問題の解決に適した段階で，それぞれの段階における取組みを連携させながら展開することが望まれる。現在，森林環境税は県民税超過課税方式によってなされているが，これは実質的な地方環境税の創設と位置づけることが可能であり，納税者である住民にとって，税の仕組みとその運用が日常的に視野に入り，また受益者と負担者の関係が明確になることから，住民の地方行政への参加意欲を高める効果が生じ，結果として地方における民主主義社会の形成を醸成することになる。日本では，地球温暖化対策税の政策実験も始まったばかりであり，これらの環境税は，環境保全や環境管理に活用するための経済的な政策手段として制度設計されたものである。そのため，これらは従来の租税論，あるいは環境政策における費用負担論といった伝

統的な理論や租税根拠論の限界を超えるものである。環境と財政とのかかわりのなかで，環境税を含めた税制のグリーン化の制度設計を考える場合には，課税の根拠を明確にするとともに，課税の公平性，透明性および説明責任を果たし，環境の効果をふまえた制度設計の妥当性を検証する必要がある。その一方で，環境政策に対する責任と，国と地方自治体との政府間機能配分を明確化したうえで，同時に国から地方自治体への税源委譲などを進めていく必要がある。今後は，環境保全を実現する税制度・公共政策に向けて，新たな租税根拠論の妥当性について検討するとともに，地方分権の観点からは分権型自治体財政への展開と財政の公共性をいかに担保するのかについて検討を加えることが課題である。同時に，環境税の使途と効果を含めた政策評価を行うとともに，各地域の取組みだけではなく，**補完性原理**に鑑みながら，国と地方の関係，地域間の連携など，多層なパートナーシップのあり方を視野に入れる必要がある。

■ **討論してみよう**
① 地方環境税について身近な地域の取組みについて調べたうえで，その有効性について考えてみよう。
② 地球温暖化のために環境税は有効な手段であるか，考えてみよう。

■ **参考文献**
〈基礎編〉
寺西俊一・石弘光編［2002］『環境保全と公共政策』岩波書店
日本都市センター編［2007］『環境税をめぐる理論と自治体の課税』日本都市センター
日本都市センター編［2011］『環境税制・消費税制と都市自治体』日本都市センター
藤田香［2001］『環境税制改革の研究──環境政策における費用負担』ミネルヴァ書房
諸富徹［2000］『環境税の理論と実際』有斐閣
OECD（天野明弘監訳・環境省総合環境政策局環境税研究会訳）［2002］『環境関連税制──その評価と導入戦略』有斐閣
〈より進んだ学習をするために〉
高井正［2013］『地方独自課税の理論と現実──神奈川・水源環境税を事例に』日本経済評論社
朴勝俊［2009］『環境税制改革の「二重の配当」』晃洋書房
諸富徹編［2009］『環境政策のポリシー・ミックス』ミネルヴァ書房
諸富徹・沼尾波子編［2012］『水と森の財政学』日本経済評論社
除本理史［2007］『環境被害の責任と費用負担』有斐閣

Niizawa, H. and T. Morotomi eds. [2014] *Governing Low-Carbon Development and the Economy*, United Nations University Press.

第8章 芸術・文化と財政
根拠・評価・主体

KEYWORDS
メセナ　租税支出　コスト病　文化産業の同心円モデル　指定管理者制度
アームズ・レングスの原則　フィランソロピー　寄付税制

1 日本の芸術・文化予算

1.1 芸術・文化予算の意義

　芸術・文化は，古くから財政的な支援を受けてきた。企業による芸術・文化への支援を意味する**メセナ**という言葉は，古代ローマの政治家マエケナスの名に由来するが，近代以前の社会では，王侯貴族，宗教，富裕な商人などが，芸術・文化を支援する「パトロン」の役割を担うことが常であった。現在では，多くの国において，国家や地方自治体が支援の重要な主体となっている。

　こうした事実がある一方で，後でみるように芸術・文化予算の規模は，日本に限らず，国と地方の予算に占める割合という視点からみて，決して大きいとはいえない。にもかかわらず，芸術・文化と財政とのかかわりを学ぶことには大きな意義がある。その理由は，次の2点にまとめることができる。

　第1に，私たちの生活における芸術や文化の重要性である。たとえば，内閣府「国民生活に関する世論調査」では，今後の生活では「心の豊かさやゆとりのある生活に重きをおきたい」と答える人々の割合が，「物質的な面で生活を豊かにすることに重きをおきたい」と答える人々の割合を，1970年代後半以降，一貫して上回っている。この「心の豊かさ」に寄与するところの大きい芸術や文化自体についても，やはり内閣府が2010年に行った「文化に関する世論調査」において，日常生活のなかで，優れた文化芸術体験をしたり，自ら文化芸術活動を行ったりすることについて，「非常に大切」(28.6％)および「ある程度大切」

(59.8%)と回答した人の割合が，あわせてほぼ9割を占めている。

　芸術・文化と財政との関係を学ぶべき第2の理由は，芸術や文化にかかわる財政がもつ特質である。道路，公園，警察・消防サービスといった一般的な公共サービスとは異なり，政府が財政的に芸術や文化を支援しなければならない理由は必ずしも明快ではない。また，後で詳しくみるように，芸術・文化への支援は，その主体や手段のあり方も，他の公共支出に比べて多様である。つまり，芸術・文化は，その規模および性質の両方の側面からみて，財政の「限界的」領域に位置しており，そのゆえに，芸術・文化と財政のかかわりについて検討することは，政府介入の根拠や財政民主主義のあり方といった，財政学の根幹にかかわる事項について再考する契機となりうるのである。

1.2　国の芸術・文化予算

　芸術・文化と財政との関係がもっとも明確にあらわれるのは，公共部門が芸術・文化の振興を目的として何らかの財政支援を行う場合である。日本において，芸術・文化の振興を目的として設置されている行政機関は文化庁である。1968年に発足した当時の文化庁予算は50億円であり，政府予算の全体に占める割合は0.1%にも達しない小規模なものであった。その後，90年代の終わりまでその額は堅調に増加し，2015年度の文化庁予算の総額は1037億9300万円にまで増加している。しかし，政府予算の全体に占める割合をみると，その間，おおむね上昇傾向を示してはいるものの，現在でも文化庁予算が政府予算に占める割合は0.1%をわずかに超えるにすぎず，必ずしも大きなものとはなっていない。

　もちろん，このことが芸術・文化への支援が政府の大きな関心事とはなっていないことを示しているわけではない。たとえば，2001年には文化芸術の振興にかんする基本理念を定め，国および地方公共団体の責務を明らかにした「文化芸術振興基本法」が施行され，政府による芸術・文化の支援の法的根拠が明確にされた。また，12年には「劇場，音楽堂等の活性化に関する法律」が施行されている。これらの法律が制定されたことは，芸術や文化への関心が政策的なレベルでも高まってきたことを意味しているが，少なくとも予算の規模にかんする限り，こうした法整備が大きな影響を与えたわけではないことは明らかである。

　政府の予算に占める芸術・文化予算の割合が低いのは，日本だけの特徴ではない。他の国をみても，フランス，韓国が1%前後のやや高い値を示してはいるものの，ドイツで約0.4%，イギリスで約0.2%，アメリカに至っては0.05%に満た

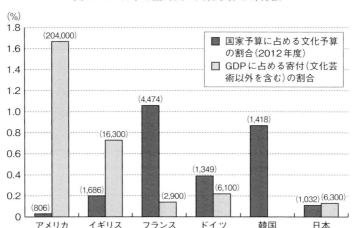

図8-1　日本と諸外国の文化予算と寄付額

（注）1　（　）内は、予算実額、寄付額（単位：億円）。
　　　2　アメリカ・イギリスの予算は2011年度。
　　　3　韓国の「GDPに占める寄付」はデータなし。
（出所）文化庁調べ。

ない水準となっている（図8-1）。とはいえ，日本の場合でも1000億円を超える公的な資金が支出されていることは事実であり，政府が芸術・文化に対して財政的な支援を行うことの根拠は重要な論点であるといってよい。

1.3　芸術・文化に対するその他の支援

　政府予算に占める芸術・文化予算の割合が低いことは事実であるが，この点のみから芸術・文化と財政とのつながりは大きくないと判断してはならない。芸術・文化と財政の間には，担当省庁の支出する経費にはあらわれないさまざまな関係があるからである。

　第1に，日本の場合でいえば，芸術・文化に対して公的な資金を用いて支援を行うのは，文化庁ばかりではない。第2節で詳しくみるように，文化庁以外にも，国土交通省，経済産業省，外務省をはじめさまざまな行政機関が芸術・文化への財政的な支援を行っている。とりわけ大きな規模を示すのが地方自治体による芸術・文化に対する支援である。2012年度の都道府県および市町村による芸術・文化支援の規模は合計でおよそ3638億円と，文化庁予算の3.5倍にものぼる。ただし，第3節でくわしくふれるように，地方の芸術・文化予算の規模は，1990年代の半ば以降，急速に縮小している。地方の芸術・文化予算がピークに達した

93年度の予算額は,およそ9550億円であり,当時の文化庁の予算額（539億円）の20倍近くに達していた。

　芸術・文化と財政との関係を文化庁の予算のみから知ることができない第2の理由は,政府は予算に反映されない間接的な手段を用いて芸術・文化を財政的に支援することができるということである。具体的には租税の減免措置である。たとえば,ドイツやフランスでは,それぞれさまざまな制約条件は付けられているものの,個人の芸術家にかんしては芸術的活動から発生する所得に対する所得税が減免されており,芸術家への実質的な財政支援となっている。また,EUの付加価値税においては,演劇,博物館,映画館などへの入場料など文化にかかわる財・サービスに軽減税率を適用することが認められている。いずれの場合にも,政府は本来であれば得られた税収を失うという形で目にみえない支出（**租税支出**）を行っていることになる。

　最後に,芸術・文化と財政とのかかわりを検討する際に無視することができないのは,民間による芸術・文化支援である。とくに,政府による支援が比較的小規模な国では,民間から提供される寄付金が芸術・文化への財政支援の柱となっており,GDPに対する寄付金の割合はアメリカで約1.7%,イギリスで0.7%にのぼる。このうち,どの程度の額が芸術・文化に向けられているのかを正確に知ることはできないが,日本の寄付金総額がGDP比で0.1%を少し上回るにすぎないことと比べると,これらの国ではいかに寄付金が大きな役割を果たしているのかが理解できるであろう。逆にみれば,政府の予算に占める文化予算の規模が比較的小さいにもかかわらず,民間による寄付の規模も小さいことは,日本における芸術・文化と財政とのかかわりの1つの特徴ともいえる。日本において寄付金額が少ない理由は,先に述べた租税制度を通じた間接的支援と深く関連するが,これについては第4節でくわしくふれたい。

2　芸術・文化支援の根拠

2.1　芸術・文化と「コスト病」

　アメリカの経済学者W. J. ボーモルとW. G. ボーエンは,著書『舞台芸術——芸術と経済のジレンマ』において,アメリカの実演芸術団体にかんする実証的研究から,多くの実演芸術団体の経費がその収入を上回っていることを明らかにし,この状態を「所得不足」（income gap）と呼んだ。一般的にいえば,営業赤字にほ

かならないものに対して，ボーモルらがあえて所得不足という耳慣れない言葉を用いたのは，それが通常の赤字のように，経営上の失敗や外的環境の不測の変化によるものではなく，実演芸術のもつ技術的性質がもたらす必然的な結果であると考えたからである。

ボーモルらが注目したのは，経費の膨張，とりわけ実演芸術団体の経費の大部分を占める芸術家にかかわる人件費の膨張である。一般的に賃金の水準は経済発展とともに上昇するが，自動車産業に代表される近代的な製造業の場合には，この賃金水準の上昇は，機械の導入などによる省力化で相殺され，直接的には人件費の膨張につながらない。ところが，実演芸術の場合には，労働者による労働の過程そのものが生産物であるため，省力化による人件費の節約は不可能である。演劇やバレエで出演者の人数を削減すれば，作品の質そのものが変化してしまうことは誰の目にも明らかであろう。

このように，人間の労働そのものが生産物の一部を構成する財，あるいは人間の労働の量が生産物の質を直接的に左右するような財の場合には，技術革新を進め労働を節約することによって生産コストを抑えることは困難である。こうしたことは，実演芸術以外の産業にも共通してあらわれる。生産要素1単位に対する生産物の比率で表される生産性の上昇のスピードが遅い産業では，生産物1単位当たりの生産費が他の産業に対して相対的に上昇していくことが知られている。この現象は，のちに「**コスト病**」あるいは「ボーモルの病」と呼ばれる理論として定式化されている。

現在では，コスト病の理論は，実演芸術のみならず，医療・福祉または教育を典型的な事例として，文化にかかわる領域以外にも広く適用されている。また，A. ワグナーらによって指摘されてきた国家経費の膨張という現象を生み出すメカニズムの1つとして，コスト病があげられることもある。このように，公共政策を考えるうえでコスト病がもつ意義は大きいが，その存在のみで芸術・文化への財政的支援を正当化することはできない。たしかに，所得不足が拡大していることは芸術・文化の供給を担う主体が何らかの支援を必要としていることを意味しているが，その一方で，芸術・文化に対して支援を行うことが望ましいということを何ら説明していないからである。

2.2 芸術・文化にかかわる市場の失敗

他の領域と同様に，芸術・文化の領域においても，政府による市場への介入を

正当化する根拠となりうるのは市場の失敗である。

　芸術・文化の領域で起こる市場の失敗の原因として，第1に指摘されるのは不完全競争である。たとえば，ハリウッド映画は，その巨大な資金力を背景に国際的な映画市場で大きなシェアを占めているが，それによって，より小規模な企業によって製作される国内の映画が駆逐され，映画市場の多様性が低下し，消費者の不利益につながっているとする議論がある。このような考えに基づき，フランスやスペイン，韓国など一部の国では，自国内で製作された映画の上映日数などに最低基準を設けるスクリーン・クォータ制や，自国の映画製作に対する補助金によって，国内の映画産業を保護する政策が取られている。ただし，アメリカの経済学者T.コーエンをはじめ，こうした制度はむしろ消費者からみた多様性を損ねるものであると批判する論者も少なくない。

　市場の失敗のうち，財政とより関係が深いのは，芸術・文化の消費や生産にともなう正の外部性，あるいは公共財の形であらわれる芸術・文化であろう。いずれも，芸術や文化が社会全体に対して非競合的な便益をもたらすことに根本的な要因がある。こうした便益は，文化の「不使用価値」とも呼ばれ，政府による芸術・文化への支援の重要な根拠とされてきた。最初にこの根拠にふれたのは，イギリスの経済学者L.C.ロビンズである。ロビンズは，第二次世界大戦後のイギリスにおいて芸術作品の国外への流出を防ぐため，政府が芸術作品を買い取る政策を支持し，その根拠として，青少年が芸術作品を鑑賞することが社会全体にとっても望ましい影響を及ぼすことをあげた。ロビンズの示した根拠は「教育的価値」と呼ばれるようになっているが，芸術・文化の消費にともなう正の外部性の典型的な事例であるといってよい。

　上で述べた正の外部性の事例のほか，著名な芸術作品や文化遺産など，芸術・文化のなかには公共財的な性質を示すものもある。これらの財は，それを実際に鑑賞する人々だけでなく，将来それを鑑賞する可能性を保持しておきたいと望む人々（オプション価値），あるいは，それを実際にみることはなくても，この世界に存在していること自体に何らかの価値を見出す人々（存在価値），そして自分の住む国や地域にそれらが存在することを誇りに思う人々（威光価値）に非競合的かつ非排除的な便益をもたらす可能性があるからである。

　このように，芸術・文化がそれを直接的に利用する人以外にも便益を及ぼすとすれば，政府による，芸術作品の創造や文化遺産の保全に対する補助は，正当化されるであろう。しかし，こうした財政支援にかんしては，検討する価値のある

批判がある。一般に政府によって支援される芸術・文化には，オペラ，オーケストラなど，いわゆるハイ・アートと呼ばれる芸術が多いが，多くの場合，これらは比較的高所得の人々によって消費される傾向があることが，これまでの実証研究によって明らかにされている。そのため，芸術・文化に対して政府が支援を行うことは，低所得者から高所得者への所得の移転となる場合がある。つまり，芸術・文化に対する補助金には逆進性があるということになる。

この理由から，芸術・文化への財政的支援を否定的にみる意見もあるが，所得分配への配慮から芸術・文化の生産よりもその消費に対して直接的に支援を行うことが必要であるとする見解も少なくない。イギリスの文化経済学者R.タウスは不完全情報の観点から，消費者は芸術・文化の価値を充分に理解できないためにその消費が過少になるとして，政府による財政支援の根拠を示している。仮に，芸術体験が所得によって制約され，芸術体験の乏しさがこうした情報の不完全性につながるのであれば，消費者への支援の必要性は，所得分配への配慮からも正当化されるであろう。とくに青年期までの年齢において，所得に制約されることなく芸術・文化にふれ，すべての所得階層でその消費傾向が強まれば，芸術・文化に対する補助金に逆進性という問題が発生することもなくなると考えることができる。

2.3 「支援」から「投資」へ

芸術・文化が不使用価値を生み出すことは明らかであったとしても，それだけで芸術・文化への財政的支援を正当化することはできない。それが正当化されるためには，財政的支援によって生み出された芸術・文化の不使用価値が，支援のコストを超える必要がある。しかし，少なくとも事前にこのことを示すのは非常に難しい。具体的な被害を観察することが比較的容易である環境汚染などの負の外部性と異なり，その可能性が潜在的に示されるに留まる芸術・文化の不使用価値を測定することは現実には不可能に近いからである。

こうした難しさのある不使用価値の概念に代わり，近年，芸術・文化支援の根拠として注目されるようになったのが，芸術・文化のもつ経済的な波及効果である。たとえば，文化庁が2011年度予算要求において掲げた『文化芸術による日本元気復活プラン』では，「創造的な人材育成による産業育成・雇用創出，貴重な文化遺産の活用による観光振興・地域活性化や我が国の優れた文化芸術の海外への発信など，我が国の強みである文化芸術を経済成長のために最大限活用する

ことで,『元気な日本』の復活を図る」とされたように,芸術・文化への支援が多様な経路をたどって最終的には経済成長につながる,いいかえれば経済的価値をもたらすという考え方が,近年になって急速に広まっている。

　芸術・文化のもつこうした性質を的確に表現したのが,オーストラリアの文化経済学者 D. スロスビーが提唱した**文化産業の同心円モデル**である。スロスビーは,文化産業に分類される個々の産業は,音楽,文学,工芸,メディア・アートなどを含む創造的な芸術・文化を中心とする同心円上に配置することができると主張する。スロスビーが「創造的コア」と呼ぶ,芸術・文化を直接的に生産するこれらの産業のすぐ外側には,出版業,テレビ・ラジオ放送,新聞,映画など,芸術・文化を文化的商品として「送り出す」産業が位置し,さらにその外側には観光,建築など,文化を「利用する」産業が配置される。そして,周辺に配置された産業では,創造的コアで生み出された新しいアイディアが一種の生産要素として用いられることを示している。

　たとえば,アニメや映画の舞台となった地域をめぐるコンテンツ・ツーリズムは,観光産業において芸術・文化的な要素が重要な生産要素として利用されている事例である。また,J. K. ガルブレイスは,アメリカ人がアメリカ車ではなくわざわざイタリア車を買おうとするのは,デザインの面で優れているからであって,決して機械的な性能の面で優れているからではないと述べ,他の産業でも芸術・文化が生産要素として利用されていることを指摘している。

　こうした点から考えれば,芸術・文化にかかわる経費を芸術・文化振興のための経費と限定的に解釈することが適当ではないことが理解できるであろう。むしろ,あらゆる政策領域のなかに芸術・文化の要素が含まれる可能性がある。実際,アニメをはじめとする日本のコンテンツを海外へ積極的に発信・輸出仕様とするクール・ジャパン政策にかんしては,経済産業省や総務省から多額の経費が支出されているし,観光立国をめざした歴史まちづくりの推進や外国人観光客の誘致のために国土交通省や外務省,法務省などからも経費が支出されている。

　これらの経費は芸術・文化の振興を目的とした予算というよりは,むしろ,芸術・文化を手段として経済的な収益を得ることを目的としたものである。つまり,芸術・文化に政府が公的な資金を支出する根拠は,「支援」から「投資」へと変化したということもできるのである。

3 行財政改革と芸術・文化財政

3.1 地方の文化予算

　第1節では，文化庁の予算がその設立以来，一貫して，政府予算の0.1％前後という低い水準で推移していることをみたが，文化庁の予算の特徴としてもう1つあげることができるのは，芸術・文化の振興に関連するものよりも文化財保護にかかわる予算の額が大きい点である。2015年度予算の内訳をみると，「芸術文化の振興」227億800万円（21.9％），「文化財保護の充実」451億900万円（43.5％），「国立文化施設関係」328億9400万円（31.7％），「その他」30億8100万円（3.0％）となっている（図8-2）。このうち，「国立文化施設関係」については，国立文化財機構が113億6100万円（10.9％），国立美術館が109億7600万円（10.6％）とそのほぼ3分の2が文化財関連経費で占められているため，文化庁予算全体の実に65％が文化財関連の経費であるといえる。このように文化財保護に重きをおいた文化庁の予算のあり方は，近年に特有のものではない。たとえば，1993年度の予算（538億9700万円）の内訳をみてみると，「文化財保護の充実」が75.7％（408億2300万円）であるのに対して，「芸術文化の振興」は24.3％（130億7400万円）を占めるにすぎない。

　こうした文化財保護偏重ともとれる文化庁の予算を補完するものとして，政府の出資と民間の寄付による基金の運用益で芸術文化活動の助成を行う芸術文化振興基金があるが，その助成金額は近年では6億円から7億円程度に留まっており，決して大きな額ではない。このように国レベルでみて手薄であった芸術・文化の振興にかかわる事業を主に担ってきたのは，かつては地方の文化予算であった。地方の芸術・文化関連予算は，ピークであった1993年度においては，その総額約9549億5000万円のうち，85.6％（約8172億2900万円）が「芸術文化経費」に充てられていた。その意味では，芸術文化の振興における地方自治体の役割は大きなものであったといってよい。

　その後，地方の文化予算が急速に減少してきたことは第1節で述べたとおりであるが，なかでも急速に減少したのがこの「芸術文化経費」である。芸術文化経費と文化財保護経費について，1993年度の予算と2013年度の予算を比較すると，後者が約1377億2100万円から約655億2100万円へとおよそ48％に減少しているのに対して，前者は約8172億2900万円から約2982億3600万円へとおよそ

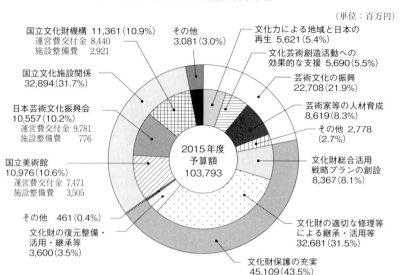

図 8-2　2015 年度文化庁予算

(注) 単位未満を各々四捨五入しているため、合計額と一致しない場合がある。
(出所) 文化庁『我が国の文化政策 平成 27 年度』。

36% にまで減少している。しかしながら、芸術文化予算のうち芸術文化経費が占める割合は、13 年度でもおよそ 82% を占めており、芸術文化の振興における地方自治体の役割は依然として大きい。

3.2　行財政改革と芸術・文化支援

前項でみたようにピーク時の 3 分の 1 近くにまで減少した芸術文化経費であるが、その内訳をよりくわしくみると、急速に減少したのは文化施設建設費に限られることがわかる（図 8-3）。文化施設建設費の額は、1993 年度の時点では 5878 億 6800 万円にのぼり、芸術文化経費の 72% を占め群を抜いて大きな値を記録していたが、最も低い水準であった 2008 年には 286 億 6200 万円とピーク時のおよそ 5% にまで減少し、芸術文化経費全体に占める割合も 11% と経費のなかで最も小さなものとなった。一方で、その他の費用、すなわち文化施設経費と芸術文化事業費については、ピーク時に比べれば若干の低下はみられるものの、文化施設建設費ほど大きな減少はみられない。とくに芸術文化事業費は、1994 年度に 989 億 4400 万円、1997 年度に 770 億 7000 万円という高い値を示したのを例外として、1990 年度以降、ほとんどの期間にわたっておよそ 500 億円前後から 700

図 8-3 地方の芸術文化経費の推移

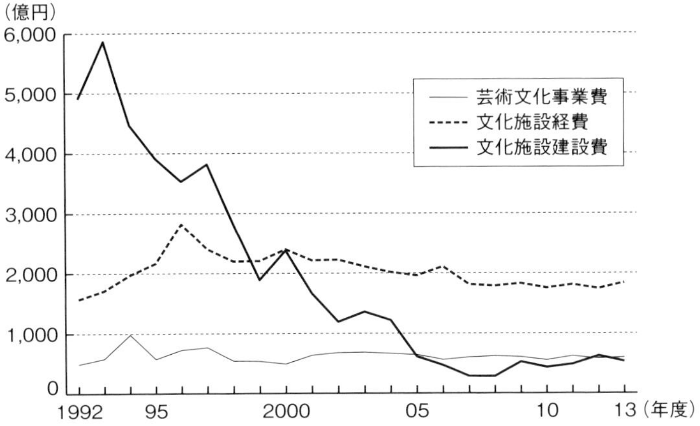

(億円)縦軸、1992〜13年度横軸。凡例：芸術文化事業費、文化施設経費、文化施設建設費。

(出所) 文化庁『地方における文化行政の状況について（平成25年度）』。

億円前後までの間で推移している。

　以上から明らかなように，1990年代の半ば以降に地方の芸術文化経費が大きく減少した理由は，文化施設建設費が減少したことにある。こうした文化施設建設費の減少の直接的な原因は，いうまでもなく90年代初頭からの地方財政の逼迫とそれに呼応した行財政改革である。しかしながら，その背景には地方の芸術文化経費，とくに文化施設建設費については，必ずしも芸術文化の振興を目的に支出されてきたわけではなかったという事実がある。金武創や後藤和子による地方における芸術文化経費の推移にかんする実証的な研究は，地方の芸術文化関連経費が景気対策や地域間再分配の手段として用いられてきたことを指摘している。

　つまり，芸術・文化の領域においても，他の公共事業と同じく，その本来の目的とは別に，貨幣を移転する手段として芸術・文化が利用されてきた側面がある。地方を中心にソフトとしての芸術・文化活動をともなわない，博物館や図書館，ホールなどのハードとしての文化施設ばかりが整備される状況は，1980年代後半頃から「箱物行政」と揶揄され，批判の対象となってきたが，その背景には，以上でみたように，本来であれば芸術・文化の振興を目的として支出されるはずの経費が，いわば芸術・文化を手段として貨幣を移転する目的で利用されてきたという経緯がある。

　その一方で，地方の文化関連経費の本来の目的である地方における芸術・文化の振興は必ずしも充分に実現されていない。以前より，演劇やコンサートの公演

第8章　芸術・文化と財政　145

回数，動員数をはじめ，芸術・文化の鑑賞機会が大都市，とりわけ東京に集中している状況が指摘されていたが，この傾向は現在でも続いており，文部科学大臣および文化庁長官の諮問機関である文化審議会等においても，たびたびその是正の必要性が取り上げられている。一時は文化庁予算の20倍近くにも達した多額の地方の文化関連経費は，地域間の経済格差を是正するのには一定程度役立ってきたのかもしれないが，芸術・文化の鑑賞機会の是正には必ずしも役立ってこなかったのである。

3.3 芸術・文化と行政改革

地方分権改革をはじめとする行財政改革が本格化しはじめたのは，1990年代の半ばからであるが，その背景には前項で述べた地方自治体による「箱物行政」があったことはいうまでもないだろう。すでにみたように，批判の対象となった「箱物」のなかには，多くの文化施設が含まれていた。その意味では，ソフト面での芸術・文化事業をともなわない文化政策・文化行政のあり方が行財政改革の潮流を生んだ主要な要因の1つであるといっても過言ではない。実際，行財政改革の影響を最も大きく受けた領域の1つは，間違いなく芸術・文化である。近年に行われた具体的な行財政改革のなかで，芸術・文化の領域に最も大きな影響を与えたのは，政策評価と指定管理者の導入であろう。

政策評価を客観的かつ厳格に実施することにより効果的かつ効率的に行政を推進することを目的とした「行政機関が行う政策の評価に関する法律」が2002年に施行されたことにより，芸術・文化の領域にも政策評価あるいは行政評価が導入され，「箱物行政」に典型的にみられたような必ずしも効果的ではない経費の使い方を見直そうとする機運が高まった。

しかし，芸術や文化については，他の公共サービスと異なり，その評価を行うことは必ずしも容易ではない。前節においてすでに芸術・文化の不使用価値との関連で述べたように，芸術・文化の中身にかんしていえば，それを評価するか，あるいは評価しないかは，個々の評価者によって大きく異なる。そのため，芸術・文化の領域における行政評価は，「評価すべき」点についての評価ではなく，「評価が可能な」点についての評価になりやすい。たとえば，地域の博物館や美術館の本来の目的が住民の芸術体験の拡大にあったとしても，芸術体験それ自体を数量化することはきわめて難しい。そのため，入場者数をはじめ数値によって具体的に測定することのできる評価にかたよる傾向があり，場合によっては入場

料金収入や外来の観光客数など，本来の目的とは直接関係のない視点からの評価へと変化してしまうこともある。

文化をいかに評価するかは，**指定管理者制度**においても1つの重要な論点となっている。2003年に地方自治法が改正されたことにより，それ以前にはさまざまな制限が付けられていた公の施設の管理を，株式会社を含め，広く民間の主体に行わせることが可能になった。それ以後，指定管理者を導入する文化施設の数は急速に増え「文教施設」というカテゴリーでみれば，2012年4月の時点で全体の実に46.6％が指定管理者を導入している。

指定管理者制度の導入によって，効率的に質の高い公共サービスが提供されるとの期待がある一方で，芸術・文化の分野では導入の当初から，コスト削減に偏重した経営が行われ，サービスの質がむしろ低下するのではないか，美術館・博物館での作品の収集，図書館の収書といった文化施設の個性にとって重要な方針の継続性が保てるのかといった懸念がもたれている。実際，こうした懸念が現実になった例もみられ，現在では，いったん指定管理者に委託した文化施設を，再び地方自治体の直営に戻すといった動きも一部にみられる。

4 芸術・文化支援の主体

4.1 アームズ・レングスの原則

指定管理者制度の導入や行政評価の導入において問われた，芸術・文化の担い手は誰であるべきか，そして芸術・文化を公共サービスの1つとしていかに評価して意思決定を行っていくべきかという問いは，財政民主主義はいかにあるべきかという問いの具体的なあらわれの1つとしてとらえることもできるであろう。とくに芸術・文化の領域では，誰が評価し意思決定を行っていくべきかという問いは，表現の自由の問題と深くかかわるだけに，重要な論点である。

この問題に対する1つの回答は，アーツ・カウンシル（芸術評議会）と呼ばれる政府とは独立した立場から芸術・文化に対する支援にかかわる意思決定を行う専門機関を設置することである。現在，ニュージーランド，カナダ，アイルランドなどさまざまな国におかれているアーツ・カウンシルのモデルとなったのは，第二次世界大戦が終結してから間もない1946年に設立された，イギリスのアーツ・カウンシルである。その設立に尽力したJ.M.ケインズは，芸術・文化を財政面で支援する場合でも，政府はその内容に口を出すべきでないとした。この考

え方は，現在では**アームズ・レングスの原則**と呼ばれ，芸術・文化支援における基本的な考え方となっている。

アーツ・カウンシルへの関心は，近年，日本でも高まっており，東京，大阪でアーツ・カウンシルが設置されたほか，文化庁でもアーツ・カウンシルの仕組みが試行的に導入されている。これらは日本版アーツ・カウンシルと呼ばれているが，その目的はアームズ・レングスの原則を実現することよりもむしろ，審査の適正化，透明化といった点に重きがおかれているようにみえる。しかし，芸術・文化の支援に向けて評価の仕組みを確立しようとする試みとして日本版アーツ・カウンシルへの期待には大きいものがある。

4.2　間接的支援と寄付税制

アームズ・レングスの原則を実現する方法は，アーツ・カウンシルのような評価の仕組みづくりだけではない。民間による支援を活用することも有効な方法である。企業による芸術・文化支援が「メセナ」と呼ばれることは本章の冒頭でもふれたが，これらを含め，寄付を行う行為やその他の慈善活動などの利他的な活動は**フィランソロピー**と呼ばれる。

フィランソロピーは「人類愛」を意味するギリシア語を起源とする言葉であるが，芸術・文化を愛し，それを支援することで人類の文化的発展に寄与しようとする「人類愛」に頼るだけでは，寄付金の額は必ずしも増えない。多くの国では**寄付税制**を活用することで，企業や個人による寄付の活発化が図られている。すでに述べたとおり，日本の寄付金額は諸外国に比較すると規模が小さいが，その理由としてしばしば言及されたのは，この寄付税制が未整備であったということである。

寄付税制のメカニズムは，寄付金額の全額あるいは一部を所得あるいは税額から控除することによって，「寄付する」という行為の実質的な「価格」を引き下げることである。たとえば，ある個人が特定の芸術団体に10万円を寄付するケースを考えてみよう。仮に限界的な所得税率が20％であり，単純に寄付金の総額が所得から控除されるものと考えるならば，個人は10万円の寄付を行うことによって所得税を2万円減らすことができることになる。このとき，この個人にとって10万円の寄付を行う行為の実質的な「価格」は8万円となり，寄付税制がない場合よりも寄付へのインセンティブが強まる。

寄付金は政府による補助金とは異なり，補助の対象を政府ではなく個人が決定

するため，このような間接支援の制度であれば，アームズ・レングスの原則が実現されることはいうまでもないであろう。また，寄付税制は安価な政策手段ともなりうる。上の例の場合，政府は税収を2万円失うことになるが，その一方で寄付を受ける芸術団体等は10万円の収入となる。仮に寄付税制が存在しないときの個人の寄付金額が5万円であったとすれば，寄付税制の整備によって，政府は実質的に2万円の支出で，新たに5万円分の財政支援を芸術団体に行ったことになる。このように，間接支援にはより小さな財政的負担で，同額の支援を行うことができる可能性がある。

　以上のような寄付税制の仕組みは，かつての日本の税制においては，控除の対象となる組織が限られるなど限定的なものであったが，近年になって急速に整備されてきている。したがって，寄付税制の未整備のみを日本の寄付金の少なさの原因とすることには無理がある。むしろ，現状で問題なのは，寄付によって芸術・文化を支えていくという仕組み自体が国民の中に浸透していないということであろう。前項でふれた日本版アーツ・カウンシルには，芸術・文化にかんする情報収集機関・発信機関となり，寄付者と芸術・文化団体とを結びつける中間組織としての役割を果たすことも期待されている。

5　まとめ

　本章の最後でふれた寄付税制と民間による支援は，芸術・文化と財政との理想的な関係を示しているようにもみえる。なぜなら，この方法は少ない財政的支出，いいかえれば租税負担で，より大きな財政的支援を芸術・文化に与えるとともに，表現の自由を制約することなく，いかにそれらを支援するのかという困難な問題を回避しているとも思われるからである。

　しかし，この方法には大きな問題もある。それは，寄付はわかりやすい，いいかえれば人気のある芸術・文化に対して行われ，実験的あるいはマイナーな芸術や文化には行われない傾向があることである。こうした芸術・文化に対してはやはり直接的な財政支援を行わざるをえないが，その場合，どのようにすれば表現の自由を制約せずに補助の対象を決めることができるのかという問題とともに，果たして人々が積極的に寄付をしようとしない芸術・文化を政府が支援する根拠があるのかといった問題が再びあらわれる。

　このことは，芸術・文化と財政との関係が，財政民主主義について，それがど

のような内実をもつ民主主義であるのかをも含めて，大きな問いを投げかけていることを示しているといってよいだろう。

■ **討論してみよう**
① 芸術や文化に対して公的な資金が支出される根拠が，支援から投資へと変化してきた背景について考えてみよう。
② 地方に居住する人々も，大都市に住む人々と同様に芸術・文化にふれる機会をもてるようにするには，どのような方法があるか考えてみよう。
③ 芸術・文化を支援する場合，政府支出による直接的支援と，フィランソロピーを活用した間接的支援とではどちらが望ましいか，考えてみよう。

■ **参考文献**
〈基礎編〉
池上惇・植木浩・福原義春編［1998］『文化経済学』有斐閣
金武創・阪本崇［2005］『文化経済論』ミネルヴァ書房
後藤和子編［2001］『文化政策学——法・経済・マネジメント』有斐閣
〈より進んだ学習をするために〉
コーエン，T.［2011］『創造的破壊——グローバル文化経済学とコンテンツ産業』作品社
後藤和子［2013］『クリエイティブ産業の経済学——契約，著作権，税制のインセンティブ設計』有斐閣
小林真理編［2013］『行財政改革と文化創造のイニシアティヴ——新しい共創の模索』美学出版
スロスビー，D.［2003］『文化経済入門』日本経済新聞社
スロスビー，D.［2014］『文化政策の経済学』ミネルヴァ書房

第9章 行財政改革
ムダの解消と「未来への投資」

KEYWORDS
政府の失敗　サッチャーリズム　レーガノミクス　政府機能論　グレーゾーン
市場化テスト　指定管理者制度　エージェンシー化　PFI　NPM

1 行財政改革とムダの解消

1.1 行財政改革の始まり

　1980年代以降、先進諸国は行財政改革の時代に突入した。行財政改革とは、行政と財政との活動領域を変革する取組み、つまりは政府の役割を変革する取組みであり、それは従来の役割の廃止や縮小、新たな役割の創出といった再編成過程のなかで実施されることになる。

　経済社会の変化によって、不要となった役割があれば、それにかかわる公的規制や財政支出を撤廃ないし削減しなければならない。逆に、新たな問題に政府が対応すべきと要請されるのであれば、その役割を政府のなかに創り出す必要がある。その一方で、こうした役割の足し算引き算だけでなく、対処すべき課題の優先順位が変更されることで、役割の性質を変容させる作業が求められることになる。

　行財政改革は、しかし、政府の活動の見直しという点から考えると、日常的な作業の一環であるとみなすこともできる。国民や企業などの要請に応じて政府がその役割を修正することは、その方向性や中身の善し悪しはあれ、現代の民主主義制度のもとでは当然のことであり、そうした修正過程も含めて政府の役割であると規定することもできる。行財政改革はいつも実施されているのである。

　ではなぜ、1980年代以降の行財政改革に着目するのか。それは拡大する財政赤字への対応が必要となったためである。先進諸国は戦後から70年代にかけて

一貫して財政赤字を累積しつづけてきた。単年度で財政黒字となることや，赤字とはいえその規模が小さいこともあったものの，財政赤字を積み上げつづけることが先進諸国に共通した特徴となっていた。とくにアメリカ，イギリスではそれが顕著であり，1975年度における政府長期債務残高の対GDP比は，アメリカが26.0%，イギリスが41.0%と高い水準に達していた。日本に目を向ければ同水準は12.3%となっており，アメリカ，イギリスよりも低いものの，GDPの1割を超える規模になっていた。この財政赤字を何とかしなければならない。ここに，現代まで続く財政赤字との戦いが始まりを告げたのである。

1.2 大きな政府と政府の失敗

拡大する財政赤字に対応する取組みは，まず何がその原因となったのかを検討する作業から始まった。批判の対象となったのは，政府のあり方であり，その背景にあるケインズ主義に基づく積極的財政政策であった。これは，市場メカニズムが作用した場合に効率性が達成されない状態，つまり市場の失敗が発生することを問題視し，それを改善するために政府が市場に介入する政策である。不況の克服をめざした総需要管理政策を中軸としつつ，国民の福祉，権利，機会の平等を実現しようとする財政支出の拡大，その財源として累進的所得税を基幹税とする税制の整備といった活動が，市場の失敗に対する政府の役割として位置づけられた。いいかえれば，大きな政府としての政府の役割である。これがムダを生み出して財政赤字拡大の原因となっていると批判された。

大きな政府としての政府の役割が財政赤字を生み出す経路は，市場の失敗と対比して**政府の失敗**として整理される。政府の失敗とは，市場の失敗を補完して効率性を達成するはずの政府の活動が，むしろ非効率性を生み出してしまう現象である。これは大別すれば，次の4点，すなわち，第1にレント・シーキング，第2に情報の制約，第3に政治過程における非効率性，第4に官僚組織のX非効率，があげられる。

第1はレント・シーキングである。レント（rent）とは追加的利益あるいは独占的利益のことであり，こうしたレントを獲得しようとする行動がレント・シーキングと呼ばれる。たとえば，公的規制により参入が制限されている任意の市場を想定してみよう。そこでの企業は新規参入者による挑戦を受けることがないため，価格競争に必死になる誘因がない。その結果，参入規制がなかった場合と比較して，価格を高く設定することが可能であり，その水準だけ利益は増加する。

この追加分がレントである。したがって，企業はこうしたレントを生み出す公的な規制，とくに市場への参入規制を設定させ，維持させようと，業界団体などを通じて政治家や官僚に圧力をかける，つまり，レント・シーキングを行うのである。政府の活動がレントという非効率な資源配分をもたらし，市場メカニズムを歪めているという点で，政府の失敗である。

　第2は情報の制約である。政府はその社会にかんするすべての情報を入手できるわけではないため，政府の活動はその限られた情報に依拠せざるをえず，必ずしも効率的なものにならないという問題である。ここでの情報には，一国全体のあらゆる経済活動にかんする情報はもちろん，グローバル化が進展した現代においては，一国経済と強く関連する国際経済にかんする情報が含まれる。加えて，現時点の短期における情報のみならず，中長期における予測を組み込んだ情報も含まなければならない。こうした時空的に無限ともいえる広がりをもつ情報を収集しつつ，どのような政府活動が最適であるのか，それがどのような作用を市場に及ぼすのか，こうした情報をも踏まえなければ，効率性を追求しているとはいえない。しかし，それはどだい無茶な話であり，政府の活動は非効率なものとならざるをえない。

　情報の制約を逆手にとることもある。ここでは2点，指摘しよう。1つめは虚偽の行財政需要である。ある地域で道路整備が強く求められているとする。道路を通すことがその地域全体に大きく貢献するのであれば，道路整備を進めることは公共的な目的を達成することになる。しかし，実のところ特段必要のない道路である場合もあり，それならば公共的な目的を隠れ蓑にして私的な利益が追求されているにすぎない。2つめは，過大な外部性である。先ほどの不要な道路整備の場合であっても，道路サービスの便益は広く及ぶ，つまり，外部性を有するために公共的な目的にかなうとされることもある。だが，その恩恵が一過性ないしは低頻度のものでしかなければ，私的な利益を公共的な目的を通じて実現していることに変わりない。こうして政府活動は非効率になってしまう。

　政府の失敗の第3は政治過程における非効率性である。これは政府活動の意思決定過程では効率性が第一義的な目的ではないことから生じる問題である。例をあげれば，予算は一般的に官僚組織が原案を作成し，選挙で選出された政治家が議会で審議了承する過程を通じて決定される。議会を経て決定する理由は，議会制民主主義のもとで予算の正当性と公平性とを担保することにあるが，そうして執行される予算が経済的に望ましい効率性を実現するとは限らない。先にあげた

政府の失敗の第2である情報の制約がたとえ突破されたとしても，である。

　財政赤字の縮小のために，財政における経費と租税とを均衡させる，いいかえれば，財政支出を削減し，増税して収入を増加させることが必要であるとしても，国民はこれらいずれも受け入れない。財政支出の削減はそこから受け取る受益の減少，増税はさらなる負担の増大を意味し，いずれにしても都合がよくない。もし政治家が，国民がこうした不利益を被るような予算を了承するならば，その政治家には次回の選挙で票が集まらず落選してしまう。したがって，政治家は増税に断固反対しつつ財政支出のさらなる増大を追求することが最大の関心事となる。こうした政治家が集う議会では，さまざまな経費にかんする増大要請が持ち込まれ，それら多元的利害関係を調整することが困難となり，優先順位をつけられないまま過大な予算が決定されてしまうのである。

　最後に政府の失敗の第4は官僚組織のX非効率である。Xとは追加的（Xtra）のXであり，X非効率とは組織運営において効率性が達成されない状態を指す。官僚組織に限らず民間企業の組織においても生じる問題である。労働者や官僚といった個人が経済的活動の費用を最小限にしていく誘因に乏しい組織では効率性が低下していく。とくに官僚組織では，個人の努力や成果が報酬に直結しないため，挑戦的な選択よりも安定的な選択あるいは前例のある選択をしてしまい，効率性の低い活動が維持される。これがX非効率である。

　X非効率が発生する背景として，官僚組織特有の要因を2点について指摘しておかなければならない。まず，官僚組織には正当性と公平性とを高めるためのルールが幾重にも設定されている点である。多種多様なルールにより官僚の行動が規制されて硬直化しているのである。次に，取り扱う業務の専門性が高度化するにつれて分業体制が強化されることで，組織横断的な案件が扱いづらくなっている側面もある。経済社会の変化に適切に対応する必要があるとしても，それが組織間における無用な対立につながるようであれば，そこに敢えて挑む誘因は官僚に与えられていない。こうして官僚組織は，ルールを遵守しようとすればするほど，高度な専門性を発揮しようとすればするほど，X非効率を高めていく傾向にある。

　以上の4点が政府の失敗として整理されうる。効率性を達成するはずの市場が非効率を生み出してしまう市場の失敗に対処するため，政府が市場に介入したものの，その政府が非効率を生じさせている状況を把握するための理論的枠組みである。と同時に，眼前にある現実的問題としてのムダをなくし財政赤字を解決す

るために，実践的になすべきことを列挙した作業一覧でもある。政府の失敗を克服するためには，いま一度，市場メカニズムの活躍に期待することが肝要である。では実際にどのような取組みとなったのか。1980年代に開始された行財政改革をみてみよう。

2 小さな政府と政府機能論

2.1 小さな政府志向の登場

　財政赤字を縮小する方法は3つある。支出を削減する，税収を拡大する，その両方ともする，この3つである。これら以外にはない。1980年代に始まる行財政改革はまず，このうち第1番目の方策である支出削減に重点をおいて展開されることになった。

　典型例は，イギリスにおける**サッチャーリズム**（Thatcherism）とアメリカにおける**レーガノミクス**（Reaganomics）とである。サッチャーリズムは1979年にイギリス首相に就任したM.サッチャー，レーガノミクスは81年にアメリカ大統領に就任したR.レーガン，それぞれが各政権で80年代に展開した一連の行財政改革のことである。両者は共通して新自由主義に基づいている。新自由主義とは，ケインズ主義的政策による政府の市場への介入を否定し，市場における自由競争を強く信頼する考え方である。ただし，古典的な自由放任主義を政策規範とする立場とは距離をおいており，経済成長や効率性を達成する政策手段として市場競争を活用しようとする。主義名称に新を冠する理由はここにある。

　サッチャーリズムとレーガノミクスとは小さな政府を志向する政策的路線として把握される。小さな政府とは，大きな政府に対置される政府のあり方であり，大きくなりすぎた政府を小さくしていくとの立場を表明するスローガンとなっている。むろん掛け声に留まらず，政府の市場への介入を最小限とし，政府の活動を極力小さくしていく改革となって現実の政策に反映されていく。改革の対象となる領域は政府活動の中核を占める財政と行政とであり，これらを縮小していくことが1980年代の行財政改革を特徴づけることになった。

　具体的には2点の特徴をあげておく。1点目は規制緩和である。これはサッチャーリズムとレーガノミクスとの双方に共通している。民間企業の市場における行動あるいは市場に参入する行動を制限していた規制を緩和し，自由な競争を促進して経済活動の活性化をはかろうとする。規制は本来，市場における行動によ

る負の外部性の発生や非価値財の提供を防ぐ社会的規制，公共財の供給を保護するための当該事業に対する参入規制や価格統制といった経済的規制，この2種類によって構成される。前者には消費者や労働者の安全や衛生を確保する規制，自然環境を保全する規制，災害を防止する規制などが含まれる。後者はエネルギー産業や交通インフラ産業などを保護する規制が代表例である。これらの規制のうち，社会的規制については順次緩めていく一方で，経済的規制については原則撤廃を進めていくことが規制緩和である。

　2点目は民営化である。民営化はサッチャーリズムの代名詞ともいわれる。これは国営あるいは公営の事業を民間企業が経営する事業に転換することである。第1点目の規制緩和における経済的規制の緩和に含むこともできる。なぜなら，国営企業あるいは公営企業は通常，市場の失敗に対処するため公共財を提供する企業であり，これを民間企業に代えることは経済的規制の緩和と同じ結果となるからである。サッチャーリズムのなかで民営化の対象となった事業は石油，石炭，鉄鋼，電気，ガス，水道，航空，道路など多分野に及ぶ。とくに1979年に民営化が開始されたBP（British Petroleum：英国石油），同じく87年のBA（British Airways：英国航空）は有名であろう。

　以上にあげた1980年代の行財政改革の特徴は，政策的提案としては単純であるが，実際に行動に移すことは経済的にも政治的にも困難をともなった。規制緩和や民営化はそれによって保護されている企業や労働者の利益を損なうため，彼らの経済的生活に影響する一方で，政治過程における強い反発があったためである。それでも変革が必要であると決意し，強い指導力を発揮して改革を断行した点に，サッチャーリズムとレーガノミクスとの歴史的意義が認められよう。その証左に，両者による果敢な取組みはイギリスやアメリカのみならず日本をはじめとする先進諸国に波及することになった。

2.2　小さな政府志向への批判

　だがしかし，1980年代の行財政改革にも限界点はあった。従来の政府のあり方である大きな政府に対抗する側面が強調されすぎたのである。サッチャーリズムもレーガノミクスも，巨額に上る財政赤字を縮小するため，大きな政府としての政府をまずは小さくすることが肝要であるとの姿勢に貫かれている。大きな政府に対して小さな政府と名づけられているが，小さな政府とはどのような政府なのか，その小ささは何を基準にして定義されるのか，といった点にかんする議論

が十分にあったわけではなかった。大きな政府を政策的に否定する取組みが先行した批判論理の性格が強くなっていた。

1990年代に入ると，サッチャーリズムやレーガノミクスに対する批判が巻き起こった。政府の空洞化であるとの批判である。小さな政府を志向して政府の活動を縮小する過程において，基本的な活動領域を規定する作業がともなわなければ，国民にとって必要不可欠な基本的条件の整備までもが縮小されることになり，国民の権利である公共サービスを受ける権利が剥奪されることを意味する。たとえ政府という存在が維持されているとしても，その中身である財政支出や行政活動が主要部分において削減されてしまっては，それは中身のない存在，つまり空洞化した政府にすぎないのである。

同様に，政府の責任放棄だとの批判もなされた。財政赤字の縮減を第一目標とする行財政改革のなかでは，その財政赤字を生み出した大きな政府としての従来の政府は批判対象でしかなく，できる限り削っていくべきものである。そのため，従来の政府が果たしていた積極的な役割あるいは果たしてきた責任に対する配慮は乏しく，削れそうな部分から削っていく作業に関心が注がれることになる。小さな政府をめざす行財政改革は，政府が国民に対して果たすべき役割を軽視しており，むしろその責任を放棄するための改革になっているのではないか。こうした強い疑問が投げかけられることになった。

サッチャーリズムやレーガノミクスに対する批判は，その一方で，なぜ行財政改革が必要とされたのか，その背景に目を向けることを怠っていた。それは財政赤字の拡大であり，改革続行中であった1980年代もその存在感は圧倒的であった。90年度において，イギリスの政府長期債務残高の対GDP比は，やや減少して30.2%となっていたが，依然として大規模なものであった。アメリカに目を向ければそれは48.3%にまで増加しており，GDPに対して5割の水準に達しようとしていた。日本のそれは45.6%という激増をみせ，アメリカの規模を追い抜こうとしていた。こうした財政状況に対処するための具体的かつ実践的な方策が必要とされていたのである。

2.3 政府機能論

従来どおりの大きな政府のままでは財政赤字の増加に歯止めがかからない。しかし，その処方箋であった小さな政府を志向する行財政改革を継続するわけにもいかない。こうした膠着状態のなか，政府空洞化論と政府責任放棄論とが投げか

けた問題提起は，1990年代後半に**政府機能論**として議論されるようになった。政府機能論とは，多額の財政赤字を抱える状況下において政府の機能にかんするあるべき姿を検討する議論である。財政赤字の削減という目的意識は小さな政府志向と共有するが，その達成のために政府活動の縮小に向かって直線的に突き進むのではなく，政府の役割を再構築する作業のなかに現代的な政府のあり方をみつけ出そうとする。

　政府機能論には2つの潮流がある。1つは官民連携論（Public Private Partnership）であり，もう1つはガバナンス論（Governance Theory）である。

　官民連携論は，その名のとおり，政府がいろいろな組織や主体と連携して公共サービスを提供する形態を検討する議論である。ここで連携には3つの方向性があることを確認しておきたい。第1に市場側に比重をおく連携である。市場が政府と連携するといいかえることもできる。政府の失敗を改善するために，市場における競争を通じて政府の活動を効率化することが期待されている。第2に，政府が市場と連携する形態である。ここでは政府の側に比重がおかれており，政府の活動に市場を取り込もうとしている。つまり，官民との間で対立するのではなく協力することで公共サービスの提供業務を進めていくのである。第3に，政策的課題に比重をおく連携である。社会的に排除されて問題を抱えている人々を救済することが政策課題として重要なのであり，その対処を官民どちらかのみに限定する必然性はない。それぞれができることを持ちあって課題に対処することが官民連携のあるべき姿であるとされる。

　3つの方向性のうち，第1は小さな政府志向を引き継ぐものである。より注目すべきは，その反省を踏まえた第2と第3である。空洞化や責任放棄と批判された路線から手を引きつつも，政府が果たすべき役割をみつめ直し，そのために市場と連携する形態を模索しようとしている。この市場には市場メカニズムを活用することのほか，民間企業が含まれているが，それだけに留まらない。第3の方向性を重視すれば，NPO（Non-Profit Organization）やNGO（Non-Governmental Organization）などの団体や組織，さらにはそれらに属さない個人も連携対象として想定されている。裏返せば，政府の役割は従来，市場との関係のみにおいて位置づけられていたのではなく，それを取り巻く社会や共同体との関係においても配置されていたことを，いま一度みすえる議論となっている。

　政府機能論のもう1つであるガバナンス論は，政府の統治者としての機能が後退する一方，管理者や調整者といった機能が全面に押し出てくる状況を検討する

議論である。政府機能のこうした転換は３つのキーワードから把握できるとされる。１つめはガバメント（government）からガバナンス（governance）へ（統治・支配から管理・調整へ），２つめは市場や市民との協働およびアカウンタビリティ（accountability）と情報公開の徹底，３つめに垂直的関係から水平的関係へ（命令・統制から対話・交渉へ）。こうしたキーワードから政府機能に発生している変化をとらえようとする。いわば，市場との関係がヒエラルキーを軸とした縦の関係からネットワークを軸とした横の関係に転換しつつある現実を描き出そうとしている。

　ガバナンス論は政府の役割について実践的な過程に焦点を当てた議論である。政府は公共サービスを必要とする人々にそれを提供する場合，政府が主体となることもあるが，民間企業などが政府の管理のもとでその業務を担当することもある。たとえば道路や学校を建設する公共事業において，現場の作業は民間の建設業者が進めることになる。このときの政府の役割は一定の規格を満たす建築物を建設業者に造成させることである。従来はその規格を満たすことが優先課題であったが，現在は国民の望むような建築物を用意することのほうが優先度が高い。そうであれば，政府は国民と建設業者とを結びつけ，要求にみあった道路や学校を建設することが重要な役割となる。加えて，互いに協力しあっていこうとすれば，アカウンタビリティや情報公開を徹底し，国民や民間企業との信頼関係を築くことが求められる。こうして政府と市場との関係はヒエラルキー型ではなくネットワーク型としての側面が強く打ち出されるのである。

　政府機能論による問題提起は，実のところ，行財政改革が本来的にめざしていた内容とほぼ一致している点に留意してもらいたい。行財政改革は財政と行政との活動領域を再編成することである。その過程では不必要になった活動が廃止され縮小されることもあるが，その一方で新たな要請に応える活動が生み出されることもある。1980年代の行財政改革，つまり，小さな政府志向の改革ではこのうちの廃止と縮小とに真っ先に取り組んだ。しかしそれは政府の役割にかんする深い洞察のうえに成り立っている作業ではなく，廃止ないし縮小できそうな活動を探し求めるものであった。その反省を踏まえた政府機能論は本来取り組むべき行財政改革の課題である政府の新たな役割に光を当て，その実像に迫ろうとしている。

3 行財政改革の手法

3.1 グレーゾーンの拡大

　行財政改革を通じて，政府のあり方は連携やネットワークを重視したものへと変化していく。いやむしろ，政府が連携やネットワークを活用して公共サービスを提供する形を模索することが現代における行財政改革ということができる。その具体的な取組み内容，つまり行財政改革の手法をみていく前に，まずここでは連携とネットワークとの相違点について確認しておきたい。

　連携とは，政府が主体性を残しつつ企業や諸団体などの民間と協力することである。政府が民間と連携するのであり，政府の活動をより効率的に実施するために民間の資本や技術を活用する。一方，ネットワークとは，政府と民間とが共同して諸課題に取り組むために形成される関係である。政府はネットワークの一部として関与する形態，あるいは，多様な関係者を調整する役に徹する形態が強調される。いいかえれば，連携のほうでは，従来の政府と民間との関係で想定されていた政府か民間かのいずれかという二項対立を乗り越え，両者の境界線が曖昧になっていく。ネットワークにおいては私的な行動であった民間の活動に対して政府が公的な行動としての意味づけを付け加え，私的な領域と公的な領域とが混ざりあうことになる。行財政改革における連携とネットワークとにはこうした相違点，あるいはそれぞれの性質がある。

　行財政改革における連携やネットワークの進展は，政府と市場との役割分担を再編することでもある。その特徴を端的に表現すれば，政府と市場との間にある中間領域が拡大していく過程であるといえる。これは2つの点から理解されるべきである。第1に，政府か市場かといった二分法では把握しきれない中間領域が存在するという点である。政府による公共サービスと市場による私的サービスとのほかに，両方にまたがる領域において公的な課題に対処する活動がある。こうした領域は，政府でもなく市場でもないという意味で**グレーゾーン**と呼ばれる。第2に，こうしたグレーゾーンが新たに形成されるのではなく拡大しているという点である。現代の行財政改革によって初めてグレーゾーンが形成されたのではなく，従来からグレーゾーンは存在している。たとえば，特殊法人や第三セクターはまさに連携による官民の中間的組織である。また，審議会や業界団体はネットワークとしての関係性としてとらえることもできる。こうした従来のグレーゾ

ーンは一部は解体されつつも，幾度かの改革を経て現在も存続している。その一方で，従来にはなかった領域にまでグレーゾーンが姿をみせつつあるのである。

　拡大しつつあるグレーゾーンとは，しかし，それだけでは心許ない言葉である。政府でも市場でもない領域が広がっているとはいったいどういうことなのか。このままでは何も明示していないに等しい。そこで，グレーゾーンの拡大をもたらすことになった行財政改革について，代表的な手法をいくつか提示していくこととしたい。具体的には，従来型のグレーゾーンにかかわる特殊法人，第三セクター，審議会，業界団体，新たなグレーゾーンにかかわる民営化，規制緩和，市場化テスト，指定管理者制度，エージェンシー化，PFIである。なお，このうち，民営化および規制緩和については先の節ですでに言及したため，ここでは繰り返さない。

3.2　特殊法人，第三セクター

　厳密にいえば政府ではないが，政府と密接に関係しながら活動している組織がある。その1つが特殊法人である。特殊法人とは，公共の利益や政策上の必要性によって，特別の法律に基づいて設立される法人である。経営形態は基本的に民間企業と同様であり，そこで働く従業員も原則として民間企業と同じ扱いを受ける。だが，政府によって強く監督されており，事業計画には政府の認可が必要である。また，それぞれの法人の長は主務大臣が任命権をもっており，政府は強力な統制を行う権限を有している。ほかに，経営状況について会計検査院の監査対象となっており，事業の統廃合も制限されている。日本における特殊法人は2015年4月現在，33法人となっており，数としては減少傾向にある。小さな政府が志向された1980年代の行財政改革において，政府の失敗としてムダの温床になっている典型例として整理の対象とされてきた。特殊法人に類似する存在として認可法人や公益法人がある。

　特殊法人よりも政府の統制が一定程度弱い手法が第三セクターである。第三セクターとは，政府と民間とが共同出資により設立した組織である。第1の公共部門（public sector）でもなく第2の民間部門（private sector）でもない，第3の部門（third sector）であるため，このように名づけられている。短期的な利益追求を主とするのではなく，長期的な公共の利益を重視し，そのために民間のノウハウや資金を活用することが目的である。組織形態は株式会社や社団法人，財団法人というように多岐にわたり，NPOやNGOといった組織をこの第三セクター

に含めることもある。日本では第三セクターが担当する事業は道路や鉄道などのインフラの設置や運営，地域開発や都市開発が中軸であり，こうした公共的事業の効率的な実施を進めるための手法である。だが，政府の統制が弱いことが逆に機能し，事業の責任主体が曖昧となってムダが発生している事例が多いため，現在では行財政改革の一環として統廃合の対象となっている。

3.3 審議会，業界団体

　政府と民間とが直接的に交流する場面として審議会があげられる。審議会とは，政府が設置する諮問機関である。審議会のほか，調査会，協議会，委員会と名称づけられることもある。政策を立案する過程で関係者の意見を聴取して民主主義的手続きを確保する，また，その政策にかんする専門家の意見を聴取して専門性を担保することが目的である。政府から発せられる諮問に対して答申という形で意見をまとめて提出する。審議会は各政策ごとに日常的に設置され運営されているが，大規模かつ政策横断的な改革については政府が全面的に表に出る審議会を立ち上げることもある。代表的な事例は，1981年に発足した第二次行政臨時調査会であり，これは日本における民営化の端緒となった。

　審議会は，規制を課す側である政府と規制を受ける側である民間とが情報交換をしながら議論を重ね，効率的かつ効果的に規制を実施することが期待されている。しかしその一方で，審議会は形骸化しているのではないかとの批判が投げかけられている。審議会を構成する民間の側には政府が提案する内容に疑問をもたない人が選ばれ，提案内容を承認するだけの形式的な場になっていることもある。加えて，たとえ民間側の人選が妥当であっても，民間企業の関係者が選ばれているだけであり，消費者の意見は反映されていないことも多い。こうした批判を受けて審議会の設置件数は減少しているものの，審議会の積極的な機能として政府と民間との利害調整の場，あるいは専門的意見を聴く場としての側面は依然として重視されている。

　審議会より民間のほうにある存在が業界団体である。業界団体とは，民間企業などが業界ごとに同業者を構成員として結成する組織である。主たる目的は業界における相互扶助や情報交換であり，通常は民間企業の活動の一部となっている。しかし，政府との関係においては調整役あるいは代理人としての役割を果たしている。政府に業界の意向を伝える際，業界団体として意見をとりまとめることになる。一方，政府が業界に対して規制を実施する際，業界団体を通じて業界全体

に伝達している。業界団体があることで政府が各企業と個別にやりとりするよりも効率的な政策運営が可能となっている。

　業界団体は，しかしながら，圧力団体としての姿もある。業界団体が政府に対して有形無形の圧力を与えることで，レント・シーキングをはじめとする政府の失敗を生み出すことになる。日本では業界の枠を超えて組織される経済団体，とくに三大経済団体と呼ばれる日本経済団体連合会，日本商工会議所，経済同友会の政府に対する影響力が強くなっている。三大経済団体の意見は財界あるいは経済界の意見として扱われ，政治家もこれを無視できないという状況のなかで，いわゆる政官財の鉄の三角形が形成されていると批判されている。さらにいえば，業界団体の圧力が向かう先は政府や政治家に限らない。当該業界に新規参入する企業に対して業界団体は障壁として振る舞うこともある。業界における秩序を維持するため新規参入を認めないことで，競争を通じた効率性の達成が阻害されてしまうのである。

3.4　市場化テスト，指定管理者制度，エージェンシー化

　ここからは，新たなグレーゾーンを形づくっている行財政改革の手法に目を向けよう。まずは**市場化テスト**である。これは公共サービスの提供業務について，政府と民間とが対等の立場で競争入札を実施する手法である。公共サービスにかんする従来の競争入札と同じようにみえるが，民間同士ではなく政府と民間とが競いあうこと，また，政府が落札できなければ民間がその業務を担当すること，これらの点で従来とは異なっている。公共サービスであろうとも，その業務を効率的に遂行できる力量がある者がそれを担うべきであり，政府に限定する必要はなく，民間でもかまわないという考え方に基づいている。ただし，もし民間が業務を担当する場合，適正なサービス提供がなされているかどうか，政府による監査を受けることになる。この点が民営化と異なっており，公共サービスの提供に対する責任を政府は手放さない。

　市場化テストの結果，民間が落札した業務は日本では国民年金保険料収納，公営住宅の滞納家賃徴収，職業訓練，統計調査などである。公共サービスの提供業務の主軸，たとえば国民年金保険であれば，制度設計や基金運用ではなく，その周辺業務が対象となっている。このような業務は目標やサービスの内容を明確にしやすく，市場化テストを通じて民間に任せやすい性質がある。たとえ民間が落札しなくとも，政府の側が入札の過程において同様に目標や内容を明確にして自

覚することで，業務の効率化を達成することが可能となっている。その一方で，競争入札をすることで発生する取引コストが過大になっているのではないかとの問題点も指摘されている。市場化テストに馴染まない業務を対象としてしまうと，入札の取引コストが発生するばかりとなり，効率化の効果を相殺することもある。

　市場化テストより限定的に民間を活用する手法が，**指定管理者制度**である。指定管理者制度とは，公的な施設の維持管理を民間に委託することである。公的な施設とは，政府が管轄する施設全般ではなく，国民が利用する施設である。たとえば，市民センター，病院，博物館などが指定管理者制度の対象となる。従来はこうした業務は公共団体に限定されてきたが，指定管理者制度によりNPOや民間企業などが委託を受けることができるようになった。民間が有するノウハウやアイディアを維持管理業務に取り入れることで経費を削減し，効率化することをめざしている。委託を受けた指定管理者は，利用者から利用料金を徴収することで維持管理業務のコストをまかなう。業務を効率化すればするほど，利用料金とコストとの差額が取り分としての利益になることが誘因となって，ムダが削減されていくことになる。

　指定管理者制度にはこうした利点があるとはいえ，欠点がないわけではない。料金設定の水準が焦点となる。指定管理者となった者に誘因を与えるためには，料金設定について一定の上限を設定することが重要である。しかし，その水準があまりに高すぎれば利用者にとって不利益となってしまう。逆にあまりにも低すぎれば差額を生み出す余地がなくなり，指定管理者にとって利益は少なくなるため，効率化に取り組む誘因とならなくなってしまう。あるいは，維持管理業務で手を抜くことで差額としての利益を得ようとする可能性もあり，いずれにしても利用者の不利益につながる。指定管理者制度は地方自治体での導入事例が多くなっており，こうした欠点は国民の生活に直結する問題となる。

　市場化テストや指定管理者制度が公共サービスの提供業務にかかわる手法であることに対して，**エージェンシー化**は政府の組織にかかわる手法である。エージェンシー化とは，政府の活動を立案部門と執行部門とに区分し，立案部門から執行部門を切り離すことである。切り離された執行部門は立案部門の代理人エージェンシー（agency）となり，一定の裁量とともに責任をもたされた経営体として運営されることになる。組織として目標を設定し，その達成度を客観的に示すことが求められる一方で，その達成過程については独自に取り組むことができる。こうして効率的な組織運営を追求するとともに，執行部門の活動がどのような成

果を生み出しているのかを明確にすることができる。

　エージェンシー化はイギリスで実施された改革手法であり，日本では独立行政法人化として導入されている。対象となる分野は本来，市場化テストや指定管理者制度が適用しにくい分野である。イギリスでは特許庁や高速道路庁，統計庁などが対象となっている。しかし，日本では研究所やシンクタンク，美術館や博物館などが対象となっており，市場化テストや指定管理者制度が必ずしも適用しにくい分野ではない。その一方で，上述した特殊法人が統廃合の対象となり，独立行政法人に移行しており，特殊法人改革の受け皿となっている側面が強い。

3.5　PFI

　市場化テストや指定管理者制度では，政府の役割の一部を民間の業務として任せる。エージェンシー化では政府組織の執行部門に民間企業のような経営手法を取り入れる。こうした行財政改革の手法をさらに発展させたのが **PFI**（Private Finance Initiative）である。

　PFIとは，政府主導のもとで民間のノウハウや資金を活用して社会資本整備を進める手法である。公共サービスの提供業務に必要な施設設備について，その設計，資金調達，建設，運営，維持管理など極力民間に任せる。そうすることで，運営や維持管理の部分だけでなく，他の領域においても民間による効率化を実現しようとする。着目すべき点は，建物施設を整備する工程について一体的に民間にゆだねる点である。設計から民間が担当することにより，民間自らが建設しやすい建物，あるいは運営や維持管理がしやすい建物を設計することができる。こうした一体的な委託により民間の創意工夫を引き出して効率性を生み出す。

　PFIにおいて，政府は公共サービス提供にかんする責任を手放していない。政府が関与する形態は大きく2つである。1つめは企画立案段階である。できる限り民間に任せるとはいえ，どのような公共サービスを提供するかを決定する役割は政府にある。国民の要請を満たす公共サービスの内容と水準とを決定し，それを効率的に提供できる施設設備の調達を民間に担当してもらう。2つめは運営段階である。効率的な運営が達成されていたとしても，等閑な公共サービスが提供されていたのでは意味がない。量と質との両面において一定水準以上の公共サービスが提供されているのか，政府は定期的に監視する。これら2つをいいかえれば，要求した公共サービスが要求どおりに提供されているかをチェックすることがPFIにおける政府の役割である。

PFIにおける効率性はVfM（Value for Money）によって測定される。VfMとは，お金に対する価値である。日常会話にも登場する言葉であるが，PFIにおいてはお金とは国民が負担する税金や利用料のことであり，価値とは公共サービスの量と質とである。ここでは負担分だけ見返りがあるかどうかはもちろん，従来よりもPFI方式のほうが負担が減ったり見返りが増えたりしたかどうかも問われることになる。PFIにおいては効率化の達成とはVfMが生み出されているかどうかを意味する。だが現実には，公共サービスの質と量とを正確に把握することが作業的に困難であることもあり，VfMの両輪のうちValueのほうは軽視される傾向にある。数値化しやすいMoneyのほうが重視され，とにかく従来よりも安価に建物施設が用意できればVfMありとみなされるとして批判されている。

4　NPMと「未来への投資」

　行財政改革は，行政と財政との活動領域について廃止する，あるいは縮小する，さらには新たな役割を創出することである。いくつかの手法を通じた取組みが進展し，連携やネットワークに基づく活動が取り入れられるなかで，政府でも民間でもないグレーゾーンが拡大することになった。こうしたグレーゾーンにおいては，公共サービスの提供主体が誰であるかよりも，どのような公共サービスが提供されているかに関心がおかれる。一定水準の公共サービスが提供されており，それが効率的な運営によるものであれば，政府が直接的に国民に提供する形態にこだわらない。提供業務の成果を重視して管理し，その過程には民間のノウハウや資金を導入して効率化を図る。こうした方向性が現代における行財政改革によって打ち出されている。

　成果重視と民間導入とによる改革は，**NPM**（New Public Management）として総称される。NPMは，行財政改革を通じて政府と民間との役割分担を見直すことに取り組んだ結果，政府の活動様式において成果主義と民間導入とが取り込まれた過程を把握しようとする考え方である。この点では理論的な内容であるが，加えて実践的な理念としても提示される。つまり，成果重視と民間導入とによって政府の活動を変革していくことが現代の行財政改革であるとのスローガンともなっている。したがって，NPMの発想に基づいた改革は上述の手法にとどまらず，さまざまな発想や提案が日々試行錯誤されている。

　NPMはしかし，一定の危うさを抱え込んでいる点に留意したい。NPMの重

要な構成要素である成果重視は，民主主義における手続きや正当性を重視する従来の政府のあり方を決定的に変革する力がある。型どおりの仕事をこなしていくのではなく，政府が国民と真摯に向きあうことを要求するためである。これは国民の側からすれば，自らのニーズをよりいっそう政府の活動に反映させる可能性が高まっているといえる。だが一方で，どのような活動が政府に必要かを適切に判断できる力量が国民に求められている。でなければ，政府の失敗は形を変えて発生することになる。いま現在の政策的課題のみならず，将来的な課題まで視野に入れつつ，国民が政府と真摯に向きあえるかどうか。いわば「未来への投資」が展望できるかどうかは，民主主義における主権者である国民の成熟度に依存している。

■ 討論してみよう
① 政府の失敗について，具体例をあげながら検討してみよう。
② 小さな政府志向の行財政改革について，どのように評価できるか議論してみよう。
③ 行財政改革の手法について，どのような公共サービスに適用できるか考えてみよう。
④ 官民それぞれの優位性を引き出す連携のかたちを論じてみよう。

■ 参考文献
〈基礎編〉
大住荘四郎［2003］『NPMによる行政革命——経営改革モデルの構築と実践』日本評論社
町田裕彦［2009］『PPPの知識』日本経済新聞出版社（日経文庫）
真渕勝［2009］『行政学』有斐閣
〈より進んだ学習をするために〉
金澤史男編［2008］『公私分担と公共政策』日本経済評論社
野田由美子［2004］『民営化の戦略と手法——PFIからPPPへ』日本経済新聞社

第Ⅱ部

税制と税制改革を学ぶ

第10章　租税の基礎理論
租税とは何か

KEYWORDS

自主的納税倫理　応益原則　応能原則　包括的所得税　支出税　最適課税論
所得効果　代替効果　ラムゼイ・ルール　社会的厚生関数

はじめに

本章では，租税の基礎理論を説明することを目的としている。まず基礎概念としての課税根拠や課税原則を説明した後，長期的な視点で税制をみることの重要性を強調するために，租税構造の歴史的な変動を取り扱う。そして最後に，租税体系論，あるいは税制改革論の導きの糸となる代表的な租税理論について順次，学んでいくことにしよう。

ところで，租税というと一般には，「苛斂誅求」という言葉に表されるように，国家によって「有無をいわさず強制的に徴収される」というイメージをもたれることが多い。たしかに，いったん国会で可決され，導入された租税は，強制力をもって私たちから徴収される。

しかし，それゆえに租税の導入をめぐる民主主義的な合意形成は，決定的に重要である。実際，あらゆる租税は，国会で可決されない限り，導入されない。本章ではまず，なぜ私たちは租税を納めるのか，その根拠論から始めたい。続いて，租税が拠って立つべき原則論とは何かを論じることにしたい。

1　私たちはなぜ租税を納めるのか

1.1　近代国家における自主的納税倫理の成立

ところで私たちはなぜ，租税を納めるのか。もちろん，「国家が納税者に租税を納めるよう義務づけているから」という答えが，とりあえずは可能だが，それ

ではまだ租税の本質に迫っていることにはならない。国家が納税者に納税を義務づけられるのは，納税者がそれに同意しているからである。つまり国家が徴税し，税収を公共目的で使用することを，納税者が承認し，それを憲法や法律の形で明記しているからこそ，国家には徴税権限が付与されるのである。

この点にかんして，「租税は，国家がわれわれに提供する生命と財産の保護という便益への対価だ」という回答を与えたのが，イギリス市民革命期の哲学者T. ホッブズとJ. ロックであった。彼らは，「生命と財産の保護」が，封建時代や絶対王政期のように「上から」恩恵として与えられるのではなく，市民が自ら勝ち取ったものとして理解した。ロックの論理によれば，市民革命後，市民社会は契約によって国家を設立し，その国家に，生命と財産の保護という機能を担わせたうえで，それに必要な経費を市民は自発的に拠出することになる。

しかも，絶対王政期のように，支配者が勝手に市民に対して課税を行うことがないよう，租税は，議会同意なくして導入することができないというルールが形成された。具体的にはそれは，イギリス「権利宣言」(1689年)，アメリカ「独立宣言」(1776年)，あるいは，フランス「人権宣言」(1789年) などの形をとって確立した。このルールは一般に，「租税協賛権」と呼ばれている。ここに，租税を国家権力による「苛斂誅求」とみる納税倫理から，市民がその必要性を自覚して租税を負担する**自主的納税倫理**への転換が生じた。これが，近代国家における「租税」の本質にほかならない。

したがって市民が租税を納めるのは，あくまでも国家がこの機能を果たしている限りにおいてである。もし逆に国家が，市民の生命と財産を脅かす存在になったならば，市民は納税を停止するだけでなく国家を転覆させ，新しい政府でそれを取り換える「革命権」を保持していると，ロックは主張したのである。

1.2 租税の配分原理——応益原則と応能原則

租税が，国家によって提供される公共財・サービスの対価として私たちが負担するものだとすれば，今度はその負担を，「誰にどれだけ配分すべきか」という租税負担配分の原理が問われることになる。これをめぐっては2つの考え方がある。第1は応益原則，第2は応能原則である。

応益原則とは，租税負担を，個々の納税者が公共財・サービスから受ける便益の量に応じて配分すべきだという考え方である。公共財・サービスの受益量が大きければ，その分だけ租税負担も大きくなるという考え方は，私たちの公平観念

にも合致している。しかし応益原則は，それを現実に実行しようとすると，途端に実現可能性の壁に突き当たらざるをえない。公共財・サービスの受益量を，個々の納税者ごとに定量的に確定させ，それに応じて課税額を変動させることは事実上，不可能だからである。

この点で，個人に租税負担を割り当てるには，実際には「応能原則」に基づいて行うほかない。**応能原則**とは，納税者の支払い能力に応じて租税負担を配分する考え方を指す。所得が多い納税者ほどより多くの租税を負担するという考え方は，私たちの公平観念や正義の観念にもかなっている。この考え方に基づいて租税負担を配分する際には，個々の納税者の所得を捕捉し，それに基づいて税負担を配分することになる。応能原則を徹底させる一番強力な方法は，所得が高くなるほど適用税率を高くする累進税制の採用である。

もっとも，個別の税を正当化する論理としては，応益説が用いられることがある。その典型は固定資産税である。これは土地や不動産の価格に対して数％の税率でかけられる税である。公共財・サービスが充実すると土地や不動産の資産価値が高まり，その価格が上昇するので，その対価を，固定資産税を通じて徴収することになる。

2 租税構造の歴史的変動

私たちがいま目にしている租税構造は，決して不変ではない。むしろ，それは歴史的には経済発展段階とともに変化してきたし，将来も資本主義経済の発展とともに変化していくことは間違いない。この点で，H. H. ヒンリックスが『経済発展期における租税構造変動の一般理論』という著作において，過去の租税構造の変動をうまく説明しているので，それをここで紹介したい。彼は，租税構造の発展を，①伝統社会，②移行社会前期，③移行社会後期，そして④近代社会の4段階に分けて説明しようと試みた。それを示したのが，図10-1である。

① 伝統社会

　　封建的貢納，王領地収入などの非税源，人頭税，賦役，十分の一税などの伝統的直接税，そして通行税，関税などの間接税に依拠していた。

② 移行社会前期

　　国内の交易と流通が活発化することで，基幹税としての伝統的直接税は，関税，物品税などの間接税によってとって代わられた。

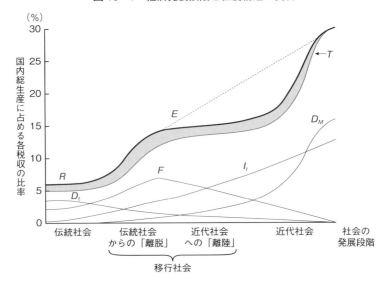

図 10-1 経済発展段階と租税構造の変化

(注) E=政府支出, R=政府収入, T=総租税収入, F=外国貿易に対する関税収入, I_t=内国間接税, D_M=近代直接税, D_t=伝統的直接税
(出所) Hinrichs [1966] p.99, Figure 1.

③ 移行社会後期

　伝統的直接税や関税は停滞・減少していき,代わって,国内市場の発達にともなって内国消費税が台頭していった。

④ 近代社会

　軍事および社会政策上の必要から経費が急速に膨張し,図10-1に示されているように国内総生産に占める総税収比率は20〜30%を占めるようになる。それを賄うために,所得税と法人税が台頭するのが19世紀末から20世紀にかけての特徴である。

　以上がヒンリックスの議論だが,彼が扱わなかった1970年代以降には,所得税と法人税の税収が伸び悩み,代わりに消費税(付加価値税)と社会保険料からの税収(保険料収入)の占める比率が増大した。また,環境税など新しい税が出現,定着したという変化が起きている。

　かつて京都大学で財政学を講じていた島恭彦は,資本主義の発展過程と税制の発展過程には密接な関係があり,租税構造の変動を資本主義経済の動態分析と結びつけて理解することの重要性を強調していた。彼のいうように,租税構造はそ

の根本において資本主義経済の発展とともに経費が膨張することで変化を迫られる。その財源を調達しようとする努力のなかで新しい税源が開発され，やがてそれが旧税に置き換わることで，租税構造は変化を遂げていくことになる（島[1938]）。一方では資本蓄積（経済成長）を促す税制の構築が試みられ，他方で，さまざまな階層からの社会経済政策要求を満たす税制が求められ，これらが複雑に絡みあうことによって，現実の税制は形づくられていくのである。

3 租税体系の理論──包括的所得税の理論

3.1 包括的所得税とは何か

　租税論には，所得税や消費税，法人税など，個別の税目を根拠づける理論もあるが，複数の税目をどのように組み合わせ，全体として望ましい税制を構築すべきか，つまり「税体系の理論」とでもいうべき租税理論が発達してきた。これまでのところそれに該当するのは，**包括的所得税**，**支出税**，そして**最適課税論**，この３つの理論枠組みだといえる。このうち，包括的所得税と支出税は，同じ直接税として，その課税ベースを「所得」におくべきか，それとも「消費」におくべきかをめぐって，対抗関係におかれてきた（もっとも，支出税はいまだ実現しておらず，理論上の構想にすぎない）。また，包括的所得税と支出税は「課税の公平性」に力点をおいてその租税理論を展開するのに対し，最適課税論は基本的に「経済効率性」に力点をおくという違いがある。

　なかでも，とりわけ包括的所得税の概念は，最も重要な位置づけを与えられてきた。それは，20世紀から21世紀の現在にかけて一貫して所得税が，広い課税ベースをもって最大の税収をあげる基幹税として機能し，法人税や資産課税に補完されつつ累進税率を通じて所得再分配のための政策手段として，有効に機能してきたという事実に対応している。

　したがって，現実の所得税を考えるうえで，まずはその理論的根拠となる包括的所得税の考え方を押さえておく必要がある。これは，アメリカの経済学者R. M. ヘイグおよびH. C. サイモンズによって発展させられた所得概念に基づいている。彼らは，次のように所得を定義した。つまり所得とは，

① 一定期間内に消費に対して行使された権利の市場評価額（C）
② 当該期間の期首から期末にかけての個人財産権価値額の変化（ΔW）

の代数和（$C+\Delta W$）となる。

包括的所得税のもとでは，この所得概念に基づいてあらゆる所得が包括的に課税ベースに組み込まれ，合算したうえで課税される。こうした性質をもつ包括所得税は，次の諸点で優れた性質をもっている。第1に，同一所得を稼ぐ人に対しては同額の税負担を求める「水平的公平性」が満たされる。第2に，合算所得に対して累進的な税率を適用することで，所得が高い人ほどより大きな税負担を求める「垂直的公平性」をも満たせる。第3に，包括的な課税ベースを設定することで多額の税収が上がるので，そうでない場合よりも税率を引き下げることができ，課税が経済に与えるマイナスの効果を小さくできる。

3.2　包括的所得税を中心とする租税体系

　それでは，包括的所得税を採用した場合，他の税目との関係，つまり「租税体系」はどのようになるのだろうか。まずは，法人税との関係である。包括的所得税は，私たちが通常「所得」の名のもとに想定する賃金，利潤，利子，賃貸料など，あらゆる所得源をその課税ベースに含み，配当もそのなかに含まれる。

　ただしこのうち，利潤と配当の関係については，少し説明を要する。利潤は，もしその全額が株主に配当として分配されるならば，個人の段階で配当課税を行うだけで済み，別途，法人利潤に課税する必要はなくなってしまう。しかし現実には，利潤のすべてが配当として株主に分配されることはないため，企業内部に「留保利潤」が発生する。もしこの留保利潤が配当として分配されずに企業内部に留保されつづければ，永久に課税を免れてしまうことになる。

　したがってこの問題を回避するため，利潤に対してあらかじめ課税することが，法人税の重要な根拠の1つになる。もちろん，利潤が実際に配当として分配されれば，法人段階と個人段階で二重の課税が発生してしまうので，配当所得課税との調整が必要になる。こうして，「包括的所得税を中心とする租税体系」の観点から法人税は，利潤と配当に対して遺漏なく課税を行うための，「所得税に対する補完税」として位置づけることができる。

　資産課税との関係はどうであろうか。包括的所得税のもとでは，保有資産の価値増加分（キャピタル・ゲイン）もまた，所得課税ベースに組み込まれる。たとえば，株式の値上がり益などがそれに該当する。さらに，贈与や遺産などの移転所得も，所得に含められる。これらは明らかに，それを受け取った個人の所得を増加させるからである。これら資産性の所得は，給与所得とともに包括的所得税のもとですべて合算され，累進税率を適用して税負担額が算出される。もし包括的

所得税が理論どおりに実施され，こうした資産性所得もすべて課税ベースに組み込まれれば，資産課税はその存在根拠を失ってしまう。

ところが現実には，キャピタル・ゲインを正確に捕捉し課税することは困難である。個々の納税者の資産価値変化を把握するのはかなり困難をともなうし，実際に資産を売却して現金化されていない段階で，課税を行うのは難しいからである。そこで，キャピタル・ゲインを包括的所得税としてではなく，別建ての資産税として課税する必要性が生まれる。こうして資産税（贈与税や相続税）は，所得税を補完する租税として位置づけられることになる。

3.3 包括的所得税における理論と実際の乖離

包括的所得税が理論どおり実現できれば，水平的公平性と垂直的公平性を満たす理想的な税制となるはずだが，現実には，理論と実際の間に大きな乖離が生じている。

その第1の理由は，キャピタル・ゲイン課税を理論どおり実施することが困難だという点による。第2に，さまざまな控除措置の存在をあげることができる。住宅ローン控除に代表されるように，年金，医療，住宅，その他の政策目的でさまざまな控除措置が設けられ，その分だけ所得税の課税ベースが縮小してしまう。第3の理由は，分離課税の存在である。建前としては包括的所得税のもとであらゆる所得が合算されなければならないが，現実には利子，配当，譲渡益などの資本所得（あるいは金融所得）は，給与所得などの他の所得と合算されることなく，別途分離して比例税率で課税されている。これは，水平的公平性にもとるだけでなく，垂直的公平性にも反している。

これらに加えて，所得税執行上の問題もある。いわゆる「クロヨン問題」がそれである。これは，課税対象となっている所得のなかでも捕捉が容易な所得（給与所得など）とそうでない所得（農業，自営業などの事業所得や不動産所得など）が存在することで，サラリーマンと自営業者の間で水平的公平性が大きく損なわれているという問題にほかならない。

4 包括的所得税に対抗する租税体系論——支出税構想

4.1 支出税の構想

支出税は，1970年代に所得税のさまざまな問題が顕在化するなかで，その代

替的な租税として先進国で相次いで導入支持論が打ち出された。スウェーデンのロディン報告（76年），イギリスのミード報告（78年），アメリカ財務省のブループリント（77年）などをその代表的な事例としてあげることができる。そもそも支出税構想の起源は，I. フィッシャーの理論にまで遡ることができる。フィッシャーが支出税を構想した背景には，所得税が貯蓄に対する二重課税となっていることへの批判があった。所得税のもとでは，まず獲得された所得に対して現時点でいったん課税が行われる。納税者は税引き後可処分所得のなかから消費を差し引いた残りの所得部分を貯蓄に回す。この貯蓄が生み出す利子所得が，将来時点で再び所得税の課税対象となる。この結果，貯蓄を行えばそれだけ課税上不利になるので，所得税は貯蓄に対する阻害要因となり，ひいては資本蓄積に対する阻害要因になるとみなされたのである。

　ところが支出税ならば，所得は消費に回される時点で初めて課税されるので，貯蓄二重課税は解消され，生涯所得での水平的公平性が満たされるとされた。また，支出税は現在消費と将来消費の選択に対して中立的な税であるために，包括的所得税のもとで発生している，資本蓄積に対する阻害要因を取り除くことができると考えられたのである。また，支出税は個人に直接かけられ，税負担の転嫁が想定されない直接税である。そのため，累進的な税率設定も可能である。支出税はたしかに支出に課税ベースを設定するが，実際には個々の支出に対して課税が行われるわけではない。納税者個々人の勘定において，一定期間における資金流入額（所得）から消費を除く資金流出額（貯蓄）を控除したキャッシュ・フローに対して課税ベースが設定される（キャッシュ・フロー法）。この課税ベースに対して累進的な税率設定を行えば，累進課税も可能である。こうして支出税の場合は，消費税にみられるような逆進性の問題を回避できる。

4.2　支出税の問題点

　しかし，包括的所得税と同様，支出税の場合にもさまざまな問題点を指摘することができる。第1に，支出税は所得から貯蓄を差し引いたキャッシュ・フローに課税ベースを設定することで，包括的所得よりも課税ベースが明確かつ簡潔になり，包括的所得税のように理論と実際の乖離に悩まされることはなくなるといわれる。しかし，住宅などの耐久資産のように，消費と貯蓄の境界に位置するような課税対象をどのように位置づけるのかは必ずしも明確ではない。

　第2に，上述の簡単なモデルにも示されているように，支出税のもとでは第二

期には貯蓄がすべて消費され，生涯所得は生涯消費に等しくなるという想定がおかれている。この想定が成立しているからこそ，支出税は包括的所得税に取って代わりうる有力な税だとみなされているのである。しかし，現実にはすべての所得が生涯のうちに消費されることはなく，貯蓄は贈与や遺産の形でその個人の子孫に引き継がれていく。もし，贈与税や遺産税が別途かけられなければ，所得のうち贈与や遺産の形をとる相当大きな部分が課税ベースから脱漏してしまう。

第3に，支出税の執行においても税務行政上の困難が存在する。つまり，キャッシュ・フロー法を用いて支出税を実施しようとすれば，すべての納税者に金融機関で個人勘定を設定してもらい，そこにおける資金の出し入れをすべて把握しなければならない。そして貯蓄と消費を区別し，課税ベースとなるキャッシュ・フローを確定する評価作業を行う必要がある。このような手続き・管理には相当大きな行政費用を要する可能性がある。

第4に，個人勘定におけるキャッシュ・フローの把握は，上述のような情報を総合しなければ不可能なので，給与所得を支給される職場で源泉徴収を実施することが困難になる。そうすると，現行の所得税から支出税に移行すると，税務行政上効率的な源泉徴収制度を放棄し，全面的に申告納税制度へと移行せざるをえなくなる。

これらの問題点は，実際に支出税を実行することをきわめて困難にする。かつてキャッシュ・フロー法に基づいて支出税を実施したインドやスリランカでは，結局これらの問題から支出税を短期間で廃止してしまった。そこで，このような支出税の問題点を克服する新しい提案が，1974年にW. D. アンドリュースによって行われた。一言でいえば，それはキャッシュ・フロー法からすべての資産・負債取引を除外した支出税である。これによって支出税の実施にかかわる税務行政は一気に容易になり，事実上それは労働所得税と等しくなる。70年代後半にいくつかの国で支出税の導入が真剣に導入されたのは，このアンドリュースの議論によって，支出税の実行可能性が大きく高まったと考えられたからである。そのため，キャッシュ・フロー法に基づく支出税は古典的支出税，アンドリュースの提案に基づく支出税は現代的支出税と呼ばれている。

現代的支出税がどういう経済的性質をもち，他方でそれを実際に実施しようとすればどのような困難が予想されるのかについては，宮島洋による詳細な研究を参照してほしい（宮島［1986］）。ここでは，①一定の条件のもとで古典的支出税と現代的支出税は「等価」になり，それは労働所得税としての性質をもつ点，②

現代的支出税のもとでは資産を扱わなくても済むために，税務行政上は古典的支出税よりも実施がはるかに容易になること，③にもかかわらず，現代的支出税（＝労働所得税）のもとでは，一定の操作によって租税回避を容易に行える点，遺産・贈与等の移転所得を把握する内在的なメカニズムを欠いているために，これらに対する課税が別途行われなければ，公平性上大きな問題が発生する点，などの重要な問題が残されていることを指摘するに留めたい。

5 最適課税論

5.1 所得税が労働供給に与える影響

所得税はよく，それが重すぎると「労働インセンティブが妨げられる」と批判されることがある。実際はどうなのだろうか。このことを，図10-2に基づいて考えてみることにしよう。

図10-2の横軸には労働供給，縦軸には所得（＝消費）がとられている。直線OO_1は予算制約線を示しており，労働時間を増やせば増やすほど所得が増大していくことを示している。図10-2に描かれている点Eで直線OO_1に接する右肩上がりの曲線は，労働と所得の間でどのような選択が行われるかを示す無差別曲線を示している。無差別曲線上を移動する限り，効用水準は同一に保たれる。予算制約OO_1のもとで，個人の効用を最大化してくれるのは点Eとなる。

さて，ここで所得税が導入されたとしよう。そうすると，予算制約線は図のOO_1からOO_3へとシフトする。賃金率が図10-2のwから，$w(1-t)$へと変化するからである。課税後の新しい選択は点E^*で示される。図から読み取れるように，点Eから点E^*への移動で，労働供給は変化しない。ただ，それはたまたまそうなっているのであって，課税が労働供給に与える影響をよりくわしくみるためには，点Eから点E^*への移動による課税の効果を，**所得効果**と**代替効果**に分解して議論する必要がある。

① 所得効果

課税によって所得が取り去られるので，それによって納税者が行動をどう変化させるかをみる。所得効果は，図10-2の点Eから点Gへの移動で示される。これは，課税によってO_1O_2の距離だけ所得が減少するので，それを取り戻すために労働供給を増やそうとする効果を示している。

図 10-2 所得税が労働供給に与える影響

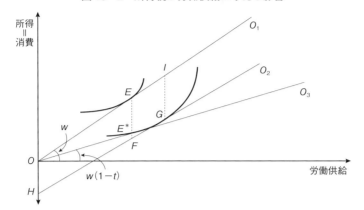

② 代替効果

他方で，無差別曲線上の点 G から点 E^* への動きは代替効果を示している。これは，労働1単位当たりの報酬が課税によって w から $w(1-t)$ に減少したので，労働へのインセンティブを失ってその分だけ供給を削減し，代わりに余暇を増やそうとする効果を示している。

課税が労働供給を減少させるか否かは，この所得効果と代替効果のどちらが大きいかに依存する。よく，「所得税は勤労意欲を失わせる」といわれることがあるが，これは暗黙のうちに「代替効果＞所得効果」という関係を仮定していることになる。しかし実証研究によれば，女性労働については代替効果が所得効果を上回るが，男性についてはそのような結果は出ていない。

ここでふれておくべきもう1つの重要な概念は超過負担である。本節で扱う最適課税論にとっては，このほうが重要な概念である。その準備として，資源配分に対して影響を与えない一括税を考えよう。一括税とは，人頭税のように，たとえば年間1人1万円という定額で個人の経済活動とはまったく関係なく徴収される税である。その効果は図10-2でいえば，予算制約線の OO_1 から HO_2 へのシフトで表される。このとき，HO_2 は E^* を通る無差別曲線に接しているので，所得税と一括税のもとでは同一の効用水準が実現されている。税収をみると，所得税のもとでは EE^*，一括税のもとでは，IG に相当する税収が得られる。IG と EF の長さは等しいから，所得税のほうが E^*F だけ税収が少ない。逆にいえば，同一の税収を得ようとすれば，所得税の場合には E^*F だけ追加的な負担を課さ

第10章 租税の基礎理論　181

なければならない。これが超過負担にほかならない。この超過負担は，所得税を課したときの代替効果が大きければ大きいほど重くなる。

5.2 最適消費課税論

このように，労働供給が弾力的である場合，所得税であれ支出税であれ，課税はともに超過負担を生み出してしまう。かりにそうであるとしても，支出税は現在財と将来財に対して中立的だから，包括的所得税に比べると経済に対して与える歪みの数が1つ少なく，依然として支出税は包括的所得税に対して優位性をもつと考えられるかもしれない。しかし，「次善の理論」が教えるように，歪みの数が少なければ少ないほど望ましいとは限らない。1つの歪みが，2つの歪みよりも大きな超過負担をもたらすかもしれないからである。問題なのは歪みの数ではなく，総体としての超過負担の大きさである。したがって，「課税が与える超過負担を最小化するような税体系を見出さなければならない」というのが最適課税論からのメッセージとなる。

ここから所得税に対して得られる示唆は，労働所得，資産所得，事業所得などの所得の性質に応じて，その供給の弾力性に応じた差別的な課税を行うべきだという点である。そして，総体として超過負担を最小化するためには，供給の弾力性が大きい所得は軽課し，弾力性の小さい所得は逆に重課する必要がある。

このように，一定の税収を上げることを前提に，課税がもたらす超過負担を最小化するにはどうすればよいかという問題に最初に解答を与えたのは，1927年のF. P. ラムゼイの論文であった。彼が扱ったのは所得課税ではなく，間接税としての物品課税の問題であった。彼が引き出した解は**ラムゼイ・ルール**と呼ばれているが，それは「最適消費課税を実現するには，追加的に物品税をかけたときに発生する限界的な超過負担が，すべての財で等しくなるようにしなければならない」というものである。ここから課税ルールとしての逆弾力性命題が引き出される。これは，「価格弾力性の大きい財に対しては軽課し，価格弾力性の小さい財に対しては重課せよ」というものであり，所得課税の場合と基本的に同じである。

このことをわかりやすく示したのが図10-3である。縦軸には価格，横軸には財aと財bの量がとられている。原点Oを出発点として右下がり，あるいは左下がりに描かれている直線はそれぞれ，財aと財bの需要曲線である。ここでは財aのほうが財bよりも価格弾力性が大きいと仮定しているので，財aの需

図 10-3 消費課税における超過負担

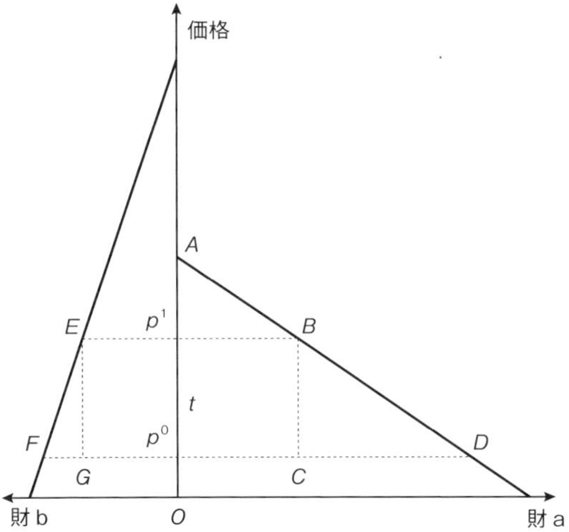

要曲線の傾きのほうが小さい。ここで物品税が一律税率 t で課され、両財の価格が p^0 から p^1 に引き上げられるとしよう。このとき消費者余剰がどう変化するかで超過負担を定義することができる。

簡単化のため、供給曲線は p^0 で水平であり、課税によって p^1 にシフトしたとしよう。そうすると財 a の場合、課税前の消費者余剰が三角形 Ap^0D で示されるのに対し、課税後の消費者余剰は三角形 Ap^1B で示されることになる。四角形 p^1p^0CB は税収だから、ちょうど三角形 BCD の大きさに等しい消費者余剰が消滅してしまう。この大きさが物品税による超過負担にほかならない。財 b の場合、超過負担は三角形 EFG の大きさに相当する。財 a と財 b の超過負担の比較からわかるように、価格弾力性の小さい財ほど物品税がもたらす超過負担は小さい。したがって課税による超過負担を総体として最小化するには、すべての財に同じ税率で課税するのではなく、逆弾力性命題に従って財 a には低い税率、財 b には高い税率で課税することが望ましい。

6 効率性と公平性

6.1 税制による所得再分配と累進課税

R. A. マスグレイブの財政三機能論が強調するように、所得再分配機能は、資源配分機能や経済安定化機能と並んで、財政が果たすべき最も重要な機能の1つで

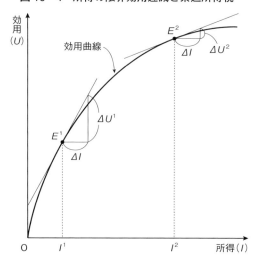

図10-4 所得の限界効用逓減と累進所得税

ある。この点で所得税は、それが多額の税収をあげる「基幹税」としてのみならず、累進税率の設定を通じて所得再分配政策の手段としても有効に機能しうる点で長所をもっている。所得再分配のための政策手段として所得税を理論的に根拠づけたのが、イギリスの経済学者 A. C. ピグーであった。彼が累進所得税に理論的基礎づけを与えるにあたって立脚したのが、「限界効用逓減の法則」である。

その意味内容は、図10-4に示しているとおりである。この図の横軸には所得、縦軸には効用がとられている。効用とは、人々が財やサービスを消費して得られる満足のことだと考えて差し支えない。したがって、人々は所得が増加するにつれてより多くの消費財を購入し、より大きな満足を得ることで効用を高める。ただし、所得が1単位追加的に増加したときに得られる追加的な効用（限界効用）は、所得の増加とともに徐々に低下していくというのが、限界効用逓減の法則である。

この限界効用逓減の法則を承認するならば、高所得者から低所得者へ所得移転することは、高所得者から ΔI を取り去って、低所得者に ΔI を配分することを意味するので、$\Delta U^1 > \Delta U^2$ より、経済全体としては社会的厚生の改善につながるはずである。こうして社会的厚生の改善という評価基準に立てば、累進税制を通じて所得を高所得者から低所得者に再分配する政策は、経済学的に正当化される。

しかし，この結論は鋭い批判にさらされた。第1は，累進課税が労働供給に対してマイナスに作用するのではないかという批判である。この点の当否については，すでに5.1で論じたので，ここでは繰り返さない。第2は，限界効用逓減の法則に対するイギリスの経済学者L.C.ロビンズによる根源的な批判である。つまり現実には，効用は主観的で目にみえないので，私たちは体重や身長を測るときと同じように客観的尺度を用いて効用を測定し，「個人Aの効用は個人Bの効用よりも大きい」と明言するわけにはいかない。したがってロビンズは，効用の個人間比較など不可能だし，また意味もないとピグーを批判した。この批判は，累進課税が依拠していた経済学的な根拠を掘り崩してしまった。

したがって現在では，累進課税を正当化する根拠は，経済学の内部よりもむしろ，社会的公正を重視する社会哲学に求められているといる。つまりそれは，次項で説明するように，再分配を重視するタイプの社会的厚生関数の最大化問題を解くことを通じて引き出されることになる。

6.2　効率性と公平性——まとめ

ここまでの議論ではっきりしたように，最適課税論にとっての最大の公準は公平性よりも効率性である。そして，課税における最大の目標は，課税がもたらす超過負担を最小化するという点におかれる。最適課税論には最適所得課税論と最適消費課税論の系譜があるが，前者の場合であれば生産要素供給の価格弾力性，後者の場合であれば，個別物品需要の価格弾力性に応じて課税を行うべきだということになる。消費に課税ベースを設定する場合でいえば，厚生損失を最小化するには，価格弾力性の大きい奢侈品には軽課し，価格弾力性の小さい必需品は重課すべきだということになる。しかし，このことが所得再分配に対してもたらす影響は逆進的なものになる。なぜなら，所得のなかで必需品に対する支出割合の大きい貧困層の税負担は相対的に重くなり，その割合の小さい富裕層の税負担は相対的に軽くなるからである。このような負担の逆進性は，支払能力に応じた納税額の設定を求める垂直的公平性と相容れない。

したがって最適課税論では別途，**社会的厚生関数**を用いて垂直的公平性の観点を組み込んだ最適課税を導出しようとしている。たとえば，単純に個々人の効用の総和であると定義するベンサム型の社会的厚生関数を仮定することもできるし，最も所得の低い人の効用を改善することが社会厚生の改善につながるロールズ型の社会的厚生関数を仮定することもできる。もちろん，政府の目標をロールズ型

社会的厚生関数の最大化問題として定式化する場合のほうが，所得再分配により配慮した税体系が望ましいという結果が引き出される。しかし，ここでも問題は再び，どのような社会的厚生関数を仮定するのが最適なのかという点に戻る。これは価値判断の問題であり，どのような公平性を想定するかによって最適課税のあり方は大きく異なる。こうして効率性のみを唯一の公準とした場合の最適課税論に比べ，公平性を組み込んだ最適課税論はそのメッセージに鋭さを失い，どうしても折衷主義的にならざるをえないといえよう。

■ **討論してみよう**
① 租税構造の歴史的な変化を踏まえると，いま資本主義経済に起きつつある変化から将来的にどのような租税構造に変化していくと考えられるか，議論してみよう。
② 支出税はたしかに，包括的所得税に対する鋭い批判と，その代替案として一定の理論的説得性をもっているにもかかわらず，今日までその実現が困難なのはなぜだろうか，考えてみよう。
③ 私たちは，効率性とのバランスも踏まえ，所得再分配機能をどの程度まで租税に求めるのが望ましいのだろうか，討論してみよう。

■ **参考文献**
〈基礎編〉
島恭彦［1938］『近世租税思想史』有斐閣（『財政思想史』「島恭彦著作集」第1巻，有斐閣，1982年，所収）
宮島洋［1986］『租税論の展開と日本の税制』日本評論社
諸富徹［2013］『私たちはなぜ税金を納めるのか——租税の経済思想史』新潮社（新潮選書）
〈より進んだ学習をするために〉
宮本憲一・鶴田廣巳編［2001］『所得税の理論と思想』税務経理協会
宮本憲一・鶴田廣巳・諸富徹編［2014］『現代租税の理論と思想』有斐閣
諸富徹編［2009］『グローバル時代の税制改革——公平性と財源確保の相克』ミネルヴァ書房
Hinrichs, H. H. [1966] *A General Theory of Tax Structure Change during Economic Development*, The Law School of Harvard University.

第11章 所 得 税
「最良の税」の役割

KEYWORDS
所得源泉説　純資産増加説　分類所得税　包括的所得税　課税最低限　超過累進税率
実効税率　給付付き税額控除　2分2乗方式　課税ベースの侵食

1 所得税とは何か

1.1 所得税の意義と動揺

　所得税は今日，ほとんどの国の税制において中心的な役割を担っている。所得税が長きにわたって「最良の税」として評価されてきたのは，課税の公平を実現するために最も優れた租税の1つだと考えられてきたからである。所得税は，①各種の所得控除によって，各納税者の個人的事情を勘案して担税力を調整できる，②累進税率構造を適用することによって，高所得者ほど負担が重く，低所得者ほど負担が軽くなるという垂直的公平に最も適合しやすい，③課税ベースをできる限り広くとり，各種所得を一体として把握・取り扱うことで水平的公平にも適う，④税収確保のうえで弾力的である，景気の安定化に寄与する，などにその特徴と意義を有する。

　しかし，日本の所得税が国税収入に占める割合は，バブル期の1990年に42.3%でピークを迎えると，2013年には30.5%まで減少している。この数値を13年のデータで他の主要国と比較してみると，アメリカが73.5%で突出して高く，イギリスとドイツはそれぞれ36.8%，36.2%となっており，日本はフランスの22.2%に次いで低い水準にある（OECD StatExtracts）。またGDP比でみた個人所得課税の割合（地方税を含む）をみると，他の主要国がいずれも10%程度であるのに対して，日本はわずか5.6%となっている。つまり日本の所得税は，他の主要国に比べると，税負担の水準がきわめて低い状況にあり，その財源調達機能

や再分配機能が著しく低下している。

1.2 所得概念と所得税の理念型

所得税の課税ベースは「所得」であるが，所得の概念にかんする考え方には**所得源泉説**（あるいは所得周期説）と**純資産増加説**（あるいは経済力増加説）がある。所得源泉説は一定の源泉から規則的，周期的に発生する収入のみを所得とみなすことから「制限的所得概念」と呼ばれ，所得税がヨーロッパ諸国で導入されはじめた時代には支配的な考え方であった。その萌芽は1799年に当時のイギリス首相，W. ピットがナポレオン戦争の戦費調達のために，所得を源泉ごとに5つのシェデュール（schedule）に区分して課税した世界初の所得税に垣間みることができる。当時のイギリスはなお農業社会の色彩が強く，所得の源泉に着目し，規則的，周期的に発生する収入のみが所得とみなされたのである。

ところが19世紀後半，ドイツの所得概念論争において，G. V. シャンツが提唱した純資産増加説が有力となる。シャンツは所得源泉説に基づく制限的所得概念を批判し，所得とは「一定期間中における純資産の増加」であると定義し，規則的，周期的に発生する要素所得だけでなく，社会保障給付や相続・贈与などの移転所得，一般的には必ずしも所得として認識されていない帰属所得（帰属家賃など）やフリンジ・ベネフィット（現物給付）までをも所得とみなした。また，株式や土地の値上がり益（キャピタル・ゲイン）のうち，売買によって実際に手に入れた値上がり益だけでなく，未実現の値上がり益もまた所得に含められた。

こうした考え方は，20世紀初めにはアメリカのR. M. ヘイグとH. C. サイモンズに受け継がれた。サイモンズは，所得を「二時点間における経済力の純増の貨幣価値」と定義したヘイグの理論を継承・発展させ，所得（Y）とは「貨幣価値に換算した一定期間内における個人の購買力の純増加」とし，一定期間における消費（C）と資産の純増（ΔW）との合計額（$Y = C + \Delta W$）と定義した。こうして発展させられたのが「包括的所得概念」であり，3人の主唱者の名にちなんで，「シャンツ＝ヘイグ＝サイモンズ概念」と呼ばれている。

所得源泉説（制限的所得概念）から純資産増加説（包括的所得概念）への流れは，**分類所得税**から**包括的所得税**への転換の歴史でもある。所得源泉説は，源泉が異なる所得の異質性を担税力の違いととらえて差別課税を行う分類所得税に結びついた。これに対して，純資産増加説に基づき，あらゆる所得を総合して累進課税を行うのが包括的所得税である。包括的所得税は，それまでの支配的学説であっ

た分類所得税の考え方を厳しく批判しつつ，現代の有力な所得税理論となった。それは，①キャピタル・ゲインなどの偶発的・一時的な所得も経済力の増加に寄与する，②特定所得の非課税を利用した租税回避行動を誘発する，③源泉が異なる所得であっても，同額の所得は同額の経済力を有する，④同一の納税者が源泉の異なる複数の所得（勤労所得，利子，配当，キャピタル・ゲインなど）を得るケースが一般化し，複雑になった各個人の所得構造を把握することが困難になっている，との批判であった（宮島［1986］6頁）。

2　日本における所得税制の成り立ち

2.1　現代所得税制の前史

　日本の所得税の成り立ちは，1887年まで遡ることができる。当時の所得税は総合課税で個人のみをその課税対象とするものであった。この所得税は日清戦争後の1899年の改正によって，所得を3種類に分類し，それぞれに異なる課税方法を適用するという典型的な分類所得税に改定された。当時はまだ所得税と法人税が明確に区別されておらず，法人所得は第一種所得として，公社債の利子と年間300円以上の個人所得はそれぞれ第二種および第三種所得として課税された。1920年の改正では，第三種所得として配当所得と賞与が，第二種所得として銀行利子が課税されるようになり，課税ベースの拡大がなされた。

　太平洋戦争が勃発する直前の1940年には，次のような所得税の大改正が行われた。第1に，第一種所得として所得税制の一部を構成していた法人所得が分離され，個人所得税と法人所得税がそれぞれ独立した税制になった。第2に，従来の3種所得税制から，分類所得税（不動産，配当利子，事業，勤労，山林，退職の6種類の所得に異なる比例税率を適用）と総合所得税（各種所得の合計金額が5000円を超える場合，その超過額に超過累進税率を適用）を併用することになった。第3に，利子・配当所得に加えて，勤労所得や退職所得も源泉徴収されるようになった。これらの改正によって，40年に245万人であった分類所得税の納税者数は，そのわずか4年後の44年には約456万人へと一気に拡大し（住澤編［2014］38頁），所得税は富裕者課税から大衆課税へと変質していった。

2.2　シャウプ税制

　戦後の占領軍による「民主化」の流れのなかで進められた1947年の税制改革

では，分類所得税と総合所得税の二本立てであった所得税が総合所得税に一本化されるとともに，株式等のキャピタル・ゲインなどすべての所得が課税対象に組み入れられた。また，納税者自らが納税手続きを行う申告納税制度が導入された。このように税負担の公平と納税意識の醸成という観点から，税務行政の整備を奨励しつつ，直接税中心主義に基づいて，体系的で恒久的な税制を確立しようとしたのが，シャウプ勧告であった。

1949年にシャウプ勧告が提案したのは，次のような特徴をもつ包括的所得税論であった。第1に，所得税を中心に据えたうえで，それを高所得層への資産課税（富裕税）で補完する税体系を基本としたことである。第2に，キャピタル・ゲインなど資産所得の原則全額課税を中心に包括的な課税ベースに接近・総合課税する一方で，累進税率を大幅に緩和したことである。第3に，個人所得税と法人税の統合を図り，留保も含めたいわゆる「全体統合」を提案したことである。これらの提案内容は，50年にほぼそのまま成立した。これがいわゆる「シャウプ税制」である。

2.3 シャウプ税制の修正と抜本的税制改革

しかしシャウプ税制は，日本が独立回復後すぐに日本の実情に合わないとの理由で大幅な修正を余儀なくされている。所得税については，とくに1951年に利子所得の源泉分離選択課税が復活したこと，53年に有価証券の譲渡所得が原則非課税に後退したことは，総合課税の原則が早くも崩れたという意味で，シャウプ税制の解体に等しい大修正であった。その後も戦後の高度成長を背景に一貫して主張されつづけた「資本蓄積の促進」という政策的要請から，シャウプ税制の解体はさらに進んだ。具体的には，①少額貯蓄非課税制度（いわゆる「マル優」）の創設（63年），②配当所得の総合課税（配当控除あり），源泉分離選択課税，少額配当申告不要という三方式の成立（65年），③個人土地譲渡所得の分離課税の導入（69年）などが，その主要な個別措置としてあげられる。

しかしその後，高度成長が続き，所得水準が上昇するなかで株式市場が発達し，個人の金融資産が増加してくると，非課税・軽減措置のとられた金融所得と勤労所得との公平性の問題が顕在化するようになった。そのため，シャウプ税制以来と称された1987年および88年の抜本的税制改革では，「マル優」や郵貯などの利子非課税制度の原則廃止，株式等譲渡益の原則課税化など再び公平課税の実現に向けた動きに一定の前進がみられた。しかしその課税方式は，いずれもそれぞ

れ累進税率が適用されない一律源泉分離課税，申告納税と源泉課税の選択分離課税とされた。しかも株式の譲渡益課税については，源泉分離課税が売却額の5％を利益とみなして課税する「みなし課税」にすぎないこと，取引のたびに2つの課税方法を選択できることなど，大きな欠陥があるものであった。

2.4 証券優遇税制

2001年6月に「今後の経済財政運営及び経済社会の構造改革に関する基本方針」（いわゆる「骨太の方針」）で証券市場の構造改革が謳われ，「貯蓄から投資へ」という政策的要請への対応が求められるようになると，バブル崩壊以降の厳しい景気情勢や株式市場の状況を背景に，証券税制への短期的な優遇措置が相次いで導入されていった。01年6月に長期保有上場株式等を03年末までに売却した場合の譲渡益について，申告分離課税を選択した場合には100万円までを非課税にするという特例措置が設けられると，同年11月には①申告分離課税への一本化の延期，上場株式等を譲渡した場合の税率引下げ（26％から20％）と譲渡損失を3年間繰越控除，②長期保有上場株式等の譲渡益に10％の軽減税率を適用，申告分離課税を選択した場合に100万円まで非課税にする適用期限を延長，③上場株式等の購入金額1000万円までの譲渡益を非課税といった改正が行われた。

1980年代後半の抜本的税制改革で不十分ながらも垣間みられた公平課税の再構築に向けた動きは，「株価対策」としての一連の証券優遇税制によって，再び後退しはじめた（諸富編［2009］252頁）。シャウプ税制以後，たびたび改正が重ねられてきた利子，配当，キャピタル・ゲインなどの資産所得の非課税化や分離課税化は，課税ベースの縮小と総合課税の後退をもたらし，シャウプ税制のシンボルであった包括的所得税は，むしろ分類所得税に近いものに変容していくことになったのである。

3 所得税の仕組み

3.1 総合課税――課税計算の基本構造

日本の所得税法では，所得の種類が利子所得，配当所得，不動産所得，事業所得，給与所得，退職所得，山林所得，譲渡所得，一時所得，雑所得の10種類に分類され，それぞれ異なる課税方法がとられている。このうち利子所得，配当所得，山林所得，退職所得，譲渡所得については，分離課税されることになってい

るうえに，ほかの多くの所得にも非課税，特別控除，特例経費控除などの特別措置が認められており，総合課税の建前は崩れている。

所得税の具体的な算定手順について，確認しておこう。まず利子を除くすべての所得はそれぞれ収入金額から必要経費やそれに類する特別控除などを差し引いて各所得金額を算出し，それらを合計して総所得金額を求めることが第1のステップである（①収入－必要経費＝総所得）。しかし，このように求められた所得金額のすべてが課税の対象になるわけではない。実際に課税の対象とされる所得を求めるためには，第2のステップとしてその総所得金額から各種の所得控除を差し引いて課税総所得を算出する必要がある（②総所得－所得控除＝課税総所得）。第3のステップは，その残額の大きさに応じた超過累進税率を適用し，税額を求めることである（③課税総所得×税率＝税額）。そしてもし税額控除があれば，第4のステップとしてその算出された税額からさらにそれを差し引けば，最終的な納税額が確定される（④税額－税額控除＝納付税額）。

(1) 給与所得控除

第1のステップで収入から差し引かれる必要経費の内容や取扱いは，所得の種類ごとに異なる。たとえば，課税される所得のなかで最も大きな割合を占める給与所得については，必要経費に代わる特別控除として給与所得控除が設けられている。このようなサラリーマンの必要経費にかんする制度には，一定額あるいは給与の一定比率を経費とみなす概算控除制度と，実際に支出した費用を積み上げる実額控除制度がある。アメリカ，ドイツ，フランスではいずれかを選択することが認められており，イギリスでは実額控除のみが認められている。概算控除が認められているアメリカとドイツではその控除額が定額，フランスでは限度額が設けられており，実額控除を選択した場合でも控除できる範囲は勤務に直接必要なかなり限定されたものになっている。

日本では，給与所得控除は65万円を最低額として，給与に応じて控除額が逓減的とはいえ増加する仕組み（控除率は180万円以下の部分で40％，360万円以下の部分で30％，660万円以下の部分で20％，1000万円以下の部分で10％，1500万円以下の部分で5％）になっており，たとえば，給与収入が500万円の場合，給与所得控除額は154万円（収入の30.8％）にも及ぶ（財務省ウェブサイト）。2012年度税制改正によって，13年度分からは1500万円を超える場合には245万円（16年度分から給与収入1200万円超で230万円，17年度分以後は給与収入1000万円超で220万円）の上限が設けられている。また，特定支出（通勤費，転任にともなう転居費，研修費，

資格取得費，単身赴任者の帰宅旅費，図書費等の勤務にともなう必要経費）した金額の総額が，給与所得控除額の2分の1を超える場合には，給与収入からその超過分を実額で控除できる特定支出控除が認められている。

　給与所得控除の性格については，日本では従来から「勤務費用の概算控除」だけでなく，失業の不安定性などサラリーマン特有の事情に配慮して「他の所得（事業所得など）との負担調整のための特別控除」という要素も含むものとして整理されてきた。しかしその概念はいまなお不明確であり，そのために他の諸国の経費控除制度と比べてその規模はかなり大きいものになっている。日本の概算控除の水準は2015年1月現在，上述のとおりであるのに対して，アメリカでは夫婦共同申告の場合の2分の1で73万1000円（6300ドル，1ドル＝116円で換算），ドイツでは14万5000円（1000ユーロ，1ユーロ＝145円で換算）の定額，フランスでは最高控除額でも175万4000円（1万2097ユーロ，1ユーロ＝145円で換算）となっている（財務省ウェブサイト）。

(2) 所得控除

　前述の算定プロセスで重要な役割を果たしているのが，第2のステップとして総所得から差し引かれる所得控除である。所得控除の最も基本的な機能は，生存水準以下の所得には税負担を求めず，課税ベースから排除することにある。所得控除は，大きくは人的控除と個人的支出控除に分けられるが，人的控除は納税者本人とその家族のまさに最低生活費の免税を主目的としている。

　人的控除については，さらに納税者の世帯構成等に応じた基礎的な人的控除，納税者の個人的特殊事情に配慮した特別な人的控除および人的割増控除の3タイプに分類できる。日本では基礎的な人的控除として基礎・配偶者・扶養控除が，特別な人的控除として障害者・寡婦（夫）・勤労学生控除が設けられている。また「人的割増控除」として，配偶者特別控除，扶養控除や障害者・寡婦控除の割増控除など年齢等に応じたさまざまな加算や割増を行う仕組みがある。

　他方，個人的支出控除については，①災害や盗難，病気などの偶発的な事故によって多額の支出を余儀なくされた場合やそうしたことへの備えなど，特定の支出や強制的な支出，あるいは資産の損失に配慮した税負担を調整する，②各種保険制度の定着・育成や社会的に望ましい活動を支援するといった，特定の支出に税制上優遇して奨励する，という目的別に2つのタイプに分けられる。こうした控除対象として認められる支出は国ごとに異なるが，日本では①タイプのものとして，雑損控除・医療費控除・社会保険料控除，小規模企業等共済掛金控除が，

②タイプのものとして，生命保険料控除，地震保険料控除，寄付金控除が認められている。

(3) 課税最低限

以上のうち，いくつかの基本的な所得控除を組み合わせると，この額を超えると所得税の課税対象者になるという水準が決定される。この事実上の免税点ともいうべき水準が**課税最低限**である。日本では，サラリーマン世帯を前提としたうえで，給与収入から給与所得控除，基礎・配偶者・扶養の各控除と社会保険料控除を合計したものを指す。つまり，課税最低限は配偶者控除や扶養者控除などの適用で変わるために，世帯構成に依存してくる。日本の課税最低限は2015年度現在，片稼ぎの夫婦子2人（子供のうち1人は特定扶養親族，1人が16歳未満）のサラリーマン世帯で261万6000円，夫婦のみは156万6000円，単身世帯は114万4000円となっている。

課税最低限を構成する項目は国によって大きく異なるので，その国際比較は厳密には容易ではない。たとえば，日本においては，経費控除としての性格を有する給与所得控除や社会保険料控除については，他の所得控除（人的控除など）とはまったく性格を異にするものであることから，従来から課税最低限の構成要素としてふさわしくないとされてきた。しかしそれは，日本では課税最低限の基幹要素である人的控除（とくに基礎控除）が諸外国に比べてきわめて低い水準（基礎控除額は1人当たり38万円）にあるために，前述した「過大な」給与所得控除がその一部を肩代わりしているという側面もある（中村［2013］34頁）。日本の課税最低限が従来，国際的に高いといわれてきたのは，他国にはそのようなサラリーマン優遇措置がないからである。しかしそれでも2014年1月現在，日本の課税最低限は主要国のなかではイギリスに次いで低い水準になっている（『財政金融統計月報（租税特集）』第745号）。

ただし，課税最低限は世帯構成だけでなく，年齢にも依存する。65歳以上の年金受給者は最低120万円の公的年金等控除が認められている。公的年金等控除は逓減的とはいえ年金給付額に応じて増額される仕組みになっており，給与所得控除に設けられたような上限もない。公的年金等の課税上の取扱いを整合的にするためには，拠出時に課税する場合には給付時に非課税，あるいはその逆の組合せをしなければならない。実際，アメリカでは拠出時にまったく控除が認められていないが，給付時には一部課税（所得が一定額以上の高額所得者の場合，他の所得の額に応じて所得に算入され，他の所得と合算して課税）される。他方，フランスで

は拠出時に全額が，ドイツでは一定額が控除される一方，給付時にはそれぞれ一部課税（受給開始年度に応じて，給付額の一定額が課税対象となる），全額課税される。イギリスでは，整合的な取扱いはなされていないが，拠出・給付の両段階で給与所得等として課税されている。

これに対して日本では，拠出時に社会保険料控除によって全額が控除されるにもかかわらず，給付時にも公的年金等控除が大幅に認められ，拠出・給付の両段階で事実上非課税となっている。つまり主要先進国に比べて，公的年金にかんしてかなり手厚い配慮がなされているために，年金受給世帯では課税最低限が高くなり，課税ベースを縮小させている。

(4) 税率構造

税率構造については，広い意味では前述の課税最低限に法定税率表を組み合わせることによって決定されるが，第3のステップとして課税総所得に適用されるのは，後者の税率表のみ，すなわち狭い意味での税率構造である。所得税の税率表は一般的に，課税所得をブラケットと呼ばれる階層に区分し，より高い区分に進むにしたがって逓増する**超過累進税率**がとられている。この税率構造において，各ブラケットに対応する課税所得の増加部分に適用される段階税率が限界税率である。日本では2015年1月現在，税率構造は195万円以下に5％，330万円以下に10％，695万円以下に20％，900万円以下に23％，1800万円以下に33％，4000万円以下に40％，4000万円超に45％の7段階になっている。したがって，たとえば，課税所得4200万円の納税者は最高税率45％が当該金額すべてに適用される（すなわち4200万円×45％になる）わけではなく，下記にあげた数値例のように税率が限界的（追加的）に適用される。

例）課税所得4500万円の納税者の税額（単位：万円）

$195 \times 5\% + (330-195) \times 10\% + (695-330) \times 20\% + (900-695) \times 23\%$
$+ (1800-900) \times 33\% + (4000-1800) \times 40\% + (4200-4000) \times 45\% = 1410.4$

したがって，課税所得4500万円の納税者には，限界税率45％が適用されているものの，課税総所得に対する税額の比率を表す平均税率でみると，33.58％（= 1410.4÷4200×100）の負担にすぎない。また，総所得（課税総所得と所得控除ないし課税最低限の合計額）に対する税額の比率を表す**実効税率**でみると，課税最低限の存在によって負担の累進性はわずかに強められるが，当該納税者の税負担率はさらに低い水準となる。

税率構造は，シャウプ勧告によって20～55％の8段階に定められたが，1953

表11-1 所得税の限界税率ブラケット別納税者（または申告書）数割合の国際比較

(単位：%)

限界税率	10%以下	10%超～20%以下	20%超
日本（13年）	83	13	4
アメリカ（11年）	29	43	28
イギリス（12年度）	3	84	14
フランス（10年）	55	36	9

(注) 1 日本のデータは，2013年度予算ベース。
　　 2 ドイツは課税所得に応じて税率が連続的に変化するため，ブラケット別納税者数割合は不明。
　　 3 各国の税率構造について，表中の課税期間においては，日本は6段階（5・10・20・23・33・40%），アメリカは6段階（10・15・25・28・33・35%），イギリスは3段階（20・40・50%），フランスは4段階（5.5・14・30・40%）である。
(出所) 住澤整編著［2014］93頁。

年に15～65%の11段階に改められると，その後は第2節で述べた課税ベースの縮小と総合課税の後退が進んでいくなかで，最高税率の引上げと税率段階数の増加が繰り返し行われ，69年にはついに10～75%の19段階となった。しかし80年代に入ると，税率構造のフラット化が税制改革の国際的潮流になり，日本でも最高税率の引下げを含む税率表の簡素化と累進度の緩和が図られている。88年12月の抜本的税制改革によって，税率構造はそれまでの10.5～60%の12段階から10～50%の5段階に大幅に緩和されると，95年には前年11月の税制改革で20%の税率を中心に限界税率のブラケットが拡大された（20%の適用対象：課税所得300万円～600万円→330万円～900万円，30%の適用対象：課税所得600万円～1000万円→900万円～1800万円，40%の適用対象：課税所得1000万円～2000万円→1800万円～3000万円，50%の適用対象：課税対象2000万円超→3000万円超）。また99年には，最高税率が50%から37%に引き下げられ，税率構造は10～37%の4段階にまで簡素化された。所得税から住民税への税源移譲にともなって，2007年度改正でようやく最高税率は40%に引き上げられ，税率構造は5～40%の6段階に改められた。その後，13年度改正によって，最高税率は45%に引き上げられ，税率構造は前述した7段階となっている。

　日本の所得税の税率構造は，他国に比べてどのような特徴を有しているのであろうか。表11-1は，限界税率をブラケット別にみた給与所得納税者の割合を国際比較したものである。同図から，適用される税率が10%までに収まっている給与所得納税者数の割合は，アメリカ，イギリス，フランスではそれぞれ29%，

3%, 55%であるのに対して, 日本では83%にも及んでいることがわかる。他方で20%を超える税率が適用される納税者数の割合は4%にすぎない。日本の所得税の再分配機能は, 他国に比べて著しく弱められているといえよう。

(5) 税額控除

課税総所得に税率を適用して算出された税額から, 第4のステップとして差し引かれる税額控除は, 一定の政策目的から認められる個人的な支出控除である。所得税の担税力を調整する方法には, 前述した所得控除もあるが, 近年は「所得控除から税額控除へ」さらには税額控除しきれない, あるいは所得が課税最低限以下の低所得層には税額を還付（給付）する**給付付き税額控除**への転換が国際的に広がりつつある。同制度には, たとえば, アメリカの勤労所得税額控除（EITC）のように就労を条件に所得に応じて給付（税額控除）を行うものもあれば, イギリスの児童税額控除のように子どもの人数に応じて給付を行うものもあり, 低所得者の就労促進や子育て支援と, 社会保障を併せて実現しようとする一種の政策税制として活用されている。

日本ではシャウプ勧告以来, 家族構成等の納税者の個々の事情を考慮して納税者の担税力の減少に配慮するという考え方から, 担税力の調整にはもっぱら所得控除が用いられてきた。また, 税額控除は補助金的性格や政策税制としての意味あいが強いことなどから, 現在では所得税と法人税の二重課税を調整する配当税額控除, 国際的な二重課税を調整する外国税額控除, 住宅の取得または増改築等にかかる住宅ローン等の年末残高の一定割合が控除される住宅借入金等特別控除などに限られている。

3.2 課税単位

所得税の納税者はこれまで暗黙に所得を稼得する個人を想定してきたが, 共同生活を送っている家族がいる場合には通常, 配偶者や扶養者も一定の所得を稼得している, あるいはその稼得した所得は家族を単位として消費すると考えられる。したがって課税単位は, 税額計算を個人ごとに行う個人単位課税だけでなく, 世帯ごとに行う世帯単位課税（さらに夫婦単位課税または家族単位課税に分けられる）とすることも考えられる。

では稼得した所得は個人単位で課税すべきであろうか。それとも合算して世帯単位で課税すべきであろうか。たとえば, 年収が男性, 女性ともに300万円ずつの共働き世帯Aと, 年収600万円の片働き世帯Bがあるとしよう。世帯単位課

税のもとでは，世帯 A と世帯 B の合算所得は同じ 600 万円になるため，共働き世帯であるか片働き世帯であるかにかかわらず，税負担はともに 77 万 2500 円（195×5％＋(330－195)×10％＋(600－330)×20％）となり，世帯間の課税の公平性が確保される。しかし世帯 A は，夫婦で合算した所得 600 万円に課税されると，より高い限界税率が適用されるので，所得税負担が独身時代の 2 人の所得 300 万円を別々に計算し，合計した税 40 万 5000 円（|195×5％＋(300－195)×10％|×2 人）より大きくなってしまう。これは明らかに税による「結婚のペナルティ」であり，課税の中立性が歪められる。

他方，個人単位課税であれば，結婚して夫婦になっても両世帯とも独身時代と税負担は変わらないので，結婚の中立性は確保される。しかし，両世帯は合算所得では同じ 600 万円であるにもかかわらず，夫婦の所得を別々に計算して合計した税負担は世帯 A で 40 万 5000 円，世帯 B で 77 万 2500 円と差が生じ，世帯間の課税の公平性を損なってしまう。これは，個人単位課税では，低い限界税率が適用される範囲が広い共働き世帯のほうが有利になるためである。したがって，「結婚の中立性」を重視すれば個人単位課税が望ましく，「世帯間の課税の公平」を重視すれば世帯単位課税が望ましいことになり，どちらの課税単位が望ましいかは一概にはいえない。

2015 年 1 月現在，日本とイギリスでは個人単位課税方式が，アメリカとドイツでは個人単位課税と夫婦単位課税の選択方式が，フランスでは世帯単位課税方式が採用されている。世帯単位課税（夫婦単位課税を含む）には，世帯全体の所得を合算してそれに課税する合算非分割方式と，それを一定の方式で夫婦や家族構成員に分割して課税する合算分割方式がある。後者を採用しているドイツでは，夫婦を課税単位として選択した場合，後者の方式すなわち世帯の構成員（とくに配偶者の有無）で税負担を均等に分割（夫婦の所得を合計した半額をもとに算出した税額を 2 倍に）する **2 分 2 乗方式** を用いて「結婚のペナルティ」の解消が図られている。

同じ合算分割方式でも，夫婦だけでなく子どもの所得まで合算して分割課税する n 分 n 乗方式もある。この方式を採用しているフランスでは，合算した所得を家族除数（単身者 1，夫婦 2，夫婦子 1 人 2.5，夫婦子 2 人 3，以下，子 3 人目以降は 1 ずつ加算）で除した額に税率表を適用して算出された税額に家族除数を再び乗じて税負担が求められる。子どもが所得を稼得することは通常なく，家族除数のみ増えるので，子どもの数が多いほど税負担は小さくなる。その意味で，n 分 n 乗

方式の採用は非中立的な税制となるが，世界的に深刻化する少子化問題を背景に，子育て支援という観点から近年，再評価されつつある（中村［2013］24頁）。

　日本では戦前，民法の家制度のもとで同居親族の所得をすべて合算して課税する世帯単位課税でしかも合算非分割方式がとられていた。しかし戦後は家制度が改変され，シャウプ勧告によって基本的には個人単位課税をとることになり，今日に至っている。国際的な動向をみてみると，イギリスや北欧諸国で世帯単位課税から個人単位課税に移行されるなど，多くのOECD加盟国で個人単位課税がとられるようになっている。

3.3　分 離 課 税

　以上は総合課税の対象となる所得にかんする仕組みであったが，10種類ある所得のなかには本来，適切に課税されるべきものでありながら，さまざまな理由でそれが困難なために，その対象から切り離して分離課税されているものもある。たとえば，退職所得や山林所得については，その所得が長期にわたって発生するものであり，給与所得等のように年間単位で発生する所得とは異なるといった特殊性から分離して課税されている。具体的には，退職所得については，勤続年数に応じた退職所得控除額を差し引いた後の金額の2分の1に対して，山林所得については，必要経費および特別控除（50万円）を差し引いた後に5分5乗方式によって，累進税率が適用され，税額が算定される。

(1) 土地譲渡所得

　土地譲渡所得については，1969年に総合課税から分離課税に改められた際に，土地供給の促進を目的に打ち出された長期軽課，短期重課という方向が打ち出されたことによって，その課税方法は土地の所有期間の長短で異なる。しかしバブル期を迎えて地価高騰が深刻化してくると，そのことは土地保有を長期化させ，かえって土地供給を阻害した可能性があり，また通常の所得より低い税負担で個人に帰属させることは課税の公平も損なっているといった理由から，91年度税制改正で長期保有する土地・建物の譲渡益は課税強化（税率を26%から39%に引上げ）された。

　ところがバブル崩壊で地価下落が激しくなると，再び無原則な負担軽減に転じて，2004年からは土地・建物等を譲渡した場合，それが長期所有（5年超）のものであれば一律15%（＋住民税5%），短期所有（5年以内）のものであれば一律30%（＋住民税9%）の税率で課税されている。

(2) 利子・配当・株式譲渡所得

　利子所得については，1953年度改正で構築された「総合課税の対象から切り離して比例税率で課税する」という枠組みと，88年の抜本的税制改革で設定された「原則20%の税率」による源泉分離課税となっている。また，利子非課税貯蓄制度については，貯蓄優遇税制として見直しが求められていた老人等マル優制度が2002年度改正によって，障害者等に対する少額貯蓄非課税制度に改組され，06年1月から適用されている。

　配当所得については，2003年度改正で源泉徴収率が35%から20%に大幅に引き下げられ，源泉徴収するのみで申告不要，もしくは総合課税を選択する（その場合，配当控除が適用される）ことになった。つまり，2.3項で述べた少額配当の申告不要の適用上限が撤廃され，源泉分離選択課税も廃止されたため，原則は総合課税であるものの，実質的には源泉分離課税という形になっている。また08年度改正では，上場株式等の譲渡損失との損益通算をするために，09年1月から申告分離課税を選択することもできるようになり，申告不要（源泉分離課税），もしくは総合課税と申告分離課税の選択となっている。

　株式譲渡益については，2001年度改正によって，03年度から源泉分離課税を廃止して申告分離課税に一本化され，上場株式等を譲渡した場合の税率が26%から20%に引き下げられている（特定口座で源泉徴収を行う場合は，申告不要も選択できる）。

　以上のように，利子所得・配当所得・株式譲渡所得については近年，本則である総合課税からむしろ分離課税する方向を強めるとともに，税率を統一して源泉徴収だけで納税を完了し，かつ金融所得間での損益通算できる範囲を拡大する仕組みの整備が進められている。これは，「貯蓄から投資へ」という政策的要請や金融商品間で税負担が異なる状況を統一して課税の中立性を確保し，投資リスクを軽減できる簡素でわかりやすい税制に改めるために近年，「金融所得課税の一体化」に向けて行われてきた，さまざまな措置によるものである。

　上場株式の配当・譲渡益については，2003年から総合所得税の最低税率（住民税を合わせて15%）より低い10%の優遇税率が適用され，しかもその適用期限が07年度～09年度および11年度改正で繰り返し延長されてきた。14年1月からようやく本則の20%になったが，この優遇税率の廃止にともなって，少額上場株式等に係る配当所得および譲渡所得等の非課税措置（NISA）が導入されている。また13年度改正では，公社債等の譲渡益が非課税から20%の申告分離課税され

るようになった一方で，16年1月から特定公社債等の利子所得および譲渡所得等と，上場株式等にかかる配当所得および譲渡所得等についても損益通算が可能になるなど，金融所得課税の一体化が拡充されている。

4 所得税の負担構造と所得税改革

4.1 課税ベースの侵食

以上でみてきた各種控除や分離課税，さらには除外項目による優遇措置（利子・配当非課税，総合譲渡および一時所得の優遇，山林，一時所得および土地建物等譲渡所得の特別控除，退職所得の半額課税）は，いずれも累進課税の負担緩和ないし免除という形でいわゆる**課税ベースの侵食**をもたらしている。

では実際に，それらの軽減措置は所得税の財源調達機能や再分配機能をどの程度低下させているのであろうか。表11-2は，2012年度の所得税を総合課税した場合に得られたであろう税収と現実の税収を見比べた場合の税収減収額とそれぞれの実効税率を項目別・所得階層別に推計したものである。同表から，現実の税収が11兆4890億円であるのに対して，総合課税した場合の税収が約26兆6000億円にも及ぶことがわかる。その要因について項目別にみてみると，税収減収額が最も大きいのは給与所得控除の4兆4672億円であるが，それに次いで大きいのは課税方法上の優遇措置である分離課税の3兆3658億円となっている。また所得階層別にみてみると，給与所得控除や人的控除などの所得控除による税収減収額が低中所得層に多く生じているのに対して，分離課税や除外項目による税収減収額は最高所得層に集中して発生していることである。なかでも分離課税は，2000万円を超える所得階層で発生している税収減収額の合計額4兆2172億円のうち，2兆9080億円を生み出しており，高所得層の税負担が著しく軽減されていることがわかる。その結果，現実の実効税率は，総合課税した場合の実効税率よりも累進性が緩和され，2000万円以下の所得階層で頭打ちとなり，それを超える最高所得層ではむしろ税負担が低下する逆進的な構造になっている。

4.2 所得税改革の課題

以上から，現行所得税の再分配機能と財源調達機能を回復するためには，所得税改革をめぐる近年の動向とかかわって，以下のような課題について検討する必要がある。第1に，税率構造のさらなる見直しである。日本では所得税の総合課

表11-2 軽減措置による所

所得階層	課税ベース		現実の税収 (3)	税			
						税収	
				経費等控除		所得控除	
	総合累進課税した場合の課税ベース (1)	現実の課税ベース (2)		専従者控除	給与所得控除	人的控除	個人的社会保険料控除
100万円以下	3,977.4	591.5	20.7	0.6	72.9	62.7	1.2
200万円以下	13,398.7	2,645.1	161.5	1.6	179.5	134.7	36.7
300万円以下	24,733.1	6,469.2	421.8	1.4	454.9	241.4	148.1
400万円以下	34,659.9	13,305.2	653.3	1.0	610.4	392.8	321
500万円以下	33,952.8	13,458.4	724.4	0.7	741.3	429.2	401.4
600万円以下	28,168.2	11,410.7	725.9	0.4	689.3	370.2	379.9
700万円以下	20,502.1	10,499.4	639.4	0.3	267.9	265.0	296.2
800万円以下	16,576.7	8,796.8	692.2	0.4	232.3	212.2	250.4
1000万円以下	21,344.5	9,837.8	1,227.4	0.2	695.3	285.6	356.1
1500万円以下	20,739.5	13,829.4	1,878.8	0.1	198.3	256.2	338.4
2000万円以下	7,511.6	5,123.7	1,029.3	0.1	189.5	51.7	76.6
2000万円超	25,810.9	20,818.8	3,314.7	0.1	135.6	39.9	0
合計	251,375.3	117,380.2	11,489.3	6.9	4,467.2	2,741.6	2,606.0

(注) 推計手法は、石［1979］に依拠している。ただし一部、鈴木［2012］の推計手法に従って算出していしていない。分離課税による減収額がマイナスの値になっているものは、実際に分離課税されたことで生中の数値は小数点以下を四捨五入しているために、合計欄の数値と必ずしも一致していない場合がある。
(出所) 国税庁『税務統計から見た申告所得税の実態（平成24年分）』『第138回 国税庁統計年報（平成24して作成。

税分の税率が抜本的税制改革前の10.5〜60％の12段階から5〜45％の7段階までフラット化され、高所得層の負担は著しく軽減されている。1980年代以降、諸外国でも最高税率の引下げや税率構造の簡素化が進められてきたが、近年は最高税率の引上げの動きがみられる。たとえば、アメリカでは2013年に4.6％引き上げられて39.6％（税率段階数は7段階）に、イギリスでは10年に10％引き上げ、13年には逆に5％引き下げられて45％（同3段階）に、フランスでは11年に1％、13年に4％引き上げられて45％（同5段階）になっている。

日本でも2015年から新たに4000万円を超える課税所得に45％の税率が適用され、最高税率は主要国とほぼ同水準となっている。しかし、日本の所得税において諸外国に比べて明らかに負担が軽いのは、課税所得で900万円を超える高所得層であり、超富裕層のみに対する最高税率の引上げだけでは不十分である。所得税の累進性を回復するためには、次の第2の点であげる資産所得者への課税強

得税収の減収額と実効税率

(単位:10億円)

収						実効税率	
減収額							
支出控除 その他の個人的支出	税額控除	分離課税	除外項目に対する優遇措置	計	総合累進課税した場合の税収 (4)	現実の実効税率 (3)/(2)	総合累進課税した場合の実効税率 (4)/(1)
4.5	0	-2.1	0.8	140.6	161.3	3.50	4.06
17.8	0.3	-8.1	2.4	364.9	526.4	4.99	3.93
32.1	1.0	-10.3	4.2	872.8	1,294.6	6.52	5.23
50.6	2.3	-6.7	6.5	1,377.9	2,031.2	4.91	5.86
60.4	4.0	-0.7	9.8	1,646.1	2,370.5	5.38	6.98
57.3	5.0	7.5	14.7	1,524.3	2,250.2	6.36	7.99
41.7	4.8	17.0	19.3	912.2	1,551.6	6.09	7.57
34.9	4.0	24.6	22.8	781.6	1,473.8	7.87	8.89
47.4	6.1	57.3	45.6	1,493.6	2,721.0	12.48	12.75
40.8	10.6	194	109.5	1,147.9	3,026.7	13.59	14.59
8.9	6.9	185.3	99.5	618.5	1,647.8	20.09	21.94
1.1	30.4	2908.0	1102.1	4,217.2	7,531.9	15.92	29.18
397.5	75.8	3,365.8	1,437.2	15,098.0	26,587.3	9.79	10.58

る。公的年金等特別控除は所得階層別データが一部不足しているため,過度な推計を避けるために算出
じる税収額の方が総合累進課税されたと仮定した場合に生じる税収額より大きいものである。なお,表
年度版)』『平成24年分 民間給与実態統計調査結果』および内閣府『2012年度国民経済計算』より推計

化を行い,給与所得者との課税の公平を確保したうえで,そうした高所得層に適用される限界税率の引上げについても検討する必要がある。もちろん,このような累進性強化をともなう税率の引上げに対しては,労働供給や勤労意欲を阻害するとの議論もある。しかしそれは,理論的には所得効果と代替効果の大きさに起因する問題であり,実証的にも税制はその主たる要因ではないとされている(Messere et al. [2003] pp. 95-96)。

第2に,グローバル化が進行するなかでの金融所得に対する課税のあり方についてである。金融所得一体課税は,北欧の二元的所得税にみられるように,労働所得から資本所得を分離して比例課税し,資本所得同士で損益通算できるようにする仕組みを金融所得に限って行おうとするものであり,一見すると逃げ足の速い資本所得の海外への逃避を防止するのに有効であるように思われる。しかし北欧の二元的所得税は,資本所得に「高い」税率とはいえ比例課税されることによ

って阻害される垂直的な公平性を改善するために，導入後しばらくは不動産税や純資産税で補完し，実物資産に金融資産を加えて累進課税の適用対象とすることでむしろ（とくに高所得層に）課税強化されていた（ただし，2007年に純資産税，08年に不動産税は廃止。この点の詳細については，第15章を参照）。つまり，北欧ではそれが課税ベース拡大を通じた公平性と税収の回復を意味したのに対して，日本では損益通算の拡大による課税ベース縮小と「低い」税率での分離課税を通じた資本所得の政策的優遇を意味する点で大きな違いがある（諸富編［2009］20～21頁）。

所得税の再分配機能を高めるためには，金融所得を他の所得と合算して総合課税し，累進課税の適用対象とすることで高所得層への適切な課税を実現する必要があるが，日本では近年，金融所得を再び総合課税化する動きはほとんどみられなくなっている。しかし，かといって，金融所得に土地譲渡所得や不動産所得も含めて一体的に比例課税する二元的所得税の方向へ進むのかについても，現時点では不透明である。ただ明らかなことは，グローバル化と国際的な租税競争の圧力に対し，一国レベルだけで対応することは困難であるということである。将来的には，逃げ足の速い資本所得の捕捉を可能にする国際機関による課税か，国際通貨取引税のような国際的な租税協調による世界的な均一課税，すなわちグローバル・タックス導入に向けた取組みの前進が期待される（植田・新岡編［2010］第9章）。

第3に，給付付き税額控除を含む「所得控除から税額控除へ」の是非についてである。所得控除から税額控除への転換の根拠とされるのは，累進税率のもとでは，所得控除は高所得層ほど税負担がより軽減されるという逆進的な効果をもつのに対して，税額控除はその対象が一定の所得水準以下の納税者や世帯となることから課税ベースの侵食を限定的にし，所得税の累進機能を高める効果があるというものである。しかしこれに対しては，たしかに減税の絶対額は高所得層のほうが低所得層よりも大きいが，減税率はむしろ低所得層のほうが高くなること，所得控除（とくに人的控除）が正当な根拠により控除されるのであれば，それは課税ベースの侵食とはいえないことなどの批判がある。

また，給付付き税額控除の導入をめぐっては，税制と社会保障を統合することや所得控除を税額控除に置き換えることの是非，さまざまな徴税技術上の課題や導入国で絶えない不正受給等の問題など，理論的・政策的意義，執行上の問題や課題について，なお検証されなければならない論点が少なくない。また，「給付付き税額控除はいわば税法（歳入）段階で歳出まで決定する仕組みであるために，

毎年の予算にかかわりなくその執行が行われることになり，財政民主主義の観点から問題が大きい」（鶴田［2011］146～147 頁）という指摘も重要である。いずれにせよ，給付付き税額控除が就労促進や所得再分配効果，また税制と社会保障制度との統合といった点でどれほどの積極的な意義をもつのかについては，今後より慎重な検証が必要である。

■ **討論してみよう**
① シャウプ税制以来，日本の所得税制が包括的所得税をその理念型としてめざしつつも，実際にはむしろ分類所得税に近いものへと変容していくことになったプロセスについて考えてみよう。
② 日本の所得税制は，他の主要国に比べてどのような特徴や課題を有しているのかを考えてみよう。
③ 現行所得税の財源調達機能や再分配機能をいかにして回復すべきかを考えてみよう。

■ **参考文献**
〈基礎編〉
石弘光［2008］『現代税制改革史――終戦からバブル崩壊まで』東洋経済新報社
井手英策・諸富徹・小西砂千夫企画編集［2014］『日本財政の現代史（全 3 巻）』税制各章，有斐閣
植田和弘・新岡智編［2010］『国際財政論』有斐閣
木下和夫・金子宏監修，金子宏編［2001］『所得税の理論と課題（2 訂版）』税務経理協会
住澤整編［2014］『図説日本の税制（平成 26 年度版）』財務詳報社
宮島洋［1986］『租税論の展開と日本の税制』日本評論社
〈より進んだ学習をするために〉
石弘光［1979］『租税政策の効果――数量的接近』東洋経済新報社
鈴木健司［2012］「所得税の所得階層別にみたイロージョンの計測」『日本福祉大学経済論集』第 45 号，45～61 頁
鶴田廣巳［2011］「給付付き税額控除をめぐる論点」『立命館経済学』第 59 巻第 6 号，128～151 頁
中村良広［2013］『所得税改革――日本とドイツ』税務経理協会
宮本憲一・鶴田廣巳編［2001］『所得税の理論と思想』税務経理協会
諸富徹編［2009］『グローバル時代の税制改革――公平性と財源確保の相克』ミネルヴァ書房

Messere, K, F. de Kam and C. Heady [2003] *Tax Policy: Theory and Practice in OECD Countries*, Oxford University Press.

第12章　法人税
仕組みと新動向

KEYWORDS
法人擬制説　法人所得　二重課税　グローバル化　企業会計と税務会計
法人税と所得税の統合　転嫁と帰着　国際課税原則　BEPS　タックス・ヘイブン

1　法人税とその課税根拠

1.1　法人とは何か

　法人とは，自然人（個人）ではないが法律により人格が付与され，法律上の権利義務の主体となることが認められた組織体のことをいう。この法人の所得に対する法人段階での課税が法人税である。法人税法は，法人を内国法人と外国法人に分類し，前者はその性格等により，普通法人（株式会社や合名会社など），協同組合等（農協や生協など），公益法人等（地方自治体や国立大学法人など）にさらに分類する。2013年度分の会社標本調査結果によると，内国法人の大半は普通法人で，そのなかでも株式会社が95.1％を占める。そこで本章では以下，株式会社を念頭におく。なお，原則として公共法人等に対しては法人税が課税されないが，収益事業等から生じた収益は課税対象となる。また，個人事業のように法人形態をとらない事業形態からの収益は，所得税の対象である。

1.2　法人所得への課税根拠

　法人税の課税根拠には，法人本質論と関係し，伝統的に**法人擬制説**と法人実在説の2つの有力な学説がある。法人擬制説は，法人を株主の集合体だととらえる。そして，**法人所得**は最終的に法人構成員である出資者（株主）に分配されるので，法人自体は独自の担税力を有しないと考える。したがって，究極的には法人所得が株主（とくに個人）に分配された段階で課税すればよいので，法人段階での課

税は不要と考える。しかし，①法人所得が配当されずに法人内に留保されつづけると永久に課税できないという公平性の観点，②税務執行上の簡素性の要請，などから，所得税の前取り（源泉課税）として法人税を正当化する。一方，法人実在説は，法人を株主から独立した固有の存在だととらえる。したがって，法人所得は法人独自のもので，法人は独立した担税力を有すると考える。

どちらが正しい法人のとらえ方かという問いの解答は，現在でも得られていない。しかし，両者は法人税制の基本設計のあり方を異にする。たとえば受取配当に対する課税は，法人擬制説に基づくと，同一法人所得に対して法人と個人の二段階で課税（経済的**二重課税**という。以下，二重課税とする。）されるため，それを排除するための調整が公平性と中立性の観点から要請される。一方，法人実在説に基づくと，法人税と所得税は独立した税となり，二重課税という概念そのものがなくなる。

また，法人税率構造への含意として，法人実在説に基づくと累進税率構造の適用も選択肢にあがる。ただし，それは不要不急の法人分割の誘因を与えうる点に注意が必要である。一方，法人擬制説に基づくと，累進課税の前提には固有の担税力の存在があるが法人にはそれがない，法人税は源泉課税であるので二重課税調整を行う際の簡素性，などの理由から，事業形態や資本金規模に関係なく比例税率構造が志向される。

2　日本の法人税の沿革

2.1　シャウプ勧告以前の法人税

日本の法人所得への課税は，1899年の所得税法で創設された第一種所得税にはじまる。それは，2.5%の比例税率で法人所得へ課税，個人株主に対する所得税の源泉課税とみなし個人段階で法人からの受取配当を非課税，という法人擬制説により依拠した課税が行われた。しかし，1920年の所得税改正により，①配当を支払う法人段階では最低税率（5%）で課税したうえで，個人株主の受取配当に対して他の個人所得（第三種所得）と合算（ただし受取配当の40%の額を所得控除）して総合累進課税へ，②法人所得も源泉ごとに超過所得や留保所得など5種類に区分し，超過所得や留保所得には累進課税を，そのほかには比例課税する方式へ変更された。このような変更の1つの背景には，課税ベース拡大による財源確保があるとされるが，同時にそれは法人実在説により依拠した課税への変更を

意味する。これ以降，1940年の所得税法からの法人税法独立や44年の受取配当の所得控除全廃など，法人税は法人実在説に基づく独立型法人税への純化を図っていった。

2.2　シャウプ勧告に基づく法人税

戦前の独立型法人税は，1949年のシャウプ勧告で大幅に変更された。シャウプ勧告は，包括的所得税論を基礎に，①法人擬制説に基づき所得税と法人税の首尾一貫した税体系の構築を図る，②法人所得に対して35％の単一税率で課税する，③個人株主に対しては法人からの受取配当の25％相当額を所得税で税額控除（受取配当税額控除）する，④法人段階で留保される留保利益総額の1％の利子付加税を毎年課す，⑤留保分は配当されるまで所得税の課税が延期されるため，それまでの間の課税延期分の幾分かを課税するという趣旨から，キャピタル・ゲインに対して全額課税する，などを柱とした。このようにシャウプ勧告は，完全ではないが留保も含めた所得税と法人税の統合の実現，原則的に租税特別措置を一切認めず単一税率の中立的法人税の実現を図る税制構築を勧告したものだったといえる。これらは基本的にシャウプ税制として実現した。

2.3　シャウプ税制の解体過程

しかし，シャウプ税制は，成立後から解体の道をたどる。まず課税ベースについては，1952年に退職給与引当金と価格変動準備金が創設されて以降，シャウプ税制で整理された引当金，準備金，特別償却，経済政策実現のための税額控除が導入または復活した。これらは繰延などを通じた税負担軽減措置となり，課税ベース縮小要因となる。

次に税率については，1952年に景気過熱防止と上でみた課税ベース縮小下での税収確保のため，普通法人の税率が42％に引き上げられた。しかしそれは，①協同組合等は35％に据え置かれたために法人形態間での税率格差の発生，②所得税率は不変だったために源泉徴収機能の弱体化を招く，などの新たな問題を生み出しただけではなく，その後の制度崩壊の足がかりともなった。これ以降，55年度に中小法人への軽減税率導入，61年度から89年度まで留保と配当に課される税率を異にする配当軽課措置（二段階税率制度）の導入，と税率構造は複雑化した。一方，法人税率は財政再建の要請もあり，普通法人で30％台後半から40％台前半の水準が長く続いた。しかし90年代以降，バブル経済崩壊後の景気

対策や**グローバル化**への対応，近年の成長志向の法人税改革などで税率は漸次引き下げられ，2016年度からは23.4%となっている（一方，15年分から所得税の最高税率は45%に引き上げられ，法人税率との乖離幅は拡大した。所得税率を不変とすると，法人税率は2018年度に23.2%へとさらに引き下げられる予定となっているため，乖離幅は今後拡大する。それは「法人成り」の誘因をますます与えることとなる。）。

最後に法人税制であるが，1951年に留保所得に対する利子付加税制度が廃止され，所得税と法人税の統合システムの最重要部分の1つである法人留保利益課税制度が後退した。そして53年に有価証券譲渡益課税が廃止され，法人留保利益課税制度は崩壊した。したがって，配当部分だけ二重課税調整を施すこととなったが，65年に総合課税（配当控除あり），源泉分離選択課税，少額配当申告不要制度，の3方式が成立し，配当総合課税も崩壊した。

このような変更は，1960年代から70年代にかけて，日本の法人税制設計の基軸を法人擬制説とするか法人実在説とするかの混乱も生み出した。これを経て現在，法人擬制説や法人実在説を正面からとらえ，法人税制を議論することはあまりみられなくなった。しかし，財政学や公共経済学ではどちらかといえば法人擬制説に依拠して議論することが多いといえよう。

2.4 日本の法人税がもつ諸特徴

これまでみてきたような展開を経て，現在の日本の法人税は次のような特徴をもつ。①総税収とGDPに占める法人税収の割合が高いことである。ゆえに，法人税改革が税収に与える影響は，財政赤字の累積下で無視できない。②国税の法人税率は，EU加盟国の多くがグローバル化への対応の1つとして法人税率を引き下げているにもかかわらず，決して高水準とはいえないことである。また，法人が負担する国税，地方税，社会保険料（事業主負担分）の合計額の対GDP比をみると，ドイツと同水準で，特別に高い水準ではないともいえる。一方，財務省が算出する「財務省型実効税率」の水準は，2015年度の日本のそれはアメリカやフランスより低いが，ドイツやイギリスより明らかに高い。これらのことは，税率や負担率の国際比較とその解釈は慎重にならなければならないことを示唆する。③法人所得に占める課税ベースの割合がきわめて低いことである。一方，EU加盟国の多くは税率引下げと同時に課税ベースを拡大し税収中立をめざしたため，課税ベースは広い。④法人全体に占める欠損法人（所得金額が税務会計上ゼロとなる法人および繰越欠損金を控除した結果，所得金額がゼロとなる法人）割合が，

他の主要国より明らかに高いことである。ただし，近年の景気回復にともない，その割合は減少傾向にある（本節についてはウェブサポートも参照）。

3　日本の法人税の仕組み

3.1　企業会計と税務会計

1.1項でみたように，法人税の課税ベースは法人所得である。しかし，それは企業会計上の利益とは異なる。なぜなら，企業会計は企業の経営状況を利害関係者に正確に報告することが目的であり，それが課税の公平や適正な税負担などを目的とする法人税法の考え方と合致するとは限らないからである。そこで法人税では，企業会計を基礎に，それに調整を加えて税務会計上の法人所得を算出し，これを課税ベースとする。**企業会計**と**税務会計**の関係は，以下のとおりである。

$$\text{税務会計(税法)上の課税ベース(法人所得)}$$
$$=\text{企業会計上の利益(当期純利益)}+\text{税法上の加算}-\text{税法上の減算} \quad (1)$$

(1)式の税法上の加算には，益金算入と損金不算入がある。同様に税法上の減算には，益金不算入と損金算入がある。益金算入とは，企業会計では収益とされないが税法上は益金の額に算入する（益金不算入はその反対）こと，損金不算入とは，企業会計では費用とされているが税法上は損金の額に算入されない（損金算入はその反対）ことをいう。ここで税法とは，法人税法と租税特別措置法である。租税特別措置とは，特定の政策目的を実現するために税制上の例外規定・特別規定をもって行われる税の軽減措置や優遇措置，増税措置をいう。益金不算入等の具体的な項目を整理したものが表12-1である。

ここでは表12-1の①益金不算入と④損金算入の場合をみよう。①の例には，資本等取引や法人間受取配当がある。資本等取引とは，増減資や合併のように，法人の資本金等の額を増減させる取引などのことをいう。ここで重要なことは，法人税は，資本を運用（事業活動を展開）することで生み出される利益への課税であり，資本金額の増減に対する課税ではないことである。したがって，資本等取引は課税対象とならない。次に，法人間受取配当であるが，そもそも配当は法人税課税後所得から捻出される。そのため，法人間受取配当に課税すれば，個人株主に渡るまでに複数回以上課税される可能性がある。法人擬制説に基づき法人税

表 12-1 法人税法上の所得と決算利益の関係

	内　容	項　目
①益金不算入	決算利益では収益とされているが，税法上は益金の額に算入されないもの	・受取配当等の益金不算入 ・資産の評価益の益金不算入 ・還付金等の益金不算入
②益金算入	決算利益では収益とされていないが，税法上は益金の額に算入されるもの	・法人税額から控除する外国子会社の外国税額の益金算入 ・内国法人にかかる特定外国子会社等の留保金額の益金算入
③損金不算入	決算利益では費用とされているが，税法上は損金の額に算入されないもの	・減価償却超過額の損金不算入 ・資産の評価損の損金不算入 ・特定の役員給与，過大な使用人給与等の損金不算入 ・寄付金の損金不算入 ・交際費等の損金不算入 ・不正行為等にかかる費用等の損金不算入 ・法人税額等の損金不算入 ・海外親会社等へ支払う過大な利子の損金不算入
④損金算入	決算利益では費用とされていないが，税法上は損金の額に算入されるもの	・各種の特別償却の損金算入（償却限度額の増額） ・圧縮記帳による圧縮額の損金算入 ・繰越欠損金の損金算入 ・特定の基金に対する負担金等の損金算入 ・各種準備金の損金算入 ・協同組合等の事業分量配当等の損金算入 ・収用換地等の場合の所得の特別控除など

(出所) 江島一彦編『図説 日本の税制』平成 27 年度版，財経詳報社，133 頁。

制度を設計すれば調整が必要となるが，複雑となる。そこで，法人間受取配当を全額益金不算入として法人段階では課税せず，個人段階で調整しようとする。しかし，実際には 1989 年度から株式等保有割合が 25％ 未満の場合，受取配当等の 80％ が益金不算入となり，その後その割合は 50％ に縮小された。さらに 2015 年度税制改正では，株式等保有割合が 5％ 以下は 20％ 益金不算入，5％ 超 3 分の 1 以下は 50％ 益金不算入，と要件の細分化と厳格化がなされた。これは法人税率引下げにともなう課税ベース拡大措置の一環であるが，株式等保有割合の基準にどのような明確な根拠があるのだろうか。

次に④であるが，そもそも費用とは，当期の利益獲得活動にともなって費やした金銭を指す。たとえば，人件費や原材料費などである。しかし税務会計においては，当期に加え将来時点でも生じるまたは生じうる費用についても，適正な期間損益計算を行うために損金算入が認められるものがある。たとえば，引当金と準備金である。引当金とは，「将来発生する可能性が高いと見込まれる特定の費

用又は損失で，その原因が当期にあるものについて，合理的な期間損益通算の見地から当期の収益に負担させるために見積り計上した貸方科目」のことで，課税対象とならない法人の留保資金として重要な意味をもつ。以前は6種類（貸倒引当金，返品調整引当金，退職給与引当金，賞与引当金，特別修繕引当金，製品保証等引当金）を設け，一定限度内で損金算入を認めてきた。しかし，日本は引当金の種類が多く税制上優遇されているなどの批判や財政再建下での課税ベース拡大のため，1998年度と2002年度税制改正で4つの引当金が経過措置ののち廃止され，現在は貸倒引当金（ただし，資本金1億円以下の普通法人など一定の法人に限る）と返品調整引当金が残っている。

また準備金とは，「各事業年度において将来の損失または支出に備えるために法令の定める一定の限度内で，損金経理ないし利益処分の方法により積み立てたもの」を指す。この定義からわかるように，その事業年度の収益と明確な因果関係をもっている準備金は少なく，むしろ偶発的な損失の引当や政策的な性格をもつ。ゆえに，引当金よりも利益留保的な性格や特定企業に対する優遇措置としての性格が強い。なお準備金は2015年現在，租税特別措置法に15種類が規定される。たとえば，海外投資等損失準備金，探鉱準備金又は海外探鉱準備金，原子力発電施設解体準備金，特定船舶に係る特別修繕準備金，などである。

3.2 減価償却制度

減価償却制度とは，各事業年度における損益を正しく計算できるよう，建物，機械，装置等の減価償却資産の取得価額を使用期間に応じて費用配分することをいう。その方法には，①定額法（毎期一定額の減価償却費を計上する），②定率法（有形固定資産の期首帳簿価額に一定率を掛けた額を減価償却費とする），③生産高比例法（毎期当該固定資産による生産または用役の提供度合いに比例して減価償却を行う方法），の3方法がある。企業は減価償却方法を選択できるが，頻繁に変更できない。多くの企業は，初期にまとまった額の償却が行えるため税務上の便益が大きい定率法を採用している。しかし近年，IFRS（国際財務報告基準）の適用や外国への生産拠点移管などを契機として，定額法へ変更する企業もあらわれている（ただし，IFRSでも定率法は認められている）。

日本の減価償却制度は，近年大幅に見直されている。2007年度には，償却可能限度額の廃止（従来は取得価額の95％相当額しか償却が認められなかったが，実質的に100％の償却が認められるように変更）および残存価額の廃止（取得価額の10％と

していた残存価額を残存簿価1円まで償却できる），という抜本的見直しが行われた。また定率法も250%定率法（定額法の償却率×250%で計算される償却率で償却。12年度に一定率が200%に改正）が導入され，早期に多額の償却が可能となった。また08年度には，法定耐用年数が見直され，①償却期間が他の先進国より長いとされていた設備等の耐用年数短縮化，②設備等の種類によって細分化されていた法定耐用年数を業種ごとに一本化，という改正が行われた。

3.3　繰越欠損金

繰越欠損金とは，過去の事業活動成果から継承した損金のことである。継続企業を前提とすると，事業年度ごとの所得計算は，人為的な算出にすぎない。そこで，繰越欠損金を他の事業年度（現行の繰越期間は9年）の課税所得と通算することには一定の合理性がある。しかし，欠損金を恣意的につくりだせる余地があることで企業の課税所得は減少し，結果的に法人税収が伸び悩む1つの要因ともなっている。

そこで2012年度から資本金1億円以上の法人に対し，繰越欠損金控除を所得の80%までに制限するように改正された。さらに15年度税制改正で，控除割合を16年度までは65%，17年度以後は50%に縮小することとなった（なお，16年度税制改正にて，欠損金繰越控除の割合を16年度は60%，17年度は55%，18年度以後は50%とするよう更なる見直しが行われた）。このような改正が続く背景には，欠損法人割合が減少傾向とはいえ依然として高いなかでの法人税率引下げにともなう代替財源確保がある。しかし，企業行動に与える影響の中立化という視点からは，控除割合の引下げとともに欠損金の繰越期間を延長することが望ましい。実際，15年度税制改正において17年度以後，繰越期間は10年に延長されることとなった（なお，16年度税制改正にて，繰越期間の10年への延長が17年度以後から18年度以後へと1年延期するよう見直しが行われた）。

3.4　交際費

交際費は，企業会計では費用に算入される。しかし，資本金1億円超の法人に対しては，濫費を抑制し経済発展に資することや強い社会的批判などから，租税特別措置法で損金不算入が規定されてきた。しかし，中小法人は定額控除（800万円）が認められているため，資本金規模で非対称的な取扱いとなっている。もっとも，2014年度より消費拡大を通じた経済活性化を目的とし，資本金1億円

超の法人も接待飲食費の50%が損金算入可能となった。そのため，非対称性は若干緩和されたが，政策実現手段としての妥当性については，今後も検証が必要である。

3.5 法定税率・平均実効税率・限界実効税率

最終的な納付法人税額は，「(法人所得×法人税率) − 税額控除」で算出される。日本の法人税率は，事業形態や資本金規模により3つの異なる法人税率が適用される。しかし，このような取扱いは，事業形態や資本金規模選択の中立性などの観点から本来は正当化できない。

また，グローバル化が進展するなかで，税率概念の豊富化も図られている。イギリスの財政研究所が2010年に公表したマーリーズ・レビューによると，企業の投資意思決定のうち，①自国で生産活動を行うのか外国で行うのか，②外国ならばどこの国かという選択は，平均実効税率（法人税課税ベースに対する法人税負担割合），③立地国でどれだけの投資を行うかという選択は，限界実効税率（法人税率，税務上の減価償却率，投資税額控除，などを考慮した追加的な投資に対する法人税負担割合），④最終的な利益計上国の選択は法定税率（税法が規定する税率のことで，本章では法人税率とも記述）が鍵となるとしている。ここで重要なことは，平均実効税率や限界実効税率の水準は，法人税率だけでなく法人税制にも依存することである。したがって，国家間の税率引下げ競争と並行して，法人税制をめぐる競争も今後重要性を増すことを指摘しておきたい。

なお，日本の法人税改革においては，法人事業税等が損金算入できることを反映して計算される財務省型実効税率（ウェブサポートを参照）が重視される。実効税率の水準を規定する要素の1つである法人税率は，2.3項でみたように引下げの傾向にある。したがって，実効税率は2014年度の34.62%（東京都は35.64%）から15年度に32.11%（東京都は33.06%），16年度に31.33%（東京都は32.26%）へ引き下げられることになっていた。このとき政府は，数年間かけて実効税率を20%台に引き下げる方針であった。ところが，16年度税制改正では予定を早め，16年度に29.97%，18年度に29.74%に引き下げることとした。実効税率は12年度には37.00%（東京都は38.01%）だったため，急速に引き下げられていることがここで確認できる。これは近隣諸国の税率水準を意識した結果でもある。たしかに，グローバル化が進展するなか，近隣諸国の動向は無視できない。しかし，法人税率引下げに無批判に追随することは，主権国家が政策の意思決定の主体と

しての機能を事実上放棄することを意味するという側面をもつのではないだろうか。

3.6 税額控除

　税額控除は現在，2つの役割を担っている。第1は，外国税額控除のように，公平性と中立性を確保する役割である。これは，国際的二重課税（6.1項を参照）を排除するため，内国法人の外国支店等が納付した外国税額を自国税額から控除することを認める仕組みである。第2は，特定の政策目的を実現するために租税特別措置法で規定される税額控除である。税額控除は直接税額から控除可能であるため，企業の節税効果が大きく，高い誘因効果が期待される。たとえば，いずれも適用条件があるが，特定の投資を促すための試験研究費控除や投資税額控除，雇用の増加を促すための税額控除，などがある。これらは国庫の犠牲をともなうため，それに見あった成果を本当にもたらしているのかを吟味するという不断の検証が不可欠である。

3.7　法人税と所得税の統合——統合型法人税における2類型

　法人税引き後の法人所得は，配当と留保の原資となる。それらの課税関係は，配当が個人株主に対して行われると配当課税の対象に，留保は株式価格に反映されて株主にキャピタル・ゲインをもたらすのでキャピタル・ゲイン課税の対象となる。したがって，二重課税が発生するため，法人擬制説に基づくと，それを排除するために調整を行う必要がある。この調整を，**法人税と所得税の統合**と呼ぶ。その方法には，完全統合方式と配当救済方式（部分統合方式）がある。

（1）完全統合方式

　完全統合方式は，配当に加え留保も調整の対象とする。それには，①組合課税方式と②キャピタル・ゲイン課税方式がある。①の組合課税方式は，配当や留保に関係なく，法人所得の全額を株主の持ち分に応じて割り当て，この割当額を株主の他の所得と合算して総合課税する。1966年にカナダで提案されたカーター方式はこの一種である。②のキャピタル・ゲイン課税方式は，配当部分に何らかの二重課税調整措置をとる一方，留保は個人株主の保有株式のキャピタル・ゲイン増加に反映されると考え，その完全課税を行う方式である。2.2項でみたようにシャウプ勧告はこの方式を取り入れ，配当部分は税額控除で二重課税を調整し，留保部分は個人段階で株式売却時にキャピタル・ゲインを全額課税する一方，法

表12-2 配当救済各方式の効果

受取段階調整	インピュテーション方式	法人段階負担	$t_c D/(1-t_c)$	(1)
		個人段階負担	$t_i D/(1-t_c) - t_c D/(1-t_c)$	(2)
		合計税負担	$t_i D/(1-t_c)$	(3) = (1) + (2)
		過重負担	0	(4)
	概算税額控除方式	法人段階負担	$t_c D/(1-t_c)$	(5)
		個人段階負担	$t_i D - aD$	(6)
		合計税負担	$t_c D/(1-t_c) + (t_i - a)D$	(7) = (5) + (6)
		過重負担	$[t_c D/(1-t_c) + (t_i-a)D] - t_i D/(1-t_c)$ $= [(1-t_i)t_c/(1-t_c) - a]D$	(8) = (7) - (3)
支払段階調整	支払配当損金算入方式	法人段階負担	0	(9)
		個人段階負担	$t_i D/(1-t_c)$	(10)
		合計税負担	$t_i D/(1-t_c)$	(11) = (9) + (10)
		過重負担	0	(12) = (11) - (3)
	支払配当軽課方式	法人段階負担	$t_c' D/(1-t_c')$	(13)
		個人段階負担	$t_i D$	(14)
		合計税負担	$t_c' D/(1-t_c') + t_i D$	(15) = (13) + (14)
		過重負担	$[t_c' D/(1-t_c') + t_i D] - t_i D/(1-t_c')$ $= [t_c'(1-t_i)/(1-t_c')]D$	(16) = (15) - (3)*
	調整なし	法人段階負担	$t_c D/(1-t_c)$	(17)
		個人段階負担	$t_i D$	(18)
		合計税負担	$t_c D/(1-t_c) + t_i D$	(19) = (17) + (18)
		過重負担	$[t_c D/(1-t_c) + t_i D] - t_i D/(1-t_c)$ $= [t_c/(1-t_c)](1-t_i)D$	(20) = (19) - (3)

(注) t_c = 法人税率，t_c' = 配当軽課税率，t_i = 個人株主の上積み所得税率
a = 配当控除率，D = 受取配当
＊ 配当軽課税率を適用して(3)を計算したもの。

人段階では積立金に利子付加税を課税した。これらの方式は理論的には優れている。しかし，執行上の困難などにより完全統合方式を採用している国は現在ない。

(2) 配当救済方式（部分統合方式）

配当救済方式（部分統合方式）は，配当部分だけ二重課税調整を行う。それには，①配当を支払う法人段階で調整する方式，②配当を受け取る個人株主段階で調整する方式，がある。①には支払配当損金算入方式（法人の支払配当を法人税の課税対象とせず損金に算入する一方，株主段階で受取配当の全額を課税），支払配当軽課方式（配当部分に軽減税率を適用）がある。②にはインピュテーション方式（個人段階での受取配当に対応する法人税額相当分を株主の所得に加算し，算出所得税額からその加算金額を控除する），概算税額控除方式（受取配当にかかわる所得税額から配当の一定割合を概算控除する）がある。これらが純粋な形で採用されることはまれであり，また国やその時々の政策目的によって選択される方式も異なる。それぞれの方式

の調整効果を整理したものが表12-2である。

　表12-2から，インピュテーション方式と支払配当損金算入方式は配当二重課税を完全に排除できるのに対し，それ以外は程度の差異はあるが，部分的な調整となることがわかる。これらの方式のなかから配当二重課税調整の程度や特性などが総合的に勘案された結果，インピュテーション方式が望ましいとされ，ドイツ，イギリス，フランスなどで採用されていた。しかし，EUでは非居住者にそれが適用できないため無差別原則に反するという欧州司法裁判所の判例の影響があり，インピュテーション方式が採用されなくなってきた。その結果，2015年4月現在，イギリスとフランスが限定的な調整を行っているだけで，ドイツは調整を行っていない。日本は総合課税を選択すると配当控除（配当所得税額控除方式）が適用されるが，分離課税では調整措置はとられていない。

4　法人税の転嫁と帰着

　法人税は法人部門に課され，法人が納税者となる税である。しかし，それは法人が法人税をすべて負担していることを意味するのだろうか。**転嫁と帰着**という視点から，法人税をどの主体が実際に負担しているかをみよう。

　この分析の結果は，短期か長期か，完全競争か不完全競争か，部分均衡か一般均衡か，企業の行動原理は何か，などの分析の枠組みの設定に依存する。まず完全競争市場下をみよう。そのもとで，企業が利潤最大化を目標に行動するとした短期の部分均衡分析は，法人税は転嫁しないことを報告する。なぜなら，企業は，「限界収入＝限界費用」となる限り生産量を変更する必要がないからである。また，法人税は生産物市場や要素市場に影響を与えないため，価格も不変である。したがって，法人税は消費者に転嫁されず，全額法人に帰着する。

　次に長期の場合を，A. C. ハーバーガーが1962年に示した一般均衡理論を用いた法人税の転嫁・帰着分析（ハーバーガー・モデル）に従いみてみよう。分析の前提は，法人と非法人の2部門から経済が構成される，総資本量が一定，完全な資本移動の自由性が前提とされる。分析によると，法人税は法人部門の課税後収益率を低下させるため，法人部門から非法人部門へ収益率が均等化するまで資本が流出する。その結果，法人部門は資本減少分を労働で代替するため，非法人部門から労働が移動し，法人部門の生産物価格が上昇する。ゆえに，法人税負担は資本全体だけではなく，消費者は価格の上昇といった形で費用の一部を負担，労働

者にも生産関数しだいで帰着する可能性があることを指摘する。

　さらに不完全競争の場合に目を向けよう。まず短期の完全独占の場合だと，法人税は独占利潤の一部を削減することとなる。しかし，生産量水準や均衡価格は変化しないので，法人税は転嫁されない。だが，独占企業は利潤最大化だけではなく，売上げの最大化や潜在的参入者の参入阻止などを目標に行動することもある。このような場合，独占企業は独占利潤を実現しないよう価格を低く設定するが，法人税課税により税引き後利益減少分を補填するために生産物価格を引き上げ，買い手などに転嫁される。

　以上あげた研究は，転嫁と帰着にかんする研究蓄積の一部にすぎない。しかし，多種多様な前提のもとで行われる理論分析は，法人税の帰着が，需要の価格弾力性，生産要素間の代替の弾力性，企業の市場支配力，労働集約度，などに依存することを示唆する。そのため定性的な結論に留まるが，同時に実証分析も盛んに行われている。ただしその知見はまちまちで，ゼロ転嫁から100％以上の転嫁水準を報告しており，確固たる結論は出ていない。しかし，法人税が転嫁されていることについては広範な合意が形成されているといってよい。この場合，法人税は賃金に帰着すると賃金税，価格に転嫁されると個別消費税，という性格をもつこととなる。3.7項でみた二重課税の調整は，法人税負担がすべて株主に帰着することを前提としている。もし株主に帰着していないとすれば，二重課税の調整は株主への必要以上の負担軽減措置となり，公平性の観点から是認できない。最近の実証研究では，長期的に賃金（労働者）に帰着すると報告するものもあれば，現在でも株主に大部分帰着すると報告する研究もある。実態はいまだ不明瞭であるが，この点は本来，制度設計の際に無視できない。

5　資金調達方法と法人税

　企業の資金調達方法には，内部留保の取り崩しだけではなく，株式発行（資本）や社債発行（負債）もある。法人税法上重要なことは，資金調達方法によってこれらの収益支払いに対する法人税の取扱いが異なる点である。つまり，株式調達分の収益である支払配当は，企業の利益処分とされているため，法人税課税ベースから控除できない。一方，負債調達分の収益である支払利子は，費用算入が認められるため，法人税課税ベースから控除される。その結果，法人所得は負債調達にしたほうが小さくなり，税制上有利となる。このような取扱いは，①法

人の負債調達バイアスの生成，②国家間での負債と株式の取扱いの相違を利用する国際的な租税回避スキームの組成，などを可能とする。①にかんして，2007年以降の金融危機深刻化の要因の1つに法人税の負債調達バイアスがあるとする研究もあるが，因果関係はまだ十分解明されていない。また，金融技術の進歩により，負債と株式の境界があいまいな金融商品が登場している実態も見逃せない。

このような非対称的な取扱いに起因する諸弊害を解決することを目的に，包括的事業所得税（CBIT）や自己資本控除型法人税（ACE）が提案されている。CBITは支払配当に加えて法人段階での支払利子控除の否認を通じて，ACEは株式投資により確実に期待される最低限の収益部分を支払利子と同様に控除することを通じて，対称的取扱いを実現する。なお，ACEは所得課税の枠組みをもっているが，実質的には消費課税（キャッシュ・フロー法人税と税等価）となるような税制である。

6 グローバル化と法人税

6.1 国際課税原則

これまでの議論は，主に閉鎖経済を前提としてきた。しかし，グローバル化が進展するなか，自国に基盤をおく多国籍企業の所得にどう課税するかが問題となる。その際，どのように国際的二重課税（課税権を主張する複数国が同一納税者の同一所得に課税すること）を排除するかが問題となる。結論を先取りすると，国際的二重課税の排除には性質の異なる2つの類型があり，国家は自国の租税政策目標と合致するよう選択を行う。それが，**国際課税原則**の選択である。

直接税の国際課税原則には，居住地主義と源泉地主義がある。居住地主義は，居住者が全世界で獲得した所得に課税（居住地国に税収帰属）する。一方，源泉地国で納税した分に対しては，国際的二重課税を排除するために居住地国で完全に外国税額控除を行う。源泉地主義は，所得源泉地国での課税を認め（所得源泉地国に税収帰属），居住地国が国外源泉所得を課税対象から除外（国外所得免除と呼ばれる）することで国際的二重課税を排除する。なお，居住者と非居住者の区分は，①設立準拠法主義（法人がどの国の法律に基づいて設立されたか）または本店所在地主義（法人の本店がどこの国にあるかもしくは登録しているか），②管理支配地主義（法人が実質的に管理支配されている場所がどこにあるか），によって行われる。日本

は①を採用するが，イギリスは②を採用するように，基準は統一されていない。実はこのような基準の相違が，国際的二重課税や課税の空白（どこの国の課税権にも服さないこと）を生み出す。

　それでは，どちらの国際課税原則がより選択されているのだろうか。結論だけ記すと，現実には純粋な居住地主義または源泉地主義を採用している国はなく，どの国も両方の要素を取り入れて制度設計を行っている。しかし，どちらの国際課税原則により依拠して制度設計を行っているかという視点から OECD 加盟国の選択をみると，源泉地主義を採用する国が大勢だが，アメリカのように居住地主義を採用している国もあり，統一性はない。そもそも源泉地主義は，低税率国での投資や立地を有利にする性質をもつ。そのため，外国（とくに周辺国）の法人税率水準の動向に敏感にならざるをえないこと，移転価格（内国企業が外国関連企業と取引を行う際に設定する価格）を通じた利益移転や企業立地選択をめぐる租税競争を促進する，という結果をもたらしうる。さらに，タックス・ヘイブンと呼ばれる軽課税国にある子会社に所得を留保しかつ親会社所在国が源泉地主義課税を採用している場合，原則的にその所得に課税されない課税の空白も生じうる。ここに，国際協調なき源泉地主義課税への移行は本当に望ましいのかという，新たに解くべき課題が発生する。

　日本では，国際的二重課税を排除するため，長らく居住地主義が採用されてきた。ただし，外国税額控除に対しては控除限度額が設定されているため，常に外国税額分を完全に控除できるわけではない。しかし，外国子会社については 2009 年度から，部分的な源泉地主義（外国子会社配当益金不算入制度）が導入された。それは 15 年現在，特定の条件を満たせば日本の親会社が外国子会社から受け取る配当の 95％ を益金不算入とする制度である（15 年度税制改正では，配当の損金算入を認める国〔たとえばオーストラリア〕に立地する外国子会社からの配当は，課税の空白を防止する観点から，外国子会社配当益金不算入制度の適用対象除外となった）。この制度改正の目的の 1 つには，外国子会社等に留保されている所得の日本国内還流を促し，それを国内投資につなげて経済成長をめざすことがあった。実証分析によると，限定的ながら国内還流を促進する効果が認められたと報告する研究もある。しかし，それが国内投資拡大にどれだけ寄与したかは，さらに検証が必要である。

6.2　国際課税における重要な基準

　P. B. マスグレイブは，国際資本所得課税の重要な基準として，①国家間の公平性，②立地中立性，③納税者間の公平性，の 3 点をあげた（Musgrave［1987］）。①の国家間の公平性は，国家間での課税ベースもしくは税収の公平な配分を要求する。次に②の立地中立性（国際的な資源配分の中立性）には，伝統的に資本輸出中立性（CEN）と資本輸入中立性（CIN）がある。CEN は，居住者が内国投資と外国投資の選択に課税が影響を及ぼさないことを要請する。それを担保する仕組みが，居住地国での完全な外国税額控除の付与である。一方 CIN は，源泉地国からみて，源泉地国法人による投資と外国法人による投資が等しく課税されることを要請する。これを実現する方法が，居住地国での国外所得免除方式の採用である。国際課税における制度設計では，伝統的には CEN が重視されている。現在でもその影響力自体は強いのではないかと考えられるが，実態をみるとその動揺がみられるのも事実である。最後に③の納税者間の公平性は，ある国の納税者が外国で所得を得る場合と国内で同額の所得を得る場合に，等しい税制上の取扱いを受けることを要請する。

6.3　国際課税の課題の解決に向けて

　グローバル化が進展して経済活動が世界規模で行われる一方，税制は一国単位で設計され執行される。法人税も例外ではない。しかし，このような齟齬が，さまざまな深刻な問題を引き起こしている。それは伝統的には国際的二重課税であったが，最近では財政赤字が累積するもとで課税の公平を侵害する課税の空白を見逃すことはできない。課税の空白が生じる原因の 1 つに，各主権国家が比較的自由に税制を構築していることがある。それは，各国が課税自主権を行使できている証拠であることは間違いない。しかし，このような不統一が，多国籍企業が租税負担を合法的に免れること（国際的租税回避行動）を容易にしているという側面も無視できない。実際，スターバックスやグーグルなどの巨大多国籍企業の著しく低い納税実態が報告されている。そこで OECD は 2012 年 6 月から多国籍企業の法人税回避行動への国際的な対抗運動である「税源浸食と利益移転」（**BEPS**：Base Erosion and Profit Shifting）にかんするプロジェクトを立ち上げ，検討を開始した。この取組みの特徴は，OECD 非加盟だが G20 を構成する国（中国など）も議論に参加し，より広範囲にプロジェクトを実行しようとしていることである。その背景には，BEPS による税収損失額が少なくとも 1 年間で 1000 か

ら2400億ドル（世界全体の法人税収の4％から10％に相当）とも推計されていることや発展途上国では法人税収への依存度が高いことがある。

2013年7月に発表された「BEPS行動計画」は，15の特定の行動を検討対象とした。それらは，①整合性を確保するための行動（たとえば**タックス・ヘイブン対策税制の強化**），②経済活動を実際に行っている場所で課税するための措置（たとえば，条約濫用の防止），③透明性確保のための行動（たとえば，移転価格の文章化を再検討する），④以上の課題に横断的にかかわる行動（たとえば，多国間協定を開発する），に大別できる。それぞれにかんして検討が行われ，15年10月5日に「BEPS行動計画に関する最終報告書」が公表された。

BEPSプロジェクトはEUのような地域経済圏を越えた広範囲な取組みであるため，どれだけ実行可能な方策が提示されるかに注目が集まる。そもそも国際的な資源配分の歪みを是正する国際的租税協調は，国際公共財の供給という側面もある。しかし，直接税にかんするEUでの同様の取組みは，国際的租税協調にかんする理論と応用一般均衡分析等の実証分析の基礎づけがあるにもかかわらず，期待されたほどの進展をみせていないという実態も無視できない。それゆえに最終報告書の提案が，政策手段や課税自主権を保持したい各国政府，経済界の思惑，国家間の利害関係，などとの複雑な調整に耐え，どれだけ実行可能なものなのか。その提案と実行プロセスに今後も注目していく必要がある。

■ 討論してみよう
① 財務省ホームページなどを参照しながら2.4項であげた以外の日本の法人税の特徴を整理し，そのような特徴が表れているのはなぜかを話しあってみよう。
② 中小企業等に軽減税率が適用されることを正当化する理由としてあげられていることとその妥当性を話しあってみよう。
③ 国際的な租税協調の現在の到達点を把握したうえで，それを実行可能なものとするための必要条件と十分条件が何かを話しあってみよう。

■ 参考文献
〈基礎編〉
入谷純［2008］『財政学入門（第2版）』日本経済新聞出版社
佐藤進・伊東弘文［1994］『入門租税論（改訂版）』三嶺書房
重森曉・鶴田廣巳・植田和弘編［2009］『Basic現代財政学（第3版）』有斐閣
林正寿［2008］『租税論——税制構築と改革のための視点』有斐閣

宮島洋［1986］『租税論の展開と日本の税制』日本評論社

Stiglitz, J. E. and Rosengard, J. K. [2015] *Economics of the Public Sector*, 4th ed., W. W. Norton.（J. E. スティグリッツ〔藪下史郎訳〕［2004］『スティグリッツ公共経済学（第2版）』下巻，東洋経済新報社）

〈より進んだ学習をするために〉

鈴木将覚［2014］『グローバル経済下の法人税改革』京都大学学術出版会

武田昌輔編［2007］『企業課税の理論と課題（2訂版）』税務経理協会

西野万里［1998］『法人税の経済分析——租税回避と転嫁・帰着』東洋経済新報社

宮本憲一・鶴田廣巳・諸富徹編［2014］『現代租税の理論と思想』有斐閣

諸富徹編［2009］『グローバル時代の税制改革——公平性と財源確保の相克』ミネルヴァ書房

Musgrave, P. B. [1987] "Interjurisdictional Coordination of Taxes on Capital Income," S. Cnossen ed., *Tax Coordination in the European Community*, Kluwer Law and Taxation Publishers, pp. 197-225.

Musgrave, R. A. and P. B. Musgrave [1972] "Inter-nation Equity" R. M. Bird and J. G. Head ed., *Modern Fiscal Issues: Essays in Honor of Carl S. Shoup*, University of Toronto Press, pp. 63-85.

第13章 消 費 税
消費課税の体系と付加価値税

KEYWORDS

付加価値税　インボイス　複数税率　逆進性　還付型税額控除

1 消費課税の体系と付加価値税の仕組み

1.1 消費課税の種類と体系

　一般に消費税というと日本では**付加価値税**を指すが，消費課税のタイプは多様であり，図13-1のように分類することができる。まず，消費課税は直接税と間接税に大きく分けられる。直接税タイプの消費課税には，所得から貯蓄を引いた消費を課税ベースとする支出税があるが，現時点で導入している国は存在しない。税負担者と納税者が異なる間接税タイプの消費課税には大きく関税と内国消費税があり，内国消費税もまた個別消費税と一般売上税に大別される。個別消費税が酒税やタバコ税など個別の財・サービスに課税する税であるのに対し，一般売上税はあらゆる財・サービスに課税する包括的な税である。

　一般売上税は，製造段階や小売段階など取引の特定の段階にのみ課税される単段階税と，すべての取引段階で課税される多段階税に分けることができる。さらに，多段階税は税の累積を排除しない累積型の取引高税と，前段階の税額を控除することで税の累積を排除する付加価値税に分けられる。

　世界の内国消費税の歴史は，個別消費税から単段階税あるいは取引高税，そして付加価値税へと発展してきた。個別消費税は執行が容易であるが，課税ベースが狭く税収調達能力に乏しいうえ，税率が高くなれば消費者の選択を著しく歪めてしまう。また，単段階税では，税の累積や課税ベースの侵食を完全に防ぐことが現実的に困難であり，輸入品と国産品または輸出品の間の中立性を損なってし

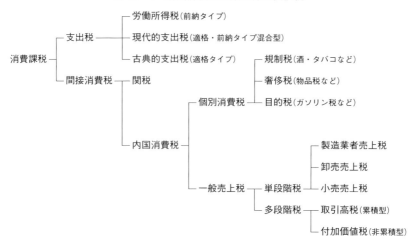

図13-1 消費課税の分類と付加価値税

(出所) 宮島洋［1986］51頁より作成。

まう。一方，取引高税は，税の累積が生じるため，取引回数を減らす誘因が働き，租税負担回避のための企業の垂直統合を促してしまうなどの問題が不可避であった。それゆえ，より低い税率で増大する財政需要を賄うと同時に，企業や消費者の選択に中立であり，租税回避行動を誘発しにくい消費課税として，包括的な課税ベースをもつ累積排除型の付加価値税が選択されるようになっていった。

1.2 付加価値税の仕組み

付加価値税の最大の特徴は税の累積を排除する仕組みを有している点にある。付加価値税は文字どおり付加価値（売上－仕入）に税率を掛けることで納税額が決まるが，このことを式で表せば次のようになる。

$$納税額 = （売上 - 仕入）\times 税率 \tag{1}$$

この式を分解すれば，次のように納税額を算出することができる。

$$納税額 = 売上 \times 税率 - 仕入 \times 税率 \tag{2}$$

売上税額から仕入税額を控除する (2) 式の方法を前段階税額控除方式という。

ヨーロッパ諸国をはじめ多くの付加価値税導入国では**インボイス**を用いて前段階税額控除が行われる（インボイス方式）。これは，前段階の企業から適用税率や税額等が記載されたインボイス（送り状）を受け取った事業者が，自身の売上税額からインボイスに記載された税額（＝仕入税額）を控除して納税額を算出する仕組みである。したがって売上税額から仕入税額を差し引いた金額が当該事業者の納税額となる。ただし，インボイスがある場合にのみ税額控除が認められる。

なお，インボイス方式を採用していない日本では，仕入の事実等についての帳簿の記録と請求書の保存を条件に前段階税額控除を認めている（帳簿方式あるいは請求書等保存方式）。この方式では，仕入税額をインボイスによって直接把握することはできないため，納税義務者は，当該課税期間の仕入高に税率を乗じて仕入税額を把握し，これを当該課税期間の売上高に税率を乗じた売上税額から差し引いて前段階税額控除を行う（詳細は 2.2 項）。

前段階税額控除方式による付加価値税の仕組みをみてみよう。表 13 - 1 の例では，製造業者の売上額が 500 万円，卸売業者の売上額が 600 万円で仕入額が製造業者の売上額と同じ 500 万円，小売業者の売上額が 800 万円で仕入額が卸売業者の売上額と同じ 600 万円となっている。

いま，税率が単一の 10％ であるとする。製造業者の売上税額は 50 万円であるが，仕入税額が 0 円であるため，製造業者の支払税額（納税額）は 50 万円となる。製造業者は 550 万円（うち税額 50 万円）で卸売業者に商品を販売する。次に卸売業者は，売上税額は 60 万円であるが，仕入税額が 50 万円なので，差額の 10 万円を納税する。このとき，小売業者の仕入には税込 660 万円かかるが，うち 60 万円が仕入税額であり，その内訳は製造業者が納税した 50 万円と卸売業者が納税した 10 万円が転嫁されてきた分であることがわかる。小売業者もまた，80 万円の売上税額から 60 万円の仕入税額を引いた 20 万円を納税し，最終的に消費者が 880 万円で完成品を購入することになる。このうち，付加価値税額は 80 万円であり，これは付加価値の合計＝最終的な財・サービスの価格に税率 10％ を乗じた値に等しいことがわかる。

このように，付加価値税の納税義務者は各段階の企業であるが，税は順次後段階に転嫁され，最終的なすべての税の負担者は消費者となる。付加価値税が消費税や財・サービス税という名称で呼ばれるゆえんである。

付加価値税の重要な特徴の 1 つに，小売段階での税率のみが意味をもつという点がある。表 13 - 1 にあるように，いま小売段階にのみゼロ税率を採用したとし

表13-1 付加価値税の仕組み（標準税率10%）

(単位：万円)

		製造業者	卸売業者	小売業者	合　計
取引例	売上額	500	600	800	1900
	仕入額	0	500	600	1100
	付加価値額	500	100	200	800
単一税率	売上税額	50	60	80	190
	仕入税額	0	50	60	110
	支払税額	50	10	20	80
ゼロ税率 （小売段階）	売上税額	50	60	0	110
	仕入額	0	50	60	110
	支払税額	50	10	-60	0

(出所) 筆者作成。

よう。小売段階の売上には税率0%が適用されるため，小売段階の売上税率は0である。しかし，仕入税額は60万円であるため，仕入税額控除により，小売段階の納税額は0-60万円＝-60万円となる。これは，小売業者が60万円の還付を受け取ることを意味する。そしてそれは，前段階の製造業者と卸売業者が納税した額に等しい。これによって，消費者の税の負担も0になり，最終的な税の負担者はいなくなる。仮に，食料品やその他生活必需品の税負担を0にしようと思えば，小売段階にのみゼロ税率を採用すればよいのである。また，内国消費税である付加価値税は，輸出には課税されない。そのため，輸出にもゼロ税率が適用され，輸出業者は税関で還付を受ける（仕向地原則）。

　小売段階のみの税率が意味をもつという点では，付加価値税と，単段階税である小売売上税はよく似ており，理論上は付加価値税と小売売上税は等価な税であるといえる。しかし，小売売上税を実際に採用してきたカナダやアメリカの州の経験から，課税自主権の問題，脱税リスクや税の累積排除の完全性，コンプライアンスコストの遍在性など税務執行上の相違点が指摘されている。これらを総合的にみて，現在では小売売上税に対する付加価値税の優位性が認められているといえよう。

2　付加価値税の普及と日本の消費税の特徴

2.1　付加価値税をめぐる世界の潮流

　戦後の各国の税収構造の推移をみれば，ある顕著な特徴を指摘することができる。OECD諸国における各税収の対GDP比の推移をみてみると，かつて個人所

表13-2 OECD各国中央政府による付加価値税導入年

1960年代以前		1970年代		1980年代		1990年代以降	
国名	導入年	国名	導入年	国名	導入年	国名	導入年
フランス	1954	ルクセンブルグ	1970	メキシコ	1980	アイスランド	1990
デンマーク	1967	ノルウェー	1970	トルコ	1985	カナダ	1991
ドイツ	1968	ベルギー	1971	ニュージーランド	1986	エストニア	1992
オランダ	1969	アイルランド	1972	ポルトガル	1986	チェコ	1993
スウェーデン	1969	オーストリア	1973	スペイン	1986	ポーランド	1993
		イタリア	1973	ギリシャ	1987	スロバキア共和国	1993
		イギリス	1973	ハンガリー	1988	フィンランド	1994
		チリ	1975	日本	1989	スイス	1995
		イスラエル	1976			スロベニア	1999
		韓国	1977			オーストラリア	2000

(出所) 筆者作成。

得税が中心的役割を担っていたが，1990年代以降はその比重を顕著に下げてきている。代わって，社会保障拠出金と一般消費税が一貫した上昇を続けており，一般消費税すなわち付加価値税はいまや個人所得税と並ぶ基幹税の地位にあるといえる。

付加価値税の税収構造に占める比重の拡大は，この期間に各国中央政府による付加価値税導入が相次いで行われたことを反映している（表13-2）。付加価値税を世界で初めて導入したのはフランスである。その後，ヨーロッパ諸国を中心に付加価値税は普及していき，現在，OECD加盟国では実にアメリカを除く33カ国が付加価値税を導入している。新規導入と段階的な税率引上げにより，付加価値税は各国税制においてその存在感を高めている。

また，導入時期によって採用する付加価値税にも特徴がみられる。1973年までに付加価値税を導入したOECD加盟国は，すべて西欧諸国である。共通の付加価値税の採用が欧州統合への参加の条件となっていたという独自の事情があるものの，各国ごとに特殊な事情もあった。いずれにせよ，こうした付加価値税の早期導入国（第1世代）の特徴は，ゼロ税率や**複数税率**，非課税項目を多く設けている点にある。一方，80年代後半以降に付加価値税を導入した国々（第2世代）の特徴は，課税ベースが広く，ゼロ税率や複数税率をほとんど採用していない点にあるといえる。

付加価値税の長所はその課税ベースの広さと税収調達能力にあるが，付加価値税の効率性を測る指標として「C効率性」（C-efficiency）がある。これは，「実際の付加価値税収」を「一国の最終消費×標準税率」で除した値であるが，第1世

代のイギリスやフランス，スウェーデンなどでは50%前後となっているのに対し，第2世代の日本は70%強，ニュージーランドに至っては100%を超過している。C効率性を左右する要素としては，ゼロ税率，軽減税率，非課税の適用や，脱税，租税回避などが考えられる。

　一方で，付加価値税は現在所得に対して逆進的な税負担となる。第1世代で一般的にC効率性が低いのは，こうした**逆進性**を緩和するための再分配目的のゼロ税率や複数税率の多用があるためであるが，それが付加価値税の長所である税収調達能力を減退させ，高い標準税率を招いているとの批判がある。たとえば，2010年に発表された「マーリーズ・レビュー」(*the Mirrlees Review*) は，イギリスの付加価値税に対し，課税ベースの拡大と単一税率の採用が望ましいとし，再分配は他の税や社会保障を通じて行うべきであると提言して，世界的に注目されている。

　また，付加価値税の重要性の高まりは，各国における社会保障費の増加と無関係ではない。付加価値税が，増大する社会保障費を賄う財源として重要な役割を果たしてきたためである。垂直的公平性の実現に長けた所得税を中心としてきた国々で社会保障支出への削減圧力がいっそう強く，逆進的な付加価値税を早期に導入した国々でかえって福祉国家が維持されているという逆説も指摘されている (Kato [2003])。経済の成長期に付加価値税を導入できた国は，福祉国家の財源としての付加価値税が定着し，財政赤字が顕在化した低成長期に付加価値税を導入した国は，付加価値税への強い不満と社会保障費の削減を求める声が強い傾向にあるという。ここにも，付加価値税導入のタイミングが生んだ相違があるといえよう。

　1973年の第1次石油危機を機に低成長期に入るなか，日本でも付加価値税の導入が模索されるようになった。最初の付加価値税導入の試みは大平内閣によって「一般消費税」の名称で行われたが，国民の反対にあって挫折した。80年代に入って中曽根内閣が所得税・法人税減税の財源確保のために再び消費税（「売上税」という名称）の導入を模索するもやはり挫折し，「増税なき財政再建」が追求されることになる。その後，89年に竹下内閣によって，ようやく現在の消費税が3%の税率で導入されることになる。なお，税率は97年には5%，2014年には8%へと引き上げられている。

　日本では消費税の導入・税率引上げが，所得税と法人税の減税とセットになってきたため，税収に占める所得税・法人税の割合の低下と消費税の割合の増加が

急速に進むことになった。OECD 諸国の平均では，社会保障拠出金を除けば，依然として所得税が最大の財源としての地位を保っているが，日本では8%への税率引上げによって，消費税収が所得税収をついに逆転する見込みとなっている（2015年度予算）。

2.2 日本の消費税の特徴と問題点

国民からの強い反対のなかで導入された日本の消費税は，他国と異なるいくつかの特徴と問題点を有することとなった（なお，地方消費税ないし消費税の政府間配分の問題は，国と地方の財政関係の主要なテーマの1つであるが，本章の範囲を超えるためここでは割愛する）。

(1) 帳簿方式の採用

日本では，インボイス方式ではなく，帳簿方式（1997年からは請求書等保存方式）を採用している。先述したように，帳簿方式では納税額を「課税期間中の課税売上高×税率」－「課税期間中の課税仕入高×税率」によって算出する。ただし，事業者は税抜き価格の正確な情報をもっていないため，税込み価格を用いて集計し，それをいったん「1＋税率」で除して税抜きの仕入高を間接的に算出したうえで，そこに税率を乗じて仕入税額を計算する。帳簿方式が採用された背景には，免税事業者がインボイスを発行できないために，仕入税額を控除したい後段階の事業者との取引から排除されかねないという懸念があった。しかし帳簿方式は転嫁を曖昧にするため，次のような問題を抱え込むこととなった。

第1に，免税事業者が介在した場合の益税の問題である。免税事業者とは，納税義務が免除されている事業者で，年間課税売上高が1000万円以下，もしくは資本金等の額が1000万円未満の設立後2年以内の事業者が該当する。帳簿方式では，前段階の企業が免税事業者かどうかの判断がつかないため，前段階の免税事業者は架空の売上税額を上乗せして販売することで過大に利益を得ることができる。また，免税事業者が正しく販売したとしても，後段階の事業者が実際には存在しない仕入税額を算出することによって，過大に利益を得ることも生じる。

第2に，不完全転嫁の問題である。帳簿方式では，後段階の事業者は実際には仕入に税相当分が含まれていなくても算出された税抜きの仕入高に税率を乗じた仕入税額によって仕入税額控除を受けることができる。一方，税を転嫁できなかった前段階の事業者の売上高には税が含まれているとみなされ，実際には税を上乗せできていなくても納税額が発生する。この場合，前段階の事業者は実質的に

いくらかの税を自己負担することになる。事業者間や事業者と消費者との間の取引における力関係次第でこうした不完全転嫁が発生してしまう。なお，公的医療保険による医療費が非課税となっていることから医療機関は仕入税額を控除できず，税を自己負担するケースがあるが，これは非課税取引（課税ベースの設定）の問題であるので区別する必要がある。

　第3に，複数税率の採用が困難である。帳簿方式のもとで複数税率を採用すれば，事業者は一定期間について適用税率ごとに品目を区別して課税仕入額（税抜き）と課税売上額（税抜き）を把握し，それぞれに別の税率を乗じて仕入税額と売上税額を算出しなければ納税額が算出できない。一方，インボイス方式では，取引ごとの仕入税額と売上税額がインボイスに記載されているので，こうしたことは不要である。帳簿方式のもとでは，転嫁の不透明性が増すうえに，事業者の事務負担の増大は避けられない。

(2) 簡易課税制度とみなし仕入率の採用

　一定規模以下の中小事業者については，事務負担の軽減のため，簡易課税制度を選択することができる。簡易課税制度とは，みなし仕入率に基づいて仕入税額を簡易に計算する仕組みである。具体的には，「課税売上高」×「みなし仕入率」を仕入額と「みなし」て，これに税率を乗じて仕入税額を計算する。これにより，課税売上高さえ把握していれば，納税額を算出できる。なお，みなし仕入率は事業種によって異なり，第1種事業（卸売業）は90%，第2種事業（小売業）は80%，第3種事業（製造業）は70%，第4種事業（その他）は60%，第5種事業（サービス業等）は50%，第6種事業（不動産業）は40%と定められている。

　簡易課税制度は，中小事業者の事務負担を軽減する目的で導入されたものだが，実際の仕入額とは無関係であるため，実際の仕入額よりもみなし仕入額のほうが多い場合には，それだけ益税が発生することになり，転嫁の仕組みを歪めることになる。そのため，簡易課税制度を選択できる事業者の条件は，消費税導入当初は年間課税売上高5億円以下であったが，1991年には4億円以下，97年には2億円以下，2004年には5000万円以下にまで引き下げられ，事業分類も4種から5種，そして6種へと細分化される傾向にある。また，この間，免税点制度の適用上限も引き下げられてきたため，益税は縮小される傾向にあるが，背景にある転嫁の曖昧さそのものが解消するわけではない。

3　付加価値税の逆進性とその緩和策

　付加価値税を採用する国々にとって避けて通れないのが，逆進性をめぐる問題である。付加価値税の転嫁が完全に機能したとすれば，最終的に財・サービスを購入する消費者にのみ税負担が生じる。消費額（税抜き）に対して比例的に税負担が生じるため，現在所得に対しては逆進的な税となる。なぜなら，低所得者ほど現在所得に占める消費の割合が大きくなる傾向があるからである。また，貯蓄はいずれ消費されるとして，生涯所得でみれば付加価値税は比例的という見方もあるが，遺産や贈与の存在を考えれば，貯蓄が生涯のうちにすべて消費に回されるという想定は非現実的である。実際，日本の消費税は現在所得に対してだけでなく，その程度は軽減されるとはいえ生涯所得に対してもやはり逆進的になることが知られている（橋本［2010］）。

　こうした付加価値税の逆進性を緩和するために，付加価値税第1世代のヨーロッパ諸国で主に用いられてきた方法が，ゼロ税率や軽減税率などの複数税率の採用である。食料品などの生活必需品の消費に占める割合は低所得者のほうが大きいため，こうした品目の税率を標準税率よりも低く設定することで，逆進性を緩和しようというものである。

　軽減税率の採用のメリットは，消費者の税負担を直接的に軽減することができる点にある。これにより，付加価値税に対する消費者の抵抗感を和らげることができる。しかし，問題点も多い。第1に，間接税である以上，個人の経済力を考慮するものではないため，富裕層にもそうした財・サービスを購入する場合には恩恵が及ぶことになる。これは本来の目的とは異なる税収ロスを招くほか，逆進性緩和効果も限定されることを意味する。第2に，どの品目を軽課すべきか，またその品目の定義をどうするかについて明確な基準がないため，軽減税率の適用をめぐって業界団体の利害が反映されかねない。第3に，仕入税額よりも売上税額が少ないケースが多発し，還付事務の増大を招く。第4に，税収調達能力を弱め，標準税率の引上げ圧力を生む。こうした問題点から，EU諸国を中心に複数税率への批判が高まっており，世界的に複数税率よりも単一税率のほうが望ましいという合意ができつつある。

　さらに，インボイス方式を採用していない日本では，先述のように複数税率の採用自体が困難である。売上高と仕入高から税額を把握する帳簿方式のもとで複

数税率を採用するのであれば，異なる適用税率ごとに品目を区別して当該課税期間の売上高と仕入高を記録・集計する必要がある。より正確に税額を把握するためには，請求書に税額の別記も義務づける必要があるだろう。しかし，これは事業者にとって多大な事務負担を要するだけでなく，いま以上に不正や転嫁の曖昧さを助長する懸念がある。日本でも税率10％への引上げ時に軽減税率の導入が予定されているが，複数税率を採用するのであれば，本来，インボイス方式の採用とセットであるべきである。

軽減税率とは異なる付加価値税の逆進性緩和策の有力な手段の1つとして，カナダで実施されている**還付型税額控除**がある。還付型税額控除は，給付付き税額控除の一種で，低所得階層に対して年間一定額を付加価値税の負担額とみなして所得税額から税額控除を認める方法である。しかも所得税額が税額控除額に満たない場合はその差額分の還付を受けることができる。いわば所得税の枠内で付加価値税の逆進性緩和策を行う方法である。

還付型税額控除のメリットは，低所得者に限定して確実に恩恵を与えることができるため，逆進性対策のための税収ロスを最小限にすることができる点にある。ただし，問題点もある。第1に，控除額や還付額は実際の付加価値税負担額とは無関係であるため，低所得者向けの事実上の補助金にすぎない（消費額を個別に把握するわけではない）ということ。第2に，すべての所得情報が一元的に把握されていなければ，不正受給の温床となることである。正確な税額控除・税還付を行うためには，所得税の課税最低限以下の低所得者の所得情報がなければならないし，源泉分離課税されている金融所得についても他の所得と一元的に把握されていなければならない。

付加価値税の逆進性緩和策として，軽減税率と還付型税額控除をみてきたが，そのほかにも，所得税や資産課税の累進性を高めることで，税制全体の再分配機能を高めて付加価値税の逆進性を相殺する方法もある。また，社会保障による再分配機能を高めることで，税と社会保障を通じた総合的な再分配機能を高め，付加価値税の逆進性を相殺する方法もありうるだろう。実際，北欧諸国で高税率の付加価値税に対する国民の抵抗感が少ないのは，財政の総合的な再分配機能に対する信頼が保たれているためである。一方，日本でも消費税の福祉目的化がはかられるなど，消費税への国民の理解向上に腐心している。しかし，社会保障費を消費税収のみで賄うことができない以上，総合的な再分配機能を維持するには，他の税や歳出が重要な役割を担うことになる。

■ 討論してみよう
① インボイス方式の付加価値税と、帳簿方式（請求書等保存方式）の付加価値税ではどのような違いがあるだろうか。
② 日本の消費税の逆進性緩和策として、どのような方法が望ましいだろうか。

■ 参考文献
〈基礎編〉
知念裕［1995］『付加価値税の理論と実際』税経理協会
宮島洋［1986］『租税論の展開と日本の税制』日本評論社
宮島洋編［2003］『消費課税の理論と課題（二訂版）』税務経理協会
持田信樹［2009］『財政学』東京大学出版会
〈より進んだ学習をするために〉
橋本恭之［2010］「消費税の逆進性とその緩和策」『会計検査研究』41、35〜53頁
森信茂樹［2012］「給付付き税額控除の検討（特集 消費税増税——その論点と実務の課題）」『税理』第55巻第11号、36〜44頁
Kato, J. [2003] *Regressive Taxation and the Welfare State: Path Dependence and Policy Diffusion*, Cambridge University Press.
Mirrlees, J., S. Adam, T. Besley, R. Blundell and S. Bond eds. [2010] *Dimensions of Tax Design: The Mirrlees Review, Reforming the Tax System for the 21st Century for the Institute for Fiscal Studies*, Oxford University Press.

第14章 資産課税
その意義の再考

KEYWORDS

政策課税　富裕税　相続税　贈与税　遺贈力継承税

1 資産課税の種類と体系

1.1 資産課税の課税根拠と種類

　資産課税は，所得や消費のような一定期間のフローの価値ではなく，ある時点において蓄積されたストックの価値に課税する税であり，課税対象は，現金預金や株などの金融資産から土地・建物などの物的資産まで多岐にわたる。

　資産課税はその課税根拠に応じて一般に大きく2つに分けることができる。第1に，人税としての資産課税である。人税とは，納税主体である個人の支払能力に着目して課税する税である。人税としての資産課税は，応能課税の観点から根拠づけられ，所得の補完税としての役割が期待されている。第2に，物税としての資産課税である。物税とは，個人の支払能力に関係なく，課税対象となる物そのものの価値等に着目して課税する税である。物税としての資産課税は，応益課税の観点から根拠づけられ，資産価値を公共財・サービスの便益に対する対価と位置づけて課税する（なお，物税としての資産課税の代表的なものとしては固定資産税があるが，これは地方税であるため，本章での説明は割愛する）。

　しかし，資産課税の課税根拠はこれだけに留まらない。人税としての資産課税であれ，物税としての資産課税であれ，大なり小なり政策課税としての側面を併せもっている。**政策課税**とは，課税による特定の政策目標の実現を主目的とし，財源調達を副次的な目的とするような租税である。環境税やEU諸国で導入が議論されている金融取引税が典型的な政策課税といえるが，資産課税にも「富の集

図 14-1 資産課税の分類

(出所) 筆者作成。

中排除」や日本の地価税のように「地価高騰の抑制」など特定の政策目的をもつ政策課税として根拠づけられるものがある。それゆえ、資産課税の課税根拠には、応能課税や応益課税には解消できない、政策課税としての資産課税という性格をみておく必要がある（地価税は2.3項で詳述する）。

人税としての資産課税の種類については、図14-1のように整理できる。資産保有税は、資産の保有段階で課税される資産課税であり、純資産税と資産課徴がある。純資産税は、総資産額から負債額を差し引いた純資産を課税ベースとして通常は低税率で課税される。課税最低限はきわめて高く設定され、ごく一部の富裕層の資産への課税となることから、**富裕税**とも呼ばれる。一方、資産課徴は、経常的な税ではなく高税率の一回限りの臨時税であり、臨時の財源調達と資産そのものの徴収を目的としている。資産移転税は、資産の移転段階で課税される資産課税であり、**相続税**と**贈与税**に分けられる。相続税はさらに、故人（贈与者）の相続遺産総額を課税ベースとする遺産税と、受贈者が受け取った遺産額を課税ベースとする遺産取得税に分けられる。遺産税にせよ遺産取得税にせよ、相続税は生前贈与によって租税負担を回避するインセンティブを与えてしまう。それゆえ、相続税は贈与税によって補完されることによってはじめて資産移転を補足できる。

1.2 租税体系における資産課税の意義

資産への課税は、国境を越えた資産移転が容易となったグローバル経済のもとでは、租税競争の観点から廃止や整理の対象となる傾向にある。近年では、ドイツ、オランダ、フィンランド、スウェーデン、スペインなどが富裕税を廃止しており、資産移転税についても、イタリアやスウェーデンなどが2000年代に廃止している。資産課税の存在理由が問われている事態ともいえるが、そもそも租税体系において資産課税はどのような意義を有しているのだろうか。

もし勤労所得であれ資産性所得であれ，すべての所得を所得源の区別なく合算して課税ベースに組み込むことができるなら，すなわち，包括的所得税が理念型どおりに実施されるならば，富裕税は存在根拠を失うことになる。なぜなら，包括的所得税により，個人の財・サービスに対する経済的支配力の増加をすべて担税力として補足できるからである。しかし，現実にはキャピタル・ゲインがもたらす資産性所得を所得税で正確に捕捉することは困難である。所得税とは別に，資産の保有段階で課税する富裕税が必要とされるゆえんである。

　一方，相続税や贈与税といった資産移転税も所得税の補完税として位置づけられる。資産の移転もまた，受贈者の担税力を高めるため，本来であれば所得税の課税ベースに組み込まれるべきであるが，次の3点から別個の税であることが望ましいとされている。第1に，富裕税を課していない国々においては富裕税の代替措置という性格を有している。第2に，資産移転を所得税の課税ベースに組み込むと，移転資産額が同じであっても，移転の頻度によって税負担が変化してしまう不公平の問題が生じる。たとえば，同じ額を祖父から父，父から孫へ2段階で相続した場合と，祖父から孫へ「飛び越し相続」した場合では，前者のほうが後者より税負担が重くなる。第3に，資産移転税に「富の集中排除」という政策課税としての役割が期待されていることも，資産移転税が所得税と別立ての税として実施される根拠と考えられている。

　実際，一概に単純に廃止されているわけではない。たとえば，スウェーデンでは2007年に富裕税を廃止したが，1991年から二元的所得税を導入している。二元的所得税のもとで，資産性所得に一律30％の比較的高率の包括的な課税が可能となっているため，富裕税よりも効果的に富裕層に課税できているという見方もある。所得税の補完税としての資産課税の意義を鑑みれば，廃止に当たっては，何らかの所得税改革が不可欠であろう。グローバル化のもとでこそ租税体系における資産課税の本来の存在理由をあらためて確認しておく必要がある。

2　日本における資産課税

2.1　資産保有税（資産課徴・純資産税）

　資産課徴は臨時税として課税される例外的な資産保有税であり，賦課されることはきわめて稀である。しかし，歴史のなかではかつて日本でも第二次世界大戦後の占領下において戦時国債の償還のために戦時利得の没収の名目で実施された

ことがある（最高税率90％の財産税）。また，J. A. シュンペーターが第一次世界大戦後のオーストリア再建について臨時財産税の賦課を主張したことも知られている。戦後再建期など，「租税国家の危機」に際して，国家の課税高権を資本課徴という形で行使することは，可能性としてないわけではないが，やはり例外的な税といえる。

　資産課徴よりも一般的な資産保有税は純資産税（富裕税）である。富裕税は経常的な税であり，先にみたように所得税の補完税としての役割を期待されている。日本でも，かつてシャウプ勧告に基づいて，戦後の一時期（1950〜52年）に富裕税が導入されている。周知のように，シャウプ勧告は包括的所得税論をベースに日本に体系的な所得税中心主義の税制を勧告したが，当時の所得税制において高い限界累進税率を課すことは，富裕層の合法的な租税回避を防げないばかりか，納税意欲や勤労意欲等にマイナスの影響を与えると懸念された。そのため，シャウプ勧告は，所得税の最高限界税率を大きく引き下げて税率区分を減らすと同時に，富裕層への実質的な課税強化のために富裕税導入を勧告したのである。

　この富裕税が導入からわずか3年で廃止されることになった背景には次のような事情があった。第1に，資産の把握が困難であったことである。すべての資産が課税対象に含まれるため，土地や家屋だけでなく，宝石や家具，美術品まで把握しなければならない。第2に，それらの市場価格を評価しなければならないが，その正確な評価が困難であったこと。第3に，財産調査や価格評価のための多大な徴税コストの割に，得られる税収が少なかったことである。結局，富裕税を廃止した後，所得税の累進課税を強化することとなった。

　先述のように，近年，グローバル化のもとで，富裕層の呼び込みや富裕層の投資を促す目的も加わり，先にみたように富裕税は各国で廃止・縮小される傾向にある。しかし，貧富の格差の拡大が社会問題となっている今日，所得税が垂直的公平性を損なっていると認識されれば，徴税技術の発達や国際租税協調の進展を踏まえて，富裕税導入の議論が再び脚光を浴びるかもしれない。

2.2　資産移転税（相続税・贈与税）

　日本の相続税は遺産税ではなく遺産取得税である。相続税の納付税額は次のように算出される。まず，遺産総額から，債務や死亡保険金などの非課税財産を差し引いて正味課税遺産額を算出し，そこに相続開始3年以内の贈与財産などを加えて，合計課税価格を算出する。次に，合計課税価格から基礎控除を差し引くこ

とで，課税遺産総額が確定する。そのうえで，課税遺産総額をまずは法定相続どおりに配分して，相続税総額を算出する。たとえば，法定相続人が配偶者と子2人であれば，配偶者に2分の1，子にそれぞれ4分の1ずつ配分し，それぞれに10～55%の累進税率で課税して相続税総額を算出する。こうして算出された相続税総額を今度は実際の遺産分割比率に基づいて配分し，さらにそこから配偶者控除，未成年者控除，障害者控除，贈与税額控除，外国税額控除等，各種税額控除を差し引いたものが，各相続人の最終的な納付税額となる。

　贈与税については，1年間に受贈した贈与財産の価額について，「相続時精算課税」または「暦年課税」を受贈者が選択できる。相続時精算課税を選択した場合は，受贈財産価額から2500万円を控除した残額に一律20%の税率が課される。そして，贈与者の死亡時の相続の際には，相続時精算課税を適用した受贈財産価額を加算した相続税額から，すでに支払った贈与税額を控除することができる（控除しきれない分は還付される）。暦年課税を選択した場合は，従来どおり相続税と贈与税を両方納める必要があり，年間の受贈財産の価額から基礎控除110万円を控除した額に累進税率が適用される。ただし，婚姻期間20年以上の配偶者からの居住用不動産やその取得のための金銭の受贈については最高2000万円の配偶者控除が受けられるほか，法人からの受贈や扶養義務者からの生活費や教育費に充てるための受贈，香典や見舞金などの社会通念上認めうる受贈については非課税とされている。

　以上のような今日の日本の相続税と贈与税の出発点は，シャウプ勧告にまで遡ることができる。相続税は贈与税に補完されてはじめて機能するため，両税が密接に連動していなければ，租税回避や税負担の不平等を招いてしまう。しかも，「飛び越し移転」や「相次ぎ移転」など資産移転の頻度に中立であるためには，個人の総資産移転額に対する税負担が平等でなければならない。そこで，シャウプ勧告は，当時別個の累進税率が適用されていた遺産税方式の相続税と贈与税に替えて，相続税と贈与税とを統合した単一の「累積的取得税」を提案した。累積的取得税は，相続か贈与かにかかわらず財産の受贈者に対して，生涯の取得財産の累積額に応じて課税するものである。

　この累積的取得税は，W. S. ヴィックリーの**遺贈力継承税**の考え方を採用したものである。遺贈力継承税は，生涯を通じた累積的な資産取得額を課税ベースとし，「飛び越し移転」は重課し，同世代間での移転は軽課される。具体的には，贈与者と受贈者の年齢差が大きくなればそれだけ税率が高くなる。相続と生前贈

与に対してだけでなく，移転頻度に対しても中立性を確保することができるため，「富の集中排除」機能をもった所得税の補完税として理想的な税であるといえる。

しかし，累積的取得税は，記録の保存や税務調査の困難を理由に，1953年には廃止され，今日の原型となる遺産取得税方式の相続税と贈与税の二本立てに改められた。さらに，58年の改正で，法定相続分に基づく相続税総額の算出方法が導入され，今日に至っている。もっとも，相続時課税制度の創設によって，近年，相続税と贈与税の一本化も図られてきてはいる。

一方で，直近の贈与税改革は，最高税率の引上げと同時に，眠っている高齢者の保有資産を子育て世代に早期移転させるためのインセンティブを付与しており，高齢者資産の成長への活用という意味での政策課税化が進行している。しかし，所得税の包括的所得税からの乖離と高齢者の資産保有格差を鑑みれば，遺贈力継承税を1つの理念型として，あらためて相続税と贈与税の「富の集中排除」機能の強化にも取り組む必要があるだろう。

2.3　政策課税としての資産課税――日本における地価税の評価

政策課税としての資産課税を考える場合，日本の税制のなかで忘れてはならないのが1992年に導入された「地価税」である。一般土地保有税である地価税は，「地価は下がらない」という土地神話が定着したバブル経済期に，地価の抑制と土地投機の防止の目的から国税として導入された。地価税は，応益課税を根拠とする固定資産税とは異なり，高い基礎控除が設けられた一種の人税としての性格をもっている。しかし，他の人税としての資産課税のように所得税の補完税としての役割ではなく，土地保有の有利性を縮減すると同時に土地供給の増加を促進することで，土地保有による資産格差の是正と地価の高騰を抑制するという政策効果を期待された，まさに政策課税としての資産課税である。

地価税額は，保有土地等から非課税土地等を除いた課税価額から，基礎控除額を差し引いたものに税率0.3％を乗じて算出される。基礎控除額は10億円（資本金1億円以下の法人と個人は15億円）または非課税分を除く土地保有面積（1 m² 当たり）に3万円を乗じた額のいずれか大きいほうとされ，実質的に大企業課税となっていた。実際，申告法人の5.3％にすぎない資本金100億円以上の大企業の申告納税額が全体の44.5％を占めていた（1996年分）。この意味では，地価税が土地保有格差の是正に一定の役割を果たしたことは確かであろう。

では，地価高騰の抑制についてはどうだろうか。これについては，地価税の施

行がバブル崩壊と重なったため，むしろ地価の下落に拍車をかける役割を果たしたとの批判がある。税負担を一手に担っていた大企業からの反発と地価の下落のために，結局，1998年度に地価税は徴収を凍結される事態となった（現在も凍結中）。こうして，政策課税としての地価税はその役割を停止しているが，地価高騰と資産格差の拡大に対処すべく政策課税を導入した経験そのものは，重要な意義をもつといえよう。地価税の導入は，環境問題や金融システムの不安定化，格差の拡大などをはじめ，重大な社会問題が山積する今日において，政策課税によってそれらに対処しようとすることの意義と課題を検討するうえで示唆に富む経験といえるだろう。

■ 討論してみよう
① 資産保有税や資産移転税の役割を所得税との関係から説明してみよう。
② 相続税と贈与税の関係はどうあるべきか考えてみよう。
③ 政策課税としての資産課税の意義と課題について考えてみよう。

■ 参考文献
〈基礎編〉
水野正一編［2005］『資産課税の理論と課題（改訂版）』税務経理協会
宮島洋［1986］『租税論の展開と日本の税制』日本評論社
諸富徹編［2014］『日本財政の現代史Ⅱ──バブルとその崩壊 1986〜2000年』有斐閣
〈より進んだ学習をするために〉
石弘光［2008］『現代税制改革史──終戦からバブル崩壊まで』東洋経済新報社
証券税制研究会編［2010］『資産所得課税の新潮流』日本証券経済研究所
関口智［2010］「相続税・贈与税の理論的基礎──シャウプ勧告・ミード報告・マーリーズレヴュー」『税研』第25巻第6号，20〜32頁

第15章 税制改革
国際的な動向と今後の課題

KEYWORDS
財源調達機能　租税システム　税制改革　二元的所得税　包括的所得税　支出税

はじめに

本章では，日本とアメリカおよびスウェーデンにおける1980年代以降を中心とした税制改革とその背景について考察するとともに，これらの国々の税制改革を租税理論から評価する。こうした作業を通じて，日本の税制改革の特徴を明らかにし，今後，日本はどのような租税システムでもってその財源を賄っていくべきか考えていきたい。

1 日本の租税システムの現状

はじめに，日本における税による財源調達機能がどのような状況にあるか確認したい。1990年代初めのバブル経済の崩壊以降，歳出に占める税収の割合は，図15-1に示したように，バブル崩壊前よりも大幅に低下し，慢性的な税収不足に陥っている。とりわけ2009年度にはその割合はこれまでで最低の38.4％に落ち込んだ。消費税が5％から8％へ引き上げられ増収が見込める15年度においても，その割合は50％台であり，日本の税による**財源調達機能**は危機的な状況にあることがわかる。

日本ではこれまで，所得税と法人税を基幹税とする**租税システム**がとられており，所得税からの税収が最も多かった。しかしながら，2015年度には消費税増税の影響で消費税収のほうが所得税収よりも多い見込みである。このような租税システムの根本的な変更が何の議論もなく行われようとしている。所得税はあつ

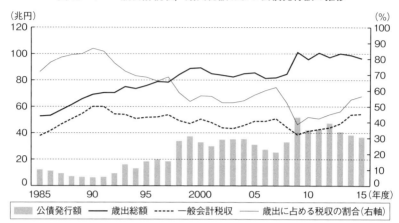

図 15-1 一般会計税収，歳出総額および公債発行額の推移

(注) 1　2014年度以前は決算額，15年度は予算額による。
　　 2　公債発行額は，4条公債発行および特例公債発行の合計である。
(出所) 財務省ウェブサイト (https://www.mof.go.jp/tax_policy/summary/condition/003.htm) より筆者作成。

らえ税として個人の事情を勘案して税負担を調整し，個人間の税負担の公平を達成しようとするものであるが，消費税にはそれはできない。さらに，13章でも述べたように，消費税には逆進性という性質があり，低所得層の税負担が相対的に重くなる。加えて，日本の社会保障制度による所得再分配機能はヨーロッパ諸国よりも一般的に劣っている。

こうした現状を踏まえて，日本の租税システムをどうすべきか考察する必要がある。

2　税制改革の実際とその評価

アメリカの1986年**税制改革**は先進各国へ大きな影響力をもち，この税制改革で行われた税率引下げと課税ベースの拡大が先進各国でも実施されるという税制改革の世界的潮流がみられた。また，スウェーデンで91年に導入された**二元的所得税**は，ヨーロッパ諸国を中心に日本でも金融所得課税一元化が検討されるなど各国税制改革へ大きな影響を及ぼしている。そこで，アメリカとスウェーデンおよび日本において，80年代以降の所得税と法人税を中心にどのような税制改革が行われてきたかを明らかにしたい。そして，ここでの検討を通じて，なぜ日

本の税による財源調達機能が後退したのかを明らかにする。

2.1　アメリカ
(1) 1981年 経済再建税法（第1期レーガン政権）

　1973年の第1次石油危機により，先進諸国は第二次世界大戦後初めてマイナスの経済成長を経験し，スタグフレーションに直面した。アメリカにおけるGDPデフレーターは75年には約9.3%，80年には約9.0%と高く，インフレに見舞われた。そのため，ブラケット・クリープ（名目所得上昇にともなう税率区分の上昇による実質増税）が発生し，ミドルクラスを中心に実質的な増税となっていることが問題視されるようになった。また，インフレによる法人の減価償却不足が懸念された。

　そこで経済再建税法では，アメリカ経済の回復をめざすためにサプライサイド経済学に基づき，主として次のような税制改革が行われた。第1に，1984年まで3段階に分けて個人所得税の限界税率を23%引き下げた。第2に，個人所得税の最高税率が70%から50%に引き下げられたことにともない，長期キャピタル・ゲインの課税所得算入率が40%であったことから，その実効最高税率は28%（70×0.4）から20%（50×0.4）に引き下げられた。第3に，課税繰延べという租税優遇措置のある企業年金に加入していない者のためにつくられていたIRA（個人退職勘定：課税繰延べという租税優遇措置あり）について，その適格性が拡大されて企業年金加入者も積み立てられるようになるなどの個人貯蓄の奨励措置を実施した。第4に，減価償却制度については早期コスト回収制度が導入され，投資税額控除と相まって新規投資に対する実効税率を大幅に引き下げた。

　1981年改革では，キャピタル・ゲイン軽課と貯蓄課税の軽減が実施されたことから，この税制改革は支出税への動きといってよいだろう。

(2) 1986年 税制改革法（第2期レーガン政権）

　レーガン政権のインフレ抑制策が成功し，1981年経済再建税法制定時に想定していたよりもインフレ率が下がった。その結果，81年経済再建税法における減価償却は過度に寛大なものになり，また新規償却資産に対する産業別実効税率が産業ごとに大きく異なることなどが問題視されるようになった。さらに，アメリカ経済の成長力と競争力を回復するために導入された租税優遇措置が富裕層の節税手段として利用され，納税者の不公平感も拡大した。そこで，こうした状況に対応するため，主として次のような税制改革が行われた。

第1に，個人所得税率について，従来の11〜50%の14段階から，15%と28%の2段階へ変更された。第2に，長期キャピタル・ゲインについて，従来の最高税率は20%であったが，こうした減税措置を廃止し，28%で課税することとした。第3に，利子控除およびIRAの課税繰延べについて制限が課せられた。第4に，法人所得税の税率を，従来の15%，18%，30%，40%，46%の5段階から，15%，25%，34%の3段階に変更した。つまり，法人所得税においても個人所得税と同様に，大幅な税率の引下げと税率区分の簡素化が実施された。第5に，投資税額控除の廃止や，早期コスト回収制度における償却期間の長期化など法人所得税の課税ベースが拡大された。

　1986年税制改革法では，税率の大胆なフラット化によって勤労意欲を高め，タックス・シェルター（課税逃れ商品）の抑制を図ることをめざした。また，租税優遇措置を縮小して課税ベースを拡大することは経済活動の歪みを小さくし中立性を高めると同時に，水平的公平と垂直的公平にも適うものであった。したがって，86年税制改革法はそれまでの支出税への動きを止め，基本的には包括的所得税に根ざした改革であった。

(3) 1990年 包括財政調整法（G. H. W. ブッシュ政権）

　1980年代アメリカは「双子の赤字」に苦しんでおり，さらに湾岸戦争勃発による軍事支出増大や，貯蓄貸付組合への公的資金投入など財政支出がかさんだ。そこで，90年包括財政調整法では巨額化する財政赤字へ対応するため，個人所得税の最高税率を28%から31%へ引き上げた。しかし，長期投資を促進するためキャピタル・ゲインに対する税率は28%に据え置かれた。なお，財政赤字縮減のために増税が実施された点は，増税の困難な日本と大きく異なる。また，キャピタル・ゲインに対する税率が相対的に低下したことから，支出税への若干の動きがみられたといえよう。

(4) 1993年 包括財政調整法（第1期クリントン政権）

　1992年には財政赤字は2900億ドルを超え，当時としては戦後最大に膨らんでおり，また，失業率も7.5%と84年以来の高水準に達し，経済格差も拡大していた。そこで，冷戦終結による軍事費削減という歳出削減等と，93年包括財政調整法による増税により財政再建が図られた。

　第1に，個人所得税の最高税率を31%から36%へ引き上げ，さらに，一定の高額所得者に対する10%付加税を実施し，最高税率は39.6%とされた。第2に，社会保障税（メディケア保険料）の課税対象所得の上限を撤廃した。第3に，公的

年金に対する課税を強化した。第4に，勤労税額控除を増額した。第5に，法人所得税の最高税率を従来の34%から35%へ引き上げた。

1993年包括財政調整法では，税額控除で低所得層へ配慮するとともに，高所得層と法人への増税を行うことで経済格差の是正と財政赤字の縮小を図った。こうした政策は，長期利子率の低下をもたらしたことから，高成長につながり，財政再建に寄与した。なお，当該法では，キャピタル・ゲインへ適用される税率は28%で据え置かれたため，これまで以上にキャピタル・ゲイン課税が相対的に軽課されることとなったが，他方で公的年金への課税強化など貯蓄課税強化の方向性もみられ，必ずしも支出税へ進んだとはいえない。

(5) 1997年 納税者負担軽減法（第2期クリントン政権）

1996年時点で1000億ドルを超える財政赤字を計上しており，財政収支の均衡に向けてさらなる改革が実施された。ここでは，人的資本の強化が重視され，これにより労働生産性を向上させて，経済成長を促すことをめざしていた。そのため，児童1人当たり500ドルの児童税額控除の導入や，大学の授業料等について納税者1人当たり5000ドルを上限とした税額控除が認められるなど人的投資を促進する税制が実施された。また，IRAの拠出金控除限度額の拡充や，長期キャピタル・ゲインに対する最高税率を28%から20%へ引下げなどを行った。この改革では貯蓄やキャピタル・ゲインに対する税負担が軽減されており，支出税へ一歩進んだといえよう。

(6) 2001年 経済成長および減税調整法など（第1期・第2期G. W. ブッシュ政権）

1990年代の高成長期を受け，98年度から財政黒字へ転じ，2000年度には2362億ドルの財政黒字を計上した。しかしながら01年には同時多発テロが発生，その後イラク戦争開戦となり，経済状況は急速に悪化していった。当初は財政赤字削減策の成果を，納税義務を果たしてきたアメリカ国民の手に返すことを目的としていた税制改革であったが，しだいに景気刺激策へと役割が変化していった。

2001年「経済成長および減税調整法」では，個人所得税率の最高税率は従来の39.6%から35%へ段階的に引き下げられた。また，児童税額控除の拡充や，IRAおよび401（k）の年間拠出限度額の引上げなどを行った。

続いて，2002年雇用創出・勤労者支援法では，法人税について初年度30%の特別償却の導入，欠損金繰戻し年数を通常2年のところ5年へ延長などが行われた。さらに，03年雇用・成長減税調整法では，03年5月より04年末までの時限措置として初年度特別償却枠が50%へ拡張される措置などが行われ，また，配

当については従来総合課税が適用されていたが，適格配当および1年超保有の長期キャピタル・ゲインへ適用する税率を03年から07年まで5％と15％の2段階に引き下げた。

第2期G. W. ブッシュ政権での税制改革は，その第1期で実施された政策を基本的に継承し，寛大な減価償却や長期キャピタル・ゲインへの低率課税が継続された。2002年度以降，再び財政赤字へ陥りその赤字幅も拡大したが，増税による財政再建ではなく，減税により貯蓄および投資を促進することが経済成長につながり財政再建できるというサプライサイド経済学の考えに基づく改革が行われた。高所得層にとっては恩恵が多かったが，累進性の低下により納税者の不公平感を高めた。

2期にわたるG. W. ブッシュ政権では，貯蓄減税や長期キャピタル・ゲイン減税が行われたことから，支出税の方向へ動いたといえよう。

(7) 2009年 アメリカ復興・再投資法など（第1期・第2期オバマ政権）

2008年から世界金融危機の影響で財政赤字が急速に拡大し，オバマ政権は対応を迫られた。まず，09年アメリカ復興・再投資法では，MWP（Make Work Pay）税額控除を導入し，09年と10年のみではあるが，勤労者に新たな税額控除を認めた。高所得層ほど減税額の大きくなる所得控除から，所得の多寡にかかわらず一定額を減税する税額控除へ転換することにより，課税ベースの拡大と所得再分配の強化を同時に達成するだけでなく，就労促進も図ったのである。

不況による税収減と財政出動の結果，2009年度の連邦政府財政赤字は過去最高の1兆4127億ドルを記録した。しかしながら，景気下振れを懸念して10年減税・失業保険再認可・雇用創出法でブッシュ減税は延長された。

2012年アメリカ納税者救済法では，高所得者にはブッシュ減税が打ち切られ，個人所得税の最高税率を39.6％へ戻すとともに，それ以外の所得層についてはブッシュ減税が継続・恒久化された。また，個人所得税において最高税率を適用されていない納税者は長期キャピタル・ゲインと適格配当へ0％と15％の税率が維持されたが，最高税率を適用されている納税者はこうした所得に対し20％の税率で課税されることとなった。

したがって，オバマ政権での税制改革は，高所得層へ増税を行うもので，所得再分配を高めたといえる。また，高所得層の長期キャピタル・ゲイン等については増税していることから，包括的所得税の方向への部分的な復帰がみられた。しかしながら，1986年税制改革後，アメリカでは基本的には所得税の支出税化が

進んだといえよう。

2.2 スウェーデン
(1) 1991年改革前

スウェーデンの租税負担率は1960年代初めまでほぼOECD平均だった。その後の71年税制改革は再分配政策によって特徴づけられ、所得税の最高限界税率が引き上げられた。そして70年代においてこれが継続されたため、租税負担率は急上昇し、80年には所得税の最高限界税率は77%に達した。通常、累進的な税制はインフレ期における経済安定化に有効と考えられている。しかし、これが妥当するのはディマンドインフレ時のみで、第1次石油危機後のようなコストインフレ時には経済状況を悪化させる。

スウェーデンでは、第1次石油危機後の1974年から78年における年間インフレ率は約10%であった。累進性の高い所得税率では、ブラケット・クリープが生じるため、インフレにより実質的な税負担が増加した。そこで、労働者は実質賃金を維持するため賃上げを要求し、74年から76年の間に名目賃金上昇率は40%を超え、雇用主の賃金費用は上昇した。またこの時期、大胆な社会福祉政策が実施され、その財源として雇用主の福祉拠出が増加していた。ゆえに、雇用主は二重の負担増に直面したのである。こうした状況が、国内の多くの産業の競争力を急激に低下させ、石油危機の影響をさらに深刻化させた。

急激なインフレと大部分の人々に50%を超える限界税率、さらに、高所得者には80〜85%にも上る限界税率の組合せは、租税回避を盛んにした。最も容易な方法は、できる限り借り入れ、実物資産へ投資するというものだった。インフレによって借入れおよび支払利子負担は軽減され、さらに、支払利子を所得から控除することができたため減税になったからである。また、家計は貨幣ではなく実物資産で資産保有することによりインフレに対応する側面もあった。

1991年改革前、2年以下所有の株式にかんする短期キャピタル・ゲインは全額課税されていたが、2年超保有の株式にかんする長期キャピタル・ゲインに適用される税率は、所得税率の40%とされ比較的低率で課税されていた。短期キャピタル・ゲインは投機であり、配当と課税上等しく扱われるべきだが、長期キャピタル・ゲインはインフレ分を調整するため低率の課税が認められていた。また、住宅にかかる帰属家賃は地方所得税として課税されていた。

法人税についてみると、投資基金制度や寛大な減価償却制度などにより法人税

の課税ベースについて侵食が大きかった。投資基金制度は，1950年代から70年代に景気変動への対応としてよく利用されたもので，その当時は企業にその利潤の40％を控除することが認められていた。ただしその控除額はスウェーデン銀行に預託されることが条件であった。そして後に，政府がいつそれを取り崩し投資に利用するべきかを決定した。そのため，投資基金制度は次第に一種の補助金として企業に認識されるようになり，企業はこの資金が取り崩されるのを待ち，投資を延期しはじめたため，91年改革前には当初の目的を失っていた。また，寛大な減価償却制度は，租税回避目的の無駄な投資を促した。これらの制度が設けられていた結果，資本集約型大規模産業の実効税率は約10％であったのに対し，労働集約型産業とくにサービス部門でのそれは35〜45％と産業ごとに大きな差があり，資本配分は非効率で税負担は不公平な状況であった。

　1991年改革前，スウェーデンでは利子と配当等を他の所得と合算して総合課税していたことから包括所得税に忠実な税制であったが，先に述べたとおり支払利子を所得から控除できたことから，個人の資本所得税収がマイナスになるなど課税ベースは大きく侵食され，包括的所得税の実行は困難に直面していた。

(2) 1991年改革

　「世紀の改革」と呼ばれる1991年改革では抜本的な税制改革が実施され，**二元的所得税**が導入された。二元的所得税は，個人の所得を，資本所得と，給与などの勤労所得の2つに分けて課税するものである。そして，資本所得には30％の比例税率を，勤労所得には平均31％の地方税と，さらに一定額を超える勤労所得に対し20％の国税を上乗せして課税を行う。資本所得には，利子，配当，上場株式等にかかる短期キャピタル・ゲインに加えて長期キャピタル・ゲインも含まれ，基本的に全額課税される。そのため，資本所得の課税ベースは改革前よりも広げられた。支払利子が利子所得を超過する部分が10万スウェーデン・クローナまでは全額を，これを超える部分についてはその70％を控除する。ゆえに，支払利子を課税ベースから控除することによる減税効果は改革前に比べて制限された。また，住宅にかかる帰属家賃への課税は，国税の不動産税によって代替されることとなった。

　法人税率は30％とされた。法人税において投資基金制度は廃止され，税平衡準備金と呼ばれる利潤平準化のための損失繰戻しを認めるシステムが新たに導入された。なお，この税平衡準備金は計算方法が複雑だったため1994年に廃止され，税配分準備金へと移行している。これは，税引き前利益の最大25％までが

控除されて準備金に繰り入れられ，6年後に所得に加えられることで利潤平準化を図るものである。投資基金制度に比べれば租税上の優遇措置が限定的にしか認められなくなった。また，改革前に存在した寛大な減価償却制度は廃止された。ゆえに，改革により法人税の課税ベースについても拡大されている。

　二元的所得税の導入により，課税ベースの拡大，税率の引下げが行われ，税制は簡素化された。先に述べた通り1991年改革前には，個人における資本所得税収はマイナスとなっていたが，二元的所得税では資本所得へ相対的に低い比例税率を適用することで租税回避行為を減じ，その結果として，資本所得税収を増加させ，同時に垂直的公平を改善し，実質上税負担の累進性を高めたのである。また，所得税の最低税率と法人税率を同じにすることにより法人成りによる租税回避の防止，資本所得への比例税率の適用によって家族間での資産移転などによる租税回避を防止する効果もあった。

　二元的所得税は，これまでのところでみたように，国内的要因から設計されたものであるが，同時に経済のグローバル化へも対応している。国境を越えて移動しやすい資本所得へ名目上相対的に低い税率で課税しているからである。

　二元的所得税は理論的な観点からどのように位置づけることができるだろうか。改革前のスウェーデンの税制は基本的に包括的所得税に基づいていたことは間違いないだろう。改革後，株式にかかる長期キャピタル・ゲインへの軽課が廃止されるなどの課税ベースの拡大が行われたことに着目すると，二元的所得税は包括的所得税の方向への改革と評価できるだろう。しかし，資本所得が勤労所得とは区分されて課税されたことに目を向けると，支出税および最適課税論の方向への改革と評価されるであろう。二元的所得税の理論的位置づけについてはこうした評価の違いがある。

(3) 1991年改革後

　福祉国家ゆえに高い租税負担率で有名なスウェーデンであったが，近年その比率は低下傾向にあり，GDPに占める税収の比率は2000年には49.0%であったが，13年には42.8%へ低下している。税収減の最大の要因は，給与所得などの勤労所得に対する勤労所得税額控除の導入にある。この控除は07年に中・低所得者の税負担を軽減することで就労インセンティブを高めて失業率を下げることを目的として実施されたもので，近年少しずつ課税ベースの侵食が進んでいる。

　こうした改正は行われたものの，1991年改革の基本原則は現在まで継続されている。2014年においても資本所得税率は30%のまま据え置かれている。勤労

所得税率は，財政赤字削減のため1995年に国税部分が25%へ引き上げられた後，98年に財政赤字が解消されたことから99年には20%へ戻された。ただし，このとき25%の税率が残されたため，勤労所得税率は2014年において31.86%（地方平均），51.86%，56.86%の3段階となっている。また，法人税率は法人の国際競争力を維持するため，1994年に30%から28%へ，そして，09年に28%から26.3%へ，さらに13年には22%へ引き下げられた。

なお，所得税および法人税については1991年改革の基本原則が継続されているが，相続税および贈与税は政治的理由から2004年12月より廃止された。純資産税については免税される資産等が多く，そのため，投資や経済活動が歪曲され，また，富裕層がより積極的に租税回避を行ったことから税負担は不公平でほとんど再分配機能を果たしていなかった。さらに，多くの国々で純資産税を廃止している状況ではスウェーデン国内からの資本流出が深刻で，富裕層には国外へ移住する人もみられた。そこで，07年より廃止された。帰属家賃への課税である不動産税は，1991年改革での税率がそれ以前に比べ高すぎたため，不動産からの資本所得である帰属家賃にも一般的な資本所得と同様に課税するという原則からはずれ，帰属家賃への課税としての正当性を失ったことから，2008年に地方不動産税へ変更され，帰属家賃への課税は事実上廃止された。したがって，資産課税にかんしては大幅な変更が加えられており，1991年改革で資本所得に適用される税率が引き下げられても，資産保有課税で補完されているという議論があったが，現在ではこれは成り立たなくなっている。

2.3　日　本
(1) 1970年代

1970年代は大きく動揺した時代であった。71年にはニクソン・ショックが起き，第二次世界大戦後の国際的な通貨制度が大きな変更を迫られた。続いて，73年秋には第1次石油危機が発生して激しいインフレに見舞われ，74年には第二次世界大戦後初めて実質GDP成長率がマイナスになるなど経済は混乱した。第1次石油危機までは高度経済成長期と呼ばれ，実質GDP成長率は10%前後と高かったが，その後それは4～5%へと低下し，いわゆる低成長時代が訪れた。74年度における決算ベースの国債依存度は11.3%であったが，77年度にはそれは30%を超過し，急激に国債依存度が高まったため，70年代後半には財政再建が重要な課題となっていった。

税制についてみると，シャウプ勧告の実施された1949年度補正予算に関する税制改正以降75年度までの間で所得税減税が行われなかったのは60年度のみで，毎年所得税減税が繰り返された。これが可能だったのは，高い成長率による自然増収があったことが大きい。しかし，70年代半ば以降税収不足が生じたことから，高度成長期の減税政策は終わりを告げることとなった。

(2) 1980年代

1980年頃，所得税率（国税）は10％から75％で19の税率区分があり，累進性が高かった。50年度のシャウプ税制では，利子所得と配当所得と有価証券譲渡所得は，すべて総合課税とされた。しかしながら，利子所得については，実際には51年度から源泉分離課税が実施された。また，配当所得は51年度から源泉徴収制度が実施された。ただし，当該改正は所得税の申告漏れを防止する目的であった。しかし，その後，源泉徴収税率の引下げが行われ，配当優遇措置としての性格を強めた。有価証券譲渡益については53年度から原則非課税とされた。したがって，80年頃における所得税は原則として総合課税ないし包括的所得税が掲げられながら，実際には包括的所得税は建前にすぎなくなっていたのである。

財政再建を図るために，1979年に一般消費税導入が試みられたが失敗したことから，新税の導入は難しい状況であった。そのため，その後は歳出削減による「増税なき財政再建」というスローガンの下で税制改正が進められていくこととなる。実際には，79年度から86年度まで8年連続で増税された。石[2008]では，この「増税なき財政再建」の時代の税制改正を，「既存税制を最大限に活用し，数年おきに必要とされる所得税減税の財源確保に努めた結果」であり，「財政再建という厳しい政策目標のもとで，減収にならぬように最大限配慮した税制改革の成果」と評価している。

1984年度税制改正では，長年の減税見送りで負担感を増していた所得税を減税するため，法人税および間接税を増税した。この改正では，所得税の基礎控除，配偶者控除，扶養控除をそれぞれ4万円引き上げ，給与所得控除も引き上げて減税するとともに，法人税率を暫定的に1.3％引き上げた。しかし，こうした「増税なき財政再建」に基づいた税制改正，すなわち，減税のための増税はしだいに行き詰まっていった。財界はたびたびの法人税率引上げおよび高度成長期に産業振興等として導入された租税特別措置の相次ぐ縮減といった増税措置に大きな不満をもつようになっていたからである。同じ頃，財政再建のための歳出削減の限界も認識されるようになる。こうして中曽根・竹下内閣による「シャウプ税制以

来の抜本的税制改革」が試みられることになる。

　アメリカの1986年税制改革の影響を受け，中曽根内閣では所得税と法人税の税率を引き下げ，売上税を新設する87年度税制改正法案を提出した。しかし売上税導入は選挙公約に反していたことから売上税へ強い反対が起き，結局，所得税減税の一部実施等に留まった。

　中曽根首相の後を継いで行われた竹下税制改革では第1に，所得税率をそれまでの10.5～60％の12の税率区分から，新たに10～50％の5つの税率区分へ累進構造の大幅なフラット化を行い，基礎的な人的控除を引き上げた。第2に，有価証券譲渡益について，バブル景気による証券市場の活況等を受けて，原則非課税とすることは不公平であるとの批判が高まったことから，有価証券譲渡益の原則課税化などが実施された。第3に，法人税の基本税率を89年度には42％から40％へ，さらに90年度にはこれを37.5％へ引き下げるとした。第4に，消費税を創設し，既存の間接税の税率引下げ等を行った。

　竹下税制改革はどのように評価できるだろうか。消費税導入にともなう逆進性対策として所得税では特定扶養控除の創設と配偶者特別控除の拡大が行われ，法人税でも即時損金算入される少額減価償却資産等の限度額が引き上げられるなど，所得税および法人税の課税ベースの拡大は不十分であった。また，アメリカの86年税制改革やスウェーデンの91年改革は既存の所得税および法人税の税率を引き下げ，課税ベースの拡大を図ることで税収中立を原則としたのに対し，日本では新税である消費税も含めた改革であること，課税ベースの拡大は主として消費税導入によるもので，既存の所得税および法人税の課税ベースの拡大は十分ではないこと，そして，実質減税の税制改革であったことが大きく異なっている。改革当時はバブル景気で税収が増えていたことからあまり意識されなかったが，バブル崩壊後にはこのような大きく侵食されたままの課税ベースによる税収不足に悩まされることとなるのである。

　なお，先の中曽根税制改革で利子所得がそれまでの非課税から源泉分離課税へ変更されたこと，また，竹下税制改革前には株式譲渡益について原則非課税であったがこの改革後，株式譲渡益は原則課税とされたことは，包括的所得税を回復する方向への改革であった。しかしながら，大口継続取引の株式譲渡益についてはこの改革以前総合課税されていたが，この改革後分離課税とされたことから，包括的所得税に逆行する部分もみられる。ゆえに，「シャウプ税制以来の抜本的税制改革」は，アメリカの1986年税制改革と比べ包括的所得税への動きが不徹

底に終わったといわざるをえないのである。

(3) 1994〜98年度における税制改正

中曽根・竹下税制改革後5年間，税制改正は一段落した状況であった。前掲図15-1に示したように，バブル景気により歳出に占める税収の割合は1980年代半ばから徐々に高まり，1990年度にそれは86.8%まで回復した。90〜93年度において特例公債は発行されず，いったん財政再建が達成されたかにみえた。しかし，その後の財政悪化は著しい。バブル崩壊の影響で税収が減少し，歳出に占める税収の割合もしだいに低下，世界金融危機後の2009年度には過去最低の38.4%を記録し，税による財源調達機能は大きく後退した。

この時期の税制改正の動きは，1994〜98年度におけるバブル崩壊への対応と，99年度からの恒久的減税，そして，2003年度以降の所得税増税に分けられる。

まず，1994〜98年度における税制改正について考察する。94年度には，景気対策として所得税額の20%相当額を税額控除する定率減税が1年限りで実施され，所得税・住民税の減税額はおおよそ6兆円に上った。

1994年11月の税制改正では，95年度から所得税・住民税の制度減税3.5兆円，1年限りの特別減税2兆円を先行的に実施し，財政健全化のため制度減税はつなぎ国債で賄っておいて，2年後の97年に消費税率を当時の3%から5%へ引き上げて財源調達する予定であった。したがって，景気対策と財政健全化を両睨みにした改正であった。しかしながら，減税の廃止は増税となることから国民の抵抗が強く，96年度も特別減税2兆円を継続することとなった。なお，95年度以降の制度減税として，所得税率10%が適用される課税所得はこれまでの300万円以下から330万円以下へ，20%は600万円以下から900万円以下へ，30%は1000万円以下から1800万円以下へ，40%は2000万円以下から3000万円以下へ，そして50%は2000万円超から3000万円超へと変更された。また，人的控除の引上げと，中所得層への給与所得控除の引上げも実施され，中・低所得層の累進的な税負担が緩和された。

1997年4月1日より消費税率は3%から5%へ引き上げられた。消費税率引上げ前にはバブル不況から抜け出しつつあった。しかし，消費税率引上げ後，景気は後退した。その要因として消費税率引上げに加えて，山一證券など金融機関の連鎖倒産，アジア経済危機などが重なったことが大きい。こうした事態を受け，97年度補正予算で所得税等の特別減税を2兆円実施した。また，98年度から法人税の基本税率をこれまでより3%引き下げて34.5%に，そして，有価証取

引税等の税率を半減させた。こうした対応にもかかわらず景気浮揚の兆しがみられなかったことから，98年度内にすでに実施が決定されていた2兆円特別減税に加えて，さらに2兆円の特別減税を追加した。こうして財政規律を視野の外においた大盤振る舞いの減税策が実施された。その結果，公債発行額は97年度には18.5兆円であったのが翌98年度には34兆円と急増し，財政状況は著しく悪化していったのである。

(4) 恒久的減税の実施

これまでの1年といった形で期限を区切った減税では景気対策の面で消費者心理を制約するという批判を受けて，当面の期限を設けない形で減税を実施することとなった。これが恒久的減税である。

1999年度税制改正では恒久的減税として，所得税2.9兆円，個人住民税1.1兆円，法人税1.6兆円程度，法人事業税0.7兆円程度と合計で6兆円を超える減税が実施された。所得税率はこれまで1800万円超3000万円以下40％，3000万円超50％であったが，この改正により1800万円超37％とされ最高税率のみが引き下げられた。

この改正の前年にあたる1998年度改正では法人税の抜本改革が行われ，37.5％に据え置かれてきた法人税の基本税率を34.5％へ引き下げるとともに，課税ベースの見直しが行われ，賞与引当金の廃止，退職給与引当金の累積限度額の引下げなどが実施された。今回の改正の趣旨は，法人税率を国際的な水準へ引き下げること，および，引当金の使用状況が大企業や特定産業に偏っており産業構造に歪みを与える可能性が指摘されたことから，これを是正することにあった。ただし，課税ベースの見直しは法人税率引下げによる減収分を穴埋めできるほど大きなものではなく減収が見込まれていた。そして99年度の恒久的減税で法人税の基本税率はさらに30％へ引き下げられた。

この時期における所得税率および法人税の基本税率の引下げは，その減収分の財源を明示しておらず，景気対策を優先して財政健全化を後回しにするものであった。したがって，税による財源調達機能はますます後退した。しかも所得税率の引下げの恩恵は高所得層に限定され景気対策として妥当か疑問の残るものであった。

(5) 2003年度以降の所得税増税

バブル崩壊後の景気低迷も2002年頃から解消されはじめた。こうした経済環境の変化を受け，バブル崩壊後の減税も1999年度の恒久的減税を最後に終わり

を告げ，この間に損なわれた税による財源調達機能を回復することなどを目的として戦後初めて所得税において増税が進められてきている。

　2003年度税制改正では，配偶者特別控除の上乗せ分を廃止，04年度税制改正で公的年金等控除を縮小，老年者控除を廃止した。10年度税制改正では民主党（民進党）による子ども手当創設にともない，16歳未満への扶養控除が廃止され，16～18歳の25万円の扶養控除上乗せ部分が廃止された。さらに，12年度税制改正で給与所得控除の控除額に上限が設定され，14年度税制改正により引き続き16年度と17年度にこの上限が順次引き下げられる。このように所得税の課税ベースの拡大は進められてきている。

　1999年度恒久的減税により導入されていた所得税額の20％相当額の税額控除を認める定率減税は，2006年1月から10％へ，そして，07年1月から完全に廃止された。また，13年度税制改正では，課税所得4000万円超に45％の税率が創設された。なお，06年度税制改正では所得税率の改正が行われているが，これは三位一体改革にともなうものである。

　次に2003年度税制改正前では，株式譲渡益については，申告分離課税と源泉分離課税の選択適用とされていた。また，利子所得にかんしては源泉分離課税，そして配当所得は原則総合課税とされていた。つまり，利子・配当・株式譲渡益の課税方法は異なっていたが，「貯蓄から投資へ」というスローガンのもとで，2003年度税制改正によりこれらをすべて20％の分離課税として一括し，さらに株式市場の活性化のために暫定的に10％の軽減税率が株式譲渡益と配当に認められた。この軽減税率は結局13年12月まで継続され，14年1月から本則税率20％へ戻された。

　続いて法人税については，2001年度税制改正で企業組織再編成税制創設，02年度税制改正で連結納税制度の創設，03年度税制改正で産業競争力強化のため研究開発減税などの政策減税が実施された。11年度税制改正では法人税の基本税率がこれまでの30％から25.5％へ引き下げられ，この減収分を法人課税ベースの拡大，給与所得控除の見直しなど所得税増税および相続税の基礎控除の引下げ，地球温暖化対策のための税により賄っている。1980年代半ば頃までは，所得税減税のために法人税増税が繰り返されてきたことを考えると，同じ減税のための増税でもその内容は大きく異なっている。2015年度税制改正では，法人税の基本税率をさらに23.9％へ引き下げ，この減収分については欠損金の繰越控除制度の見直しと租税特別措置の見直しでほとんどを賄うというように，法人税

のなかでの財源確保に努めるように税による財源調達機能へ配慮する方向へ変わってきている。

　2003年度税制改正で，利子・配当・株式譲渡益の課税は分離課税に一元化されたことから，日本の租税システムは支出税の方向へ動いたといえよう。しかしながら，その後の税制改正では，所得税において課税ベースの拡大，そして，給与所得控除の控除限度額設定および最高税率の引上げなど税負担の累進性を回復する方向への改正が行われ，また，法人税においても課税ベースが拡大されてきている。ゆえに，日本の租税システムは，ここに至って包括的所得税の方向へ建て直しが進んでいるといえよう。

3　税制改革の課題

　これまでのところで見たようにアメリカとスウェーデンでは税率を引き下げるとともに課税ベースの拡大を行うことでその税収を確保してきた。そして，その財政状態を日本よりも健全な状態に保ってきたのである。しかしながら，日本では，すでに述べたように，中曽根・竹下税制改革において，所得税と法人税について大幅な税率引下げは実施されたが，十分な課税ベースの拡大は行われなかった。さらに，その後も所得税については2003年まで，法人税については15年に至るまで，税率の引下げないし課税ベースの縮小が繰り返されてきた。その結果，日本における税による財源調達機能は低下し，税収不足に陥って財政状況は改善できないままになっている。

　それでは，今後どのような税制改革を行う必要があるだろうか。

　第1に，所得税率ないし法人税率の引下げにあたっては各々の課税ベースを十分に拡大することが必要である。先に述べたとおり2015年度改正では財源への配慮が行われるようになったが，財源調達機能を確保していくために今後もこうした改正を続けていかなくてはならない。すでに日本の産業構造の中心は製造業からサービス業へ移行していることから，製造業に有利な租税特別措置について見直すことも重要だろう。

　第2に，社会保障改革と税制改革とを一体的にデザインすることも，国民に増税を受け入れやすくし，財政健全化を図るために必要かもしれない。井手［2013］が指摘するように社会保障面において，すなわち，歳出面において低所得層の受益が抑制されるような改革等が実施される場合には，税制面において，

すなわち，歳入面において高所得層の税負担を増やすなどのように，一連のパッケージとして財政制度全体をデザインしていくことを考えることも必要であろう。

第3に，より根本的な問題として，租税システムを支える租税理論である包括的所得税を建て直す方向へ日本の租税システムを再構築する必要があろう。先に述べたように，現在，なし崩し的に消費税収のウェイトが高まっているが，このままで良いだろうか。租税理論に基づかない税制改革の繰り返しで，公平および中立ないし効率に資する租税システムが構築できるとはとうてい期待できない。また，同時に，共働き世帯の増加など社会の変化や，マイナンバー制度の導入など徴税技術の変化への対応も求められよう。

租税国家は租税なくしては存立できない。それゆえに，日本租税システムの今後の進路を国民1人ひとりが考えてゆかねばならないのである。

■ 討論してみよう
　① 日本における税制改革と，各国における税制改革とを比較してみよう。
　② 租税システムの財源調達機能と再分配機能はどうあるべきか考えよう。
　③ 今後の日本の税制改革はどうあるべきか考えよう。

■ 参考文献
〈基礎編〉
石弘光［2008］『現代税制改革史——終戦からバブル崩壊まで』東洋経済新報社
井手英策［2013］『日本財政 転換の指針』岩波書店（岩波新書）
渋谷博史［1992］『レーガン財政の研究』東京大学出版会
宮島洋［1986］『租税論の展開と日本の税制』日本評論社
諸富徹編［2009］『グローバル時代の税制改革——公平性と財源確保の相克』ミネルヴァ書房
〈より進んだ学習をするために〉
宮本憲一・鶴田廣巳編［2001］『所得税の理論と思想』税務経理協会
宮本憲一・鶴田廣巳・諸富徹編［2014］『現代租税の理論と思想』有斐閣
Lodin, Sven-Olof［2011］*The Making of Tax Law: the Development of the Swedish Tax System*, IBFD.

第Ⅲ部

財政と金融, 地方財政, 思想を学ぶ

第16章　公債と財政政策
借り手としての国家

KEYWORDS

フィスカル・ポリシー　乗数効果　財政赤字　建設国債　赤字国債

1　公債とは何か

1.1　近代財政と公債

　公債とは国家や地方自治体など公権力体の債務であり，財政収入手段の1つである。政府の財政収入は基本的には租税収入によって調達されるものであるが，現実には将来の租税収入を担保にした債務である公債収入にも依存する場合が少なくない。この公的債務（public debt）には広い意味では民間からの借入金も含まれるが，通常は資金市場から調達される証券形式の公債（public bond）を指すことが多い。

　近代財政の歴史をみると，公債発行の大半は戦争遂行のための戦時公債として発行されてきており，いわば戦時公債とともに財政における公債制度は発展してきたといってよい。というのも一時に巨額の資金を要する戦費調達には，租税収入では追いつけず借金に依存せざるをえなかったからである。国王の私的家計と国家財政が未分離な絶対主義国家の時代には，戦費調達の大半は富裕な特権商人や金融業者からの借金に依存し，その際，特定の租税徴収権がその元利償還の担保として債権者に割り当てられるなど不明朗な財政関係になりがちであった。近代的議会制度が発展し，財政民主主義が内実化するに従い，国家歳出，租税徴収，公債発行（借入金）など財政全般にかかわる議会統制が貫徹されるようになり，近代的公債制度も形成されてきた。

　そして近代的公債制度が形成されるにあたっては，①国家信用力の基本であり

公債の元利償還資金となる近代的租税制度が形成されてきたこと，②証券形態の公債発行が可能になるような国内の資金市場，銀行制度など近代資本主義システムが形成されてきていること，が重要な前提条件になっていた。また逆に，国家の公債発行そのものが近代的租税制度や近代的証券市場の発達を促す側面もあった。

1.2 公債と租税収入

　近代および現代国家は租税国家であり，財政は基本的には租税収入によって維持される。公債は財政収入の一種とはいえ，その元金および利子の支払いは租税収入に依拠していることに変わりはない。その意味では最終的には公債も租税負担の問題に帰結するが，財政運営の視点からみると公債と租税には無視できない相違点がいくつかある。

　第1に，租税は国民にとって義務的，強制的な負担となるが，公債を購入するか否かは基本的には国民の自発的ないし任意の意思に基づく。租税には公共サービスに対する一般的対価としての国民の負担という性格があるが，公債にはそうした負担という性格はない。公債購入者は現金資産と交換に公債証券を手に入れたのであり，そこには自らの資産総額における変動や負担はなく，むしろ自発的意思による有利な投資行為を行ったことになる。

　第2に，租税収入は政府にとって経常的な性格をもち短期間での増収は困難であるが，公債発行では臨時的，弾力的な増収が可能になる。租税は税法に基づいて徴収されるため戦争などの臨時的かつ巨額の歳出増には対応しづらく，また政治的にも増税は困難をともなうことが多い。これに対して公債発行は，国民にとって即時の直接的負担にはならないので抵抗感も薄く，国内外の貯蓄余剰が利用できる限りは，大きな臨時的歳出にも対応が可能である。

　第3に，租税の場合はその負担が徴収される世代にのみ集中するが，公債発行の場合にはその負担は元金償還および利払いを通じて，発行時の世代だけでなく長い世代にわたって分散される。公共事業や公共施設のように公共サービスによる便益享受が30年間や50年間という長期間にわたって可能な場合，もしすべての費用を租税で賄えば建設時世代はその享受する便益に比べて過大な負担を負うことになってしまい，将来世代は負担なしで便益だけを享受してしまう。これを公債発行で資金調達すれば，便益を享受する将来世代も公債の元利払いを通じて応分の負担をすることになる。これを公共サービスにともなう利用時払い（pay as you go）の原則というが，公債発行によって財政負担の世代間公平が図られることになる。

　第4に，国民経済レベルでみると租税は所得全体への負担となり，消費および貯蓄を削減するが，公債の場合は一種の投資でもあり消費には影響を与えず貯蓄のみが削減されることになる。つまりある同額の財政収入を調達しようとした場合，公債発行は租税以上に国民経済から貯蓄を吸収することになり，利子率を上昇させて民間投資に抑制的に作用する可能性がある。いわゆるクラウディング・アウト効果をもつのである。

1.3　公債の種類

　公債は発行主体や発行形態によっていくつかの種類に分かれる。第1に発行主体別区分では，中央政府が発行する国債，地方政府が発行する地方債がある。

　第2に償還期間別区分がある。公債はあらかじめ定められた償還期限が過ぎれば公債所有者に全額現金で償還される。日本の国債を例にとれば，償還期間1年以内のものを短期国債，2～5年程度のものを中期国債，10年程度のものを長期国債，15～40年程度のものを超長期国債という。一般に短期の公債は流動性は高いが利回りは低く，長期の公債は流動性は低いが利回りは高く設定されている。戦後日本の国債発行では当初は長期国債のみであったが，1970年代後半以降，国債の大量発行時代になり国債の市場消化を促進するために，流動性の高い中短期国債や利回りの高い超長期国債など，多様な国債証券が発行されるようになった。

　短期の国債には政府短期証券と割引短期国債がある。政府短期証券（financing bills: FB）は，一般会計と複数の特別会計が，年度内の資金繰りに不足が生じる場合に発行できる短期証券である。流通市場においてはすべて「政府短期証券」という同一名称で売買されており，その償還期限は13週間である。割引短期国債（treasury bills: TB）は大量の国債の償還・借換等を円滑に遂行するために発行されるものであり，償還期限には6カ月と1年の2種類がある。

　第3は発行地域別区分であり，内国（貨）債と外国（貨）債がある。発展途上の諸国では国内の金融市場が未発達で国債の国内消化が困難な場合に，先進諸国で外貨債を募集することがある。日本も日露戦争の戦費の約4割をロンドンとニューヨークで募集した外貨債に依存していた。外国（貨）債は国内の資本不足を補う役割を果たすが，過度に依存すると途上国が先進国による政治的・経済的支

配を受ける危険性もある。

　第4に債権形態区分では，利付国債と割引国債がある。利付国債とは償還期限まで定期的に利払いが約束されたものであり，割引国債とは償還期限までの利子相当額があらかじめ額面金額から差し引かれて発行されるものである。なお発行額は少ないが，物価連動国債（indexed bond）もある。これは元金額が物価動向に連動して増減する国債であり，日本では2004年3月から発行されている。

　第5に発行目的別区分がある。一般の国債であり，国の収入となり国の経費を賄うものを普通国債という。また国の日々の資金繰りを賄うものは政府短期証券である。これらとは別に，国の支払い手段として機能するが，国の収入とはならないものに交付国債や出資・拠出国債などがある。

1.4　公債の発行，償還，借換

　政府が公債を発行することを起債というが，発行には政府自らが行う直接発行と金融・証券業者等に行わせる間接発行がある。間接発行には発行にともなう費用やリスク（売れ残り）を政府が負担する委託発行と，仲介者である金融・証券業者が負担する引受（請負）発行がある。現在では間接発行，とくに引受発行が一般的である。

　引受発行には公募発行と中央銀行引受の2種類がある。公募発行方式には従来の日本では，シ団引受方式と公募入札方式があった。シ団引受方式とは市中金融機関および証券会社等からなる国債募集引受団（シンジケート団：シ団）の引受による発行方式であり，シ団が募集の取扱いを行い，一般購入者からの応募額が発行予定額に満たない場合は，その残額をシ団メンバーが共同で引き受けることになっている。一方，公募入札方式は，多数の応募者に対して国債の発行条件を入札に付し，その応募状況に基づき発行条件および発行額を定めるものである。なお日本ではシ団引受方式は2005年度末で廃止され，06年度よりは公募入札方式のみで発行されている。これに対して公債の中央銀行引受は，中央銀行は「政府の銀行」であり発券銀行であるがゆえに公債消化は容易であるが，紙幣増発とインフレーションに直結する危険性もある。そのため現在の財政法第5条では日銀引受による公債発行を禁止している。

　公債はあらかじめ定められた期限が過ぎれば現金で返済されるが，これを償還という。償還財源は通常は租税収入や積立金によって支弁されるべきものである。しかし新たに公債（借換債）を発行してこの償還財源を調達することがあり，こ

れを借換という。なお償還の有無とその時期を発行主体の自由意思に任せた，いわゆる永久公債（コンソル債）という制度もある。

1.5 公債管理政策

公債発行が拡大してくると，財政にとっては公債の利払い費が重大な財政負担になり，国民経済や金融にとっても公債の発行・流通のあり方は投資や景気に重要な影響を与えるようになる。こうしたなかで財政当局による公債管理政策（public debt policy）が注目を集めるようになった。

公債管理政策とは財務省によれば，「できるかぎり財政負担の軽減を図りながら，国債が国民経済の各局面において無理なく受け入れられるよう，国債の発行，消化，流通および償還の各方面にわたり行われる種々の政策の総称」である。そして具体的な政策目標として，財政にとっての国債の利払い費の最小化と，国民経済にとっての景気の安定化をめざすことにある。

景気安定化のためには，景気が過熱しているときは，総需要抑制を導くべく利子率を引き上げるように，流動性が低く利回りの高い長期債を多く発行し，逆に不況期には利子率引下げに向かうように流動性が高く利回りの低い短期債を多く発行するのが望ましい。他方，国債利払い費負担を最小にするには，利子率の高い好況期にはより多くの短期債を，利子率の低い不況期にはより多くの長期債を発行することが有利となる。このように国債管理政策においては，景気安定化と利払い費最小という目標はトレードオフの関係にあり，両立しえないことも多い。

2 公債発行・財政赤字の経済学

2.1 均衡財政主義からフィスカル・ポリシーへ

19世紀までの自由主義段階の古典派経済学においては，原則として公債発行には否定的であり健全財政主義が唱えられていた。A. スミスは次のような理由から公債には否定的であった。①毎年の国民の所得は資本蓄積に利用される「資本」と消費に利用される「収入」に分けられる。②租税の場合は「収入」で負担されるが，これはその分だけ私的消費が政府の不生産的な公的消費に移るにすぎない。しかし公債の場合は，「資本」から政府の不生産的活動に投資されることになり，結果的に民間の資本蓄積・生産力上昇を阻害してしまう。③公債は租税に比べて負担感が乏しく，戦争など政府の不生産的活動を肥大化させるおそれが

ある。このようなことから結局，古典派の起債原則は，①経費は租税によって調達されるべきこと，②公債によらなければ調達できない経費（戦費など）や世代を超えて利益をもたらす臨時費（運河，道路など）の一部にはやむをえず公債を認める，③上記のケースでも遊休資本のある場合のみに公債を活用すべきだ，というものであり，公債発行をきわめて限定的にとらえていたのである。

一方，19世紀末以降の独占資本主義段階のドイツ財政学においては国家活動の生産的要素が重視され，「社会国家」時代の起債原則が唱えられた。A. ワグナーは経費を臨時費と経常費に分け，臨時費が生産促進的である限りは起債に依存してもよいとした。さらにC. ディーツェルは，臨時費が固定資本形成のためであれば起債によるべきであり，国家の起債によって民間の未利用資源・資本の完全利用が図られる，という「生産的公債論」を主張した。つまりディーツェルにあっては，公債発行＝財政支出を国民経済における資源の完全利用達成のために活用するという点で注目していたのであり，後のケインズ派に通じる理解でもあった。

第二次世界大戦後になるとケインズ経済学に基づく**フィスカル・ポリシー**（fiscal policy）論によって，公債発行は積極的に容認されるようになる。J. M. ケインズの『雇用，利子および貨幣の一般理論』（原著1936年）によれば，①不況の原因は民間支出の減少による有効需要不足であり，従来の均衡財政主義によって政府支出を削減すれば不況はいっそう深刻化してしまう，②不況を克服し完全雇用状態を達成するためには，民間支出減少を補うように政府支出を拡大する必要があり，そのための公債発行は認められるべき，とした。そしてこの有効需要論は，第二次世界大戦後のケインズ経済学の興隆のなかでフィスカル・ポリシー論として展開される。そこでは財政は，国民経済の安定・成長のための重要な手段として位置づけられ，不況期の財政赤字＝公債発行を財政政策として積極的に評価するようになった。ケインズ派のなかには，公債も含めて財政をもっぱら経済のバランシング・ファクターとしてのみ考えるA. ラーナーの「機能的財政論」という極端な考えも登場してきた。

2.2 公債発行と財政政策（フィスカル・ポリシー）

フィスカル・ポリシーとは，財政を裁量的に活用して経済安定を導こうとするものであった。このフィスカル・ポリシーの論拠となる重要な概念は45度線分析と**乗数効果**であり（図16-1a），その要点は以下のとおりである。

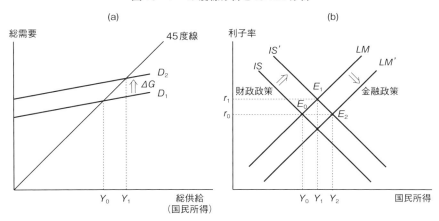

図 16-1 45度線分析とIS-LM分析

(出所) 筆者作成。

① 一国の総需要 D は，消費 C，投資 I，政府支出 G より構成される（$D=C+I+G$）。
② 生産活動の成果たる国民所得 Y（総供給）の水準は総需要によって決定される。
③ 図上で45度線は総需要と総供給が均衡する水準にあり，総需要曲線 D_1 のときの国民所得（総供給）の水準は Y_0 となる。
④ いま公債発行を財源にして，政府支出（公共事業）を景気対策として ΔG だけ拡大すると総需要曲線は D_2 に移行する。そして，国民所得は $\Delta Y=[1/(1-c)]\Delta G$ だけ増加して Y_1 の水準になる（c は限界消費性向：$0 \leq c \leq 1$）。
⑤ たとえば，$c=0.8$ とすれば，政府支出増分 ΔG の5倍の国民所得増加 ΔY という乗数効果が生まれる。
⑥ 乗数効果は，公債発行を財源にしての減税政策によっても発生する。それは減税→可処分所得増加→消費（総需要）拡大→国民所得増加というルートであり，その場合の乗数は $c/(1-c)$ となる。$c=0.8$ ならば，減税額の4倍の国民所得増加となる。乗数効果において減税のほうが低くなるのは，政府支出増はすべて有効需要の増加になるのに対して，減税による可処分所得増加はその一部が貯蓄に回り，すべてが消費（有効需要）に回るわけではないからである。

このように乗数理論によれば，政府支出拡大にせよ減税にせよ，政府が裁量的

に政策実施すれば，その数倍の規模の国民所得増加をもたらし景気回復に効果があるとされる。かくして政府支出拡大や減税のための財源を公債発行によって確保することは一時的には財政赤字を生むものの，むしろ景気政策としては積極的意義が与えられることになる。

なお，政府が裁量的に財政政策をとらなくても，今日の財政制度には自動的にある程度の景気安定に資するような仕組みが備わっているという考え方もある。これを財政のビルトイン・スタビライザーという。たとえば，不況期には失業手当など社会保障給付が増え，法人税や累進課税の所得税の税収減によっての企業投資や可処分所得の落ち込みを抑制し，また景気過熱期には所得税や法人税が所得増以上に増税効果を働かせて可処分所得を削減し，失業手当が減少するなど財政支出が減少して，景気過熱を抑制するという機能が想定されている。

2.3　IS–LM 分析と財政・金融政策

財政政策では乗数効果が期待されるが，公債発行による利子率上昇が民間投資を抑制する可能性もある。そこで財政政策に金融政策を加味する必要性も主張される。これは以下のような IS–LM 分析によって説明される（図 16 – 1b）。

① 横軸に国民所得，縦軸に利子率をとると，財市場が均衡する国民所得と利子率の関係は右下がりの IS 曲線となり，貨幣市場が均衡する国民所得と利子率の関係は右上がりの LM 曲線となる。

② 国民経済は当初 E_0 で均衡し，そのときの国民所得は Y_0，利子率は r_0 の水準にある。いま景気対策のため公債発行による政府支出拡大対策をとると，IS 曲線は IS' 曲線のように右上へシフトして均衡点は E_1 となり，そのときの国民所得は Y_1，利子率は r_1 の水準になる。

③ シフトした IS' 曲線上で利子率が元の r_0 の水準であれば，本来，国民所得は $Y_2 (>Y_1)$ の水準まで拡大するはずであった。しかし現実には公債発行によって資金需要が増加して利子率が r_0 から r_1 へ上昇してしまい，その結果民間投資が抑制されて，国民所得は Y_2 より低い Y_1 の水準に抑制されてしまう。

④ 公債発行にともなう利子率上昇が民間投資を抑制してしまうことをクラウディング・アウト効果という。クラウディング・アウトが生じたのは追加的マネーサプライがなく，貨幣市場が不変のままと仮定したからである。以上のことは公債発行を全額市中消化したケースである。

⑤ これに対して政府支出拡大と同時に，公債の中央銀行引受など追加的マネーサプライや金融緩和政策をとれば，LM 曲線は LM' 曲線のように右下へシフトし新たな均衡点は E_2 となり，利子率は r_0 のままで国民所得は Y_2 の水準まで拡大することになる。つまりケインズ派によれば，財政政策に金融政策を加味したポリシー・ミックスによって，より完全な経済安定政策が実現されるということになる。

2.4　財政赤字とフィスカル・ポリシー批判

1950〜60年代までは経済政策や財政運営においてこうしたフィスカル・ポリシーに基づいた考え方が支配的であった。しかし，70年代以降になると世界的にインフレと不況の同時進行するスタグフレーションや，福祉国家の経費膨張にともなう**財政赤字**の慢性的状況も背景にして，ケインズ経済学やフィスカル・ポリシーの有効性に対する深刻な批判や疑問が提示されるようになってきた。

マネタリストは，ケインズ派のいうインフレ率と失業率のトレードオフ（フィリップス曲線）は存在せず，実際にはマクロ的需要政策では動かせない「自然失業率」が存在しており，裁量的なフィスカル・ポリシーは長期的な失業率水準には有効な政策にはなりえないこと，また短期的に貨幣供給量を裁量的に調整することは市場と景気に混乱を与えるのみであり，ルールに基づいて必要十分な貨幣を安定的に供給するべきことを主張した。

R. ルーカスらの合理的期待形成学派は，人々が十分な情報をもち，かつ合理的な経済人として行動するならば，現在政府の公債発行による財政支出拡大は，人々に将来の増税を予想させるため，消費を削減して貯蓄を増やすことになり，結果的に総需要は増えず景気対策としての効果はなくなると主張した。同派によれば裁量的な財政金融政策はマクロ経済に中立的な効果しかもちえないのである。

サプライサイド経済学は，ケインズ派が主に需要サイドから経済政策を論じたのに対して，企業など供給サイドを強化する経済政策の有効性を主張した。彼らは，①生産性向上や民間設備投資促進のために減税が必要なこと，②高い所得税率や累進課税，さらに福祉政策は労働者の勤労意欲を阻害するので望ましくないこと，③投資拡大のためには貯蓄率向上が必要なこと，を強調した。これらの主張は「小さな政府」論ともつながり，「大きな政府」論に親和的なケインズ派に対する批判となった。

J. M. ブキャナンとR. E. ワグナーらの公共選択学派は，政治的要因に基づく

フィスカル・ポリシーの「非対称性」を問題にした。政治に影響されない「賢人」の政策運営によれば（ハーヴェイ・ロードの前提），過年度の財政赤字を後年度の財政黒字で相殺するフィスカル・ポリシーは可能かもしれない。しかし現実の民主主義的政治制度（選挙）では，政治家は有権者に人気のある不況期の財政赤字政策（政府支出拡大，減税）は実施しても，好況期の財政黒字政策（政府支出削減，増税）は容易に実施できないという「政策の非対称性」が起こり，結局，財政赤字のみが累積してしまう可能性が高い。このような「政府の失敗」を問題にし「小さな政府」を求めるブキャナンらは，均衡財政主義を憲法上のルールにすることも主張した。

こうしたフィスカル・ポリシーに対する批判的議論や，現実の財政赤字がもたらす財政運営・経済運営への重圧から，日本を除いて，1980年代以降の先進資本主義諸国では，フィスカル・ポリシーなど裁量的財政政策に対する依存度はかつてほどではなくなってきている。

2.5　財政赤字の問題点

財政赤字の累積が放置されれば利払い負担などで深刻な財政危機に陥るだけでなく，中長期的にみて一国の経済成長の阻害要因にもなりかねない。過度の財政赤字は一般的には次のような問題をもたらすといえるだろう。第1に，先に述べたクラウディング・アウトである。大量の公債発行による金利上昇によって民間投資が抑制されて，結果的に経済成長が阻害される可能性がある。第2は，財政硬直化が進み，財政が社会経済に果たすべき機能が低下してしまうことである。財政赤字累積のために歳出に占める公債利払い費の割合が増加して，財政運営の自由度が低下する。そのため財政本来の政策的経費が圧迫され，経済グローバル化や高齢化社会に対応した社会基盤を十分に整備することができなくなってしまう。第3に，膨大な財政赤字の存在は一国の財政政策への内外の信頼を失わせることになる。大量の公債発行はインフレへの警戒感を市場に起こす。インフレ懸念と膨大な財政赤字は国家の信用力を低下させ，資金市場での公債の評価（格付）は悪化する。これがさらに為替相場の低下（自国通貨の下落）となり，輸入インフレを招くことになる。結果的に国民の実質生活水準は低下していくのである。

3　日本財政と国債

3.1　戦後の国債制度

戦前の日本財政においては，脆弱な税収基盤のもとでの経費膨張傾向と度重なる戦争遂行のため，国債発行は重要な歳入手段であった。とくに1931年の満州事変勃発から太平洋戦争終了の45年までは軍事費調達手段として，日銀引受発行方式による軍事国債が大量に発行された。そして敗戦時には膨大な国債残高と国民経済の疲弊によって国家財政は破局的状況に陥っていた。この国債の元利償還は結果的に戦争直後の経済混乱と超インフレーション（1935年対比で200倍の物価上昇）によって事実上帳消しにされたが，この過程は国民の生活と経済に深刻な打撃を与えるものであった。

日銀引受による安易な国債発行こそが日本の軍国主義や戦争遂行を財政的に支え，超インフレーションをもたらしてしまったという教訓と反省から，戦後1947（昭和22）年に制定された財政法は国債発行についてより厳格な規定をもつことになった。その1つは原則としての国債不発行主義＝健全財政主義であり，いま1つは国債の日銀引受発行の禁止である。

財政法第4条は，「国の歳出は，公債又は借入金以外の歳入を以て，その財源としなければならない」と規定し，国債に依存しない財政運営を原則にしているのである。しかしこれはあくまで原則であり，同条には続いて，「但し，公共事業費，出資金及び貸付金の財源については，国会の議決を経た金額の範囲内で，公債を発行し又は借入金をなすことができる」とも規定されている。この但し書きに基づいて発行される国債を一般に4条国債ないし**建設国債**という。公共事業等は「利用時払い原則」にも適い，また債務との見合いに資産も形成されるがゆえに例外としての国債発行が認められたのである。

他方，財政法に忠実ならば単なる歳入補填のための国債発行は認められないはずである。しかし現実には，歳入欠損が予想される場合にはその年度ごとに特例法が施行されて歳入補填のための国債が発行されてきた。これを一般に特例国債または**赤字国債**という。

さらに財政法第5条は，「すべて，公債の発行については，日本銀行にこれを引き受けさせ，又，借入金の借入については，日本銀行からこれを借り入れてはならない」と規定し，国債の日銀引受発行を禁止している。これを国債の市中消

図 16-2 公債発行額と公債依存度の推移

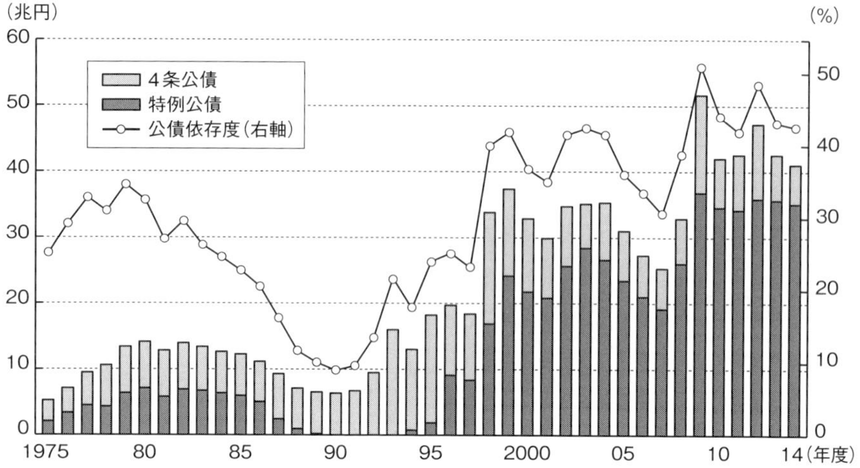

(注) 2012年度までは決算，13年度は補正後予算，14年度は当初予算。
(出所) 財務省編『債務管理リポート』2014年度版。

化の原則という。ただ第5条にも但し書きがあり，「特別の事由がある場合において，国会の議決を経た金額の範囲内では，この限りでない」とされている。実際にも，日銀は保有する国債の償還額の範囲内で借換債の日銀引受（日銀乗換と呼ばれる）を行っている。

3.2 国債発行の推移

財政法は国債発行を建設国債に限定し市中消化の原則を唱えることによって，いわば健全財政主義を実現しようとした。実際にも1964年までは国家財政は国債発行なしに運営されたのであり，その後65年度補正予算で赤字国債が一度発行され，66年度以降は建設国債の発行が開始されたが，70年代前半までの国債依存度はそれほど高いものではなかった。つまり戦後の高度経済成長期には国家財政は基本的に国債依存の低い健全財政運営であったのである。

しかし，1970年代後半以降から2010年代の現在に至るまで日本の国家財政は国債発行に強く依存する財政運営を行うようになる。図16-2が示すようにその国債発行は次のような状況にあった。

第1に，一般会計歳入に占める国債収入つまり公債依存率は，バブル経済期の1990年前後の10%程度を除けば，70年代後半〜80年代前半は30%前後，90年

代後半〜2010年代には40〜50%という異常な高さになっている。

第2に，公共事業の財源とされる建設国債（4条国債）は1970年代から現在に至るまで恒常的に6〜15兆円の水準で発行されてきた。とくに景気対策が重視される時期にはフィスカル・ポリシーの主要財源として位置づけられて，その発行額は10兆円以上になっている。

第3に，一般歳入不足を補塡する赤字国債（特例国債）はバブル経済期の4年間（1990〜93年度）こそ発行されなかったが，それ以外の全年度を通じて発行されており，とりわけ2000年代以降には20兆円台，30兆円台の発行が続いている。本来，一時的・臨時的な財源であるべき赤字国債が，このように40年近くもほぼ継続的に発行されていることはきわめて異常な状況といわざるをえない。

なお財務省によれば，1990年度末から2014年度末にかけて国債残高は603兆円増加しているが，その主要な増加要因は，歳出増加要因の335兆円（うち社会保障関係費210兆円，地方交付税交付金等78兆円）と，景気停滞や累次の減税等による税収減要因197兆円である。つまり，日本の財政赤字拡大とは，景気変動による一時的なものではなく，歳出増加傾向とそれに追いつけない租税構造や減税政策のツケという構造的問題なのである。

3.3 国債の償還，借換，利払い

建設国債は公共事業等に充てられる財源として発行されるため，それによって建設される施設の耐用年数等を考慮して60年で償還することになっている。その仕組みはたとえば，10年の長期債で新規財源債6兆円を調達した場合，10年後に6兆円を現金償還することになるが，その償還財源のうち5兆円を借換債で調達する。20年後にはこの5兆円を現金償還するために4兆円の借換債を発行する。このようにして60年後に償還は完了する。これに対して赤字国債は純粋に歳入補塡債であるため，国債満期とともに完全に現金償還すると規定されていた。しかし1975年度以降に大量発行が開始された赤字国債が満期になった85年度になると，財政事情を理由に当初規定は撤回されて，赤字国債も建設国債と同様に60年償還されることになった。

政府歳出の国債費は利払い費と償還費よりなる。赤字国債の借換によって償還を延期，長期化すれば当面の償還負担は免れることになるが，その分，借換債が累積し国債利子負担が増加せざるをえない。2014年度予算の国債費は23.2兆円で一般会計歳出の24.3%を占めるが，その内訳は債務償還費13.1兆円，利払い

費9.8兆円である。

なお国債の利払いおよび償還さらに借換債発行は，一般会計ではなく国債整理基金特別会計によって行われている。つまり，国債整理基金特別会計では，主に借換債発行と一般会計および他特別会計からの繰入れ金を財源にして，国債の利払いと現金償還を行うのである。政府一般会計歳出での国債費（利払い費，償還費）とは，この特別会計への繰入れ金である。また，国債償還を円滑に実施するために一般的には，償還財源を積み立てる減債基金制度がつくられることが多い。日本ではこの減債基金制度として1967年度以降，国債整理基金特別会計に対して一般会計および他特別会計から，①前年度における国債残高総額の1.6%相当分の繰入れ（定率繰入れ），②前々年度一般会計決算剰余金の2分の1以上の繰入れ（剰余金繰入れ），③必要に応じて予算措置による繰入れ（予算繰入れ），を行うとされている。償還方式の規定と財政規模からいえば，とくに定率繰入れが重要である。ところが，財政事情を理由にこの定率繰入れはしばしば停止（82〜89年度，93〜95年度）されてしまった。結局，現状では償還財源の大半を借換債に依存する状況にあり，国債整理基金特別会計は機能不全に陥っているといってよい。

3.4 国債の発行，消化，保有

借換債の増大とともに毎年度の国債発行の規模は拡大し，その構成も変化してきた。1980年度には国債発行総額14.4兆円のうち新規財源債が14.1兆円で借換債は0.3兆円にすぎなかった。それが86年度以降は借換債が新規財源債を上回るようになる。90年度の発行総額26.0兆円のうち新規財源債7.3兆円，借換債18.7兆円であり，2000年度には発行総額86.3兆円のうち新規財源債33.0兆円，借換債53.3兆円となった。さらに財投改革を受けて01年度より国債の一種として財投債も発行されることになる。12年度には発行総額177.5兆円のうち，新規国債47.5兆円，借換債110.0兆円，財投債14.2兆円，等となった。

国債は財源調達の一手段であり，その意味では新規財源債が本来の国債であるが，現在では借金返済のための借金である借換債が主体になっているのである。その一方で，借換債を主体にした巨額の国債発行は今日では資金市場における重要な投資対象として位置づけられている。景気や株式市場の低迷，民間企業の投資意欲・資金需要の落ち込み，預金金利の異常な低さ，というなかでは安全な投資先として国債が注目されているのである。

国債消化にかんしてみると，2014年度発行総額予定181.5兆円のうち市中等の

消化が 167.9 兆円で全体の 92.5% に及ぶ。その内訳は市中消化分（公募入札）が 155.1 兆円（85.4%），個人向け国債 2.5 兆円（1.4%），日銀乗換 11.1 兆円（6.1%）である。1980 年代まではシ団引受が大半であったが，現在では公募入札が市中消化の主流である。

シ団や公募入札で消化された国債もその多くは流通市場で販売され，資産として保有，活用される。日本国債の 2014 年 3 月時点での保有者構成は，残高総額 840.7 兆円のうち日銀 156.8 兆円（18.7%），ゆうちょ銀行を含む銀行等 320.3 兆円（38.1%），かんぽ生命を含む生損保等 190.2 兆円（22.6%），公的年金 66.9 兆円（8.0%），年金基金 33.6 兆円（4.0%），海外 34.4 兆円（4.1%），家計 21.0 兆円（2.5%）等となっている。

なお，日本の国債所有者構成に占める海外のシェアは，欧米諸国に比べると低い。国庫短期証券も含めた国債等の保有者構成についての各国での海外シェアは，アメリカ 47%，イギリス 30%，ドイツ 61%，フランス 40% に対して日本は 8% にすぎない（2014 年 3 月現在）。また，日銀が 2013 年以降に脱デフレ戦略として「異次元の金融緩和政策」の実施，つまり民間銀行からの国債購入額を増やしつづけた結果として，日銀の国債保有額も 13 年 3 月の 91 兆円から 14 年 10 月の 187 兆円へと急増している。

3.5　国債の金利負担と財政の持続可能性

これまでの建設国債，赤字国債等の発行を通じて普通国債残高は 2014 年度末には 780 兆円に達する。各国中央政府の長期債務残高の GDP 比（2012 年度）を比較すると，アメリカ 91%，イギリス 84%，ドイツ 39%，フランス 61% に対して日本は 155% であり，先進諸国のなかでは最悪の財政赤字残高を抱えている。

膨大な国債残高（財政赤字のストック）は，当然ながら政府歳出における国債金利払いの増加となるはずである。ところが，中央政府歳出に占める利払い費の比重（12 年度）をみると日本 8.3%，アメリカ 6.2%，イギリス 7.3%，ドイツ 9.9%，フランス 15.6% であり，日本財政の金利負担が顕著に大きいわけではない。これは，1990 年代以降の長期のデフレ的状況のなかで日本の金利が異常なほど低い水準で推移してきたからである。たとえば，国債残高は 85 年度 134 兆円，2000 年度 368 兆円，12 年度 705 兆円と急増（5.3 倍）しているが，国債の利払い費は各年度 9.7 兆円，10.0 兆円，8.0 兆円と大きな変化はない。その理由は金利水準が 1985 年度 7.2%，2000 年度 2.7%，12 年度 1.2% と傾向的に低下してきた

からである。

　先進諸国のなかで最悪の財政赤字ストックを抱える日本財政が，これまでともかくも国債発行を続けることができたのは，国内の家計・企業の余剰資金（貯蓄）の存在と長期不況のなかでの異常に低い金利水準という経済環境によるところが大きい。しかし，今後の日本経済を考えれば，こうした状況の持続可能性は小さい。それは1つには，高齢化社会にともなう貯蓄率の低下や対外的な経常収支の悪化による国内余剰資金の縮小は避けられず，国債の国内消化能力の限界があること，いま1つには望まれるデフレ脱却が進めば，当然金利水準は上昇傾向になり，国債金利負担が日本財政にとって重大な圧力とならざるをえないからである。その意味では，日本財政の持続可能性を高めるためにも，少なくとも恒常的な赤字国債依存から脱却する財政改革が緊急に求められている。

■ 討論してみよう
　① 公債発行の経済的，財政的意味を整理してみよう。
　② 日本の財政運営，国債発行において財政法第4条，第5条が果たしている役割と限界について考えてみよう。
　③ 日本の深刻な財政赤字の原因について，財政システムや経済状況とかかわらせて考えてみよう。

■ 参考文献
〈基礎編〉
可部哲生編［2014］『図説 日本の財政（平成26年度版）』東洋経済新報社
財務省編「日本の財政関係資料（平成26年10月）」（財務省ウェブサイト）
財務省理財局編「債務管理リポート（2014年度版）」（財務省ウェブサイト）
〈より進んだ学習をするために〉
富田俊基［2006］『国債の歴史——金利に凝縮された過去と未来』東洋経済新報社
三菱東京UFJ銀行円貨資金証券部［2012］『国債のすべて——その実像と最新ALMによるリスクマネジメント』きんざい

第17章　財政投融資の役割
公的金融改革がめざす道

KEYWORDS

金融仲介機関　公的金融　財政投融資制度　政策金融機関
金融市場の自由化・グローバル化　財投機関債　市場による規律　産業投資　官民ファンド

1　金融仲介機関としての政府

　政府の活動は金融市場にも及ぶ。金融市場での役割の1つに，**金融仲介機関**としての活動があげられる。

　金融市場では，現時点での消費に充てる予定のない余剰資金を抱える者（最終的な貸し手）から，借入れを必要とする者（最終的な借り手）へ資金が貸し出される（図17-1）。通常，両者の間には，金融市場での取引を専門的に扱う金融仲介機関が入る。メガバンクや地方銀行といった銀行がその典型である。

　銀行は，貯金する家計から預金を幅広く集め，その資金をもって設備投資を行う企業，あるいは住宅や車などを購入する家計に融資を行っている。銀行がこのような形で金融取引に介在することによって，当面，消費に充てる予定のない資金を運用したい家計は，わざわざ健全な貸出先を自ら探し出したり，貸出条件を個別に設定する手間が省ける。借入れを希望する企業や家計も，余裕のある金融資産をもつ投資家を自ら探し出したり，彼ら1人ひとりに資金を融通してくれるようお願いしたりする労力を節約できる。このように，銀行をはじめとする金融仲介機関は金融取引の効率化に貢献している。

　日本の金融市場は世界的にも相当に発達しており，銀行のほかにも保険会社，あるいは投資信託を提供する資産運用会社など，さまざまな民間の金融仲介機関が存在し，多様な形で金融取引を仲介している。とはいえ，民間金融仲介機関では取り扱うことの難しい金融取引も少なからず存在する。そのなかには，たとえ

図 17-1　金融仲介機関としての政府

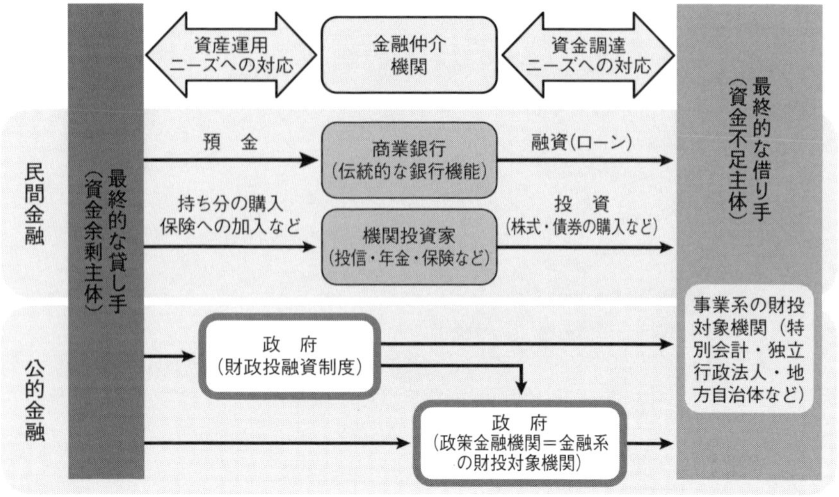

（出所）筆者作成。

リスクが高くとも，あるいは収益性が低くとも，中長期的な効率性，ないし公共性の観点から，ぜひとも実現すべきものもあろう。政府は，民間銀行などに代わって自ら金融仲介機関となり，こうした政策目的に照らして重要と考えられる金融取引に介在することがある。このような金融取引が行われる場を，民間の金融仲介機関が介在する民間金融と区別して，**公的金融**と呼ぶ。

財政投融資制度は，**政策金融機関**と並んで，日本における公的金融の中核部分を成す政策手段である。もっとも，これはさまざまな政策手段の集合体であり，1つの制度として統合的に運用されているわけでは必ずしもない。実際，金融仲介機関としての政府の資金調達手段や投融資に至る過程は，以下でみるように多様である。それゆえ，財政投融資制度の運営は複雑な様相を呈しているが，本章ではその基本的な制度設計や，戦後から今日までの運営状況を概観し，近年の新たな動向と評価・論点についてみていきたい。

2　20世紀における財政投融資制度の大きな役割

2.1　中核的な資金源であった資金運用部資金

財政投融資制度の起源は明治時代，1885年の大蔵省預金局の設置に遡ること

ができるが，戦後より半世紀にわたって運用された制度的枠組みは1951年の資金運用部資金法の制定によって確立された。その後，2000年まで存続したかつての財政投融資制度（以下，「旧制度」）の基本的な制度設計は次のとおりである。

政府は，その圧倒的な信用力と全国的な組織網を背景として，金融市場から低コストで資金を調達することができる。旧制度においては，その資金調達の手段として郵便貯金と公的年金（国民年金・厚生年金）が大きな役割を担った。

郵便貯金は，全国各地の郵便局で小口から預け入れ可能であったことや，2000年代の郵政民営化まで明示的な政府保証が付されていたことなどから，多くの家計にとって安心して利用できる身近な貯蓄手段であった。一方で公的年金は，国民に加入が義務づけられている点など，郵便貯金と異なる部分も少なくない。とはいえ，保険料の納付という形で政府に資金を預け入れ，年金給付という形で将来的に政府から資金の払い戻しを受けるということからすれば，国民にとってもう1つの身近な貯蓄手段であったわけである。

郵便貯金や公的年金を通じて国民から幅広く調達された資金は，政府がさまざまな特別会計で抱える資金などとともに，大蔵省（現・財務省）理財局が所管していた資金運用部で一元的に運用された（資金運用部資金）。

旧制度の資金調達手段は，ほかにもいくつか存在した。郵便局が提供していた簡易生命保険や郵便年金を通じて調達される資金は，郵便貯金とは異なって資金運用部への預託義務はなく，郵便局を所管していた郵政省（現・総務省）で独自に運用されていた。ただし，その一部は「財投協力」として旧制度の枠内で運用され，地方自治体向けの融資などに充てられた（簡保資金）。

政府保証債は，特殊法人などが資金運用部などから資金を借り入れる代わりに，政府による明示的な保証のもとに自ら金融市場にアクセスして資金を調達するために発行していた債券である。これは，郵便貯金などを通じて十分に資金が集まらない場合に備えて，あるいは特殊法人などの資金需要に応じてより機動的に資金を調達できるように用意された手段であった。

以上と性格を異にするのが，産業投資特別会計の産業投資勘定（現在は財政投融資特別会計の投資勘定）に計上されていた産投資金である。これは，当時の日本開発銀行（現・日本政策投資銀行）や日本輸出入銀行（現・国際協力銀行）からの国庫納付金や，NTT・JT株の保有から得られる配当金などを原資とするものである。その規模は決して大きくないものの，財政投融資制度の資金源のなかで唯一，融資ではなく投資に充てられる資金である点に特徴がある。

表 17-1 財政投融資制

	年　度	1955	1960	1965	1970	1975	1980	1985
財政投融資の規模	当初計画（兆円）	0.3	0.6	1.6	3.6	9.3	18.2	20.9
	実績（兆円）	0.3	0.6	1.8	3.8	10.6	18.1	20.5
	当初計画比（伸び率，％）	-7.5	3.0	9.6	6.1	13.4	-0.4	-1.8
	一般会計比（％）	29.2	35.9	47.7	46.4	50.6	41.7	38.7
	対GDP比（％）	3.5	3.7	5.3	5.0	6.9	7.3	6.2
投融資原資の内訳（実績ベース）（％）	資金運用部資金	51.3	55.5	66.8	73.5	86.4	85.9	80.3
	郵便貯金	27.5	24.1	26.1	37.4	44.5	40.9	29.7
	厚生年金・国民年金	10.5	14.7	20.8	27.0	18.8	20.1	18.1
	回収金など	13.3	16.7	19.9	9.1	23.1	25.0	32.5
	簡保資金	16.2	19.2	6.2	10.7	8.9	7.3	8.8
	政府保証債・政府保証借入金	17.3	18.9	24.6	13.1	4.1	6.7	10.8
	その他	15.1	6.4	2.4	2.7	0.6	0.1	0.1
	合　計	100.0	100.0	100.0	100.0	100.0	100.0	100.0
投融資先の内訳（当初計画ベース）（％）	住　宅	13.8	12.8	13.9	19.3	21.4	26.2	25.4
	生活環境整備	7.7	9.3	12.4	11.6	16.7	14.1	15.7
	厚生福祉	2.1	1.8	3.6	2.8	3.4	3.5	2.8
	文　教	4.5	3.5	3.1	2.2	2.9	4.4	3.6
	中小企業	8.1	12.7	12.6	15.4	15.6	18.7	18.0
	農林漁業	8.9	7.1	7.2	5.0	4.1	4.9	4.3
	国土保全・災害復旧	7.7	6.5	3.1	1.6	1.2	1.7	2.3
	道　路	3.7	3.6	7.9	8.6	8.0	5.7	8.8
	運輸通信	12.2	14.1	13.9	13.2	12.7	9.6	8.4
	地域開発	8.5	7.1	7.0	4.0	3.3	2.6	2.4
	産業・技術	15.8	13.6	7.8	5.7	3.0	3.0	2.9
	貿易・経済協力	7.0	7.9	7.5	10.6	7.7	5.6	5.4
	合　計	100.0	100.0	100.0	100.0	100.0	100.0	100.0

（注）フロー・ベース。「投融資先の内訳」は財政投融資計画上の投融資にかんするもので，資金運用事業を除く。原資の内訳（実績ベース）」の項目は，その前後で異なる。
（出所）財務総合政策研究所『財政金融統計月報』より筆者作成。

　旧制度の資金調達源としての資金運用部資金のシェアは，1955年度の51.3％と当初から高く，しかもそこから増加基調をたどった（表17-1）。75年度には86.4％に達し，その後は90年代まで8割前後の水準でおおむね横ばい傾向を示した。この間，簡保資金は一貫して約1割のシェアを維持する一方，産投資金や政府保証債のシェアは，資金運用部資金に押される形で当初より減少した。なお，資金運用部資金のなかで，貸付先から返済された資金が新たな融資に充てられるという回収金の位置づけが年々高まっていったことも注目される。

2.2　経済成長の下支えから生活分野の支援へ

　上記のような形で調達された資金は，政策目的に照らして重要と考えられる各

度の運営状況

1990	1995	2000		2005	2010	2013
34.6	48.2	43.7	当初計画（兆円）	17.2	18.4	18.4
35.8	42.2	34.9	実績（兆円）	14.7	13.9	14.9
3.6	−12.5	−19.9	当初計画比（伸び率，％）	−14.2	−24.0	−18.8
51.7	55.6	39.1	一般会計比（％）	17.2	14.6	14.9
7.9	8.4	6.8	対GDP比（％）	2.9	2.9	3.1
78.9	80.1	74.3	財政融資	71.5	77.1	68.2
12.2	31.0	−	財政融資資金	64.4	77.1	68.2
18.0	14.6	−	郵便貯金資金	2.7	−	−
48.7	34.5	74.3	簡易生命保険資金	4.4	−	−
16.0	13.7	15.3	産業投資	0.6	0.7	1.0
5.0	6.1	10.2	政府保証	27.9	22.1	30.8
0.2	0.1	0.3				
100.0	100.0	100.0	合　計	100.0	100.0	100.0
30.3	35.3	34.1	住　宅	7.5	3.3	5.1
15.3	16.4	17.8	生活環境整備	23.0	17.0	15.3
3.1	4.0	4.2	厚生福祉	4.6	2.8	3.8
2.0	2.0	2.3	文　教	4.9	6.2	8.3
15.7	15.3	16.7	中小企業	22.1	30.9	22.8
3.1	3.0	2.4	農林漁業	3.0	2.2	2.2
1.2	1.3	1.9	国土保全・災害復旧	2.7	1.3	1.9
9.8	7.7	9.3	道　路	18.5	13.2	16.0
8.3	4.6	1.8	運輸通信	2.4	2.4	2.8
2.5	2.6	2.9	地域開発	3.3	2.4	2.0
2.9	3.1	1.8	産業・技術	1.5	10.4	10.9
5.8	4.7	4.9	貿易・経済協力	6.4	7.9	8.9
100.0	100.0	100.0	合　計	100.0	100.0	100.0

「その他」には産投資金などが含まれる。2001年度の財政投融資制度改革に伴い，「投融資

種方面への投融資に充てられる。財政投融資制度からの直接的な投融資先は財投対象機関と呼ばれ，政府（国債）や特別会計，公団や政策金融機関といった特殊法人（現在は独立行政法人など），あるいは地方自治体（地方債）など，いわば広い意味での公的組織に法令上限られてきた（図17-1）。この点は，旧制度以来今日まで変わりない。直近（2014年度）の実績をみると，同制度を通じた借入額が最大なのは地方自治体（3.3兆円），第2位は日本政策金融公庫（3.2兆円），第3位は日本高速道路保有・債務返済機構（1.9兆円）である。公的金融の場を通じた民間企業や家計向けの貸出・投資は，財政投融資制度から資金を借り入れた政策金融機関を通じて行われている。

　旧制度下における投融資先の推移をみると，1950年代前半頃は第二次世界大

戦での敗戦からの復興に向けて社会資本整備が積極的に進められたことを反映し，国土・災害復旧のシェアが最も高かった。しかし，高度経済成長期に入ると，国内の限られた資本を成長産業に振り向け，あわせて産業関連の社会資本整備を進める政策方針もあり，運輸通信（高速道路・新幹線・空港の整備など）や産業・技術（電源開発，基幹産業の育成など）が，主要な投融資先となった（表17–1）。

1970年代に安定成長期に入った頃より，住宅（公営住宅の建設や長期・低利の住宅ローンの提供など）や生活環境整備（都市の再開発など）といった国民の生活により密接にかかわる分野にシフトする傾向がしだいに鮮明となった。また，石油危機の影響を受けた景気後退への対策や，自民党政権の地方対策などを反映し，中小企業分野のシェアも堅調な伸びをみせた。これら3分野のシェアは，75年度にそれぞれ21.4%，16.7%，15.6%となって合計で過半に達すると，80年代にはさらに上昇し，90年度には合計で6割を超えた。

また，この時期には，一般会計で行われている事業を特別会計や特殊法人などに移し，これに財政投融資制度から資金を融通することで，政府（一般会計）の当面の負担を抑えながら公共支出を拡大するという施策が積極的にとられた。これにより，財政投融資制度を通じた投融資の規模は拡大基調を維持した。

1990年代には，とくに住宅分野のシェアが他に比してさらなる大幅な伸びを示した。95年度のシェアは35.3%と，10年前からほぼ10%ポイントの上昇となった。これは，バブル経済の崩壊を受けて公的金融を景気対策に動員する動きが強まり，住宅がその主要分野となったことによるものである。

2.3 財政投融資計画と計画外での国債引受け

なお，上記の概観が財政投融資計画をベースとしている点には留意を要する。

財政投融資計画とは，国会の予算審議に際して添付資料として作成されている資料である。公的金融の場における政府の金融仲介機関としての活動は，財政活動の一環として行われている以上，本来は予算段階で包括的に国会の審議・議決を受けるべき，とも考えられる。ただし，財政投融資制度にかんしては資金調達の原資ごと，あるいは財投対象機関ごとに行われており，同制度自体が包括的に予算審議・議決の対象となることはない。とはいえ，予算審議においては財政投融資制度の全体的な運営状況を把握することも必要との考えから，政府は同制度にかかわる情報を集計した資料を財政投融資計画としてまとめている。

こうした性格ゆえ，財政投融資計画は制度の概要をとらえるうえで有益な資料

といえる。しかし，その対象は，中長期的な観点からの投融資という制度の本旨を踏まえて，運用期間が5年以上のものに限られている。このため，短期の資金繰りを目的とした資金運用や，財政力の弱い地方自治体への補助金である地方交付税を管理する特別会計への融資などは，この計画には含まれていない。

さらに，財政投融資制度を通じた国債引受けも対象外とされている。政府は，自らの財政運営において資金の借入れが必要となれば，民間金融の場で国債を発行すればよい。それゆえ，これとは別に財政投融資制度を通じて政府が調達した資金は，政府本体（一般会計）以外で行われている公共性の高い事業への投融資に充てられることが基本となる。ただし，旧制度においては，郵便貯金などを通じて必要以上に多額の資金が集まった場合や，国債市場で需給環境の悪化が懸念される場合に，財政投融資制度が国債を引き受けることもあった。その規模は決して小さくなく，1980年代半ばには毎年度の引受額（フロー・ベース）が3年連続で6兆円を超えた。これは，同時期の財政投融資計画上の投融資額，および国債発行額のそれぞれ約3割に相当する。その後，引受額はやや減少したものの，90年代に入ると国債の発行増に歩調をあわせるように再び増加傾向を示し，98年度には過去最高の15.2兆円となった。

3　2000年代の改革による位置づけの低下

3.1　金融自由化と公的金融に対する批判の高まり

財政投融資制度は，戦後長らくこうした制度的枠組みを変えてこなかったが，1990年代後半頃より抜本的な改革に向けた動きが本格化した。

背景には，日本の金融市場をめぐる大きな変化があげられる。すなわち，経済の成熟化によって資本蓄積が進み，高度経済成長期にみられた資本不足状況はしだいに解消に向かった。また，1980年代頃より**金融市場の自由化・グローバル化**の進展を受けて，民間金融の規模は拡大し，機能の拡充も進んだ。これにより，金融市場における公的金融の必要性は相対的に弱まっていった。たしかに，90年代に入ってバブル経済が崩壊すると，不良債権問題などに苦しむ民間金融が機能不全に陥り，また公的金融を通じた景気対策が必要との認識も高まり，公的金融の規模は急拡大した。財政投融資計画ベースでも，投融資額は90年代に40兆円台をゆうに超え（表17-1），98年度には54.3兆円と過去最大となった。とはいえ，金融市場の自由化・グローバル化という世界的な潮流は基調として続き，

これを踏まえた制度改革が必要との議論は高まりをみせた。

こうした動きを下支えしたのが，財政投融資制度を中核とする公的金融の存在によって政府の非効率性が温存され，また民間金融機関の事業が不当に圧迫されているという公的金融批判であった。つまり，①旧制度の主要な資金原資であった郵便貯金は，郵政が官営であるがゆえに民間では提供できない魅力的な商品性を備え，民間銀行から預金シェアを侵食している。②郵便貯金などを通じて大量に集まった資金が，財政投融資制度を介して比較的低コストで財投対象機関にそのまま提供されることで，特別会計や特殊法人などで非効率的な事業の継続・拡大が容易となっている。③財投対象機関である政策金融機関は，財政投融資制度から低コストで借り入れた資金を原資に事業範囲を広げ，民間金融機関の投融資先を奪っている。このような主張が民間金融機関や，政府の非効率性を重視して「小さな政府」をめざす論者などからなされた。

上記の論点については，①金利自由化にともなって，郵便貯金の主力商品である定額貯金の金利は市場金利に連動するようになり，とくに高金利時にみられた民間銀行から郵便貯金に貯蓄先を移すという郵貯シフトは生じにくくなった。②財政投融資制度の運営においては，まずは政策的な判断から財投対象機関の事業規模やこれに応じた同制度からの借入額が決定され，これに合わせて資金運用部資金などが充当されるわけで，後者が前者の規模を決めるという「先に原資ありき」ではない。また，財政投融資制度で集まった資金は国債の引受けなどにも相当程度充てられており，全額が財投対象機関に振り向けられるわけではない。③政策金融機関は，民間の金融機関では難しい年限の長い融資や，不確実性の高い分野への投資を事業の中心としており，民間金融機関とは基本的に事業範囲がすみ分けられている。このような指摘も一部でなされたものの，当時の政治環境下では主流とならなかった。

3.2 2001年度の財政投融資制度改革

金融市場の自由化・グローバル化の流れ，またこれと歩調を合わせた公的金融批判の高まりを背景に，1990年代後半の橋本政権下では「フリー，フェア，グローバル」という三大原則に基づく「日本版金融ビッグバン」が推し進められた。このなかで，財政投融資制度については「抜本的に改革する。郵便貯金等の資金運用部への預託を廃止するとともに，既往の貸付けの資金繰りに配慮しつつ，資金調達は市場原理にのっとったものとし，新たな機能にふさわしい仕組みを構築

する」(行政改革会議最終報告) との方針が示された。

その後，これに沿った形で詳細がつめられ，2001年度に改革が実施された。その内容は，財政融資制度，ひいては公的金融の縮減と，財投対象機関である特殊法人などの運営への市場規律の導入を企図したものであった。

まず，旧制度において主要な資金原資であった郵便貯金や公的年金，および財投協力していた簡易保険が，財政投融資制度から切り離された。これらの資金は，すでに1987年度より，その一部が財投対象機関への融資ではなく，株式や債券の運用に充てられていたが (資金運用事業)，2001年度の改革によって本格的に自主運用されることとなったのである。その後，郵便貯金や簡易保険の提供を含む郵政事業は，03年に公社化，そして07年には民営化された。一方の公的年金については，06年度に創設された年金積立金管理運用独立行政法人 (GPIF) において運用されるようになった。GPIFは，100兆円超と世界最大規模の金融資産を運用する機関投資家として，その投資行動が市場関係者からの注目を集めている。

これによって，資金運用部資金は廃止された。そして，郵便貯金などに代わって新たな財政投融資制度の主たる資金調達手段となったのが，国債の一種である財投債の発行である (財政融資資金)。財投債は，財政融資資金特別会計 (2008年度より財政投融資特別会計へ) を通じて発行される点や，特殊法人などからの返済資金が一義的な元利償還の財源とされている点で，通常の国債 (普通国債) と異なる。とはいえ，最終的には政府が元利償還に責任を有しており，金融市場でも通常の国債とまったく同じ商品性をもつものとして，とくに区別されていない。

なお，改革後の財政投融資制度の運営においては，国債の引受けが停止された。なぜなら，財投債という国債を発行して調達した資金を国債の購入に充てることは，経済的に無意味だからである。

2001年度の改革ではさらに，財投対象機関である特殊法人などに，金融市場に自らアクセスし，個々に債券を発行して資金を調達することが認められた (**財投機関債**)。そして，改革後は財投機関債の起債を通じた資金調達を基本とし，財政融資資金からの借入れはこれを補完する資金源として位置づけられた。いいかえれば，財投対象機関である特殊法人などの資金調達の場を，財政投融資制度という公的金融から民間金融に移そうと図られたわけである。財投機関債には，明示的な政府保証が付されない。これにより，財投機関債の発行金利に各機関の財務状態の健全性が反映されるようになれば，特殊法人などの運営が市場からの評

価を意識して効率化され、ひいては非効率的な事業、ないし特殊法人そのものの淘汰につながるものと期待されたのである。いわゆる**市場による規律**論である。

このほか、旧制度においても資金原資の一角を担っていた政府保証債や産投資金は、改革後も引き続き財政投融資制度における資金調達手段とされた。

3.3 財投機関債を通じた「市場による規律」の限界

2000年代に入って、財政投融資制度の規模は大幅に縮小した。財政投融資計画を手がかりとすると、毎年度の投融資額は00年度の34.9兆円から07年度には11.9兆円に、残高（ストック・ベース）も同時期に417.8兆円から245.1兆円に減少した。しかし、これは制度改革が当初の企図どおりの結果を生み出したことによるものとは、必ずしも断じえない。

このことは、財政投融資制度の資金原資の動向からも窺える。2001年度以降の推移をみると、郵便貯金や公的年金の位置づけはしだいに低下していった。ただし、両者は、改革前に満期7年で資金運用部に預けられた資金の返済が完了する07年度まで、財投債の引受けに協力した。また、こうした経過措置が終了した後の資金運用でも、財投債を含む国債投資が中心となっている。つまり、郵便貯金や公的年金は、形式上は財政投融資制度から切り離されたものの、実態としては国債の有力な保有主体として、今日なお財政投融資制度の重要な資金源となっているととらえることができる。

また、財投機関債・財投債の発行規模の推移も注目される。すなわち、財投機関債の発行額は、現在まで毎年度5兆円以下に留まる一方、財投債の発行額は2006年度まで20兆円を超え、その後も財投機関債を大きく上回っている。14年度末時点の発行残高も、財投機関債の26.0兆円に対し、財投債はその4倍近くに相当する98.9兆円である。財政投融資制度から財投対象機関への資金の貸付期間は、郵便貯金・公的年金の同制度への預託期間7年よりも通常は長いため、資金の借換えを目的とした財投債の発行が行われたことは確かである。しかし、この点を踏まえても、財投機関債の発行は改革時の期待に比して、少なくとも今日まではそう伸びていないといってよいだろう。

財投機関債の発行をめぐっては、制度改革前からその意義や効果を疑問視する声があった。それは、先にみた旧制度批判に対する反論（とくに②）のほか、①そもそも特殊法人などは、民間企業では適切に果たすことが困難な政策的役割を担っており、それが適切なものであれば、実施に必要な資金は財投機関債よりも

通常低コストで発行できる国債を通じて調達すべきである。②市場は，財投機関債を発行する特殊法人などの事業の収益性や安定性には関心があっても，その政策的な観点からの妥当性などは評価の対象としない。③財投機関債の利回りには，特殊法人などの運営が困難となった場合に政府が支援する可能性，いわゆる「暗黙の政府保証」の存在が反映される。そのため，財投機関債の利回りは事業の効率性の指標とはなりえず，まして財投機関債の発行によって非効率的な事業の淘汰が進むことなど期待できない。以上のような議論である。財投機関債の発行の伸び悩みは，制度改革時には重視されていなかったこうした指摘の妥当性を示唆するものととらえることも可能である。

3.4　特殊法人改革・政策金融機関改革

　財政投融資制度・公的金融の縮減を実際にもたらしたものは，財投機関債の発行を可能にした財政投融資制度改革というより，財投対象機関が行う事業の政策的観点からの再検討・見直しであった。これは，先にもふれた行政改革会議最終報告を受けた行政改革大綱（2000年）・特殊法人等改革基本法（01年）に基づく特殊法人改革のなかで進められた。

　改革では，163の特殊法人などが対象とされた。このうち，財投対象機関についてみると，たとえば，高速道路の整備に大きな役割を果たしてきた道路関係4公団は，2005年に民営化され，その資産・債務を日本高速道路保有・債務返済機構に移したうえで，高速道路の建設・管理・料金徴収を担う6つの高速道路会社が新設された。これにより，約40兆円の債務の借換などは，政府保証債の発行という形で引き続き財政投融資制度を通じて行われるものの，新会社6社への財政融資資金からの資金の貸出しは行われないこととなった。

　また，とりわけ公的金融の縮減に直結する効果をもったのは，政策金融機関の改革であった。なかでも，旧制度において長らく財政投融資制度からの借入額が最大であった住宅金融公庫（以下，「住宅公庫」）は，いち早く改革された。住宅公庫は1950年の創設以来，中・低所得者の住宅購入を後押しするべく，政府（一般会計）から補助金を受けながら，比較的低利で長期・固定の住宅ローンを提供してきた。しかし，住宅公庫の利用がしだいに中・低所得者層に限られなくなったことや，90年代の事業の拡大などによって貸出債権が不良化したこと，住宅公庫への補助金額が毎年数千億円規模と多額にのぼったこと，さらには民間金融機関が住宅ローン市場への進出意欲を強めたことなどから，住宅公庫に対する批

判が高まった。これに応えて、2001年の特殊法人等整理合理化計画には早くも、住宅公庫の融資業務の段階的な縮小と5年以内の廃止が盛り込まれた。ただし、住宅ローン市場を完全に民間へ委ねるわけではなく、民間銀行が実行した住宅ローンを買い取って証券化商品（Mortgage-backed Securities: MBS）を組成するという証券化支援業務を主たる役割とする新たな機関が、住宅公庫に代わって創設されることとされた。07年に誕生した住宅金融支援機構がそれである。こうした改革の結果、財政投融資制度の投融資先の内訳における住宅分野のシェアは、00年代に急減した（表17−1）。

　その他の政策金融機関では、国民生活金融公庫、農林漁業金融公庫、中小企業金融公庫、沖縄振興開発金融公庫、国際協力銀行、日本政策投資銀行、商工組合中央金庫、公営企業金融公庫の8機関が改革の対象とされた。これら8機関については、2002年に改革の基本方針が示され、合計での融資残高を将来的に対GDP比で半減させるべく、各機関の事業を見直し、「廃止、民営化を含めて、組織のあり方を検討し（中略）国として必要な政策金融機能を担う後継組織については大胆に統合集約化を進める」とされた。ただし、当面は「不良債権集中処理期間」として、政策金融機関を活用して民間金融の機能の回復を図ることとされ、改革の具体化は05年度以降に持ち越された。

　2005年に閣議決定された「行政改革の重要方針」により、政策金融機関の今後の機能は、①中小零細企業・個人の資金調達支援、②国策上重要な海外資源確保、国際競争力確保に不可欠な金融、③円借款の3つに絞ることとされた。そして、翌06年の行政改革推進法・「政策金融改革に係る制度設計」によって、日本政策投資銀行と商工組合中央金庫は、08年度に特殊会社へ転換し、その際に政府が100％保有することとなる株式もおおむね5〜7年後を目処にすべて売却し、将来的に完全民営化することが決まった。また、国民生活金融公庫、中小企業金融公庫、農林漁業金融公庫、沖縄振興開発金融公庫、国際協力銀行（国際金融等業務）は、一定の業務を廃止・限定したうえで08年度に1つの政策金融機関に統合することとなった（沖縄振興開発金融公庫のみ12年度以降の統合、国際協力銀行の海外経済協力業務は国際協力機構へ統合）。さらに、地方公営企業を主たる貸出先としてきた公営企業金融公庫は08年度に廃止し、地方自治体が共同出資する新たな組織に機能を移すこととされた。

　上記を内容とする政策金融改革関連法は2007年に成立し、翌08年10月に新体制へ移行した。国民生活金融公庫など4機関の業務を統合した新機関は日本政

策金融公庫として（沖縄振興開発金融公庫の統合は22年度以降に先送り，国際金融等業務は12年に分離して現在の国際協力銀行へ），公営企業金融公庫に代わる新機関は地方公営企業等金融機構として（翌09年に地方公共団体金融機構へ改組），それぞれ誕生した。

　こうした政策金融機関をはじめとする特殊法人などの廃止や民営化，独立行政法人化によって，財政投融資の対象となる機関・事業は大幅に減少した。改革の進捗状況は，「財政投融資改革の総点検について」（04年）と「財政投融資改革の総点検フォローアップ」（05年）でも検証された。

4　公的金融に対する新たな期待

4.1　金融危機下におけるセーフティネットとしての役割

　2000年代半ば頃まで大幅な縮減が進められた財政投融資制度であったが，近年では同制度，ないし公的金融が果たしうる役割に期待を寄せる議論があらためて高まりつつある。その契機となったのは，08年9月のリーマン・ショックに端を発するグローバル金融危機，そして11年の東日本大震災であった。

　とくにグローバル金融危機に際しては，その震源は国外であったものの，日本でも金融市場から資金が一気に引き上げられて市場機能が麻痺し，実体経済に深刻な影響が生じかねないとの懸念が浮上した。これを受けて，政府は日本銀行を通じた金融緩和政策とともに，公的金融を活用した対策も講じた。

　具体的には，日本政策金融公庫において，外的環境の悪化によって一時的に経営が厳しくなった中小企業などの資金繰りを支援するセーフティネット貸付が拡充され，2010年度までの2年半の間で累計10.8兆円の融資が行われた。また，危機対応円滑化業務制度も発動され，政府が指定する金融機関（指定金融機関）が企業向けに融資やコマーシャル・ペーパー（CP）の買取りといった形で柔軟に資金を提供するべく，日本政策金融公庫から指定金融機関に対して融資やリスクの一部補完，利子補給が行われた。指定金融機関には，制度創設時に期待されていた民間金融機関からの申請がなかったため，日本政策投資銀行と商工組合中央金庫の2社が指定された。財政投融資制度からは，日本政策金融公庫に対して必要な資金供給が行われた。

　東日本大震災の際にも，被災地の復旧・復興を金融面から支えるべく，日本政策金融公庫や，このときも指定金融機関となった日本政策投資銀行と商工組合中

央金庫といった政策金融機関が活用された。財政投融資制度からは，これらの機関への資金供給のほか，被災地域の地方自治体向けの融資などが実施された。

このように，金融市場が不安定化した，ないし不安定化が懸念された時期に日本政策投資銀行と商工組合中央金庫が政策的な役割を担ったこと，また民間金融機関が指定金融機関に名乗りを上げなかったことなどを踏まえ，2社のあり方が見直された。すなわち，政府は法改正を行い，2社に対して政府からの追加出資を可能にするとともに，保有株式の市場売却を数度にわたって先延ばしたのである。2016年3月現在も，株式売却は開始されていない。

4.2　成長戦略への活用

日本経済の成長戦略の実現に公的金融を活用しようとする動きもある。産業投資を通じた政府出資による官民ファンドの創設は，その典型といえる。

産業投資は，財政投融資制度のなかでは規模も小さく，これまで必ずしも高い関心を集めてはこなかった。しかし，「失われた20年」ともいわれる日本経済の長期にわたる低迷状況を打開しようと，最近では歴代政権がこぞって成長戦略を打ち出している。そのなかで，不確実性の高い新規事業や大規模・長期プロジェクトといった，民間だけでリスクを負担したり，民間企業が個別に実行することが容易でない分野に，政府が長期資金を投じ，将来性ある事業・産業の育成を金融面から支援するとの施策が盛り込まれるようになった。ただし，「官民」ファンドとあるように，そこでは政府出資を呼び水とした民間からの投資の呼び込みや，民間の専門的知見の活用が図られている。

官民ファンドの一例である産業革新機構は，2009年の創設後，たとえばソニー，東芝，日立の中小型ディスプレイ事業を統合したジャパンディスプレイや，日立，三菱，NECの半導体事業を統合したルネサスエレクトロニクスの設立に役割を果たした。また，13年には官民ファンドの創設が相次ぎ，産業投資の対象となったものに限っても農林漁業成長産業化支援機構，競争力強化ファンド，民間資金等活用事業推進機構，海外需要開拓支援機構と4つにのぼった。

2014年に財政制度等審議会財政投融資分科会から出された「財政投融資を巡る課題と今後の在り方について」でも，こうした形での公的金融の活用はおおむね支持されている。同報告書では，財政投融資制度（産業投資）が資金を投じるべき分野として，産業競争力強化，イノベーション創出，インフラ輸出，中堅中小企業の海外展開，インフラ投資，地域活性化，の6つをあげている。

5　公的金融と財政民主主義

　2000年代の一連の改革によって，財政投融資制度を中核とする公的金融はその様相を大きく変えた。その過程で明らかとなったことの1つに，公的金融，ひいては政府のあり方を決するうえでの財政民主主義の重要性があげられよう。

　金融の自由化・グローバル化は金融技術の革新を促し，民間金融が果たしうる役割は相当に大きくなった。とはいえ，金融市場には，資金の借り手と貸し手との間にある情報の非対称性や，金融取引にかかわる契約の不完備性などに由来する，いわゆる「市場の失敗」が存在することも確かである。この問題に対処する1つの政策手段として，公的金融はなお有効性をもつと考えられる。

　また，第9章などでもみたとおり，公共性の高い事業を実施する主体は政府（一般会計）だけに限られない。特別会計や地方自治体は無論のこと，独立行政法人，NPOやNGOといったように，その主体は近年ますます多様化してきている。そこで行われている事業に政策的な重要性が認められるならば，事業コスト（国民負担）を抑える措置が講じられるべきである。それゆえ，資金の借入れに際しては，収益性の低さやリスクの高さを理由に高い金利負担を強いられないよう，政府が金融仲介機関としての役割を果たして，低コストかつ安定的な資金調達を下支えすることは妥当といえよう。

　このような理由から，民間金融が発展した今日も，引き続き公的金融の必要性は認められうる。しかし，では実際に公的金融にどれだけの役割を与えるのかは，政治的な手続きを通じて判断されるべき問題となる。なぜなら，金融市場（民間金融）は，自らの失敗を認めてその対処を政府に自発的に要請することはしないからである。また，ある事業の政策的な重要性の有無・大きさを判断する能力を備えていないからである。このことは，2001年度の財政投融資制度改革における財投機関債の導入とその後の経過をみても明らかである。

　金融市場のあり方，そこでの民間金融と公的金融の役割の棲み分けを政治的に判断するうえで，情報の開示と適切なガバナンスは不可欠である。とくに情報開示の点では，2000年代の一連の改革を経て，政策コスト分析や，財投対象機関における民間企業と同様の基準での財務諸表の作成などが行われるようになった。とはいえ，これで十分かどうかは議論の余地があろう。とりわけ，近年注目されている産業投資にかんしては，投資の基本方針や，投資の実行に至る過程での具

体的な意思決定，投資の成果について，情報の開示や事後的な検証の不十分性を指摘する声もある。官民ファンドにかんしてはこれに加えて，省庁別に乱立の感もある点や，「官民」と称しつつ民間からの出資比率が相当に低い点などを踏まえ，制度の趣旨に沿った運営を担保するガバナンスがなされているのか，懸念する向きもある。さらに，12年の自由民主党の政権復帰以降，政策金融機関において「天下り」が再び相次いでいる点にも留意を要する。

　財政民主主義の観点から公的金融，財政投融資制度のより適切なあり方をめざして，今後とも不断の検討・議論，必要に応じた改革が求められよう。

■ 討論してみよう
　① 財政投融資制度は，政府（一般会計）の財政運営とどのように関係しているだろうか。地方自治体の財政運営との関係はどうか。
　② 20世紀後半の日本の経済成長に，公的金融・財政投融資制度はどのような形で貢献しただろうか。課題はなかっただろうか。
　③ 2000年代の一連の改革を経て，公的金融は望ましい形となっただろうか。また，公的金融には今後，どのような役割が期待されるだろうか。

■ 参考文献
〈基礎編〉
財務省理財局「財政投融資リポート」各年度版，財務省ウェブサイト
新藤宗幸［2006］『財政投融資』東京大学出版会
〈より進んだ学習をするために〉
岩本康志［2001］「財政投融資の改革」岩本康志・斎藤誠・前多康男・渡辺努『金融機能と規制の経済学』東洋経済新報社，第5章
宇沢弘文・武田晴人編［2009］『日本の政策金融Ⅰ・Ⅱ』東京大学出版会
翁百合［2010］「公的金融システムが抱える課題は何か」『金融危機とプルーデンス政策』日本経済新聞出版社，第Ⅲ部
富田俊基［1997］『財投解体論批判』東洋経済新報社
富田俊基［2008］『財投改革の虚と実』東洋経済新報社
三宅裕樹ウェブサイト（http://www.mcnnns77.net/ 財投機関債の発行体別推定利回りデータを提供）

第18章　国と地方の財政関係
地方財政の仕組みと課題

KEYWORDS

補完性原理　地方分権一括法　三位一体改革　地方債の交付税措置
地方財政計画　地方単独事業　補助金の一括交付金化　財政健全化法

1 政府間財政関係と分権化の潮流

1.1 政府間財政関係の理念

　国と地方の役割分担を説明する際，しばしば用いられるのが R. A. マスグレイブの政府機能論と W. E. オーツの中央・地方間の役割分担論である。マスグレイブの整理による政府部門の3つの機能にかんして，オーツは所得再分配機能や経済安定化機能は主として中央政府が，資源最適配分機能は主として地方政府が担うことが適当であるとした（分権化定理）。

　実際には，地方政府が所得再分配や経済安定化にかかわる施策を担うことはままある。たとえば所得再分配機能についていえば，地方団体が実施する低所得者に対する各種料金等の減免のように住民の負担能力への配慮を行うことはあるが，累進的所得税や年金等国民的レベルの所得再分配を担うのは国であるし，生活保護や児童手当は給付業務を現場で担うのは地方団体であるものの，その基準は国によって定められている。経済安定化機能についていえば，地方団体が景気対策に動員されることはあるものの，マクロレベルでの政策決定は国が行っている。

　他方，資源最適配分機能については，公共財に対するニーズの地域的相違を踏まえると，より分権的に実施されることが望ましいものの，中央政府や広域的政府によって供給されることが望ましい財もある。たとえば広域に便益が及ぶインフラ（河川，道路等）やサービス（高度医療，高等教育等），保険原理を働かせる必要がある事業等がそれである。とはいえ，住民生活に密接にかかわる事務事業に

かんしては，できる限り基礎自治体に委ねることが望ましい。

このような政府間行財政関係のあり方については，すでに1949年の「シャウプ勧告」および50年の「神戸勧告」において，次のような理念が示されていた。第1に国・都道府県・市町村という3段階の政府間の行政責任の負担区分を明確にし，重複を避けるという「行政責任明確化の原則」，第2にそれぞれの業務は最適規模の団体で執行されるべきという「能率の原則」，第3に事務配分の際に最も優先されるべきは市町村であり，次いで都道府県，国の順であるという「市町村優先の原則」である。これらの勧告は優れて現代的な観点をもっていたが，その当時には冷戦体制への突入にともなう占領政策の転換のなかで実現に至らなかった。

戦後福祉国家体制の転換や世界的な分権化の潮流の高まりのなかで，政府間行財政関係があらためて注目されるようになったのは1980年代である。国際化や国家を越える地域統合が進展するにつれ，国家の枠組みや中央政府の役割が相対化される状況が生まれた。たとえば中央政府による産業補助金が保護関税に準ずるものとして牽制されることや，一国の税制すらも他国との政策協調や租税の競合問題を抜きには決定できなくなってきていることなどがそれである。地域経済は国民経済の枠組みという保護を失い，国際競争の波に直接さらされることになるため，地方政府が各地域の自立的な社会経済政策に責任をもつことがいっそう重要になる。こうしたなかで，分権化への動きは，より小規模な地方政府への事務・権限の移譲に向かった。

1985年に制定されたヨーロッパ地方自治憲章では，「公共的な事務は一般に市民に最も身近な地方自治体が優先的に履行」し，広域的政府や中央政府はそれに対する補完的な役割を果たすべきという，いわゆる**補完性原理**が謳われたが，これは単なる理念にとどまらず，経済的要請ともなっているのである。

1.2 2000年代以降の政府間行財政関係

日本において分権化の本格的な進展がみられたのは1990年代である。93年の衆参両院「地方分権の推進に関する決議」を受け，95年には地方分権推進法が成立・施行され，そのもとで設置された地方分権推進委員会では国と地方の権限関係や調整ルール等に向けての検討が進められた。同委員会の数次にわたる勧告を経て，99年には**地方分権一括法**が成立した。同法は地方自治法の制定以来の大改正を含む475本の関連法の一括改正であるが，これによって国と地方団体の間

の役割分担・権限関係が明文化された。

改正後の地方自治法第1条の2第2項は次のように国と地方の事務配分関係を定めている。「（国においては）住民に身近な行政はできる限り地方公共団体にゆだねることを基本として，地方公共団体との間で適切に役割を分担するとともに，地方公共団体に関する制度の策定及び施策の実施に当たって，地方公共団体の自主性及び自立性が十分に発揮されるようにしなければならない」。この条文は，神戸勧告が実現しえなかった理念をあらためて地方自治法に盛り込んだものといえる。

その他の具体的な改正点としては，機関委任事務を廃止し，地方が行う事務を自治事務と法定受託事務とに区分し直したことや，これらの事務にかんする国の関与のあり方や係争処理手続が新設されたことなどがあげられる。地方財政にかかわる改正点としては，このような国の関与のルール化に従って，地方債の起債や法定外税の新設等が国の許可から協議へと移行したことがあげられる。

しかしこの改正では，地方への事務権限移譲にともなって保障されるべき財源問題がほとんど手付かずのまま残されていた。地方側は事務移譲に見あった財源の移譲を求めていたのだが，2004年度から07年度にかけて実施されたいわゆる**三位一体改革**はそれとは異なる性格のものだった。この改革の基本的理念を示した02年の地方分権改革推進会議「事務・事業のあり方に関する中間報告」は，「我が国が追求すべき行政上の目標は，ナショナル・ミニマムの達成からローカル・オプティマムの実現へと転換されるべき」との考え方を示した。この「ローカル・オプティマム」とは，「受益と負担の関係を明確化することによって，地域で住民が負担との関係で歳出水準について合理的な判断を行い，資源の適正配分が図られるシステム」を意味する。そしてこうした文脈から，「国庫補助負担金，交付税，税源移譲を含む税源配分の在り方を三位一体で検討すべき」という方針が打ち出された。つまりこの三位一体改革は，地方への事務移譲に見あった財源の再配分ではなく，国からの財政移転の削減によって地方団体が自らの責任で財源調達を行う範囲を拡大することが主たるねらいだったといえる。

2009年から12年までの短期間に終わった民主党政権下でも，この分権論の基本的な枠組みが大きく変えられたわけではなかった。ただしそこでの力点は，国庫支出金の包括化や義務づけ・枠づけの見直しによる地方団体の裁量拡大におかれた。しかしその後の政権再交代により，これらの改革成果のほとんどは実を結ばずに終わった。

図 18-1 国と地方の財政規模（対国内総支出）

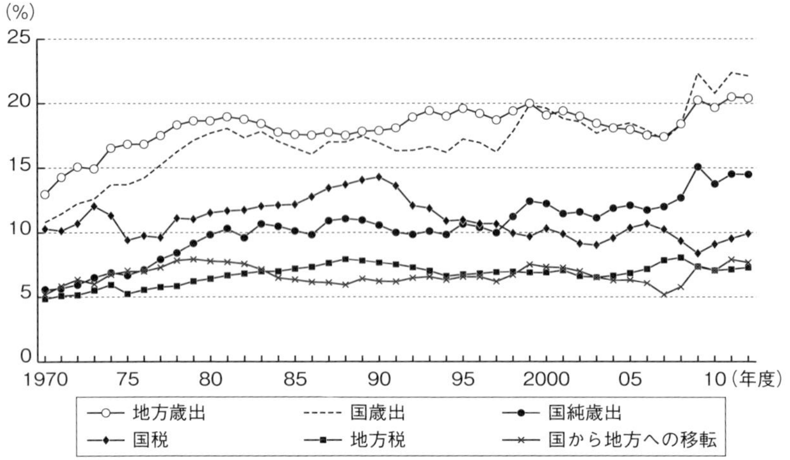

(出所) 総務省『地方財政統計年報』各年度版より作成。

凡例：
- ─○─ 地方歳出
- ------ 国歳出
- ─●─ 国純歳出
- ─◆─ 国税
- ─■─ 地方税
- ─×─ 国から地方への移転

1.3 国―地方関係の長期推移

図 18-1 は，国と地方の財政規模の長期的推移を示したものである。まず，国税と地方税の動向を比較してみよう。後述するように，国税は景気感応性の高い租税が多いことから変動幅が大きいのに対し，地方税は相対的に安定した税収を確保しており，若干の変動はあれ 1990 年以降はほぼ横ばい状態である。また，90 年代以降の国税は長期的に減少傾向を辿っていることが目につく。バブル崩壊後不況下での税収の落ち込みと減税政策の結果といえる。税源移譲（後述）が行われた 2007 年には地方税が増加し国税が減少する現象がみられるが，その後のリーマン・ショックからの回復期の国税の伸びは，地方税のそれを大きく上回っている。他方で，90 年代半ばを境に国税と国の純歳出額との逆転が生じており，国の財政状況が悪化している状況が窺える。

次に歳出面をみてみよう。1990 年代後半まで，地方の歳出額は国の歳出額を上回っていた。国の歳出には地方への財政移転が多く含まれており，これを差し引いた国の純歳出は地方歳出の半分程度で推移していたといえる。90 年代には地方の歳出規模の増加がみられるが，国の歳出は同時期にはむしろ減少した水準で推移しており，国から地方への財政移転も横ばいである。2000 年代以降にも大きな変化がみられる。地方の歳出が減少して国の歳出とほぼ同額となった一方，

国から地方への移転は07年の三位一体改革の終了まで減少を続けた。結果として国の純歳出額は横ばいであり，国と地方の純歳出額の差は縮小している。その後，リーマン・ショック対策のなかで国・地方双方とも歳出額を増加させたが，歳出総額でいえば08年以降は国の歳出が地方の歳出を大幅に上回るに至っている。

以上のように，国と地方の財政関係においてはいくつか注目すべき変化の時期がみられる。第1は90年代における地方歳出の増加，第2は2000年代における国からの財政移転の減少と地方歳出の減少，第3にリーマン・ショックおよびその後の政権交代，東日本大震災，政権再交代という大きな変動要素をはらんだ時期における歳出の全般的膨張，である。以下ではこうした変化の時期に着目しつつ，歳出・歳入の構造をみていきたい。

2 地方政府の歳出構造と分権化における地方政府の役割

2.1 地方歳出の全体像

地方財政においては，目的別と性質別といういわば縦軸・横軸の双方から歳出構造をみることができる。図18-2に示す目的別歳出は，いわば政策分野による分類であり，図18-3に示す性質別歳出は支出の経済的性格による分類である。以下，両者を関連させつつその変化をみていきたい。

まず，目的別歳出で現在最も大きな費目となっているのは民生費であり，なかでも2000年代以降急速に増加している。これは児童福祉・高齢者福祉等の社会保障分野の支出であり，保育・介護等の対人サービスや生活保護等の現金給付を担う経費であることから，性質別での扶助費の増加傾向と対応している。扶助費とは，現金やサービスの給付にかかる経費を意味している。また，2000年代当初まで目的別での最大の歳出項目であった土木費は，1990年代に大きな山を描いた後大幅な減少をみせている。土木費は道路や橋梁等のインフラ整備や国土保全を主な内容としており，したがって性質別分類でいう普通建設事業費との関連性が高い。この2つの分野については後にややくわしく論じる。

目的別歳出で次に大きいのは教育費である。小中学校の学校教育についていえば，市町村が学校整備費を，都道府県が教員人件費を負担するという分担関係があり，都道府県では相対的に人件費の比率が高い。市町村では学校教育以外にも，文化施設・スポーツ施設・公民館等の生涯学習施設の整備運営を担うため，普通

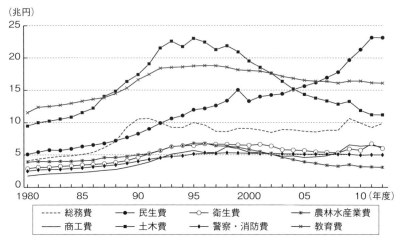

図18-2　目的別歳出主要項目の推移（地方純計）

(出所) 総務省『地方財政統計年報』各年度版より作成。

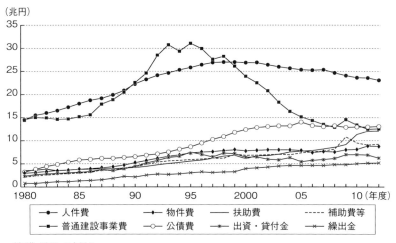

図18-3　性質別歳出主要項目の推移（地方純計）

(出所) 図18-2と同じ。

建設事業費や物件費（委託費を含む）の比率が高い。1990年代半ば以降に教育費が減少傾向にあるのは，少子化を背景に小中学校の統廃合が進められたことや，90年代に多かった社会教育施設の建設事業が収束したことが背景にある。

　また，農林水産業費や商工費，労働費（図では省略）は，都道府県や市町村が

その地域の産業振興や雇用創出を図る政策分野を意味している。商工費は通常，国が打ち出す制度融資やプログラムの斡旋や申請支援業務，観光施設整備運営等に用いられている。2009年度以降にみられるように，リーマン・ショック対策としての国の緊急経済対策に連動して増加するなど，国の経済政策との関連性が強い。農林水産業費は1990年代半ばに増加をみせており，これは農産物輸入自由化にともなう農業基盤整備が重点的に行われたためであるが，これらが収束した後は相対的に小さな費目に留まっている。労働費は失業対策事業の終焉にともなって現在ではほとんど限界的な費目となっている。地方団体の側では産業振興や雇用対策といった政策領域は国の仕事との考え方が根強いが，各地域の実情に即した自主的・戦略的な執行も望まれる。

次に前述の扶助費や普通建設事業費以外の性質別歳出に注目してみよう（前出図18-3）。まず，人件費が2000年頃をピークに削減されてきているということである。とくに07年度前後の団塊世代退職後の削減が著しく，地方団体の財政状況が厳しいなかで，職員削減がなされてきている状況が窺える。その一方で，物件費は横ばいないし微増傾向にあるが，ここには委託費や賃金（主に非正規職員への支払い）が含まれており，正規職員の削減をアウトソーシングによって補完している状況が表れている。また，繰出金の増加傾向もみられる。とくに00年の介護保険導入以降増加しているが，そのほかに国民健康保険，公立病院，下水道事業等の特別会計に対する繰出も無視できない額である。

2.2　社会保障分野における政府間財政関係

社会保障分野の業務においては，年金や雇用・労災保険等のように全国レベルの保険原理で賄われる分野は国がもっぱら担うが，福祉分野のインフラや対人サービス，現金給付の実務は基礎自治体によって担われるものがほとんどである。ただし，ナショナル・ミニマム保障の観点からこれらの業務には法律による義務付けや基準・標準が設けられているものが多く，地方財政における民生費は国の施策によって大きく影響を受けやすい分野である。

図18-2でみたように，近年，民生費は急増している。よりくわしくみると1999年まで急増，2000年にいったん減少した後再び増加をみせ，09年度から11年度にかけてさらに大きく増加している。この理由は何だろうか。

まず，1999年までの増加の主な要因は老人福祉費である。高齢化と核家族化にともなう介護ニーズの高まりを背景に，自治体直営ないし民間委託という形で

の介護サービス給付が増加を遂げていた。こうしたなか，2000年度には介護保険制度が導入され，介護サービスにかかわる財務は特別会計に移管された。それにともない民間事業者がサービスの利用者と直接契約によってサービスを提供する形が基本となり，地方団体は介護保険会計を通じて保険料の収受と介護報酬の支払いを管理する形での関与に重点を移していくことになった。地方財政にとっては直接のサービス給付にかかるコストは減少したことになるが，介護保険会計への法定の繰出および赤字補塡的な繰出は残ることになった。

　老人福祉費に代わり，2000年代以降の民生費の増加要因となったのは，児童福祉費である。少子化のもとで児童数は減少しているものの，低賃金構造による共働き選択の増加により，都市部を中心に保育所への入所ニーズが高まったのである。こうしたなか，04年には後述する三位一体改革のもとで公立保育所国庫負担金が廃止され，地方団体の一般財源による負担に転換された。厳しい財政事情のもとで地方団体は保育士の非正規雇用への切替えや保育所の民営化による経費削減策を講じたが，民間保育所の運営費に対する扶助費の増加圧力はなお高く，児童福祉費の増加状況が続いている。

　さらに2010年には民主党政権下で「子ども手当」が導入された。これは，従来の児童手当の所得制限を撤廃し，対象年齢や給付金額も大幅に拡張するものであり，後出の図18-4にみられるように国庫負担金が増加されたものの，その一部は地方負担となった。その後の再度の政権交代により児童手当という名称に戻り，所得制限が再導入され給付水準も若干引き下げられたが，児童福祉費はなお高水準で推移している。

　民生費にはこのほかに生活保護費や社会福祉費，災害救助費が含まれている。このうち生活保護費は格差と貧困の問題の深刻化のもとで増加傾向を示していたが，2008年秋のリーマン・ショック時の大量失業にともなう生活困窮者の増加を背景に急増した。その後，求職者支援制度や生活困窮者自立支援制度の導入がなされているが，これらは「第2のセーフティネット」といわれるように，本来，受給要件を満たしているような人々を生活保護以前の段階で自立させることをねらいとしており，生活保護費削減策の一環として位置づけられている。

2.3　公共事業の経費動向

　図18-3でみたように，1990年代の地方歳出では普通建設事業費の著しい拡大が生じていた。これにはどのような背景があったのだろうか。バブル崩壊後不

況への景気対策という背景のほかに，89〜90年に行われた日米構造協議のなかで，対米経常収支黒字を削減するために内需拡大策をとるべきとの圧力がかかったこと，94年のガット・ウルグアイ・ラウンドによる農産物輸入自由化推進のもとで，国内農業支援策を集中的に打ち出す必要に駆られたことなどの事情がある。しかしこの時期，図18-1にみられるように国税収入は減税政策も加わって激減しており，国が自ら公共事業増発に乗り出す財政的余力は乏しかった。このような状況下で地方財政は公共事業拡大策に動員されたのである。

すなわち，国が補助金を出して推進する補助事業ではなく，地方が自らの企画と財源調達で行う単独事業を推進したのである。その際，地方団体に対しては事業費に充当する地方債について起債充当率を引き上げ，地方債の後年度償還費分の一部に対応する交付税を増額するという措置（**地方債の交付税措置**）が講じられた。これによって地方団体は，事業費の大半を地方債で賄うことができ，その後年度償還費負担も交付税で軽減されるという財源調達の容易さから，普通建設事業の拡大に乗り出したのである。再び図18-1でこの時期に注目すると，地方歳出が1990年代に入って増加している一方で，国の歳出は横ばいないし減少傾向，国から地方への移転も横ばい状態であることがわかる。

さて，図18-2をみると，この普通建設事業費と同様の動きをしていたのは土木費であることがわかる。この多くを占めているのは道路整備費である。また，農林水産業費も90年代半ばを中心に増加している。前述のように，農産物輸入自由化への対策として農業・農村基盤整備がこの時期に集中的に行われたのである。この時期にはそのほかに文化・体育施設（教育費），観光施設（商工費），役所や多目的ホール（総務費），リサイクル施設（衛生費）等，いわゆる「ハコモノ」建設が多く行われた。

これら建設事業の財源として地方債が多く発行された（図18-4）。その償還費である公債費が1990年代後半から増加し（図18-3），2000年代以降もなお高水準で推移している。その一部は交付税措置されているとはいえ，地方財政の圧迫要因となっていることには違いない。

なお，2000年代以降には普通建設事業費は急速に収束に向かい，12年現在のそれは1980年より低い水準に留まっている。とはいえ今後は過去に建設された公共施設の老朽化が進み，その更新や維持補修にかかる経費が課題となると予想される。

3 歳入面における国・地方関係

3.1 歳入にみる国・地方関係の全体像

　国の予算策定に際して，地方財政関係にかかる当該年度の歳入・歳出の見込額を示すものが**地方財政計画**である。これは地方交付税法第7条に基づいて作成されるもので，国・地方双方の予算策定の基礎資料の1つとなる。国の一般会計において地方財政関係費として計上されるのは，主として交付税及び譲与税配布金特別会計（交付税特会）への繰出である。また，一般会計の他の費目，たとえば公共事業関係費，社会保障関係費，文教・科学振興費等においてそれぞれ計上される地方への補助金等をまとめたものが地方財政計画上の国庫支出金となる。さらに，地方財政計画上の地方債の額は，政府資金による地方債引受けの見込みを示す地方債計画とも連動する。

　他方で地方財政計画は，地方団体にとっては歳入として見込める地方交付税，国庫支出金，地方債を予算に計上するための資料となる。とはいえ，地方財政計画はあくまでも交付税の総額や配分のあり方にかんする方針を示すものであり，各地方団体における予算とは別ものである。各地方団体の予算は，地方財政計画に示された国からの移転財源や地方債を計上しつつ，これら以外の自主財源を見積もり，特定財源を交えて財源の配分方法を自ら決定するものである。

　図18-4は，地方歳入の主な項目を示している。これらのうち，地方税や使用料・手数料は地方団体が自ら課し，徴収するという意味で自主財源と呼ばれる。他方で国庫支出金や地方交付税は国から配分される財源という意味で，依存財源と呼ばれる。また，国庫支出金や地方債はそれぞれ使途が限定される特定財源であるのに対し，地方税や地方交付税は地方団体が自ら使途を決定する一般財源である。図に示すように，自主財源の中心をなす地方税は1990年代以降2005～07年前後を除きほぼ横ばい状態で推移している。これに対して依存財源である地方交付税や国庫支出金は，国の方針に左右されて大きく変動する傾向にある。これら依存財源は00年頃から07年にかけて削減されているが，この過程がいわゆる三位一体改革である。同改革は1.2項で述べた「ローカル・オプティマム」論に則して，国庫支出金や地方交付税に多くを依存する地方財政のあり方がモラルハザードを引き起こしているとし，これら国から地方への財政移転を削減し，それに代わって地方税の拡充を図ることをねらいとした。

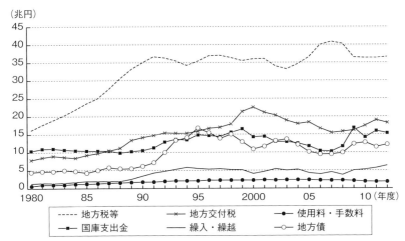

図 18-4 歳入主要項目の推移（地方純計）

(出所) 総務省『地方財政統計年報』各年度版より作成。

　改革自体は 2004 年から 07 年にかけて実施されたが，それ以前にすでに国庫支出金や地方交付税の削減は進められていたことがわかる。地方交付税削減は 02 年より着手されていたが，04 年度当初には 1.2 兆円もの削減が行われたため，地方団体側の反発を招いた。その後，国と地方の間で国庫支出金の削減と地方への税源移譲とを対照させる形での協議が進められていったのだが，最終的には 5 兆円の国庫支出金削減と 3 兆円の税源移譲という結果に終わった。それ以前になされていた地方交付税削減分はいわばカウント外であって，この改革は国・地方の財源配分上およそ中立的とはいいがたい結果に終わったのである。

3.2　国と地方の税源配分

　地方税にかんしては，これまで次のような租税原則がとられてきた。まず国税との共通原則としては，経済成長にともなって税収も増加していくという伸長性や，税源の地域的偏在性がないこと（普遍性），経済活動に対する中立性，簡素・明確性などがあげられる。

　他方，国税よりも地方税においてとくに重視されるべき原則として，税収の安定性がある。国税においては，ビルトイン・スタビライザーやフィスカル・ポリシーを通じた景気感応性が求められるのに対し，地方税としては住民生活にかかわる経常的な業務を安定的に実施していくうえで，むしろ安定的な税収の確保が

重視される。

　租税負担の公平性にかんしては，国と地方では考え方がやや異なる。国税においては所得の再分配が政府の重要な役割の1つをなすため，応能原則が重視されるのに対して，地方税においては応益原則が相対的に重視されるという点である。地方政府では，地域的な公共財の供給という業務が大きな比重を占めるため，公共財による受益に応じた負担が公平と考えられるためである。また，住民の側が負担に照らして公共財の質・量を選択するという考え方に則れば，受益と負担の間に対応関係があることが望ましいとも考えられる。ただし，受益の大きさを厳密に測定すること，また個々の公共財ごとに負担徴収を行うことは現実には不可能であり，税制における応益原則は，受益を擬制的に表す税目や課税標準が望ましいという限りに留まる。また地方税においては負担分任の原則も重視される。これは，住民が地方政府から受けるさまざまな利益を等しく負担しあうという考え方である。

　このような租税原則に則って，地方税には応益的，負担分任的かつ安定的な税源が主として配分されている。都道府県では都道府県民税，法人事業税，地方消費税が，市町村では市町村民税および固定資産税が主な税源となっている。都道府県民税・市町村民税（あわせて住民税という）のうち，個人住民税は個人所得税の課税標準を用いて再算定して翌年度に課税するもので，法人住民税は法人税そのものを課税標準としている。三位一体改革における税源移譲は，国の所得税と個人住民税の課税標準の類似性に着目し，住民税率を一律10%の比例税としたうえで，国税所得税の税率を引き下げ，改革前後で両者の表面税率の合計が変化しないようにしたものである。これによって2007年度には約3兆円が国税から地方税に移譲されたことになるが，図18-1および図18-4からわかるように税源移譲の効果は一時的なものに留まった。これは累進税率を維持した所得税と比例税の住民税とは増収効果に相違があるためである。

　また，近年地方税のうちで比重を高めているのが地方消費税（都道府県税）である。これは国税消費税と同時に課税・徴収され，地方税分は消費に関連する指標によって都道府県に配分される。景気による変動が少なく，また消費税率の引上げにともなって地方にさらに税収をもたらすことが期待されている。とはいえ，地方団体側にはこの税の税率や課税標準にかんする変更の余地はなく，徴収もすべて国に依存しているため，地方税というより譲与税に近い。

3.3 地方交付税の役割と機能

地方交付税は，税収の再配分を通じて地方団体間の税収の不均衡を緩和する財政調整機能と，各団体が行政水準のナショナル・ミニマムを維持するうえでの一般財源を保障する財源保障機能とを併せもつ仕組みである。2014年度現在の交付税率でいえば，所得税・酒税の32%，法人税の34%，消費税の29.5%，たばこ税の25%を主たる財源とし，これを各団体の財政力に応じて配分する。交付税総額のうち，6%は災害などの臨時的支出や特別の財政需要のための財源（特別交付税）として配分され，残りが上述の財政調整の意味で配分される普通交付税となる。

各地方団体への配分額は「基準財政需要額−基準財政収入額」で算出される。基準財政需要額とは，地方団体が合理的かつ妥当な水準の行政を行うための財政需要を，国の定める単位費用・測定単位等に基づいて算定するものである。また，基準財政収入額とは，法定普通税を標準税率で課税した場合の税収見込額等に基準税率75%をかけ，地方譲与税を加えたものをいう。残りの25%は留保財源と呼ばれ，基準財政需要に算入されるもの以外の財政需要に充当するために留保する，あるいは地方団体の徴税努力を促す意味で全額を算入しないものとされる。

こうして得た基準財政需要額と基準財政収入額の差額が交付額となるが，後者が前者を上回る場合には，財源超過団体と呼ばれ，地方交付税は交付されない。

地方交付税は一般財源ではあるものの，その算定過程を通じてしばしば財政誘導的な役割を果たすことがある。たとえば前述の1990年代における**地方単独事業推進策**の手段となったように，地方債の後年度償還費の一定部分を基準財政需要額に加えることもその1つである。同様の手法は市町村合併を促すために導入された合併特例債でも用いられている。また，2000年代前半の交付税削減は，基準財政需要額算定に用いる段階補正（小規模自治体における1人当たり行政コストの大きさへの配慮）の引下げによってなされた。これはもともと交付税への依存度が高かった小規模自治体の財政に大きなダメージを与え，市町村合併への決断を促す結果をもたらした。

交付税をめぐる近年の深刻な問題は，財源不足である。長期不況下での国税税収の落込みや減税政策の結果，交付税である国税5税の一定割合は基準財政需要額と基準財政収入額の差額分を交付するうえで大幅な不足を生じるようになった。交付税法はこうした場合に交付税率を引き上げる旨を定めているが，国の財政事情からそれは困難である。交付税特会の赤字は，当初は国の他会計からの借入金

で補填されていたが，2001年度からは交付されるべき額の一部を地方債（臨時財政対策債）に振り替える方法がとられるようになった。地方債には本来，このような赤字補填を目的とした起債は認められてこなかったため，特例として当初3年間に限り導入されたのであるが，その後常態化している。なお，この臨時財政対策債の後年度償還費は全額交付税措置されることとなっているが，これは交付税の財源問題の先送りでしかなく，将来的な交付税制度の持続可能性を脅かすものといえる。

3.4　国庫支出金とその包括化

国庫支出金は，①純然たる国の事務を自治体に委託した際の対価としての国庫委託金，②国と地方の双方にかかわる事務にかんして，法律に定める負担割合に従って国が支出する国庫負担金，③国の時々の政策に則して奨励的に支出される国庫補助金の3つに分類される。このうち③については，省庁の縦割補助金としての性格が強いとともに，執行に際して地方団体の裁量に欠け，不効率な執行を生みやすいことや，予算上の優先づけを歪めるという問題がしばしば指摘されてきた。また分権化が進む過程では，②にかんしても国からの財政移転を削減し，一般財源に転換していく動きも加わっている。ただし留意すべきは，「国庫補助負担金」という表現によって上記②③の区別を曖昧にすべきではないということである。

三位一体改革を通じて削減された国庫支出金の主なものとして，義務教育，国民健康保険や公立保育所運営費等に対する国庫負担金，公共事業にかんする国庫補助金等がある。前者は削減分を税源移譲予定額に積み上げるとともに交付税措置もとられた一方，後者は単純に廃止されるか，「まちづくり交付金」に包括化するという整理が行われたのである。前者については法改正をともなう国庫負担率の変更であり，そもそも義務的な事務であるために，地方団体にとっては恒久的な一般財源負担の増加を意味した。後者については1990年代に膨れ上がった公共事業の収束にともなう補助事業の整理という意味あいもあった。

個別的な国庫支出金を包括化する動きは，2009年の政権交代後に民主党政権が打ち出した「ひもつき**補助金の一括交付金化**」とのスローガンのもとで進められた。これは国庫支出金を分野ごとに包括化し，支出金相互の流用を可能にし，予算執行の弾力性を高める仕組みを意味した。社会資本整備総合交付金（国交省），農山漁村地域整備交付金（農水省），学校施設環境改善交付金（文科省），自然環境

整備交付金（環境省）等の例がある。これらの包括補助金は各省庁の枠を出るものではなかったが，11年には複数省庁にまたがっての補助金の包括化である「地域自主戦略交付金」が部分導入された。これは8省庁9事業の投資的補助金を一括化し，横断的な事業選択を可能にするとともに予算運用上の自主性を高める意味があった。しかしその後の再政権交代によって13年度には廃止され，各省庁単位の交付金に移行している。

　地域自主戦略交付金の廃止理由について，政府は「経済効果の検証が難しい」と説明した。地方の側からは，戦略交付金の使途にかんする計画を策定した際に，内閣府だけでなく結局は各省にも報告が必要だったという手続きの煩雑さが指摘された。国庫負担金のように国の負担責任を明確にすべきものについてはこうした包括化にそぐわないものも多く，包括交付金化の拡張に限界があったともいえる。とはいえ，個別省庁の枠を越えた補助金の包括化は，地方団体の政策的裁量を拡大する点で評価されるべき面もあった。

　なお，図18-4にみられるように，三位一体改革を通じて削減された国庫支出金は，2008年度以降再び増加に転じている。これは障害者自立支援給付費，リーマン・ショック時の不況対策としての定額交付金，子ども手当・児童手当，公立高校授業料無償化，東日本大震災被災地への復興交付金等の要因によるものである。国庫支出金はつまるところ，その時々の国の政策に地方を動員する手段となってきているのである。

4　財政の健全化をめぐる政府間財政関係

4.1　地方財政の地方債依存構造

　第16章でも述べたように，地方債は国債と同様の公信用による財源調達であり，起債，消化・引受け，償還というサイクルをもつ。国債は財政法第4条，地方債は地方財政法第5条によって，財源調達は基本的に公債以外の手段によるべきとしつつ，但し書きで建設事業や出資金，貸付金の財源としての起債が認められている。いずれにせよ，本則では赤字公債の発行は認められていないが，特例法によって赤字公債が発行されていることも両者に共通している。

　ただし地方債の起債においては，国との協議ないし許可が必要である。2000年施行の地方分権一括法以前の地方自治法では，起債はすべて国の許可制のもとにおかれていたが，06年度以降は原則として協議制となった。国との協議で同

意が得られない場合にも起債はできるが、その場合には国の資金を利用できず、交付税措置を受けることもできない。また、地方団体の財政状態によってはなお許可が必要な場合がある。次項で述べる実質赤字比率や実質公債費比率が基準を上回った場合や、法定普通税の税率が標準税率未満である場合がそれである。

このように国によるコントロールが働いているため、地方においては国のような常軌を逸した公債依存に陥ることはほとんどないといえる。むしろ逆に、国の起債奨励ともいえる施策によって地方債への依存状態がつくりだされる傾向にある。

図18-4に示したように、1990年代に地方債が大きく増加したのは、国による公共事業（地方単独事業）推進策のもとで、起債充当率の緩和と交付税措置とが行われたためである。しかし2000年代に地方単独事業が収束に向かった後も地方債はなお高い水準で推移している。これは第1に、交付税財源の不足を補う手段として01年度から導入された臨時財政対策債が増加しているためであり、近年では起債額の半分近くを占めている。国税収入が好転した05年度から08年度にかけてはいったん減少したものの、交付税特会はその後再び臨時財政対策債依存に陥っている。第2に、05年に失効した合併特例法（旧法）のもとで合併推進策として導入された合併特例債である。起債充当率95％、後年度交付税措置率70％という破格の条件で、合併後10年間にわたり認められた。第3に、過疎地域においては合併特例債よりさらに好条件（起債充当率100％）の過疎対策事業債が多く起債される。本来は過疎地域のインフラ整備や施設建設に充当されるものであったが、2010年の改正によりソフト事業にも充当可能となった。

このような国による起債奨励の結果、現在なお地方債依存度は高水準で推移しており、その結果地方債の後年度償還費である公債費は2000年代以降高水準のまま横ばい状態にある。公債費は、交付税措置によって地方団体の実質的な負担は軽減されるとはいえ、これが回りまわって交付税特会の収支を悪化させ、臨時財政対策債へのさらなる依存をもたらすという悪循環となっていることに留意すべきである。

4.2　財政健全化法がもたらしたもの

2006年に報じられた北海道夕張市の「財政破綻」問題は、地方財政が危機に陥る原因が、一般会計における地方債の累積だけではなく、特別会計や公社・第三セクター、事務組合等の他会計にもありうるということをあらためて知らしめ

るものであった。夕張市の場合は，一般会計上は実質収支が黒字であり，地方債残高も問題となる規模ではなかったが，第三セクターおよびそれに関連する観光事業会計に巨額の累積赤字が生じていたのである。

この問題を受けて，国は旧財政再建法に代わる新たな財政統制手段として**財政健全化法**の整備を急ぎ，同法は2009年4月に施行された。同法によって5つの判断指標が新設され，これら指標への抵触いかんによって早期健全化団体・財政再生団体への指定が行われることとなった。5つの指標とは，①一般会計と一部の特別会計を対象とする実質赤字比率，②これに加えて公営企業や収益事業，保険会計等すべての特別会計を対象とする連結実質赤字比率，③さらに加えて一部事務組合・広域連合を含む実質公債費比率，④公社や第三セクターをも対象に加えた将来負担比率，⑤病院や下水道，観光等の公営企業それぞれについて算定される資金不足比率である。

これによって，たとえば一般会計の黒字を維持するために特別会計への繰出を控え，赤字を特別会計にしわ寄せするというような「赤字隠し」は不可能となった。同法施行と並行して，判断指標の算定根拠となる各特別会計や第三セクター等の財務状態の情報公開も進められた。

こうしたなかで明らかになったのは，観光事業，土地開発公社，下水道事業，公立病院等において赤字会計が多いということであった。健全化法の施行にともない資金不足が公表されたこれらの事業では，事業の廃止を含めた大幅な再編が進められた。なかでも住民生活に深刻な影響を及ぼしたのは公立病院の問題である。そもそも採算を確保することが困難な地域や診療部門（救急，周産期・小児医療等）で医療を提供してきた公立病院であるが，財政健全化を至上命題に，多くの公立病院で病床や診療科の削減，統廃合，民営化等の再編が行われることとなった。

なお，財政健全化法の施行とともに，各地方団体の財政にかんするデータがインターネット上で広く公開されるようになった。一般会計等のデータだけでなく，病院・下水道・公営交通等の公企業会計の個別の財務データ，自治体の出資分にかかわる限りで公社や第三セクターの財務データも公開されている。また，夕張市の問題以降，住民が自らの自治体の財政分析を行う活動も広がっている。自治体の財政の健全性を監視し，予算配分の優先順位を議論するというのは本来は議会の役割であるが，住民がこうした学習活動に関心をもつことによって議会や行政当局に緊張感をもたらし，予算統制を実質化させていくことの意義は大きい。

■ 討論してみよう
① 地方に委ねるべき事務と国が担うべき事務の具体例をあげ、その理由を議論してみよう。
② いわゆる「ローカル・オプティマム」論は日本の地方財政制度に適合するか否か、適合する場合はその限界いかんについて討論してみよう。
③ 国税と地方税の相違を整理し、地方税にふさわしい税源とは何かを考えてみよう。

■ 参考文献
〈基礎編〉
石原信雄・嶋津昭監修［2011］『六訂 地方財政小辞典』ぎょうせい
大和田一紘編［2009］『市民が財政白書をつくったら…』自治体研究社
重森曉・植田和弘編［2013］『Basic 地方財政論』有斐閣
総務省編『地方財政白書』各年度版
平岡和久・自治体問題研究所編［2014］『新しい時代の地方自治像と財政——内発的発展の地方財政論』自治体研究社
〈より進んだ学習をするために〉
川瀬憲子［2011］『「分権改革」と地方財政——住民自治と福祉社会の展望』自治体研究社
武田公子［2011］『地域戦略と自治体行財政』世界思想社
Musgrave R. A.［1959］*The Theory of Public Finance: A Study in Public Economy*, McGraw-Hill.
Oates W. E.［1972］*Fiscal Federalism*, Harcourt Brace Jovanovich.

第19章　都市財政
都市化，都市問題と行財政の自治

KEYWORDS

都市化　都市問題　都市政策　大都市圏　自治行政区域　市町村合併　都市財源　都市税制

はじめに

　都市とその財政を議論することと，国土や社会のあり方を論ずることとは大いにかかわりがある。都市化が進んだ現代においては，都市のあり方が一国の盛衰を左右するといっても過言ではない。さらに今日では，都市のあり方は地球環境の行く末やその持続性を問うものでもある。現代財政において都市財政の重要性は増している。経済の発展にともなって都市化が進み，都市で市民の生活困難が生じるためである。

　都市財政は全国的な地方財政制度のもとにおかれている。それゆえ，国と地方の財政関係の枠組みを理解することが，都市財政の理解にとっては前提となる。本章では，現代の都市の財政に固有の問題や課題を取り上げる。都市財政という名のもとに扱われる財政現象を取り上げていく。すなわち地方財政一般とは異なる都市財政の独自性に焦点を当てる。独自性が最も明瞭にあらわされるのは大都市においてである。以下では主に大都市を念頭に次の順序で述べていく。

　まず，都市財政を理解するうえでのもう1つの前提，都市化によって生じる都市問題について説明する。都市化にともなって大都市圏が形作られるなかで財政現象があらわれてくる。次に，戦後の日本の都市財政の推移を取り上げ，都市問題を解決する財政のあり方について示唆を得る。そして，都市化や分権化の動きのなかで近年もたらされている問題状況と課題とを述べていく。

1 都市と都市問題

1.1 都市と自治体

そもそも都市財政の対象となる都市とはどのようなものか。都市の定義はさまざまあるが，都市は非農業的人口の集団定住地を意味する。一般に，人口の集中・集積によって認識される都市化によって生じた限定的な空間である。**都市化**とは，より正確を期すならば，政治と経済の側面で①社会的分業，②市場，③交通，④都市的生活様式，⑤社会的権力という5つの特徴を強めることを意味する（宮本［1999］）。なお，この都市化現象には人口動態に基づいて，郊外化，反都市化，逆都市化といった概念整理が存在している。

都市という限定された空間では，市民の生活は個人だけで成り立たず，市民の共同によって成り立っている。たとえば，し尿や廃棄物の処理が個人では難しいことは容易に想像がつく。こうした共同業務は，社会的な権力を通じた公共サービスという形で提供される。そのことによって，共同社会が存続している。具体的には，社会的契約に基づく自治体が行政機関として活動を担い，その行政を遂行するための財源調達権限として課税権をもっている。このように都市は共同社会であり，自治体が市民の共同生活の条件を整備しているのである。ただし，空間上限定された区域は，単に公共サービスの提供が及ぶ範囲（行政区域）を意味するだけではなく，市民による直接間接の意思決定が及ぶ範囲（自治区域）であることに注意する必要がある。市民の共同意識（いいかえれば都市の共同性）に基づいて公共サービスが提供されているのである。

とはいえ，日本の都市は市街地が連続していることが多く，どこからどこまでが1つの都市かは一見しただけではわかりにくい。同時に，どこからどこまでが1つの自治行政区域であるのかはわかりにくい。都市という限定された空間の境界をどのように定めるか，という問いが湧き上がる。

それでは，日本では法制度的にみてどのような規定が都市について与えられているだろうか。地方自治法に4つある市の要件を都市の要件とみなしてきたといってよいだろう。すなわち，①人口5万人以上であること，②中心市街地の区域内の戸数が全戸数の6割以上であること，③商工業その他の都市的業態への従事者とその世帯の人口が全人口の6割以上であること，④都道府県の条例で定める都市的施設その他の都市としての要件をそなえていること，である。

住民に最も身近な自治体である基礎自治体は，住民に身近な行政を担う。日本はこれを法的に統一せず，基礎的な自治体として要件に応じて市・町・村に区別している。町は各都道府県の条例で定めている町としての要件（たとえば人口数など）をそなえていなければならない。とはいえ，町と村とにはあまり差がないといえる。市町村は基層に位置する自治体であり，その上層には広域の自治体が存在している。すなわち都道府県である。このようななか，都市自治体という場合，東京の23区（特別区）を除けば，市を指すことが多い。人口が大規模，中規模な市に対しては特例（政令指定都市，中核市など）が設けられており，そこでは市を上回る幅広い事務が行われている。

1.2 都市問題

都市ではさまざまな問題が発生するが，それらすべてを**都市問題**と呼ぶわけではない。企業は生産・流通といった産業活動の基盤整備を都市自治体に求める。経済のグローバル化が進み，産業の空洞化が進むもとでは，都市で産業をどのように育成振興していくか，そのために基盤整備をどう進めるかは重要な経済課題である。しかし，これらは都市問題ではない。

現代になってからの都市問題は，生活の共同的条件の悪化や崩壊によって生じる市民の生活困難を指す。市民が職場の外すなわち地域という場で被る生活状態の悪化を意味する。所得の多寡のみでとらえることのできない貧困状態，いわば環境問題や生活の質の貧困を対象に含むものである。

こうした市民の生活困難は，①集積不利益，②都市的生活様式の破綻，という概念でまとめてとらえることができる。①は，都市で得ることができるはずの集積利益を受けることができないばかりでなく，不利益として損失や費用を被ることを意味する。具体的には，公害，交通マヒ，通勤輸送費などがある。②は，衛生状態や経済状態の悪化などによって人口が流出し集住形態が維持できなくなった状態をあらわす。日常生活を営むうえで必要な公共サービスの提供が滞ったり，公共サービスの質が低下することによって生活困難をきたす。やがては生活が維持できなくなり，人口が流出（社会減）していく。共同社会が崩壊の危機に瀕することを意味し，それは都市が崩壊していくことを暗示する。こうした都市問題を解決するために**都市政策**が策定され実行される。都市財政はその都市政策の基礎となるものである。

都市化にともなって生じる行政需要は財政を通じて実現される。つまり，財政

を通じて市民の生活困難の解消が図られるのである。しかし，問題解決を図るはずの都市財政が破綻してしまうと，提供される公共サービスの低下が起こる。それを引き金に人口流出が起こり，やがては人が住まない廃屋と廃墟が広がるゴーストタウンと化してしまう。やや短絡的な図式ではあるが，都市で財政再建や再生が主張されるのは，都市問題の文脈に即せば，こうしたことへの危惧からともいえる。

2 都市化と財政現象

2.1 都市自治体と大都市圏

都市問題はこれまで主に大都市化によって引き起こされてきた。大都市化とは国土の経済力とくに人口の配置が特定の大都市に集中し，それに応じて地域が変化する状況をさす。つまり，国土において大都市に人口が集中・集積することを意味する。とともに，大都市の経済的機能が広域化し，郊外の人口が増えていることを意味する（宮本［1980］）。

大都市への人口の集中・集積にともなって，公共施設や都市行政に対する住民の需要が生じる。やがては大都市の周辺に人口があふれだし，行政需要が生じていく。つまり，現実には，都市問題は**大都市圏**の問題としてあらわれてきた。

都市財政は，1つの都市自治体の財政つまり1つの市制施行自治体の財政でとらえられることが多い。1つの市は隣接する他の市町村と**自治行政区域**によって区切られている。公権力をもち，区域内の住民に対して政治行政上の責任を果たさなければならない。公共サービスの提供責任は区域内の住民に対して果たされるのである。

しかし，大都市への人口と産業の集中・集積は，都市を広域化し中心都市と郊外（衛星都市，農村など）とからなる1つの大都市圏を形成する。そこでは，中心都市も郊外の衛星都市も生活の一部をうけもつ偏った空間となっている（地域的分業）。大都市化によって，経済社会の実態としてみれば1つの市を越えた複数の市および町村からなる圏域が存在しているのである。中心都市と郊外（なかでも衛星都市）の両者は互いに必要としている関係にあり，有機的とも呼びうる圏域を形成している。圏域としてみた一体性をつくりだしているのは，両者の相互依存関係といってよいだろう。

先にみたように，大都市圏のもとで行政は別個の自治体によって担われている。

地域的分業のために，主に就業者・通学者からなる昼間人口と常住地による人口すなわち夜間人口とに対応する公共サービスが，異なる自治体の間に分裂してしまう。

　昼間，郊外の衛星都市（居住地の自治体）から中心都市（就業地の自治体）に流入する人口は，中心都市が自区域内の住民に対して提供している公共サービスを利用して便益を得ることがある。しかし，この昼間流入人口は納税しているわけではなく，その公共サービスの財源を負担していない。このような形で中心都市が過重な負担を被っているという見方は，郊外による中心の搾取問題と呼ばれる。一方，郊外の衛星都市は通勤する昼間流出人口とその家族である住民を養っているにもかかわらず，彼らの就業先である企業が納める租税収入が自らのところへ入ってこないことに不満をもつ。

　大都市圏のもと，地方税負担と自治体による公共サービスの関係は大きくずれてしまい，負担のあり方，そして事務のあり方をめぐって対立が生じることになるのである。これは，地方財政制度が居住している住民登録先の人口すなわち夜間人口に基づいて設計されているために起こる。つまり，自治体によって提供されるさまざまな公共サービスから住民が受ける便益（受益）には，その財源を当の住民が負担することが想定されているのである。なお，ここで述べている受益と負担の一致とは個別の公共サービスについての一致を指しているのではない。念のため注意を促しておきたい。

　このようにみてくると，大都市圏の住民全体を視野に入れ，中心都市と郊外の双方を含んだ広域的な視点から公共サービスの提供とその財源について調整（コーディネーション）を図る必要がある。いいかえれば，行財政について互いの間の協調関係をいかに確立するかが問題となる。都市の広域化を前にして，1つの圏域において，いかに統合した財政運営を確保するかという課題に連なる問いである。

2.2　都市財政問題

　都市問題は以上のように経済社会的背景のもとで生じる。この都市問題の解決の難しさは財政に集約的にあらわされるといえる。都市問題を解決するため都市政策を通じて財政支出が行われるが，一般に都市問題の解決には巨額の費用が必要となる。都市自治体の財政力（とりわけ財源）が不足していれば，問題解決に至らないことが危惧されるばかりでなく，そもそも問題解決に取り組みえないこ

とさえ起こりうる。担当する行財政主体に権限と財政力が乏しければ，都市問題のさらなる悪化が引き起こされてしまう。このように都市問題が都市財政問題へと連なる基本構図は，都市化の動態のもとで生じる行政需要に財政収入（とりわけ租税収入）が応じることができないというものである。財政難が生じる構造が存在しているのである。

これに加え，財政難は都市自治体が行う開発政策や財政運営の失敗によってももたらされる。都市財源が租税収入や移転財源によって十分に確保できなければ，都市自治体は別の方法で財源調達を図ることになる。こうした点からも都市自治体は開発政策に取り組むことになる。しかし，都市自治体が取り組んだ開発政策は財政収入をもたらすよりも，財政を圧迫し財政難をもたらすケースが少なくない。こうした理由による都市財政の悪化も都市問題の解決をいっそう困難にしていく。

以上のような都市財政の枠組みを念頭におき，次に，第二次世界大戦後，日本経済が変化を遂げるなかで，都市問題と都市財政がどのように推移してきたか，具体的にみていくことにしよう。

3 日本の都市財政

3.1 戦後日本の都市財政の推移

戦後，とりわけ1950年代半ば以降，高度経済成長のもと，大都市化が進んでいったことによって日本の国土は変貌していった。東京（23区），大阪，名古屋の3大都市とその周辺に人口と産業の集中・集積が進み，大都市は広域化し大都市圏を形成していった。全国各地から大都市圏へと人口が大量に移動していくなか，3大都市の経済社会実態は，複数の自治体から成る大都市圏としてとらえるほうがよい状況を迎えるようになる。そして，圏域を構成する中心都市，郊外の衛星都市の各々で都市問題が発生していった（図19-1）。

大都市化によって生じた行政需要のため都市自治体は経費膨張を余儀なくされた。しかし，地方財政制度はこの状況に対応するものではなく，都市自治体は財政難に見舞われることになる。この状況は，中心都市で，そして衛星都市で，さらに広域自治体へと波及し，大都市圏の全域で生じることになった。その原因の1つは，都市の収入構造が急激な都市化や大都市圏の形成を想定していなかったことにある。なかでも税制のあり方が問題視された。シャウプ勧告によって形成

図 19-1　3大都市圏の転入超過数の推移

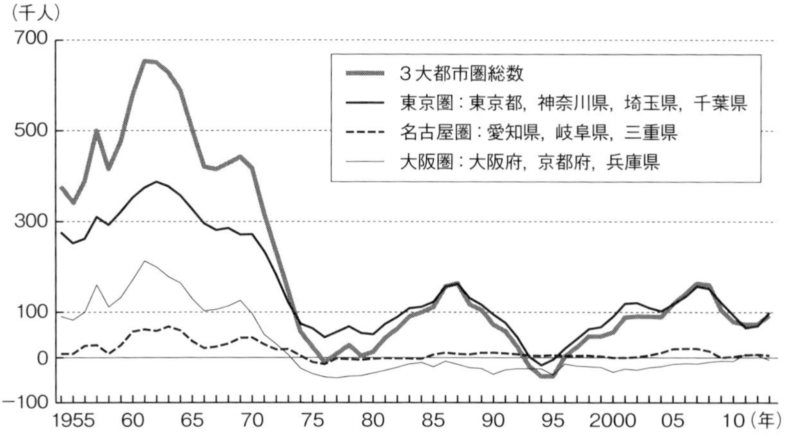

(注)　-の値は転出超過数。
(出所)　総務省統計局［2014］『住民基本台帳人口移動報告年報 平成25年』96～97頁より作成。

された固定資産税および住民税を中心とする租税収入では，大都市圏のもとで各々の自治体が都市政策を行うことに適合しなかったのである。また，国の公共投資政策によって都市財政が圧迫されたことも原因の1つである。公共投資が国庫補助事業を中心とする公共事業の形で展開され，都市の建設事業が国の下請事業と化した。都市財政は道路や港湾などの公共事業に動員され，市民生活に直結する生活環境整備を後回しにしたばかりでなく，産業活動にともなう環境悪化に加担する側に立たされる場合さえあった。

　1960年代後半になると大都市圏において革新自治体が成立し，都市税制の確立を求めて大都市税源拡充構想を提唱していった。法人2税の不均一課税などが実施され，超過課税などが全国の自治体に波及していった。これらの動きは財政改革運動としての意義をもっている。自治体が現行の地方税法を自主的に解釈し，自らとりうる方策として法人企業課税の強化などの措置を政策として打ち出し，その実現に成功したのである。この後，日本各地で革新自治体が多数成立し市民福祉の向上をめざしていくようになった。こうした動きのなかで都市財源強化が公的にも取り上げられるようになっていったが，国によって十分な対策がとられることはなかった。

　やがて高度経済成長が終わりを迎えると，地方財政も危機的状況を迎えていった。このとき，とりわけ大都市圏の自治体ほど財政難が深刻であったのは，当時

第19章　都市財政　319

表 19-1　関東, 札幌, 仙台, 広島, 熊本, 各（大）都市圏の人口, 面積, 市町村数の推移

(単位：人, km²)

			1980	1985	1990	1995	2000	2005	2010
関東大都市圏	人　口		28,644,523	30,394,532	32,647,473	33,637,175	34,607,069	35,682,460	36,923,193
	面　積		10,626	10,851	12,933	13,565	13,759	13,572	14,034
中心市	人　口		12,166,369	12,436,165	13,386,962	13,334,448	14,722,461	15,496,925	16,961,707
	面　積		1,155	1,165	1,467	1,471	1,642	1,691	2,020
	市町村数		3	3	4	4	7	5	6
周辺市町村	人　口		16,478,154	17,958,367	19,260,511	20,302,727	19,884,608	20,185,535	19,961,486
	面　積		9,472	9,686	11,466	12,094	12,117	11,881	12,014
	市町村数		205	209	236	246	247	226	192
札幌大都市圏	人　口		2,009,037	2,165,515	2,327,822	2,484,102	2,509,530	2,606,214	2,584,880
	面　積		4,637	4,460	4,736	4,914	4,189	5,139	4,514
中心市	人　口		1,401,757	1,542,979	1,671,742	1,757,025	1,822,368	1,880,863	1,913,545
	面　積		1,118	1,118	1,121	1,121	1,121	1,121	1,707
	市町村数		1	1	1	1	1	1	1
周辺市町村	人　口		607,280	622,536	656,080	727,077	687,162	729,473	671,335
	面　積		3,519	3,342	3,615	3,793	3,068	4,017	3,393
	市町村数		16	14	17	19	14	16	11
仙台大都市圏	人　口		1,739,733	1,861,024	2,030,055	2,140,377	2,186,397	2,289,656	2,169,757
	面　積		4,691	4,771	5,071	5,191,91	5,149	6,376	5,970
中心市	人　口		664,868	700,254	918,398	971,297	1,008,130	1,025,098	1,045,986
	面　積		237	237	784	784	784	784	784
	市町村数		1	1	1	1	1	1	1
周辺市町村	人　口		1,074,865	1,160,770	1,111,657	1,169,080	1,178,267	1,264,558	1,123,771
	面　積		4,454	4,534	4,288	4,408	4,365	5,593	5,186
	市町村数		44	45	49	51	51	38	30
広島大都市圏	人　口		1,826,537	1,922,022	1,988,998	2,042,903	2,043,788	2,064,536	2,099,514
	面　積		4,073	4,249	4,184	4,530	4,142	4,423	5,048
中心市	人　口		899,399	1,044,118	1,085,705	1,108,888	1,126,239	1,154,391	1,173,843
	面　積		676	737	740	741	742	905	905
	市町村数		1	1	1	1	1	1	1
周辺市町村	人　口		927,138	877,904	903,293	934,015	917,549	910,145	925,671
	面　積		3,398	3,512	3,444	3,789	3,401	3,518	4,142
	市町村数		39	41	41	44	41	17	14
熊本都市圏	人　口		1,162,557	1,237,240	1,398,752	1,442,666	1,462,478	1,462,409	1,476,435
	面　積		2,537	3,100	3,482	3,658	3,777	4,121	4,251
中心市	人　口		525,662	555,719	579,306	650,341	662,012	669,603	734,474
	面　積		172	172	171	266	267	267	390
	市町村数		1	1	1	1	1	1	1
周辺市町村	人　口		636,895	681,521	819,446	792,325	800,466	792,806	741,961
	面　積		2,365	2,929	3,311	3,391	3,510	3,854	3,861
	市町村数		48	50	54	51	52	31	25

（注）1 （大）都市圏は, 広域的な都市地域を規定するため行政区域を越えて設定された地域区分であり, 中心市およびこれに社会・経済的に結合している周辺市町村によって構成される。大都市圏の中心市は東京都特別区部および政令指定都市であり, 都市圏の中心市は大都市圏に含まれない人口50万以上の市である。中心市がお互いに接近している場合はその地域を統合して1つの大都市圏とする。周辺市町村は大都市圏および都市圏の中心市への15歳以上通勤・通学者数の割合が当該市町村常住人口の1.5％以上でありかつ中心市と連続している市町村である。ただし, 1.5％未満であっても, その周囲が周辺市町村の基準に適合した市町村によって囲まれている場合も含む。
2 関東大都市圏は1980～85年は京浜大都市圏（中心市は東京都特別区部, 横浜市, 川崎市）の数値, 1990～95年は京浜葉大都市圏（左記に加え, 千葉市）の数値, 2005年は左記にさいたま市を加えた数値, 00年の中心市の数は05年10月1日現在の境域に基づいて組み替えた数値。10年は左記に相模原市を加えた数値。

(出所) 総務省統計局［2009］『大都市圏の人口』468～474頁, 総務省統計局［2014］『日本の人口・世帯』上巻625～631頁, 下巻372頁より作成。

のスタグフレーションが大きく影響している。急激なインフレの進行にともなって人件費や建設費が急騰する一方，不況によって法人関係税による収入が落ち込んだのである。

1970年代半ば以降，革新自治体が退潮していくなかで減量経営志向型の都市経営論が登場し，80年までに都市経営の推進を唱える声が大きくなっていった。そのもとで行政改革の取組みが本格化していった。

こうした都市自治体の動きとは別に，1980年代になると都市化にも変化がみられるようになった。地方各地の中心都市（たとえば，札幌，仙台，広島，福岡，新潟，金沢，静岡，岡山，高松，熊本など）への人口の集中・集積が進んだ。周辺地域（農村や中小都市）から人口を吸引し，経済機能（東京本社の支社・支店）と行政機能（省庁の支部分局）とが集中する傾向が生まれていった。3大都市圏以外でも大都市化が進む一方，東京都周辺への過度の集中・集積と広域化いわゆる東京一極集中が強まっていった（表19-1）。

この時期には経済社会のグローバル化が進行しはじめ，都市や地域のあり方にも大きな変化がもたらされていった。とりわけ大都市を取り巻く環境には国際化という要因が加わり，都市が地球規模で競争を増していく，という考えが広まった。競争で他の都市に打ち克つとは，人・物・金を呼び込み経済的に繁栄することをもっぱら意味しており，そのための手段として各国の主要な都市はこぞって再開発事業に取り組んだ。

1980年代，日本経済は安定成長期からバブル経済期へと推移していく。バブル経済は好景気によって都市自治体に租税収入の増大をもたらした。その一方，地価の高騰が都市問題を生み出しただけでなく，自治体の用地取得に多額の費用がかかるようになった。こうしたコスト上昇は都市政策をはばむ要因になったといえる。1990年代に入るとバブル経済の崩壊によって不況となり，それが長引くなか，租税収入が減少していった。加えて，民活型第三セクターが経営難に陥り，それを実施主体とした大規模都市開発が頓挫していった。

1990年代半ば以降，都市に限らず地方自治体で地方債への依存，地方債残高の累積によって財政難が進行した。国の誘導に乗り単独事業を中心に安易に公共事業や開発事業に取り組んだことが財政難の大きな原因であった。国の景気対策・経済対策が都市自治体の財政運営に影響を及ぼしたのである。

さらに2000年を前後して，国の経済対策の一環として都市再生が喧伝されるようになった。国の財政再建のもと，公共事業関係費の総額抑制が行われる一方

で，景気対策の視点から都市部とくに大都市への集中的な公共投資が選択・指定され，都市再生事業という形で行われていった。

3.2　日本の都市の問題状況——平成の市町村合併と都市圏

1990年代に入ると日本でも地方分権化が本格的に進んでいくことになるが，そのなかで基礎的自治体が都市であるのか農村であるのかがいっそう不明瞭になってきている。とりわけ市を都市とみなすことは難しくなった。

1995年の市町村合併特例法のもとで繰り広げられた平成の**市町村合併**を通じ，市の数が増え町村の数が減った（表19-2）。これによって基礎的自治体の数は減り，1つひとつの市が広い区域をもつようになった。従来，市は農地が点在することはあっても市街地が多くを占める同質的な空間だったといえる。しかし，新市の区域内部には農村であった町村が編入されている場合が多い。1つひとつの基礎的自治体内部においての都市か農村かの同質性は薄れ，都市と農村とが混在するようになった。つまり，都市と市制施行区域とは必ずしも一致していないのである。

平成の市町村合併で新たに誕生した新市は自治行政制度において基層の自治体に位置するが，その面積を徒歩で移動する距離で考えてみると十分に広域的である。この空間を共同社会と認識することが妥当であるのか否か。はたまた新市内部の経済社会実態は有機的なつながりをもつ都市圏と呼びうるだろうか。いずれにせよ，従来の市よりも広い区域をカバーする自治体が権限を行使するようになった。実態はその地域の中心都市へ周辺地域が権限を委ねて一元化した面が強いのであるが，広域への行財政の集権化が行われたとみることができる。これは，周辺地域に位置していた複数の基礎的自治体が消滅し，各々が有していた意思決定権がなくなる，あるいはきわめて弱くなることを意味する。都市同士であったとしても市民の生活に担っている役割の違いから，中心都市と衛星都市との間で対立が生じ，大都市圏に顕著な都市財政問題を引き起こしていた。これに異質な農村が加わるならば，圏域内部の各々の自治体に意思決定権がある状態（分権状態）では，利害調整がいっそう困難になることは容易に想像がつく。

それでは，圏域内部を集権化すれば都市問題を解決することが容易になるのだろうか。たしかに，次のような利点が考えられる。①圏域をカバーする（区域内全体に便益が及ぶ）公共サービスの提供とそのための財源を圏域全体から調達することができる。②分権状態のもとで必要になる利害調整の労力を省くことができ

表 19‒2　市と町村の人口，面積，自治体数の推移

(単位：千人，km²)

		1980	1985	1990	1995	2000	2005	2010
人　口	市部	89,187	92,889	95,644	98,009	99,865	110,264	116,157
	郡部	27,873	28,160	27,968	27,561	27,061	17,504	11,901
面　積	市部	102,651	103,052	103,882	105,092	105,999	181,792	216,209
	郡部	273,897	273,626	272,522	271,458	270,782	195,026	161,655
自治体数	市	646	651	655	663	671	739	786
	町	1,991	2,001	2,003	1,994	1,990	1,317	757
	村	618	601	587	577	568	339	184

(注) 1　市部は市を，郡部は町村をあらわす。
　　 2　人口と面積は各年10月1日現在の値。自治体数は2010年10月を除き各年4月の値。
　　 3　面積は一部境界未定のため総務省統計局が推定した値。また，所属未定の湖沼等は含まれていない。
(出所) 総務省統計局『国勢調査報告』，市町村要覧編集委員会編［2014］『全国市町村要覧』2頁より作成。

る。しかし，重要なことは，集権化や一元化という方法で都市問題が実際に解決できているのかどうかである。都市圏における財政主体はどのようなあり方をするべきなのか。既存の分権状態を出発点とするならば，各々の財政主体はどのような行政を担当し，互いはどのような分担関係をもつのか。それらに応じて**都市財源**の設計が進められることになる。その際，財政主体が十分な財源を必要とする理由は，都市問題を解決する都市政策にあることを強調しておきたい。

4　都市財源

　日本の都市財政は完全に自主的で独立した制度のもとに運営されているわけではない。都市に対しても農村とおおよそ共通の地方財政制度が適用されている。とともに，都市財政も全国的な地方財政調整メカニズムのなかに組み込まれている。
　十分な都市財源の有無は，こうした地方財政制度のあり方によって左右される。なかでも自主財源をもたらす租税収入をめぐる税制の仕組みが焦点となる。増大する行政需要に応じるには，**都市税制**にどのような仕組みが必要だろうか。大別すれば，新税を設ける，既存の租税について引上げを行う，という2つ対応の仕方がある。
　現代の都市は，生産・流通・消費の中心という性格をもつ。多様な税源が存在し，さまざまな租税から収入を得る可能性がある（これに対して農村の税源は多様

さに乏しく，一定水準の行政を行おうとすれば，移転財源を得ることによって財政運営を図らざるをえない)。大都市ほどこの性格が顕著であり，大都市圏の自治体がその域内の経済力や経済発展を直接に把握できることが必要となる。しかし，経済のグローバル化と情報化のもとで経済力はいっそうとらえにくくなっている。

租税法律主義に基づいて，地方税は国の法律によって定められ，原則的に全自治体共通の税制になっている。国際的にみて日本の地方税は法定普通税だけを取り上げてみても多様な税目で構成されている。しかしながら，次のような特徴から都市財政に十分な収入をもたらすものとはなっていない。①現行制度は，個人所得課税，不動産課税を主要な内容としている。②税制の運用において各都市における自主的裁量の行使が十分行われていない。

①は，いわゆるドーナツ化現象（都心の人口減少，郊外の人口増加）によって中心都市の市民を対象とする税源がしだいに貧弱化してしまうことを意味する。②は，都市自治体の課税自主権の行使に関するものである。税制は運用上の裁量余地を一定程度許容し，裁量幅を設けている。法定外の税目を条例によって設ける動きは分権化のなかで進んできたものの，法定税について都市自治体が独自に税率の自主的な選択決定を行う慣行にあるとはいえない。

①は税源の拡充を求めることになる。中心都市は昼間人口のための公共サービスを提供しなければならないが，財政収入の中心である地方税はもっぱら居住者すなわち夜間人口からしか徴収できない。しかし，高額所得者や資産所有者は郊外に住環境を求めて転出してしまう。個人所得課税や不動産課税の税源が流出してしまうことによって租税収入が減少する。中心都市で財政難が生じる原因の1つといえる。

夜間人口と昼間人口の差が生み出す行政需要と財政収入とのアンバランスを是正するには，地方税の仕組みをどのように改めればよいだろうか。大都市圏という実態に対してどのような税制を設けるべきだろうか。中心都市にとっての税制と郊外にとっての税制が両立するような都市税制のあり方はどのようなものだろうか，それは可能なのだろうか。

衛星都市から中心都市に人口が日常的に流入するケースを念頭におくならば，次のような方法が考えられる。①通勤者の所得に求める。②流入人口が昼間に行う消費に求める。③通勤者の雇い主すなわち企業に求める。

まず，就業地を日常生活圏と明確に位置づけて昼間人口自体に負担を求める考え方である。①は地方所得税を居住地主義から源泉地主義に改めることを意味す

る。具体的には，個人住民税所得割の帰属先を就業地に変更することが考えられる。②は出張者や旅行者といったいわゆる通過人口に対しても負担を求めうる利点がある。とはいえ，日本の地方消費税で考える場合，消費地に税収が必ずしも帰属しているわけではない，税率設定を大都市圏の側で行いうるか，といった問題がある。③は地方法人課税であり課税標準を企業の所得すなわち利潤によるか従業員数などの外形によるかで違いがある。もっとも，以上にみてきたこれらの方法は中心都市と衛星都市との間のみで済む話ではない。広域自治体や国との間での税源の再配分をともなうものである。

しかし，税源の再配分や地方税の課税自主権を増すといった対策だけでは不十分である。大都市圏の行政需要の特殊な性格は国庫からの財政支出を必要とする。たとえば，国家的な施設やモニュメントの建設・維持を大都市圏の自治体だけが負担することは妥当ではない。また，民生費にあらわされる公的扶助などの福祉施策についても国庫からの支出が必要である。とりわけ生活保護や国民健康保険といった，いわば古くて新しい貧困問題に対する財政負担を大都市自治体に求めうるのかどうか，それら事務にかかわる国庫支出金を一般財源化することが妥当なのかどうか。こうした事務は，国家財政が果たしている所得再分配機能や経済安定化機能と大いにかかわりがあるためである。

5　都市財政の可能性と課題

個々の自治体が都市問題を解決できるようにするには，国からの行財政の分権化を進める必要がある。しかし，日本で進められてきた基礎的自治体への分権化をみる限り，その取組みは必ずしも都市問題の解決に結びついているとはいえない。むしろ，都市問題は後景に引き，分権化の受け皿をつくること自体が自己目的化している観がある。

平成の市町村合併にみることができる，こうした形での新市への分権化は，既存の政府間関係に変更を迫っている。ローカルな基層の政府が区域や権限を増すことで，広域的政府との間での役割分担が問われることになっているのである。国から地方への分権化が進むなかで，地方と地方の間（基礎的自治体と基礎的自治体との間，基礎的自治体と広域自治体との間）でも行財政上の関係が問われるようになっている。一方，諸外国を見渡せば，分権化が進行するなかで，都市自治体が住民の生活保障を担うようになってきている。このことがもつ可能性を踏まえて

都市問題をとらえていく必要がある。

　ただし，今後日本に予想される変化のもとではこれまでにも増して都市問題がそれぞれの個別の都市だけで解決しえなくなる可能性が高い。行財政が広域的な対応を必要としていることに変わりはないが，人口急増期とは異なる背景を踏まえる必要がある。

　たとえば，3大都市圏の空間構造については次のような点を考慮する必要がある。①広域化が進むあまり大規模な中心都市1つを想定する単中心型だけでとらえることができなくなっている。②人口の社会増減にも増して自然増減が財政に及ぼすインパクトが大きくなってくる。

　都心回帰の動きも見受けることができるものの，地価や居住スペースなどから子持ちの若年世帯が遠方に居住する。このことによるスプロール現象で，人口少子化のもとでも大都市圏は広域化を続けていく傾向がある。一方，大都市圏の既存の範囲のもとでは，人口の高齢化によって自然減が生じ低密度化していく可能性が高い。こうした空間構造をかりに低密度分散と呼ぶとすれば，そのような大都市圏で市民の生活困難はどのようなあらわれ方をするだろうか。

　かねてより住民の高齢化に対応した公共サービスの提供と住環境の整備が課題であることは指摘されている。高齢者世帯は夜間人口として同一の自治体に留まるとしても，勤労時代のような租税収入をもたらさない。行政需要と財政収入とのアンバランスが予想される。

　また，耐用年数を過ぎ，老朽化した社会資本の扱いも問題となる。たとえば公共施設について，人口密度が低下するもとで既存の生活関連施設は再編・統廃合の選択を経て，経費削減の観点とともに有効性の観点から施設の配置場所が問われていくことになる。廃止施設の解体費用が発生する一方で存続施設の費用対効果が追求されていくことになる。拠点がいくつか整備されることになるが，拠点整備とそれをネットワークで結ぶという手法で住民の生活困難を解消していくことが可能であるのか，有効性が懸念される。

　以上の点に加えて，大都市圏の中心都市は，国際化の進展にともなって行政需要と財政収入のアンバランスが強まることが予想される。都市が国境を越えて結びつきを強めることは，都市財政に国内だけで考える場合の通常の負担を超える支出を要求することになる。国際的な通過人口による昼間の行政需要や欧米大都市のインナーシティ問題にみられたような貧困対策によって財政支出は拡大するおそれがあるのである。1970年代半ば，欧米の大都市圏において製造業が衰退

し，都心へ低所得者・少数民族が集中・集積する一方，富裕層は郊外へ転出していった。大都市自治体の租税収入が停滞する一方で福祉政策への行政需要が高まっていったのである。当時，こうした財政のアンバランスに対して，中心都市の財政破綻をもたらし衰退を進めて行くということが危惧された。こうした行政需要の一方で，税源は不安定要素が大きくなり，現行制度による捕捉困難も加わり，租税収入は減少する可能性が高い。

大都市圏の空間構造のもとで，昼間人口が中心都市に地方税を納めない限りこうした国際化にともなう財政アンバランスの解消は難しいと思われる。と同時に，アンバランスを調整するための財源移転の仕組みを考えざるをえない。

おわりに

都市化にともなう行政需要に財政収入が応じることができないという問題の基本的な構図は大都市だけでなくすべての都市に共通するといってよい。

高齢化への対応，人口減少にともなう対応，経済グローバル化を背景にした衰退への危機感など，構造的とも呼べる変化を前にして，都市自治体は動揺しているようにみえる。都市問題は，戦後の日本の人口急増期と異なる様相で姿をあらわしはじめている。こうした状況を前にして行われている都市をめぐる近年の議論から，都市政策にはおおよそ2つの道があることをみてとることができる。1つは都市問題の解決を二の次とする開発志向の道である。もう1つは都市問題の解決それ自体を志向する，いわばサステイナブルな都市発展をめざす道である。

開発主義の道はそもそも住民の生活困難を顧みることがないため都市政策とは呼びえない。あえて忖度すれば，経済成長によって都市問題が解決するという考え方といえる。行財政権限を集権化することによって開発政策を進める。経済成長をもたらすことができれば，成長の果実である租税収入を都市問題の解決に向けることができる。こうした発想は，戦後の日本の都市財政の教訓を顧みることがない点で問題が多いといわざるをえない。開発政策それ自体によって都市問題が生じるおそれがあること，開発政策の実施を通じて財政難が生じることで都市問題の解決がかえって遠のくおそれがあること，こういったことを一顧だにしていないためである。

一方，サステイナブルな都市発展の道とはどのようなものか。それは，都市の発展は住民の生活の質によってとらえられるものであり，他の都市との関係そして農村との関係を通じて成立する，という考え方をとる。都市同士ならびに農村

との間で存立・発展のために互いを必要とする関係が築かれ，共同社会としての認識をともなうものといえる。

　経済社会実態としての都市の圏域を広域にわたる共同社会と呼びうるか否か。財政を通じて都市問題を解決していくには，都市が共同社会であることを再認識する必要がある。

■ **討論してみよう**
① いま，都市住民の生活困難はどのような形で存在しているだろうか。具体的な例をあげてみよう。それらを解消するために，都市自治体はどういった都市政策や財政運営を行っていったらよいのだろうか，議論してみよう。
② 平成の市町村合併によって誕生した広大な市は都市と呼べるだろうか。都市が広域化していくときに，既存の自治体と行財政をどのように組織化していったらよいだろうか。その方法について討論してみよう。
③ 戦後の日本に起きた都市問題と都市財政の展開をたどると，どのような教訓と改革課題を指摘することができるか，考えてみよう。

■ **参考文献**
〈基礎編〉
佐藤進［1985］『地方財政総論』税務経理協会
高橋誠［1981］「大都市財政の特徴と課題――国際比較の視点から」『都市問題研究』第33巻第9号，15～29頁
橋本徹・山本栄一・林宜嗣・中井英雄・高林喜久生［2002］『基本財政学（第4版）』有斐閣
林健久・貝塚啓明編［1973］『日本の財政』東京大学出版会
宮本憲一［1980］『都市経済論――共同生活条件の政治経済学』筑摩書房
宮本憲一［1999］『都市政策の思想と現実』有斐閣
宮本憲一・小林昭・遠藤宏一編［2000］『セミナー現代地方財政――「地域共同社会」再生の政治経済学』勁草書房
宮本憲一・遠藤宏一編［2006］『セミナー現代地方財政Ⅰ――「地域共同社会」再生の政治経済学』勁草書房
〈より進んだ学習をするために〉
佐藤進［1974］『地方財政・税制論（第2版）』税務経理協会
重森曉・植田和弘編［2013］『Basic 地方財政論』有斐閣
柴田徳衛編［1985］『都市経済論――世界の都市問題と財政』有斐閣
神野直彦・小西砂千夫［2014］『日本の地方財政』有斐閣

武田公子［2011］『地域戦略と自治体行財政』世界思想社
恒松制治・橋本徹編［1975］『都市財政概論』有斐閣
西村茂・廣田全男ほか編［2014］『大都市における自治の課題と自治体間連携——第30次地方制度調査会答申を踏まえて』自治体研究社
林宜嗣［2009］『分権型地域再生のすすめ』有斐閣
平岡和久ほか編［2014］『新しい時代の地方自治像と財政——内発的発展の地方財政論』自治体研究社
宮本憲一［1977］『財政改革——生活権と自治権の財政学』岩波書店

第20章 財政思想
財政学の歩み

KEYWORDS
経済と倫理の調和　分権的財政システム　富と所得の再分配　租税国家の危機
生存権保障　財政赤字　財政民主主義

1　スミスと古典的財政原則

1.1　道徳哲学者としてのスミス

A. スミス（1723～90年）は各人の自己利益を尊重したことから，手放しの自由放任主義を唱えたといわれることがある。たしかにスミスは，各人の利己心に基づく努力が「見えざる手」の導きによって社会全体を豊かにするとして，自由競争の意義を強調した。しかし，それは競争に勝つためなら何をしても許されるということを意味するものではなく，彼は文明社会のなかに一定のルールが埋め込まれていることを想定していたのである。

スミスは文明社会において，人間は社会を離れては生きていけないと考えていた。社会のなかで利己心に基づく自らの経済活動が是認されるためには，そのような活動は他人からの共感の得られる範囲内に抑制しなければならない。というのも，文明社会における自由競争は，自分と同様に相手も生きる権利，全力で努力する権利をもつことを前提として行われるものだからである。他人からの共感が得られる限度を超えた自分勝手なふるまいは，経済活動における信用を失わせ，市場からの退出を余儀なくされるであろう。それゆえスミスは次のように述べている。「富と名誉と地位をめざす競争において，彼は彼のすべての競争相手を追い抜くために，できる限り力走していいし，あらゆる神経，あらゆる筋肉を緊張させていい。しかし，彼がもし彼らのうちの誰かを押しのけたり投げ倒したりしたならば，観察者達の寛大さは完全に終了する。それは，フェア・プレイの侵犯

であって，彼らが許しえないことなのである」。

ここでスミスのいう「観察者」とは，見知らぬ人の「公平で中立的な第三者の目」のことである。自由競争とは，勝つためなら何をしてもいいということではなく，「公平で中立的な第三者の目」からの共感の得られる範囲内で，すなわち公正競争（フェア・プレイ）の範囲内で全力をあげることだとスミスは考えていたのである。

スミスは『道徳感情論』を著したことでも知られているように，経済学者であるとともに，道徳哲学者でもあった。道徳哲学とは，人間が社会のなかで生きていくための行動や規準について原理的に考える学問のことである。そこには，政治，経済，財政，教育，法律など，今日でいうところの社会科学のすべての領域が含まれていた。

スミスは『国富論』で経済の法則やメカニズムを初めて解明し，「経済学の父」と呼ばれている。しかし，そのような法則やメカニズムはあくまでも正義や公正といった倫理的基盤を前提としており，彼が視野に収めていたのは，文明社会における**経済と倫理の調和**という，はるかに包括的な内容を含むものだったのである。

1.2　スミス経済学の目的と「安価な政府」論

スミス『国富論』の原書タイトルは『諸国民の富の本質と原因に関する研究』(*An Inquiry into the Nature and Causes of the Wealth of Nations*) である。スミスによれば，「諸国民の富」とは人々の生存や生活を豊かにする「生活必需品と便益品」であり，それらが豊かであるかどうかは，その国民の労働が熟達していて生産力が高いかどうか，また有用な労働に配置される比率が高いかどうかに依存しており，とりわけ前者により多くを依存しているという。スミスは，人々の労働こそが富裕の源泉であるとみなしていたのであり，そのような労働生産力の最大の改善要因として，分業の意義を強調するのである。

このようなスミスの主張は，当時にあっては画期的なものであった。スミスの時代まで，富といえばもっぱら貨幣や金銀財宝を意味しており，当時の有力な経済学説であった重商主義もまさにそれらを富とみなし，貿易によってそれらを獲得し，国内に蓄積していくための経済政策を主張していた。また，そのような重商主義的経済政策の目的はあくまでも王室財政を豊かにすること，あるいは国内の貴金属を増大させることであり，国民1人ひとりの生存や生活の豊かさを直接

的に問うものではなかった。スミス『国富論』は、「国民の生存と生活の豊かさ」「国民の幸福」の追求を経済学の主要な課題として位置づけ、従来の通説からの根本的な転換を迫ったのである。

スミスは経済学の目的として、「国民に豊かな収入もしくは生活資料を供給すること」および「国家すなわち公共社会に対して公務の遂行に十分な収入を供すること」という2つをあげている。国民が安心安全に経済活動に従事し、豊かな生活を営んでいくためには、国家の一定の役割は欠かすことができない。そこでスミスは経済学の目的として、国民を豊かにすることとともに国家を豊かにすることを掲げ、前者については『国富論』第1〜4篇で、後者については第5篇で取り扱うのである。この後者の部分がスミス財政論に相当する。

前述したように、スミスは、国民の富の大きさは労働の生産力がどの程度か、また有用労働に従事する人の比率がどれくらいかによって左右されると考えていた。後者の「有用労働」にかんしては、『国富論』第2篇において「生産的労働」と「不生産的労働」の問題として詳細に論じられている。「生産的労働」とは富ないし価値を生み出す労働のことであり、逆に「不生産的労働」とは直接的には富や価値を生み出さない労働のことである。この区分によれば、国王をはじめとする主権者、それに仕える官吏、陸海軍人などの労働はすべて「不生産的労働」であり、したがってスミスにあっては、国家は「不生産的」な存在として位置づけられる。国家は「生産的労働」による年々の生産物によって扶養されている存在であるから、それが大きくなりすぎると国民の富を減少させてしまうであろう。もちろん、国家の浪費も戒められるべきであるが、往々にして国家は「公的な浪費や不始末」を招きがちであり、「国王や大臣こそ、常に例外なく、社会における最大の濫費家」だとスミスはいっている。

このようにスミスは「不生産的」な存在としての国家を批判し、可能な限り経費削減や行財政改革をめざすべきであると考えていた。スミスのこのような考え方は一般に「安価な政府」論と呼ばれる。

しかしスミスは、政府は単純に小さければ小さいほどよいと考えていたわけではなかった。『国富論』のなかには、社会が文明化するにつれて国家経費が高くなることは避けられないと指摘している部分があり、彼の主張には経費膨張の必然性が内包されているといえる。また、無理な政府経費の削減は社会に混乱をもたらすとも指摘している。スミス「安価な政府」論における「安価」の意味は、単純に安ければ安いほどよいというものではなく、国民経済と比較したうえでの

「安価」，すなわち，国家経費の絶対額は社会の発展とともに増えるが，国民経済がそれ以上の増加率で成長するので相対的に「安価な政府」が実現しうる，という意味での「相対的な安価な政府」論であり，経費の絶対的縮小を求める「絶対的な安価な政府」論とは一線を画するものである．

1.3 スミスの財政原則論

スミスの『国富論』は，経済のメカニズムを解明し，国民と国家の富裕の道への展望を描くことによって，新しい経済社会の構想を提起した．その核心は，社会発展の原動力を，重商主義体制を支える国家・財政ではなく，自然的自由の体制のもとでの市場機構における資本蓄積の自律的な発展にみることにあった．

特恵あるいは制限を行う一切の制度が完全に撤廃され，かつ正義が維持された自然的自由の体制のもとでは，国家の配慮すべき義務は，①自国を他国の暴力と侵略から防衛する義務，②社会の成員1人ひとりを他の成員の不正や抑圧から保護する義務，③民間が担うことが困難な公共事業を遂行する義務，の3つのみである．これらは，社会にとってはいずれも有益な事業であるけれども，民間経済ではできないか，採算のとれないものばかりである．国家は，そのような公共事業を遂行するとともに，防衛や司法を通じて社会や市場の正義を守ることを，その責務として位置づけられているのである．こうしてスミスの経費論は，これら3つに加えて④主権者の尊厳を保つための経費を含めた4つ，すなわち，①軍事費，②司法費，③公共事業費，④王室費としてまとめられている．

公共事業費にかんして注意しなければならないのは，スミスのいう公共事業とは，道路，橋，運河，港の建設など，現代でいうところの公共事業とほぼ同義の事業のみならず，教育にかんする経費も含まれているということである．

スミスは，文明社会が発展すればするほど教育の重要性は高まるので，国が積極的に配慮すべきであると指摘した．その理由は，文明社会においては分業が発達し，労働の圧倒的大部分は単調な単純作業に限定されてしまうからである．そうなると，人間の理解力の大半は日常の仕事によって形成されるものであるから視野が狭くなり，努力する習慣を失い，無知蒙昧に成り下がってしまう．教育は，一般庶民の教育がよりいっそう重要である．というのも，そのような人たちは，放っておくと収入を得るため両親によって早くから仕事に出され，教育を受ける機会をほとんど得られないからである．また，一般庶民の教育による啓発は，社会の安定性を高めることにもつながりうる．こうしてスミスは，国が学校を設置

したり，義務教育化したり，優秀な子どもたちを表彰する制度を創設したりするなど，教育制度を整備・充実させる必要性を強調したのである。

　また，公共事業の遂行および経費調達にかんしては，受益者や利害関係のある人・団体などが当該事業を行い，経費の一部も負担するとともに，特定財源で管理運営するのがより公正かつ効率的である，とスミスは指摘した。たとえば，道路，橋，運河などは，公的な管理運営よりそれを民間に委ねたほうがはるかに無駄が少ない。また地方の公共事業は地方の特定財源によって地方政府が管理運営するほうが諸々の弊害が少ない。このようなスミスの指摘は，財源も管理運営もできるだけ現場や利害関係の近いところで行ったほうが公正かつ効率的だという意味において，**分権的財政システム**の利点を解明した原初的構想だとみなすことができよう。

　周知のように，スミスは公平，明確，便宜，徴税費最小という4つの租税原則を提起し，国家といえども無原則に国民から租税の徴収を行うことは許されないことを示すとともに，国民経済全体の視野からできる限り経済に悪影響を及ぼさない（超過負担の少ない）税源選択および税体系の構想を企図した。

　個々の租税にかんしていうならば，租税4原則に照らしあわせつつ，資本活動や労働者の生存に悪影響を及ぼす利潤や賃金，生活必需品への課税は否定し，地代課税や奢侈品課税などについては比較的好意的に評価した。スミスのこのような税制改革論は，当時のイギリス税制改革にも大きな影響を及ぼしている。

　スミス『国富論』の最終章は，「公債について」である。スミスは当時の破局的なイギリス財政の債務累積状況を踏まえつつ，公債は本来であれば生産的用途に振り向けられるはずであった資本を不生産的用途に転換させるものであり，租税による財源調達よりも資本蓄積を阻害するものであるとして，公債発行には批判的立場を堅持した。また彼は，公債依存財政の常態化と後世代への負担の先送りにかんして警鐘を鳴らしている。政府が近視眼的視野から安易な公債発行政策に走り，それを継続・常態化させ，ついには財政危機を招来するとともに，巨額の負担を後世代に押し付けてしまいがちだということを，スミスは的確に見抜いていたのである。

　それゆえ，国家の収入は租税を中心として調達し，公債発行は原則として禁止すること，国家支出は租税収入の範囲内に収め（均衡財政主義），常に経費節減，行財政改革に努めること，これらが財政のあり方を示す財政原則論としてのスミスの基本的な考え方であった。

当時におけるイギリス政府の支出は，全体の7～8割が植民地獲得戦争のための直接的な軍事費と，戦費調達のために発行された巨額の公債利払い費によって占められており，国家破産が間近な問題として認識されていた。国民の富を問い直し，国民経済全体の視野から市場経済と国家財政のあり方あるいは国家財政運営の基本原則を解明したスミスの財政思想は，200年以上を経た現代においても私たちに貴重な示唆を与えつづけてくれているように思われる。

2 ドイツにおける財政学の展開

2.1 官房学

財政学の形成と体系化には，2つの流れがあるとされている。1つは，スミスを始祖とするイギリス古典学派による財政学の流れ，そしてもう1つは，ドイツ官房学的財政学の流れである。

官房学は，近世のドイツ「神聖ローマ帝国」を形成している領邦国家の経営，行政，経済にかんする「総合的統治の学問」として，16世紀半ば頃に出現した。

当時の領邦国家の最大の関心事は，他の領邦国家およびフランスやトルコなど近隣の強国からの侵略を防ぐため，いかにして領邦を強力かつ安定的に経営していくかということであった。そのためには，領邦内の「自給自足」経済体制の確立をめざす観点から産業を保護・育成し，人口と雇用の増大を図るための殖産興業政策を，またそれによって得た財源と君主の効率的財産活用による富国強兵政策を推し進めることが不可欠である。官房学は，領邦統治におけるこのような現実的課題に応えうる政策的提言のための学問として生まれた。

その後，大領邦における行政機構の整備と充実，大量の官僚とその専門職化への訓練の必要性の観点から，官房学は職業的行政官僚の養成や訓練を目的とする統治の学問へと変貌を遂げていく。これが後期官房学の成立であり，1727年にプロイセン王国のハレおよびフランクフルト・アン・デア・オーデルの両大学に官房学講座が創設されたことがその契機とされている。

官房学が究極の目的として掲げたのは，領主と領民双方の共存共栄的「共同の至善」の実現であった。たとえば，殖産興業政策は経済の発展を通じて領民を豊かにするとともに，財源の涵養を促す。その果実は君主の経済の富裕化および財源の豊富化として君主自身に跳ね返ってくる。そこでは「領主の富は領民の富」と認識されており，両者は区分されることなく，一体的に把握されていた。その

一方で、君主による家父長制的な介入が国民経済に及ぼす悪影響の側面については、ほとんど考慮が払われなかった。

官房学的財政論は、家産国家的財政を前提とし、収入の中心を、経済的利用高権に基づく鉱山採掘、森林・河川用益、農地経営、通行免状（関税）など、君主の財産や特権収入においていた。それゆえ、財政は君主の財産の経営・管理の問題として認識される傾向が強く、領民からの租税はあくまでも臨時的・補助的な手段でしかなかった。

19世紀に入ると、スミスの自由主義的財政論がドイツでも普及しはじめ、また1806年「神聖ローマ帝国」の滅亡を契機として、国民的統一と立憲政治の実現へ向けた国民的胎動がしだいに大きくなっていく。そのような歴史的うねりのなかで、財政学はワグナーを中心に新たな展開を迎えるのである。

2.2　ワグナーの財政学

A. ワグナー（1835～1917年）は、L. von シュタイン、A. シェフレとともに「ドイツ財政学の3巨星」と呼ばれている。彼は「ドイツ正統派財政学」の完成者であり、その学説は19世紀後半から20世紀初頭にかけて、財政学の支配的学説として世界中に大きな影響を及ぼした。

ドイツは普仏戦争を契機として1871年、ついに悲願の統一を達成し、ドイツ帝国を誕生させた。新しいドイツ帝国の使命は、国民経済の急速な発展を見据えつつ、一方では「世界の工場」イギリスとの競争に打ち勝ち、他方では国内で激化しつつあった労使抗争を抑え、分裂を回避することであった。O. ビスマルクはこの使命を遂行すべく、社会保障制度の整備や社会主義者鎮圧法の制定など、「アメとムチ」と呼ばれる一連の政策を断行した。ワグナー財政学は、このような新しいドイツ帝国に対して、現実の財政政策への理論的基礎を提供するうえで大きな役割を果たしたのである。

ワグナーは、国家による外に向かっての帝国主義政策、内に向かっての社会政策の採用の不可避性という、19世紀後半の西欧諸国家が直面した時代の趨勢を「社会時代」と総括した。それ以前の「市民国家の時代」には、私経済優先の理念が支配し、自由主義のもとで経済は著しく発展したが、同時に分配面での不平等や貧富の差が顕著となり、国家による社会政策が不可避となる。ワグナーは、「社会時代」における国家の指導理念を「国家社会主義」と呼んだ。

国家社会主義においては、私経済における個人主義原則は、個人の利益が社会

全体の利益と一致する限りにおいて認められるが，一致しない面にかんしては，所有に対する社会主義の要請が部分的に容認され，社会的制限が加えられる。すなわち，国家財政は，私経済の一部を代置することにより，私的利益を公的利益へと転換させる存在として位置づけられたのである。

ワグナーによれば，国民経済を構成する原理には，①私経済的・個人主義的原理，②共同経済的・強制共同経済的原理，③慈善的原理の3つがあり，国民経済はこのうち①の原理が最もよく対応する。しかし，これのみで共同体利益を実現することは困難であり，とくに分配面での弊害が避けられない。そこで，②の原理に基づく強制共同経済的組織，すなわち国家が財政的社会政策によりその是正を権威的に行うのである。なお，③は利他的動機に基づく自発的な道徳的行為によって経済的利己的行為の克服を期するもので，①②の足らざるところを補完する役割を果たすが，この原理を国民経済体系の中心に据えるのは理想にすぎないとした。

このように，「社会時代」の国家においては，国民大衆のために従来の法治目的に加え積極的に文化・福祉目的を遂行する「文化国家」への要請が高まるのであり，そのためには国家は私経済組織の分配側面の社会的弊害を是正するために介入せざるをえない。資源配分の調整に加え，**富と所得の再分配**が財政の役割として組み込まれたことにより，財政学の新しい型が誕生したのである。

しかも，「文化国家」はその行政遂行にあたり，問題が生じてから対処する「制圧主義」よりも，事前に治安対策や社会保障政策などを整え予防するという「予防主義」を採用したほうが社会的混乱が少なく，将来の経費も節約しうる。「予防主義」の広範な適用は，必然的に公共行政活動の質的向上と経費の膨張を招来せざるをえない。かくして，国家活動は外延的にも内包的にも拡大するという「国家活動増大の法則」「経費膨張の法則」が，ワグナーによって展開された。

ワグナーにあっては，有機的国家観に基づき，国家と個人は運命共同体ととらえられ，両者の矛盾や対立は基本的には存在しない。国家は有機的な全体意志の体現者として私経済を規制・矯正するにすぎず，そのような国家の社会政策や租税政策により，私的利益の社会的利益への転換が果たされるのである。ここには，国家の役割やその経済的影響にかんして，スミスや古典学派の財政学との際立った違いがみられる。

ワグナーは，社会政策的課題への対応という新たな観点を付加することにより，租税4大原則9原則というきわめて大がかりな租税原則体系を樹立した。そのな

かでも特徴的なのは，課税の第1の原則として，財政政策上の原則（課税の十分性，課税の弾力性）を掲げている点である。全体的利益の具現者として国家を位置づけ，国家活動の増大や経費の膨張を不可避とみなしたワグナーにとって，そのための財源の十分性や伸張性は何よりも優先されるべき課題だったのである。

租税体系にかんしてワグナーは，収入源泉が多様化し，国家が積極的な役割を果たす必要がある現代においては，各原則を満たすよう諸税を体系化し，相互補完によって租税目的を達成することが重要であると考えた。具体的には，収得税（所得・財産の取得）を中心にして，保有税（財産税）と支出税（消費税）を補完的に配置する構想を示した。また彼は，相続税や不労所得の重課，所得税への累進課税の適用を主張することにより，分配の不平等是正という社会政策的目的の実現を企図した。

公債発行にかんしては，経費を経常費と臨時費に区分したうえで，経常収入（租税）よりも臨時収入（公債）を用いたほうが国民経済への悪影響が少ない場合に限り，臨時費を公債で支弁しても差し支えないとしつつも，財政紊乱の弊害を予防するためには，臨時費であっても経常収入（租税）に依存したほうがよいと指摘している。

こうした包括的で実践的な体系をもち，分配問題に比重をおいたワグナーの財政学は，スミス・古典学派の信奉者のように国民経済の「自然的秩序」を絶対視することをせず，かといって自由な市場の意義を全面的に否定する社会主義者や共産主義者の主張とも一線を画し，「真理は中間にあり」として中庸を貫いた。慈善的経済組織が重要であるという指摘なども含めて，その学説の現代的意義はなお大きいといえよう。

2.3 財政社会学とシュンペーター『租税国家の危機』

第一次世界大戦は，交戦諸国に破壊的なダメージをもたらした。とくに敗戦国であるドイツとオーストリアでは，戦火による直接的ダメージのほかに，財政破綻と昂進するインフレーションにどう対処すべきかが深刻な問題とされた。当時の支配的学説であったドイツ財政学は，この問題に対して明確な解答を用意することができず，急速に信頼を失った。こうしたなか，R. ゴルトシャイトによる財政社会学の提唱や，1920年代のウィーン市自治体財政におけるオーストリア型社会主義財政学の実践など，財政学をめぐる新しい動きが出てくる。

ここでは，ゴルトシャイトの影響を強く受けたJ. A. シュンペーター（1883〜

1950年)の『租税国家の危機』を取り上げよう。

　シュンペーターによると，財政社会学とは「予算の数字という表面的な事実の根底に横たわる社会的過程」を解明する学問であるという。予算は国家の「あらゆる粉飾的イデオロギー」を脱ぎ捨てた骨格であり，予算を研究することで，経済や社会の実態に迫るとともに，財政的動機の解明を媒介として，経済や社会の変化を把握することができると彼は考えたのである。

　シュンペーターは，社会の転換期には「いつも財政制度が危機に陥る」と指摘している。第一次世界大戦による財政危機はたしかに破滅的である。しかし，戦争が財政危機の原因であるというのは表面的な理解であり，戦争は財政的に租税国家という表現をとる社会形態の奥深くに横たわっている不完全性を露呈させ，その崩壊を先触れするきっかけをなしたにすぎない。**租税国家の危機**，租税国家の機能停止とは，単に財政システムの危機に留まるのみならず，「いままでとは異なった形の欲求充足方式への移行」を意味しているのであり，経済の原動力，社会構造，生活感情と文化内容，個々人の心理的慣習など，近代国家におけるあらゆるものの本質的変化をともなわざるをえない。シュンペーターはこのように考えたのである。

　では，第一次世界大戦をきっかけとして，近代租税国家は機能を停止し，崩壊していかざるをえない運命にあるのであろうか。この問いに対してシュンペーターは，2通りの解答を用意する。すなわち，租税国家は宿命的な意味において限界を有しており，したがって「いつか」は崩壊せざるをえない。「宿命的」というのは，租税国家が自らの財産をもたず，私経済に経済的に寄生している存在である以上，私経済から取り上げることのできるものには限界があるからである。このことについてシュンペーターは次のように述べている。「租税国家がこの限界に近づけば近づくほど，いよいよ大きな抵抗と力の消耗をもって活動する。税法の実施に必要な官僚軍はますます増大し，租税訊問はいよいよ激しく，租税詐術はいよいよ堪え難くなる」。

　しかし，シュンペーターは，その「いつか」はいまではなく，第一次世界大戦後も租税国家は「有効な再建方式」を有していることから崩壊はしない，として次のように指摘するのである。「現にある時期は，私企業の時期，渾身の力を振り絞る経済的営為の時期である。そうして，私企業とともに租税国家の時期でもある」。

　資本主義経済が成功裡にその役割を終えた，まさにそのときこそ，租税国家は

終焉し，社会は新たなシステムへと移行するであろう。だが，いまはまだそのときではなく，租税国家は当分は存続する。むしろ戦争は租税国家の終焉を延期させた——シュンペーターは，このように認識していたのである。

では，第一次世界大戦後の財政破綻とインフレーションにより息も絶え絶えの租税国家（＝シュンペーターの祖国オーストリア）を再建するための「有効な再建方式」とは，どのような方式であろうか。それは，一回限りの貨幣財産に対する財産税の課税である。というのも，シュンペーターによれば，現下の最重要問題は「リアルな財産」ではなく「貨幣財産」にかかわるものであり，貨幣財産に課税を行うことにより，公債残高を減らして財政再建を進めるとともに，世に出回っている貨幣量を減らしてインフレーションを抑えることも可能となるからである。しかし，彼のこのような提言は実際に採用されることはなかった。オーストリア国民そしてドイツ国民は，激しいインフレーションのなかで（オーストリアの物価は1万5000倍に，ドイツの物価は1兆数千億倍にまで騰貴した）塗炭の苦しみを味わわなければならなかったのである。

ところで，シュンペーターは，社会政策的経費の増大は「はるかに不吉な運命をはらんでいた」として，現代租税国家にとっての超克の危機は戦争や軍事費の増大などではなく，社会政策的経費の増大のなかにこそ潜んでいることを示唆している。

ひるがえって21世紀に入り，日本社会においては，経済は成熟し，少子高齢化・人口減少は加速し，社会保障費はうなぎ上りで上昇している。果たして，シュンペーターが予言したように，租税国家の崩壊は訪れるのであろうか。社会保障費の増大すなわち「福祉国家の危機」は不吉な運命をはらんでいるのであろうか。

シュンペーターの示唆は味わい深く，その鋭い洞察に対する敬意と興味はつきない。

3　ケインズ革命と財政原則の転換

3.1　ケインズ革命

産業革命以来，「世界の工場」として君臨してきたイギリス経済は，20世紀を迎える頃にはアメリカやドイツの台頭などもあって，しだいにその絶対的地位に陰りをみせはじめていた。第一次世界大戦により国内産業は疲弊し，その凋落は

決定的なものとなった。さらに戦争終結後も，イギリス経済は1929年から始まる世界大恐慌に先立って20年代後半からすでに大きな不況の波のなかにあり，大量の失業者を生み出していた。

J. M. ケインズ（1883～1946年）の『雇用・利子および貨幣の一般理論』（以下『一般理論』）はこのような時代的背景のもと，1936年に公刊された。それは従来の経済学の概念や枠組みを大きく革新するのみならず，一国の経済政策や経済運営のあり方にも一大変革をもたらすものであった。

ケインズ『一般理論』は，当時の主流派経済学に対する挑戦の書であった。当時の主流派経済学は，スミス，D. リカード，J. S. ミルらの古典派経済学を継承した新古典派経済学であり，その理論体系は「供給はそれ自ら需要を創り出す」という J. B. セーの販路説を暗黙裡に前提としたものであった。

ケインズは，ちまたに大量の失業者があふれている現実について，販路説を前提とした新古典派経済理論では解けないことを明らかにして，その欠陥やドグマを粉砕するとともに，新しい理論を構築することにより現実社会に対して適切な処方箋を提示することを企図したのである。

新古典派経済学では，失業が発生するのは個人の労働意欲や資質，労働組合の圧力や労働力需給のミスマッチなどによる労働市場の機能不全にその原因があると考えられていた。それゆえその解決策としては，経済メカニズムの自動調節作用を前提とする限り，自由放任→市場機構の完全性の回復・増進→自由競争の促進→需要と供給の調整→自由放任，となる。つまり，何もしないこと，あるいは労働賃金を切り下げることが，失業問題の解決策とされたのである。

これに対してケインズは，次のように考える。雇用の大きさは社会の有効需要の水準によって決まるが，現実のそれは必ずしも完全雇用を実現しうる水準であるとは限らない。むしろ自由放任にされた場合には，有効需要は完全雇用の水準を下回り，失業を発生させる傾向のほうが強い。それゆえ，完全雇用を実現するためには有効需要（国民所得）すなわち企業部門から生じる投資需要と家計部門から生じる消費需要を増やすことが不可欠である，と。

そこでケインズは投資需要と消費需要を増やすため，以下の3つの政策を提起する。第1に，利子率を引き下げて民間投資を刺激する。民間投資が増えれば乗数効果により国民所得は上昇し，雇用も増大しうる。この場合，利子率引下げは，金融当局の金融政策（公開市場政策）によって市場利子率を操作することで実現しうる。第2に，このような政策が十分に効果を発揮しない場合には，民間投資

に代わって政府が公共投資を積極的に行って，経済に刺激を与えることが重要である。そして第3に，国民の消費性向を高めるため，租税政策による平等化政策を推進する。乗数効果を大きなものとするためには，貯蓄に振り向ける分よりも消費に振り向ける分を大きくすることが肝要である。とりわけ豊かな社会においては，貯蓄性向が高まることから，増大する貯蓄に比して投資は過少となりがちである。そこで，累進所得税や累進相続税などを課し平等化政策を推し進めることにより，貯蓄性向を小さく（消費性向を大きく）しようとするのである。

以上が，『一般理論』から引き出される政策的帰結である。かくして，彼の完全雇用理論は，金融当局による金融政策とともに，政府による財政政策（フィスカル・ポリシー）を提起することとなった。

ケインズは経済社会における大きな欠陥の1つとして，富と所得の分配が恣意的かつ不公平であることをあげ，自身の理論が所得再分配に資するものであることを強調している。彼は，完全雇用の観点から平等化政策を提起したけれども，平等化政策ないしは所得再分配政策はそれ自体としても，めざすべき重要な政策であると認識していたのである。所得の不平等には何らかの理由があり，正当化できるものもある。しかし，イギリス社会の不平等の現状は，その度合いをはるかに超えているとみなさざるをえない。親からの遺産相続などにより本人の努力と無関係に得られる富の不平等は，階級社会イギリスにおいては著しいものがあり，これを合理化する理由はない。ケインズはこのように認識していたのであり，それゆえ累進所得税のみならず，累進相続税を課すことで平等化を図ることを積極的に支持したのである。

ケインズは『一般理論』をはじめとして多くの著作を残したが，それらには共通して1つの理念が貫かれている。すなわち，自由な資本主義的市場経済システムのもとでは，資源配分，所得分配の効率性ないしは公正性は実現されえない。また経済循環のメカニズムも安定的なものではありえない。それゆえ，政府が知性と理性に基づいて財政・金融政策を弾力的に運用し，「市場の失敗」を是正することによって，人々の生存や福祉を保障していくことが重要である。このようなケインズの理念，そしてそれに基づいた理論と思想は，**生存権保障**のための政府の役割を大幅に拡大させ，現代の福祉国家を実現・定着させるうえで大きな役割を果たした。

3.2　現代的な財政原則の展開

　ケインズ『一般理論』は，経済学だけでなく財政学の分野に対しても革命的衝撃を与えずにはおかなかった。それは，政府は原則として公債を発行せず，支出は税収の範囲内でやりくりをし，したがって均衡財政主義を維持し，できるだけ「小さな政府」をめざす，という古典的財政原則からの根本的転換である。そして，そのための理論的根拠を提供したのが，乗数理論であった。

　追加的な投資が所得に及ぼす効果のことを乗数効果という。乗数理論に基づくと，投資の増加が所得増，すなわち雇用増をもたらすことから，もしその社会が失業に苦しんでいるならば，投資を増やすことによって失業を減らすことが可能となる。また，限界消費性向を高めることによって乗数の値は高まり，同額の投資増であっても，より多くの所得増したがって雇用増を生み出すことが可能となる。

　不況が深刻化している社会，とりわけ豊かな社会や成熟社会にあっては，利子率を十分引き下げたとしても，企業はたやすく投資を増やそうとはしないであろう。大量の遊休資本を抱えている場合にはなおさらである。民間投資が滞っている場合にこそ，政府による公共投資が必要とされるのであり，それによって有効需要を高め，失業を解消していくことが可能となるのである。

　この公共投資による雇用創出ないし失業救済という考えは，何もケインズが初めて唱えたわけではなく，A. C. ピグーをはじめ当時の多くの経済学者によって主張されていた。ただ，国民所得決定のメカニズムを解明し，それとの関連で公共投資の必要性を理論的に裏づけたのは紛れもなくケインズであり，この点においてケインズの財政学への貢献には特筆すべきものがあるといえよう。

　こうして，資本主義的市場経済体制のもとで，景気対策としての政府による公共投資政策がしだいに認知され，定着していくこととなった。また景気循環が市場経済には不可避であることから，不況対策としてだけでなく経済循環の安定化や予防措置としてもケインズ的政策が積極的に活用されていくこととなった。市場機構におけるこのような政府の役割や有効性に対する承認・信頼は，修正資本主義と称される資本主義の変貌をもたらした。市場社会は，自由競争と利潤追求を旨とする民間部門と，それとは異なる性格や目標をもつ公共部門という2つの構成要素からなり，両者の関係性を踏まえて総合的・体系的に全体像を把握する必要がある，という認識が一般化した。この意味で，現代の経済社会は混合経済体制とも呼ばれる。

裁量的な財政政策を必要なときに発動させるためには，自由なかつ積極的な公債の発行・活用が不可避となる。裁量的財政政策主義者は，単年度の短期的な**財政赤字**は心配するに足りないと主張する。裁量的な財政政策を必要なときに実施するためには赤字財政も容認される。しかし，それは財政収支を均衡させることが重要ではないということを意味するものではない。公債発行による政府支出の拡大が新たな需要を形成し，その波及効果によって経済成長を実現するので，それが税収増を導き，それでもって財政赤字分を返済すればよい，という論理である。すなわち，短期間の均衡に重点をおくのではなく，あくまでも長期的視点で均衡を図るというのが彼らの考えなのである。

　ケインズ派と古典派との財政原則の違いは，財政赤字の扱いと国家の生産的な機能の評価から生じている。古典派は，政府部門の不生産性・非効率性を前提として，また公債残高の自動累積メカニズムを想定して，財政赤字に対しては消極的な態度を堅持する。これに対してケインズ派は，長期的な観点から財政赤字を補塡する効果が公共投資によって十分に生み出されるとして，短期的な財政均衡にはこだわらない。乗数効果による政府の生産的な機能が高く評価されているのである。

4　ケインズ批判と現代財政の課題

4.1　ケインズ批判の諸潮流

　第二次世界大戦後，ケインズ理論は経済学界を席巻し，マクロ理論の建設者としてのケインズの威光は輝いていた。現実の経済においても，主要先進国ではケインズ政策の採用によって経済は安定的に成長，「豊かな社会」が実現し，福祉国家化が進行した。

　1970年代に入り，ドル危機と石油危機により，景気停滞と物価上昇の同時進行といった新しい事態（スタグフレーション）が出現した。これに対してケインズ経済学（新古典派総合）は有効な処方箋を提示することができず，その権威を失墜させるとともに，各方面から厳しい批判を浴びることとなった。

　ケインズ経済学批判の代表的なものとしては，マネタリズム（M. フリードマン），合理的期待形成理論（R. ルーカス，R. バロー），サプライサイド経済学（M. フェルドシュタイン，A. ラッファー）などがあげられる。これらの学派・経済学者はいずれも自由な競争的市場に強い信頼をおき，反対に政府に対しては非効率な存在

として不信感を抱き，それゆえ政府によるケインズ的な裁量的政策介入はできる限り排除しようとしている点に大きな特徴がみられる。

　ここでは，赤字財政批判の観点から，ケインズ主義的財政政策に対して痛烈な打撃を加えた，公共選択学派のブキャナンの主張を取り上げよう。

　J. M. ブキャナン（1919～2013）は次のように考える。ケインズ理論は，理論としては正しい。ケインズの誤りは，理論の適用される政治の場を見間違ったことである。すなわち，ケインズ理論における政策決定は，少人数の啓発的な賢人グループによって，常に公共利益に基づいて慈悲深く合理的に行われることが想定されている（「ハーヴェイ・ロードの前提」）。しかし，現実はそのような理想的なものではなく，多くの有権者から支持を集めようと努めている政治家による，ドロドロとした利害によって動く場である。

　ここでケインズ理論が適用されると，不況期には公債発行により公共投資が行われる。人々はこれを喜んで迎えるであろう。だが，景気が上昇し，財政が黒字を示したとき，政府はその黒字を借金返済に回そうとするであろうか。むしろ新たな政府支出のために使ったり，減税を実施したりするような圧力が絶えず加えられるであろう。

　また公債発行により公共サービスが供給されると，納税者は公共サービスが相対的に安くなったと錯覚し（「財政錯覚」），さらなる公共サービスを求めるであろう。政治家も集票のため争ってこのような声に応えようとするであろうし，官僚機構も公共部門の肥大化にともなって独自の運動と力を強化させるであろう。

　さらにケインズ的政策はインフレーションをもたらすバイアスをもっている。というのも，通貨当局は形式的には独立を保っているけれども，その代表は政府によって任命されるので，政府の立場と対立するような人が選ばれることはほとんど考えられず，政府の金融緩和政策に追従し，赤字財政に同調した貨幣供給の増大を余儀なくされるだろうからである。

　かくして，均衡予算原則という歯止めを取り払ったケインズ的政策が代議制民主主義のもとで適用された場合には，財政赤字の累積，政府の肥大化，そしてインフレーションの昂進を招いてしまうことが避けられない。これが，公共選択理論から導かれるブキャナンの結論である。

　ブキャナンは，ケインズ政策の適用をめぐるこのような問題に対して，スミス以来の均衡予算原則の復活と，「憲法的ルール」としてのその遵守を解決策として主張している。民主主義的政治過程を考慮するならば，ケインズ理論の導く財

政赤字の濫用に歯止めをかけ，政治家や官僚を制御するためには，絶対的なルールを設定する必要がある．しかも，それは一般国民でも理解できるような比較的簡単なルールでなければならない．そして，そのようなルールがたやすく変更されることのないよう，憲法に盛り込むべきである．「支出は税収の範囲でやりくりする」という伝統的な均衡予算原則こそ，こうした「憲法的ルール」の核心であるとブキャナンはみなしたのである．

またブキャナンは，政府支出とその財源としての租税をセットで議論すべきだとしたK. ヴィクセルの財政思想を高く評価し，「有効な民主政治には，市民に便益だけでなく政府の費用を，また両者を同時に斟酌させるような制度的装置が必要である」と指摘している．ブキャナンのいうように，支出が租税と切り離されて単独で考えられた場合には，公共サービスに対する市民のコスト意識は希薄になり，過大な財政需要を生じさせ，政府の肥大化を招いてしまいがちであろう．このようなブキャナンの主張は，公共サービスのコスト意識を高めることによって財政選択と財政運営に節度と責任を取り戻すことを企図するものであり，現代の財政危機の時代に貴重な示唆を与えているように思われる．

4.2 現代財政の課題と展望

以上，A. スミスからブキャナンまでの財政思想を概観してきた．

現代日本財政は，未曾有の財政赤字および累積債務を抱えており，国家破綻が現実のものとして議論されている．シュンペーターは，社会の転換期には必ず財政は危機に陥ると喝破した．そうであるならば，現代日本財政の危機も，単なる財政上の危機に留まらず，その深奥には克服すべき社会的な課題や変動が潜んでいるはずである．それを的確に把握し，そのような変動に合致した制度改革，社会改革を行っていくことによって，危機を乗り越えていくことが可能となる．日本財政は，低成長，少子高齢化，人口減少のなかでもがいている．高度経済成長，人口増加の時代につくられた諸制度における機能不全が顕在化しているのはある意味において当然のことである．もはや時代は変わったのである．経済と倫理（正義，公正）の調和，とりわけ世代間公正という将来世代に対する配慮が求められている．

また，日本は明治以来，中央集権的国家として，経済も社会も飛躍的な発展を遂げてきた．しかしその一方で，中央集権的官僚支配構造の弊害も近年，大都市・地方を問わず，かつてないほどに高まっている．もはや官や国家が上から集

権的・家父長制的に政策を実現する時代は終わった。当事者主権，自己決定権を尊重しつつ，国から地方への分権化，そして NPO や NGO など官から民への分権化という 2 つの分権化を推進し，地域の固有性や創造性を守り育む環境基盤の醸成を図っていくことが肝要である。

そして，財政の主権者であり，享受者であるのは，われわれ 1 人ひとりの国民である以上，**財政民主主義**の観点から，政府からの適切かつ丁寧な情報開示と諸システムの簡素化のもと，国や地方，そして国際財政の現状や動向に対する興味関心を深め，よりよい生活のために財政を民主的に制御すべく，不断の努力を傾けていくことが欠かせない。人間発達，潜在能力開発のための人間的投資システムを，社会全体で考え，支援していくことも重要な課題であろう。

時代の大きな変わり目にあって，財政思想は，現代にも通用する豊潤な示唆をわれわれに与えつづけてくれているように思われる。

■ 討論してみよう
① 資本主義経済の発展と，財政の役割の歴史的生成・発展との関係について考えてみよう。
② A. スミス，ワグナー（ドイツ財政学），ケインズの財政思想・理論について，それぞれの特徴，意義，課題などを比較してみよう。
③ 財政民主主義の再生（納税者による財政制御）に向けて，政府（政治家，官僚），国民が心がけるべきことは，それぞれどのようなことであろうか。
④ 安価（効率的）でかつ国民の生存権を保障しうる政府とは，どのようなものであろうか。

■ 参考文献
〈基礎編〉
池上惇［1990］『財政学——現代財政システムの総合的解明』岩波書店
池上惇［1999］『財政思想史』有斐閣
大川政三・小林威編［1983］『財政学を築いた人々——資本主義の歩みと財政・租税思想』ぎょうせい
諸富徹［2013］『私たちはなぜ税金を納めるのか——租税の経済思想史』新潮社（新潮選書）
〈より進んだ学習をするために〉
アダム・スミス（水田洋監訳・杉山忠平訳）［2000，2001］『国富論』1〜4，岩波書店（岩波文庫）

池田浩太郎［1991］『公債政策思想の生成と展開』千倉書房
池田浩太郎・大川政三［1982］『近世財政思想の形成——重商主義と官房学』千倉書房
伊東光晴［1993］『ケインズ』講談社（講談社学術文庫）
伊東光晴［2006］『現代に生きるケインズ——モラル・サイエンスとしての経済理論』岩波書店（岩波新書）
伊東光晴・根井雅弘［1993］『シュンペーター——孤高の経済学者』岩波書店（岩波新書）
ケインズ，J. M.（間宮陽介訳）［2008］『雇用，利子および貨幣の一般理論』上・下，岩波書店（岩波文庫）
シュンペーター，J. A.（木村元一・小谷義次訳）［1983］『租税国家の危機』岩波書店（岩波文庫）
中谷武雄［1996］『スミス経済学の国家と財政』ナカニシヤ出版
J. M. ブキャナン・R. E. ワグナー（深沢実・菊池威訳）［1979］『赤字財政の政治経済学——ケインズの政治的遺産』文眞堂
水田洋［1997］『アダム・スミス——自由主義とは何か』講談社（講談社学術文庫）
宮本憲一・鶴田廣巳編［2001］『所得税の理論と思想』税務経理協会

■ 索　引 ■

事項索引

●アルファベット

BEPS　→税源浸食と利益移転
COP　→国連気候変動枠組み条約締約国会議
C 効率性　229, 230
FB　→政府短期証券
GPIF　→年金積立金管理運用独立行政法人
IMF 体制　11
IPCC　→気候変動に関する政府間パネル
IRA　→個人退職勘定
IS-LM 分析　270
MBS　→証券化商品
NGO　158
NISA　200
NPM　166
NPO　158
ODA　→政府開発援助
PFI　161, 165, 166
PPP　→汚染者負担の原則
TB　→割引短期国債
VfM　166

●あ 行

アカウンタビリティ　24, 35, 36, 159
赤字国債　273, 275, 277, 278
アジェンダ 21　121
アーツ・カウンシル　147, 149
アナウンスメント効果　127
アームズ・レングス（の原則）　148, 149
アメリカ　11, 244, 254, 258, 340
　──復興・再投資法　248
安価な政府　53, 332, 333
イギリス　85, 122
遺産税　179
異次元の金融緩和政策　277
遺贈力継承税　240
遺族年金　91
依存財源　304
1.57 ショック　111
一般会計　26-28, 48
一般消費税　230

一般政府　3
移転支出　45, 49
移転的経費　49
イラク戦争　247
医療　82
　──費適正化計画　103
　──保険　96
インナーシティ問題　326
インピュテーション方式　217, 218
インフラストラクチャー　57
インフラ輸出　59
インボイス（方式）　227, 231-234
永久公債（コンソル債）　267
衛星都市　316-318, 322, 324, 325
益金算入　211
益　税　231
エージェンシー化　161, 164, 165
エリザベス救貧法　76
エンゼルプラン　111
応益原則　172, 306
応能原則　173, 306
大きな政府　7, 53, 156, 271
大平内閣　230
オーストリア　338, 340
　──型社会主義財政学　338
汚染者負担の原則（PPP）　117, 118
オバマ政権　248
温室効果ガス　126

●か 行

会計検査院　33, 34, 36
外国債　265
介護サービス　104, 105, 302
介護保険　83
介護保険制度　108, 302
介護保険法　104
概算要求基準（シーリング）　31, 33
外部不経済（負の外部性）　117, 119
革新自治体　319
拡大生産者責任　118
隠れた租税　39

349

隠れた補助金　39
課税権　314
課税最低限　194, 195
課税の空白　221
課税の中立性　198
課税ベース　251, 254, 256-258
　　──の侵食　201
価値財　43
ガット・ウルグアイ・ラウンド　58, 303
ガバナンス（論）　69, 70, 158, 159, 294
ガバメントからガバナンスへ　159
株式譲渡益　200
簡易課税制度　232
環境アセスメント　118, 119
環境関連税制　122
環境税　120, 133, 174
環境政策　117
環境法　117
環境問題　67
還付型税額控除　234
神戸勧告　296
官房学　335
　　──的財政学（論）　335, 336
官民ファンド　292, 294
官民連携論　158
官僚組織のX非効率　154
機関委任事務　297
企業会計　211
気候変動に関する政府間パネル（IPCC）　121
基準財政収入額　307
基準財政需要額　307
規制緩和　155
帰　着　218, 219
機能的財政論　268
寄付税制　148, 149
逆進性　230, 233
キャッシュ・フロー法　178, 179
キャピタル・ゲイン　176, 177, 189-190, 209, 216, 238, 247
給付付き税額控除　197, 204, 234
給付・反対給付均等の原則　74
給与所得控除　192, 194
教育費（地方歳出）　299
協会けんぽ　98, 99, 101, 102
業界団体　162
行財政改革　151
行政改革大綱　289
行政責任明確化の原則　296
共通だが差異ある責任　121

居住地主義　220, 221
均衡財政主義　272
均衡予算原則　345
近代の公債制度　263
近代予算原則　24, 25
金融（市場）の自由化・グローバル化　285, 286, 293
金融所得一体課税　203
金融仲介機関　279
クラウディング・アウト　265, 270, 272
クラブ財　41
繰越欠損金　214
繰越欠損金控除　214
クリントン政権（第1期）　246
クリントン政権（第2期）　247
グレーゾーン　160, 161
グローバル化　210, 215, 220, 239, 251, 272, 321, 324
グローバル経済　237
グローバル・タックス　204
クロヨン問題　177
ケアマネジャー　105
計画とシステム　61
軽減税率　233
経済安定化機能　56, 295
経済再建税法　245
経済財政諮問会議　17, 33, 35
経済成長および減税調整法　247
経済同友会　163
経済と倫理の調和　331
経済の安定成長　5
芸術文化経費　143, 144
経　費　38, 46
　　──の二重性　40
経費膨張　53
　　──の法則（ワグナーの法則）　7, 50, 337
ケインズ経済学　268, 271
ケインズ主義　152
ケインズ政策　53
ケインズ＝ベヴァリッジ型福祉国家　12, 16
ケインズ理論　344, 345
ケースワーカー　79
決算機能　36
ゲーム理論　44
減価償却　213
建設国債　62, 273-275, 277
健全財政主義　267
源泉地主義　220, 221
源泉分離課税　200

小泉内閣（政権）　8, 10, 17, 35, 59, 65
広域自治体　318
公　害　118
郊外による中心の搾取問題　317
後期高齢者医療制度　100, 101, 103
恒久的減税　256, 257
公共経済学　40
公共財　41
　　国際――　11, 41
公共事業　56, 273, 275, 333, 334
公共選択学派（論）　25, 44, 53, 345
公共投資　56, 343
合計特殊出生率　111
公　債　263, 334
　　――依存度　8
　　――管理政策　267
厚生年金　92
「構造改革と経済財政の中期展望」（改革と展望）
　　33, 35
高速自動車国道　65
公的金融　280
公的固定資本形成　59, 60
公的年金　281, 287, 288
公的扶助　75, 76
公費負担　82, 84
合理的期待形成学派（理論）　271, 344
高齢者　83
高齢者保健福祉推進十カ年戦略（ゴールドプラン）　105
国　債　265, 285, 288
　　――依存度　252
　　――整理基金特別会計　276
　　――の償還　276
　　――の償還費　275
　　――の引受け　286, 287
　　――の利払　276
　　――の利払費　275
国際課税原則　220, 221
国際的な租税回避行動　222
国際的な租税協調　223
国際的二重課税　220-222
国土強靭化　67
国土計画　61
国土形成計画　62
『国富論』　331-333
国民皆年金　89
国民皆保険　74, 96
国民経済計算（SNA）　49, 59
国民年金　92

国民負担率　5
国連気候変動枠組み条約締約国会議（COP）　121
　　第21回――　125
個人退職勘定（IRA）　245-247
個人単位課税　197-199
コスト病　140
国家活動増大の法則　337
国家公共財　41
国家支出金　297
国家社会主義　336
国庫支出金　304, 305, 308, 309, 325
国庫負担　93
国庫負担金　309
国庫補助負担金　63
子ども・子育て支援新制度　111, 114
子ども・子育て支援法　111
子ども手当　257, 302, 309
コモンズ　116
『雇用・利子および貨幣の一般理論』　341-343
「今後の経済財政運営及び経済社会の構造改革に関する基本方針」（「骨太方針」）　35
コンテンツ・ツーリズム　142
コンパクトシティ　68-70

● さ　行

財源移転　327
財源調達機能　243, 255, 257
最終消費支出　49
財政（パブリック・ファイナンス）　3, 13, 15
　　――の硬直化　9
　　――の国際化　11
　　――の三機能（説・論）　5, 6, 56, 57, 183
財政赤字　8, 157, 271, 272, 278, 344-346
再生可能エネルギー　68, 70, 71
財政健全化法　311
財政硬直化　272
財政錯覚　345
財政社会学　338, 339
財政調整制度　100, 101
財政投融資　62, 65
　　――機関　26
　　――計画　284, 285
　　――制度　10, 280
「財政の中期展望」　33
財政法　29
財政民主主義　10, 11, 13-16, 19, 21, 22, 24, 34, 40, 46, 51, 54, 67, 71, 147, 149, 205, 293, 294
　　近代――　16, 17

索　引　351

福祉国家型―― 16, 17
ポスト福祉国家型―― 17
最適課税論 175, 181, 182, 185, 186, 251
財投機関 34
―― 債 287-289, 293
財投協力 281
財投債 287, 288
財務省型実効税率 215
財務省主計局 30, 33, 35
サステイナブルな都市発展 327
サッチャーリズム 7, 155-157
サプライサイド経済学 53, 245, 248, 271, 344
参加型税制 130, 131
産業革新機構 292
産業投資 292
暫定予算 30
産投資金 281
三位一体改革 18, 110, 257, 297, 302, 306, 308, 309
資金運用部資金 281, 282, 287
資源（最適）配分（機能） 5, 56, 295
自己資本控除法人税 220
資産課税 176, 177, 236
資産課徴 238
資産保有税 237-239
自主財源 304
支出税 175, 177, 245-248, 251
自主的納税倫理 172
市場化テスト 161, 163, 164
市場による規律 288
市場の失敗 140, 342
持続可能な発展 67, 68, 71
シ団引受 266, 277
市町村合併 322, 325
市町村優先の原則 296
実効税率 196
指定管理者制度 147, 161, 164
児童虐待防止法 114
児童手当 81
児童福祉制度 109
児童扶養手当 81
資本蓄積 175, 178, 190, 285, 333, 334
資本輸出中立性 222
資本輸入中立性 222
シャウプ勧告 199, 209, 239, 240, 253, 296, 318
シャウプ税制 190, 253
社会支出 86
社会時代 336, 337
社会資本 57

社会手当 76
社会的厚生関数 185
　　ベンサム型の―― 185
　　ロールズ型の―― 185
社会的入院 104
社会福祉 76
　　――制度 109
　　――費 80
社会扶助方式 104
社会保険 74, 75, 104
社会保障 73, 301
　　――関係費 77
　　――給付費 82
　　――制度 244
　　――と税の一体改革 95
シャンツ＝ヘイグ＝サイモンズ概念 188
集権的福祉国家 12, 13
収支相当の原則 74
重商主義 331, 333
住宅金融公庫 289
準公共財（混合財） 45
純資産税（富裕税） 237, 239, 252
純資産増加説 188
障害者基本法 112
障害者差別解消法 113
障害者自立支援法 110, 113
障害者プラン 112
障害年金 91
少額貯蓄非課税制度 200
償　還 266
証券化商品（MBS） 290
商工組合中央金庫 291
少子化対策基本法 111
少子高齢化 103, 340, 346
乗数効果 268, 270, 344
乗数理論 343
消費税 254
　　――の引上げ 255
消費的経費 49
情報の非対称性 75
職域保険 97-100, 103
所得源泉説 188
所得効果 180
所得控除 193
所得再分配 5
所得再分配機能 56, 82, 183, 244, 295
所得税 178, 180, 187, 189
　　――の財源調達機能 201
　　――の再分配機能 201, 204

──の増税　257
所得税率（日本）　253
資力調査（ミーンズテスト）　75, 76
シーリング　→概算要求基準
新 SNA　3
新エンゼルプラン　111
審議会　161, 162
人件費（地方歳出）　301
申告納税制度　190
新古典派経済学　341
新自由主義　155
人　税　236, 241
身体障害者福祉制度　109
新直轄方式　66
森林環境税　127, 128, 132
垂直的公平（性）　176, 185, 187, 230
水平的公平性　176
スウェーデン　85, 86, 122, 244, 249, 258
スクリーン・クォータ制　140
スタグフレーション　53, 321, 344
スティグマ　80
スプロール現象　326
スミスの租税原則　334
税額控除　197, 216
生活保護　75, 76, 78, 79
　　──制度　109
税源移譲　298, 306
税源浸食と利益移転（BEPS）　222
政策課税　236, 241, 242
政策金融改革関連法　290
政策金融機関　280, 292
政策統合　69, 70
政策評価　35, 36
精神薄弱者福祉法　109
税制改革　244
税制のグリーン化　120, 122, 133
生存権保障　342
政府開発援助（ODA）　58, 125
政府機能論　158, 159, 295
政府短期証券（FB）　265, 266
政府の空洞化　157
政府の失敗　58, 152, 154, 158
政府保証債　281
税方式　76
税務会計　211
税率のフラット化　246
世帯単位課税　197, 198
積極的財政政策　152
セーフティネット　103

セーフティネット貸付　291
全国総合開発計画　61, 62
戦時公債　263
選別主義　76
総計主義の原則　22
総合所得税　190
総合累進課税　208
増税なき財政再建　230, 253
相続税　237-241, 252
相対的貧困率　80
増分主義　32, 35
贈与税　179, 237, 238, 240, 241, 252
租　税　171
　　──回避　189, 249, 250, 252
　　──価格　42, 44
　　──協賛権　14, 172
　　──競争　237
　　──国家　15, 259, 264, 339, 340
　　──支出　39, 138
　　──システム　243, 244, 259
　　──負担率（スウェーデン）　251
「措置」から「契約」へ　110
措置制度　110
ソフト　57
損金不算入　211

●た　行

第一次世界大戦　338-340
待機児童解消加速化プラン　112
第3号被保険者　92
第三セクター　39, 161, 162, 311
代替効果　180, 181
大都市化　316
大都市圏　316
第二次行政臨時調査会　162
第2の予算　10
大陸型社会保障　84
竹下内閣　230, 254
ただ乗り　44
タックス・シェルター　246
タックス・ヘイブン　221, 223
タックス・ペイヤー　15
短期キャピタル・ゲイン　249, 250
炭素税　120, 122
地域保険　97, 99
小さな政府　7, 51, 53, 155, 158, 271, 272, 286, 343
地価税　241, 242
地球温暖化対策のための税　126

索　引　353

地球サミット　121
地方公営企業等金融機構　291
地方公共財　41
地方交付税　304, 305, 307
地方交付税交付金　63
地方債　265, 297, 303, 304, 308-310, 321
地方財政計画　304
地方債の交付税措置　303
地方自治法　297
地方消費税　306
地方税　306
地方単独事業　307, 310
地方分権　58, 128
　──一括法　127, 132, 296
　──推進法　296
中心都市　316-318, 322, 324, 325, 327
超過累進税率　192, 195
長期キャピタル・ゲイン　245, 246, 248-251
帳簿方式　231, 232
貯蓄から投資へ　191, 257
賃金再評価・物価スライド方式　90
積立方式　93
転位効果　50
転　嫁　218, 219
ドイツ　84, 85, 122, 336, 338, 340
　──財政学　268
　──正統派財政学　336
東京一極集中　321
投資基金制度　249, 250
投資支出　49
同時多発テロ　247
投資的経費　49
道路整備事業　63
道路特定財源　65
独自の地方税　132
特殊法人　161
　──等改革基本法　289
特定財源　29, 62, 65
特別会計　26-28, 48
都市化　314
都市計画　68
都市再開発　69
都市財源　323
都市財政問題　318, 322
都市自治体　315, 318
　──の財政力　317
都市政策　323
都市税制　323
都市問題　315-318

ドーナツ化現象　324
富と所得の再分配　337

●な　行

内国債　265
中曽根内閣　230, 254
ナショナル・ミニマム　301, 307
二元的所得税　238, 244, 250, 251
二重課税　178, 208, 219
二重の配当　120
日銀引受　266, 273
日米構造協議　303
2分2乗方式　198
日本経済団体連合会　163
日本商工会議所　163
日本政策金融公庫　290, 291
日本政策投資銀行　291
日本の社会保険　81
日本版ビッグバン　286
ニュー・パブリック・マネジメント　25
寝たきり老人ゼロ作戦　105
年金積立金管理運用独立行政法人（GPIF）　287
年金保険　82
納税者負担軽減法　247
能率の原則　296
ノーマライゼーション　112
ノン・アフェクタシオンの原則　22, 26

●は　行

配偶者特別控除　257
排除原理　74
配当所得　200
ハーヴェイ・ロードの前提　17, 272, 345
パックス・アメリカーナ体制　11, 12
ハード　57
バードン・シェアリング　11
ハーバーガー・モデル　218
バブル経済　241, 321
パリ協定　125
東日本大震災　56, 59, 67, 70, 291, 299, 309
ピグー税　119
ひとり親世帯　81
費用便益分析　45, 46
ビルトイン・スタビライザー　270, 305
貧困ライン　80
フィスカル・ポリシー　5, 8, 53, 56, 268, 271, 272, 275, 305, 342
フィランソロピー　148

フィンランド　122
付加価値税　138, 174, 225
賦課方式　93
不完全転嫁　231
福祉元年　109
福祉国家　5, 16, 53, 271
福祉六法　109
複数税率　229
不使用価値　140
不正受給　234
双子の赤字　246
普通建設事業費　303
普通国債　266
ブッシュ政権（G. W. ブッシュ）　247, 248
ブッシュ政権（G. W. H. ブッシュ）　246
物　税　236
富裕税　→純資産税
プライヴァタイゼーション　58, 70
プライマリー・バランス　9
ブラケット・クリープ　245, 249
フランス　84-86, 123, 229
フリンジ・ベネフィット　188
ブループリント　178
文化関連経費　145, 146
文化国家　337
文化産業の同心円モデル　142
文化施設建設費　145
文化庁予算　136, 143
分権化　296
　──定理　295
分権型福祉社会　12
分権的財政システム　334
分離課税　199
分類所得税　188-190
ベヴァリッジ報告　12, 74
ベースライン　35
保育所　112
包括財政調整法（1990 年）　246
包括財政調整法（1993 年）　247
包括の事業所税　220
包括的所得税　175-177, 188, 209, 239, 246, 248, 251, 253, 254, 258, 259
法人擬制説　207-210
法人実在説　210
法人所得　207
法人税　176, 189, 207, 257
　──と所得税の統合　216
　──の抜本改革　256
法人税（スウェーデン）　249

法人成り　210, 251
ボーエン・モデル　41, 42
補完性原理　133, 296
北欧イギリス型社会保障　84
母子福祉法　109
補助金の一括交付金化　308
補正予算　30
ボーモル＝オーツ税　120
ボーモルの病　53
ポリシー・ミックス　121, 271

●ま　行

マクロ経済スライド　93-95
マクロ予算編成　32, 33, 35
まちづくり交付金　308
マネタリスト（マネタリズム）　53, 271, 344
マーリーズ・レビュー　215, 230
マル優　190, 200
見えざる手　330
ミクロ予算編成　32, 35
ミード報告　178
みなし仕入率　232
民営化　65, 156
民主党（現民進党）　59, 63, 302, 308
民生費　77
民生費（地方歳出）　299, 301
メセナ　135, 148
免税事業者　231

●や　行

役割分担論　295
有効需要　341
郵政民営化　281, 287
夕張市　310, 311
郵便貯金　281, 286-288
幼保連携型認定子ども園　114
予算過程　21, 22, 30
予算原則　21, 22, 24
予算循環　30, 36
予算制度　21
予算の構造　21, 22
予算の審議・議決　32
予算配分の硬直化　32
401（k）　247

●ら　行

ラムゼイ・ルール　182
利子所得　200
利付国債　266

索引　355

リーマン・ショック　291, 298, 299, 301, 302, 309
利用時払い（pay as you use）の原則　264
臨時財政対策債　310
リンダール均衡　43
リンダール・モデル　43
累進課税　185
累進税制　173
累進税率　176, 184, 187, 190
累積債務　346
累積的取得税　240, 241
レーガノミクス　7, 155-157
レーガン政権　245
レント・シーキング　152, 153, 163
老人医療費支給制度　99
老人福祉法　109
老人保健制度　100, 101, 104
老齢年金　91
ローカル・オプティマム　297, 304
ロディン報告　178

●わ 行

割引国債　266
割引短期国債（TB）　265

人名索引

●あ 行
アンドリュース, W. D.　179
ヴィクセル, K.　346
ヴィックリー, W. S.　240
ウィルダフスキー, A.　32
宇沢弘文　57
オーツ, W. E.　119, 295

●か 行
ガルブレイス, J. K.　142
ケインズ, J. M.　7, 56, 147, 268, 341
コーエン, T.　140
ゴルトシャイト, R.　338

●さ 行
サイモンズ, H. C.　175, 188
サッチャー, M.　155
サミュエルソン, P. A.　43
シェフレ, A.　336
島恭彦　174
シャンツ, G. V.　188
シュタイン, L. von　336
シュンペーター, J. A.　239, 338, 339, 340, 346
スミス, A.　7, 15, 53, 56, 267, 330–333, 335–337, 341, 346
スミス, H.　25
スロスビー, D.　142
セー, J. B.　341

●た 行
タウス, R.　141
ディーツェル, C.　268

●は 行
ハーシュマン, A. O.　57
ハーバーガー, A. C.　218
バロー, R.　344

●ハンセン, A.　7
ピグー, A. C.　119, 184, 343
ピーコック, A. T.　50
ビスマルク, O.　336
ピット, W.　188
フィッシャー, I.　178
フェルドシュタイン, M.　344
ブキャナン, J. M.　25, 271, 272, 345, 346
フリードマン, M.　344
ヒンリックス, H. H.　173, 174
ヘイグ, R. M.　175, 188
ベヴァリッジ, W.　75, 76
ボーエン, W. G.　138
ホッブズ, T.　172
ボーモル, W. J.　53, 119, 138, 139

●ま 行
マスグレイブ, P. B.　221
マスグレイブ, R. A.　5, 43, 44, 183, 295
宮島洋　179
宮本憲一　57
ミル, J. S.　341

●ら 行
ラッファー, A.　344
ラーナー, A.　268
ラムゼイ, F. P.　182
リカード, D.　341
リンダール, E. R.　43
ルーカス, R.　271, 344
レーガン, R.　155
ロック, J.　172
ロビンズ, L. C.　140, 185

●わ 行
ワイズマン, J.　50
ワグナー, A.　7, 50, 268, 336–338
ワグナー, R. E.　25, 271

編者紹介

植田　和弘（うえた　かずひろ）
　1952年生まれ
　1981年，大阪大学大学院工学研究科博士課程修了
　現在，京都大学名誉教授

諸富　徹（もろとみ　とおる）
　1968年生まれ
　1998年，京都大学大学院経済学研究科博士課程修了
　現在，京都大学大学院経済学研究科教授

テキストブック現代財政学
Textbook for Contemporary Public Finance　　〈有斐閣ブックス〉

2016年6月1日　初版第1刷発行
2024年3月30日　初版第5刷発行

編　者	植　田　和　弘
	諸　富　　　徹
発行者	江　草　貞　治
発行所	株式会社　有　斐　閣

〒101-0051
東京都千代田区神田神保町2-17
https://www.yuhikaku.co.jp/

印刷　株式会社理想社／製本・大口製本印刷株式会社

© 2016, K. Ueta, T. Morotomi. Printed in Japan
落丁・乱丁本はお取替えいたします。
★定価はカバーに表示してあります。
ISBN 978-4-641-18432-9

JCOPY　本書の無断複写（コピー）は，著作権法上での例外を除き，禁じられています。複写される場合は，そのつど事前に（一社）出版者著作権管理機構（電話03-5244-5088, FAX03-5244-5089, e-mail:info@jcopy.or.jp）の許諾を得てください。